SENDEROS 1

Spanish for a Connected World

VISTA®
HIGHER LEARNING

Boston, Massachusetts

On the cover: Alcázar de San Juan, Spain

Publisher: José A. Blanco
Editorial Development: Armando Brito, Jhonny Alexander Calle, Deborah Coffey,
María Victoria Echeverri, Jo Hanna Kurth, Megan Moran, Jaime Patiño,
Raquel Rodríguez, Verónica Tejeda, Sharla Zwirek
Project Management: Cécile Engeln, Sally Giangrande
Rights Management: Ashley Dos Santos, Annie Pickert Fuller
Technology Production: Jamie Kostecki, Daniel Ospina, Paola Ríos Schaaf
Design: Radoslav Mateev, Gabriel Noreña, Andrés Vanegas
Production: Manuela Arango, Oscar Díez, Erik Restrepo

Student Text (Casebound-SIMRA) ISBN: 978-1-68005-190-2

Teacher's Edition ISBN: 978-1-68005-191-9

Library of Congress Control Number: 2016949696

3 4 5 6 7 8 9 TC 21 20 19 18

Printed in Canada.

SENDEROS 1

Spanish for a Connected World

Table of Contents

	Contextos	Fotonovela
Lección 1 Hola, ¿qué tal?		
Lección 2 En la clase		
Lección 3 La familia		
Lección 4 Los pasatiempos		

Table of Contents

	Contextos	Fotonovela
Lección 5 Las vacaciones		
Lección 6 ¡De compras!		

Consulta (*Reference*)

Icons

Familiarize yourself with these icons that appear throughout **Senderos**.

🔊 Listening activity/section

👥 Pair activity

The Spanish-Speaking World

El mundo

- ● Países hispanohablantes
- ● Países con alto número de hispanohablantes

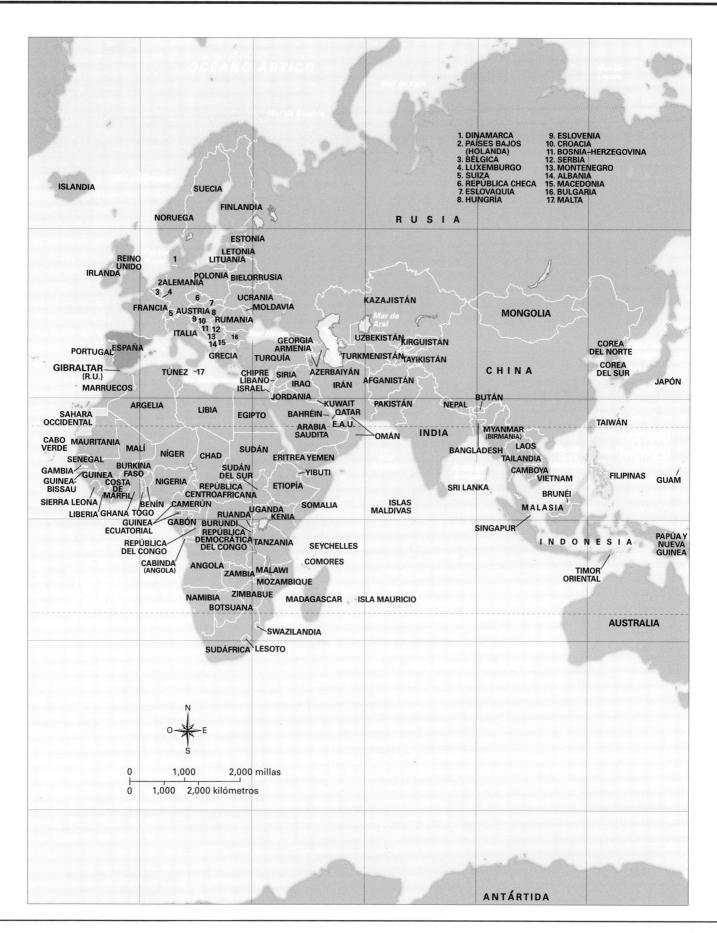

Mexico

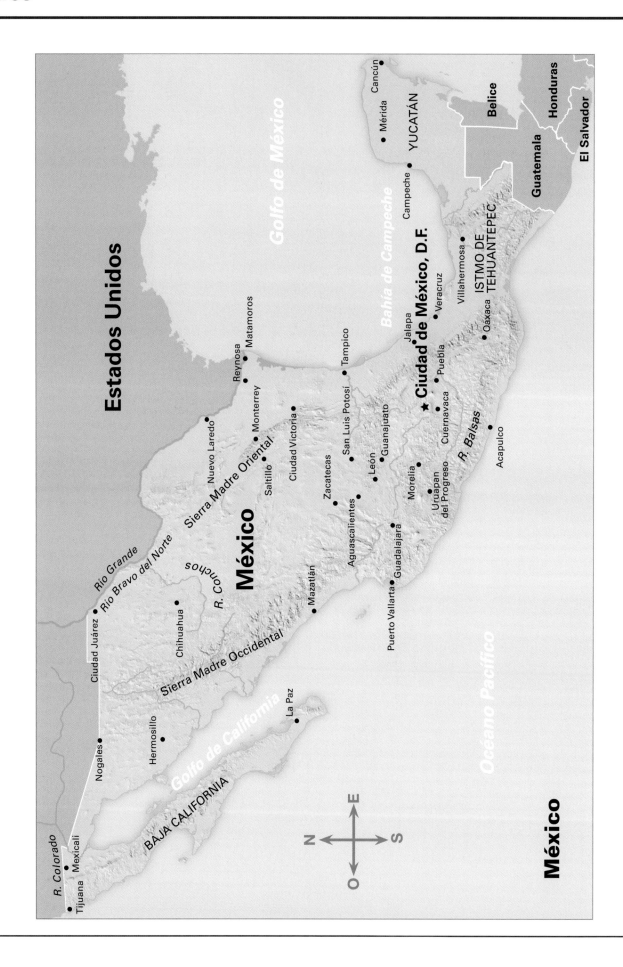

Central America and the Caribbean

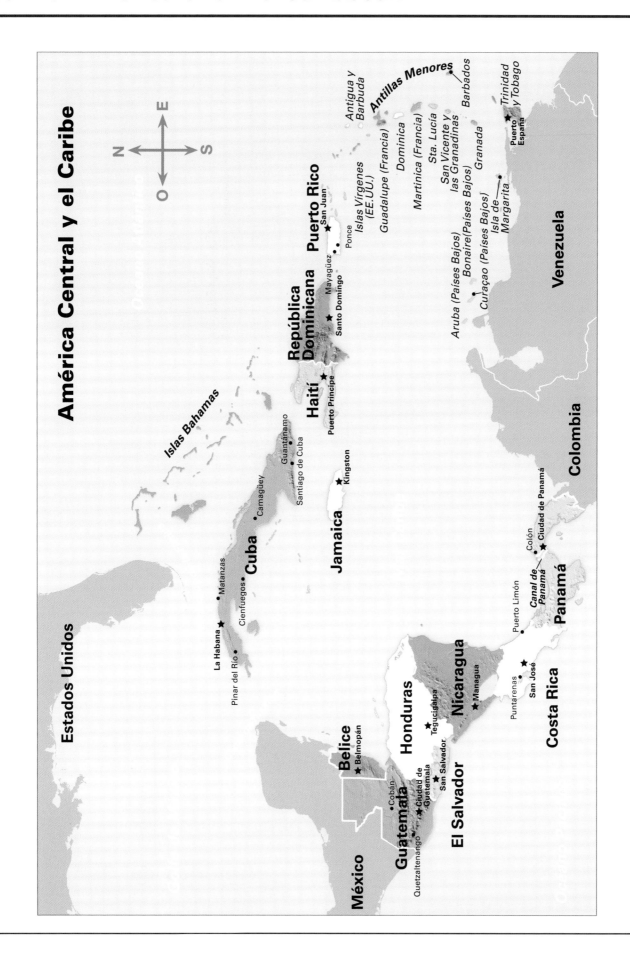

América Central y el Caribe

Estados Unidos

México

Islas Bahamas

Cuba
La Habana
Pinar del Río
Matanzas
Cienfuegos
Camagüey
Guantánamo
Santiago de Cuba

Jamaica
Kingston

Haití
Puerto Príncipe

República Dominicana
Santo Domingo

Puerto Rico
San Juan
Mayagüez
Ponce

Islas Vírgenes (EE.UU.)

Antigua y Barbuda

Antillas Menores

Guadalupe (Francia)
Dominica
Martinica (Francia)
Sta. Lucía
San Vicente y las Granadinas
Granada
Barbados

Trinidad y Tobago
Puerto España

Isla de Margarita

Aruba (Países Bajos)
Curaçao (Países Bajos)
Bonaire(Países Bajos)

Venezuela

Colombia

Belice
Belmopán

Guatemala
Quetzaltenango
Cobán
Ciudad de Guatemala

El Salvador
San Salvador

Honduras
Tegucigalpa

Nicaragua
Managua

Costa Rica
Puntarenas
San José
Puerto Limón

Panamá
Canal de Panamá
Colón
Ciudad de Panamá

Océano Atlántico

N   E   O   S

South America

Mar Caribe

Barranquilla
Maracaibo
Caracas
Puerto España
Trinidad y Tobago

Venezuela

Medellín
Bogotá
Colombia
Cali

Georgetown
Guyana
Paramaribo
Cayena
Surinam
Guayana Francesa

R. Orinoco

Pasto

Quito
Ecuador
Guayaquil

Iquitos

R. Negro

R. Amazonas

Belém

Manaus

R. Madeira

Perú

Cordillera de los Andes

Lima
Cuzco
Lago Titicaca

Recife

Brasil

Brasilia

Arequipa
La Paz
Bolivia
Sucre

Arica

Salvador

Iquique

Océano Pacífico

Antofagasta

Salta

Paraguay
Asunción

R. Paraguay

R. Paraná

Belo Horizonte

São Paulo
Rio de Janeiro
Santos

Chile

R. Paraná

R. Uruguay

Pôrto Alegre

Valparaíso
Mendoza
Córdoba
Rosario

Santiago

Buenos Aires
Uruguay
Montevideo

Océano Atlántico

Concepción

Argentina

Cordillera de los Andes

Bahía Blanca

Puerto Montt

Estrecho de Magallanes

Islas Malvinas

Punta Arenas

Tierra del Fuego

América del Sur

N
O   E
S

Islas Galápagos

Océano Pacífico

Isla Pinta
Isla Marchena
Isla Genovesa

Isla Isabela

Línea ecuatorial

Volcán Darwin
Isla Santiago (San Salvador)

Isla Fernandina

Puerto Ayora
Isla San Cristóbal
Isla Santa Cruz

Santo Tomás

Puerto Baquerizo Moreno

Isla Santa María
Isla Española

Spain

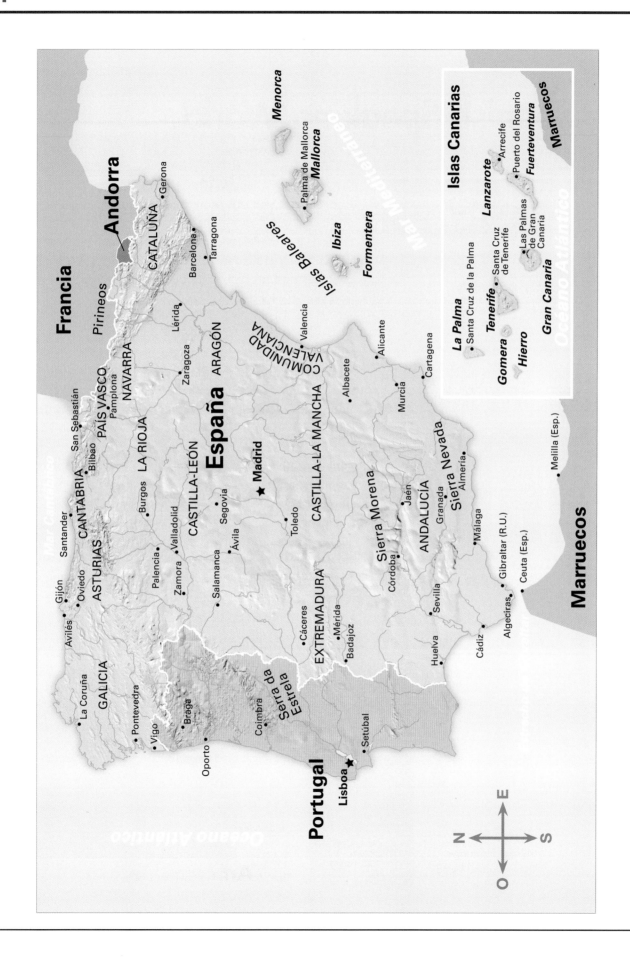

Francia

Andorra

Menorca

Islas Canarias

Marruecos

Lanzarote

Arrecife

Puerto del Rosario

Fuerteventura

Mar Mediterráneo

Pirineos

CATALUÑA
• Gerona

• Barcelona
• Tarragona

Palma de Mallorca
Mallorca

Islas Baleares

Ibiza

Formentera

La Palma
• Santa Cruz de la Palma

Tenerife
• Santa Cruz de Tenerife

Gomera

Hierro

Las Palmas de Gran Canaria

Gran Canaria

Océano Atlántico

NAVARRA

• Lérida

• Zaragoza

ARAGÓN

COMUNIDAD VALENCIANA

• Valencia

• Alicante

• Cartagena

PAÍS VASCO
• Pamplona

• San Sebastián

España

• Albacete

• Murcia

Melilla (Esp.)

LA RIOJA

• Bilbao

CANTABRIA

• Santander

Mar Cantábrico

ASTURIAS

CASTILLA-LEÓN

• Burgos

• Valladolid

• Palencia

• Segovia

• Ávila

★ Madrid

• Toledo

CASTILLA-LA MANCHA

Sierra Morena

Sierra Nevada

• Jaén

• Granada

• Almería

ANDALUCÍA

• Málaga

Gibraltar (R.U.)

Ceuta (Esp.)

• Córdoba

• Sevilla

• Algeciras

• Cádiz

Marruecos

• Gijón

• Oviedo

• Avilés

GALICIA

• La Coruña

• Pontevedra

• Vigo

• Zamora

• Salamanca

EXTREMADURA

• Cáceres

• Mérida

• Badajoz

• Huelva

• Oporto

• Braga

• Coimbra

Serra da Estrela

• Setúbal

★ Lisboa

Portugal

Océano Atlántico

N
E
S
O

The Spanish-Speaking World

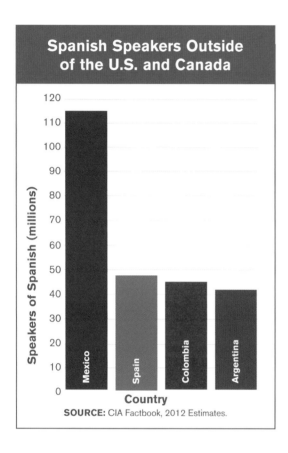

Spanish Speakers Outside of the U.S. and Canada

Speakers of Spanish (millions)

Country: Mexico, Spain, Colombia, Argentina

SOURCE: CIA Factbook, 2012 Estimates.

Do you know someone whose first language is Spanish? Chances are you do! More than approximately forty million people living in the U.S. speak Spanish; after English, it is the second most commonly spoken language in this country. It is the official language of twenty-two countries and an official language of the European Union and United Nations.

The Growth of Spanish

Have you ever heard of a language called Castilian? It's Spanish! The Spanish language as we know it today has its origins in a dialect called Castilian (castellano in Spanish). Castilian developed in the 9th century in north-central Spain, in a historic provincial region known as Old Castile. Castilian gradually spread towards the central region of New Castile, where it was adopted as the main language of commerce. By the 16th century, Spanish had become the official language of Spain and eventually, the country's role in exploration, colonization, and overseas trade led to its spread across Central and South America, North America, the Caribbean, parts of North Africa, the Canary Islands, and the Philippines.

Spanish in the United States

1500

1600

1700

16th Century
Spanish is the official language of Spain.

1565
The Spanish arrive in Florida and found St. Augustine.

1610
The Spanish found Santa Fe, today's capital of New Mexico, the state with the most Spanish speakers in the U.S.

Spanish in the United States

Spanish came to North America in the 16th century with the Spanish who settled in St. Augustine, Florida. Spanish-speaking communities flourished in several parts of the continent over the next few centuries. Then, in 1848, in the aftermath of the Mexican-American War, Mexico lost almost half its land to the United States, including portions of modern-day Texas, New Mexico, Arizona, Colorado, California, Wyoming, Nevada, and Utah. Overnight, hundreds of thousands of Mexicans became citizens of the United States, bringing with them their rich history, language, and traditions.

This heritage, combined with that of the other Hispanic populations that have immigrated to the United States over the years, has led to the remarkable growth of Spanish around the country. After English, it is the most commonly spoken language in 43 states. More than 12 million people in California alone claim Spanish as their first or "home" language.

You've made a popular choice by choosing to take Spanish in school. Not only is Spanish found and heard almost everywhere in the United States, but it is the most commonly taught foreign language in classrooms throughout the country! Have you heard people speaking Spanish in your community? Chances are that you've come across an advertisement, menu, or magazine that is in Spanish. If you look around, you'll find that Spanish can be found in some pretty common places. For example, most ATMs respond to users in both English and Spanish. News agencies and television stations such as CNN and Telemundo provide Spanish-language broadcasts. When you listen to the radio or download music from the Internet, some of the most popular choices are Latino artists who perform in Spanish. Federal government agencies such as the Internal Revenue Service and the Department of State provide services in both languages. Even the White House has an official Spanish-language webpage! Learning Spanish can create opportunities within your everyday life.

1800   1900   2015

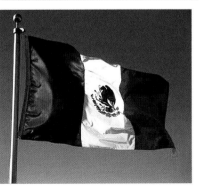

1848
Mexicans who choose to stay in the U.S. after the Mexican-American War become U.S. citizens.

1959
After the Cuban Revolution, thousands of Cubans emigrate to the U.S.

2015
Spanish is the 2nd most commonly spoken language in the U.S., with more than approximately 52.5 million speakers.

Why Study Spanish?

Learn an International Language

There are many reasons to learn Spanish, a language that has spread to many parts of the world and has along the way embraced words and sounds of languages as diverse as Latin, Arabic, and Nahuatl. Spanish has evolved from a medieval dialect of north-central Spain into the fourth most commonly spoken language in the world. It is the second language of choice among the majority of people in North America.

Understand the World Around You

Knowing Spanish can also open doors to communities within the United States, and it can broaden your understanding of the nation's history and geography. The very names Colorado, Montana, Nevada, and Florida are Spanish in origin. Just knowing their meanings can give you some insight into the landscapes for which the states are renowned. Colorado means "colored red;" Montana means "mountain;" Nevada is derived from "snow-capped mountain;" and Florida means "flowered." You've already been speaking Spanish whenever you talk about some of these states!

State Name	Meaning in Spanish
Colorado	"colored red"
Florida	"flowered"
Montana	"mountain"
Nevada	"snow-capped mountain"

Connect with the World

Learning Spanish can change how you view the world. While you learn Spanish, you will also explore and learn about the origins, customs, art, music, and literature of people in close to two dozen countries. When you travel to a Spanish-speaking country, you'll be able to converse freely with the people you meet. And whether in the U.S., Canada, or abroad, you'll find that speaking to people in their native language is the best way to bridge any culture gap.

Why Study Spanish?

Expand Your Skills

Studying a foreign language can improve your ability to analyze and interpret information and help you succeed in many other subject areas. When you first begin learning Spanish, your studies will focus mainly on reading, writing, grammar, listening, and speaking skills. You'll be amazed at how the skills involved with learning how a language works can help you succeed in other areas of study. Many people who study a foreign language claim that they gained a better understanding of English. Spanish can even help you understand the origins of many English words and expand your own vocabulary in English. Knowing Spanish can also help you pick up other related languages, such as Italian, Portuguese, and French. Spanish can really open doors for learning many other skills in your school career.

Explore Your Future

How many of you are already planning your future careers? Employers in today's global economy look for workers who know different languages and understand other cultures. Your knowledge of Spanish will make you a valuable candidate for careers abroad as well as in the United States or Canada. Doctors, nurses, social workers, hotel managers, journalists, businessmen, pilots, flight attendants, and many other professionals need to know Spanish or another foreign language to do their jobs well.

How to Learn Spanish

Start with the Basics!

As with anything you want to learn, start with the basics and remember that learning takes time! The basics are vocabulary, grammar, and culture.

Vocabulary | Every new word you learn in Spanish will expand your vocabulary and ability to communicate. The more words you know, the better you can express yourself. Focus on sounds and think about ways to remember words. Use your knowledge of English and other languages to figure out the meaning of and memorize words like **conversación, teléfono, oficina, clase,** and **música**.

Grammar | Grammar helps you put your new vocabulary together. By learning the rules of grammar, you can use new words correctly and speak in complete sentences. As you learn verbs and tenses, you will be able to speak about the past, present, or future, express yourself with clarity, and be able to persuade others with your opinions. Pay attention to structures and use your knowledge of English grammar to make connections with Spanish grammar.

Culture | Culture provides you with a framework for what you may say or do. As you learn about the culture of Spanish-speaking communities, you'll improve your knowledge of Spanish. Think about a word like **salsa**, and how it connects to both food and music. Think about and explore customs observed on **Nochevieja** (New Year's Eve) or at a **fiesta de quince años** (a girl's fifteenth birthday party). Watch people greet each other or say good-bye. Listen for idioms and sayings that capture the spirit of what you want to communicate!

Teenagers celebrating at a **fiesta de quince años**.

Listen, Speak, Read, and Write

Listening | Listen for sounds and for words you can recognize. Listen for inflections and watch for key words that signal a question such as **cómo** (*how*), **dónde** (*where*), or **qué** (*what*). Get used to the sound of Spanish. Play Spanish pop songs or watch Spanish movies. Borrow audiobooks from your local library, or try to visit places in your community where Spanish is spoken. Don't worry if you don't understand every single word. If you focus on key words and phrases, you'll get the main idea. The more you listen, the more you'll understand!

Speaking | Practice speaking Spanish as often as you can. As you talk, work on your pronunciation, and read aloud texts so that words and sentences flow more easily. Don't worry if you don't sound like a native speaker, or if you make some mistakes. Time and practice will help you get there. Participate actively in Spanish class. Try to speak Spanish with classmates, especially native speakers (if you know any), as often as you can.

Reading | Pick up a Spanish-language newspaper or a pamphlet on your way to school, read the lyrics of a song as you listen to it, or read books you've already read in English translated into Spanish. Use reading strategies that you know to understand the meaning of a text that looks unfamiliar. Look for cognates, or words that are related in English and Spanish, to guess the meaning of some words. Read as often as you can, and remember to read for fun!

Writing | It's easy to write in Spanish if you put your mind to it. And remember that Spanish spelling is phonetic, which means that once you learn the basic rules of how letters and sounds are related, you can probably become an expert speller in Spanish! Write for fun—make up poems or songs, write e-mails or instant messages to friends, or start a journal or blog in Spanish.

Tips for Learning Spanish

Practice, practice, practice!

Seize every opportunity you find to listen, speak, read, or write Spanish. Think of it like a sport or learning a musical instrument—the more you practice, the more you will become comfortable with the language and how it works. You'll marvel at how quickly you can begin speaking Spanish and how the world that it transports you to can change your life forever!

- Listen to Spanish radio shows and podcasts. Write down words that you can't recognize or don't know and look up the meaning.

- Watch Spanish TV shows, movies, or YouTube clips. Read subtitles to help you grasp the content.

- Read Spanish-language newspapers, magazines, or blogs.

- Listen to Spanish songs that you like —anything from Shakira to a traditional mariachi melody. Sing along and concentrate on your pronunciation.

- Seek out Spanish speakers. Look for neighborhoods, markets, or cultural centers where Spanish might be spoken in your community. Greet people, ask for directions, or order from a menu at a Mexican restaurant in Spanish.

- Pursue language exchange opportunities (**intercambio cultural**) in your school or community. Try to join language clubs or cultural societies, and explore opportunities for studying abroad or hosting a student from a Spanish-speaking country in your home or school.

- Connect your learning to everyday experiences. Think about naming the ingredients of your favorite dish in Spanish. Think about the origins of Spanish place names in the U.S., like Cape Canaveral and Sacramento, or of common English words like *adobe, chocolate, mustang, tornado,* and *patio.*

- Use mnemonics, or a memorizing device, to help you remember words. Make up a saying in English to remember the order of the days of the week in Spanish (L, M, M, J, V, S, D).

- Visualize words. Try to associate words with images to help you remember meanings. For example, think of a **paella** as you learn the names of different types of seafood or meat. Imagine a national park and create mental pictures of the landscape as you learn names of animals, plants, and habitats.

- Enjoy yourself! Try to have as much fun as you can learning Spanish. Take your knowledge beyond the classroom and make the learning experience your own.

Useful Spanish Expressions

The following expressions will be very useful in getting you started learning Spanish. You can use them in class to check your understanding or to ask and answer questions about the lessons. Read En las **instrucciones** ahead of time to help you understand direction lines in Spanish, as well as your teacher's instructions. Remember to practice your Spanish as often as you can!

Expresiones útiles *Useful expressions*

¿Cómo se dice _____ en español?	*How do you say _____ in Spanish?*
¿Cómo se escribe _____?	*How do you spell _____?*
¿Comprende(n)?	*Do you understand?*
Con permiso.	*Excuse me.*
De acuerdo.	*Okay.*
De nada.	*You're welcome.*
¿De veras?	*Really?*
¿En qué página estamos?	*What page are we on?*
Enseguida.	*Right away.*
Más despacio, por favor.	*Slower, please.*
Muchas gracias.	*Thanks a lot.*
No entiendo.	*I don't understand.*
No sé.	*I don't know.*
Perdone.	*Excuse me.*
Pista	*Clue*
Por favor.	*Please.*
Por supuesto.	*Of course.*
¿Qué significa _____?	*What does _____ mean?*
Repite, por favor.	*Please repeat.*
Tengo una pregunta.	*I have a question.*
¿Tiene(n) alguna pregunta?	*Do you have questions?*
Vaya(n) a la página dos.	*Go to page 2.*

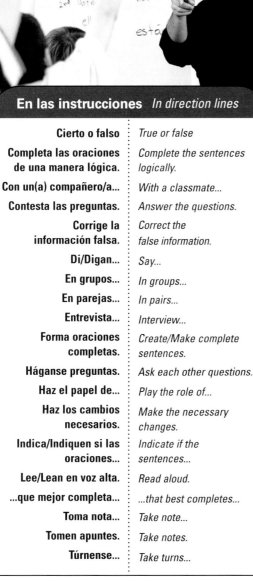

En las instrucciones *In direction lines*

Cierto o falso	*True or false*
Completa las oraciones de una manera lógica.	*Complete the sentences logically.*
Con un(a) compañero/a...	*With a classmate...*
Contesta las preguntas.	*Answer the questions.*
Corrige la información falsa.	*Correct the false information.*
Di/Digan...	*Say...*
En grupos...	*In groups...*
En parejas...	*In pairs...*
Entrevista...	*Interview...*
Forma oraciones completas.	*Create/Make complete sentences.*
Háganse preguntas.	*Ask each other questions.*
Haz el papel de...	*Play the role of...*
Haz los cambios necesarios.	*Make the necessary changes.*
Indica/Indiquen si las oraciones...	*Indicate if the sentences...*
Lee/Lean en voz alta.	*Read aloud.*
...que mejor completa...	*...that best completes...*
Toma nota...	*Take note...*
Tomen apuntes.	*Take notes.*
Túrnense...	*Take turns...*

Common Names

Get started learning Spanish by using a Spanish name in class. You can choose from the lists on these pages, or you can find one yourself. How about learning the Spanish equivalent of your name? The most popular Spanish female names are Lucía, María, Paula, Sofía, and Valentina. The most popular male names in Spanish are Alejandro, Daniel, David, Mateo, and Santiago. Is your name, or that of someone you know, in the Spanish top five?

Más nombres masculinos	Más nombres femeninos
Alfonso	Alicia
Antonio (Toni)	Beatriz (Bea, Beti, Biata)
Carlos	Blanca
César	Carolina (Carol)
Diego	Claudia
Ernesto	Diana
Felipe	Emilia
Francisco (Paco)	Irene
Guillermo	Julia
Ignacio (Nacho)	Laura
Javier (Javi)	Leonor
Leonardo	Liliana
Luis	Lourdes
Manolo	Margarita (Marga)
Marcos	Marta
Oscar (Óscar)	Noelia
Rafael (Rafa)	Patricia
Sergio	Rocío
Vicente	Verónica

Los 5 nombres masculinos más populares	Los 5 nombres femeninos más populares
Alejandro	Lucía
Daniel	María
David	Paula
Mateo	Sofía
Santiago	Valentina

Hola, ¿qué tal?

1

A PRIMERA VISTA
• Guess what the people on the photo are saying:
  a. Adiós. b. Hola. c. salsa
• Most likely they would also say:
  a. Gracias. b. fiesta c. Buenos días.
• The women are:
  a. amigas b. chicos c. señores

Hola, ¿qué tal?

Más vocabulario

Buenos días.	*Good morning.*
Buenas noches.	*Good evening; Good night.*
Hasta la vista.	*See you later.*
Hasta pronto.	*See you soon.*
¿Cómo se llama usted?	*What's your name? (form.)*
Le presento a…	*I would like to introduce you to (name). (form.)*
Te presento a…	*I would like to introduce you to (name). (fam.)*
el nombre	*name*
¿Cómo estás?	*How are you? (fam.)*
No muy bien.	*Not very well.*
¿Qué pasa?	*What's happening?; What's going on?*
por favor	*please*
De nada.	*You're welcome.*
No hay de qué.	*You're welcome.*
Lo siento.	*I'm sorry.*
Gracias.	*Thank you; Thanks.*
Muchas gracias.	*Thank you very much; Thanks a lot.*

Variación léxica

Items are presented for recognition purposes only.

Buenos días.	⟷	Buenas.
De nada.	⟷	A la orden.
Lo siento.	⟷	Perdón.
¿Qué tal?	⟷	¿Qué hubo? *(Col.)*
Chau	⟷	Ciao; Chao

1

ELENA Patricia, le presento a Jorge Perales.
PATRICIA Encantada.
SEÑOR PERALES Igualmente. ¿De dónde es usted, señorita?
PATRICIA Soy de México. ¿Y usted?
SEÑOR PERALES De Puerto Rico.

2

TOMÁS ¿Qué tal, Alberto?
ALBERTO Regular. ¿Y tú?
TOMÁS Bien. ¿Qué hay de nuevo?
ALBERTO Nada.

3

SEÑOR VARGAS Buenas tardes, señora Wong. ¿Cómo está usted?
SEÑORA WONG Muy bien, gracias. ¿Y usted, señor Vargas?
SEÑOR VARGAS Bien, gracias.
SEÑORA WONG Hasta mañana, señor Vargas. Saludos a la señora Vargas.
SEÑOR VARGAS Adiós.

AYUDA

In Spanish, people can be addressed either formally or informally. Dialogues 1 and 3 are formal exchanges and use **usted** (*you*) forms. Dialogues 2, 4, and 5 are informal and use the familiar **tú** (*you*) form or other informal expressions. You will learn more about this in **Estructura 1.3**.

4

BERTA Hasta luego, Tere.
TERESA Chau, Berta. Nos vemos mañana.

5

CARMEN Buenas tardes. Me llamo Carmen.
¿Cómo te llamas tú?
ANTONIO Buenas tardes. Me llamo Antonio.
Mucho gusto.
CARMEN El gusto es mío. ¿De dónde eres?
ANTONIO Soy de los Estados Unidos,
de California.

Práctica

1 **Escuchar** Listen to each question or statement, then choose the correct response.

1. a. Muy bien, gracias.   b. Me llamo Graciela.
2. a. Lo siento.   b. Mucho gusto.
3. a. Soy de Puerto Rico.   b. No muy bien.
4. a. No hay de qué.   b. Regular.
5. a. Mucho gusto.   b. Hasta pronto.
6. a. Nada.   b. Igualmente.
7. a. Me llamo Guillermo Montero.   b. Muy bien, gracias.
8. a. Buenas tardes. ¿Cómo estás?   b. El gusto es mío.
9. a. Saludos a la Sra. Ramírez.   b. Encantada.
10. a. Adiós.   b. Regular.

2 **Identificar** You will hear a series of expressions. Identify the expression (**a**, **b**, **c**, or **d**) that does not belong in each series.

1. ____   3. ____
2. ____   4. ____

3 **Escoger** For each expression, write another word or phrase that expresses a similar idea.

> **modelo**
> ¿Cómo estás? *¿Qué tal?*

1. De nada.   4. Hasta la vista.
2. Encantado.   5. Mucho gusto.
3. Adiós.

4 **Ordenar** Put this scrambled conversation in order.

—Muy bien, gracias. Soy Rosabel.
—Soy de México. ¿Y tú?
—Mucho gusto, Rosabel.
—Hola. Me llamo Carlos. ¿Cómo estás?
—Soy de Argentina.
—Igualmente. ¿De dónde eres, Carlos?

CARLOS _____

ROSABEL _____

CARLOS _____

ROSABEL _____

CARLOS _____

ROSABEL _____

5 **Completar** Complete these dialogues.

> **modelo**
>
> ¿Cómo estás?
> Muy bien, gracias.

1. — _____
   — Buenos días. ¿Qué tal?

2. — _____
   — Me llamo Carmen Sánchez.

3. — _____
   — De Canadá.

4. — Te presento a Marisol.
   — _____

5. — Gracias.
   — _____

6. — _____
   — Regular.

7. — _____
   — Nada.

8. — ¡Hasta la vista!
   — _____

6 **Cambiar** Correct the second part of each conversation to make it logical.

> **modelo**
>
> ¿Qué tal?
> ~~No hay de qué.~~ Bien. ¿Y tú?

1. — Hasta mañana, señora Ramírez. Saludos al señor Ramírez.
   — *Muy bien, gracias.*

2. — ¿Qué hay de nuevo, Alberto?
   — *Sí, me llamo Alberto. ¿Cómo te llamas tú?*

3. — Gracias, Tomás.
   — *Regular. ¿Y tú?*

4. — Miguel, te presento a la señorita Perales.
   — *No hay de qué, señorita.*

5. — ¿De dónde eres, Antonio?
   — *Muy bien, gracias. ¿Y tú?*

6. — ¿Cómo se llama usted?
   — *El gusto es mío.*

7. — ¿Qué pasa?
   — *Hasta luego, Alicia.*

8. — Buenas tardes, señor. ¿Cómo está usted?
   — *Soy de Puerto Rico.*

¡LENGUA VIVA!

The titles **señor,
señora**, and **señorita**
are abbreviated
Sr., Sra., and **Srta.**
Note that these
abbreviations are
capitalized, while
the titles themselves
are not.

• • •

There is no Spanish
equivalent for the
English title *Ms.;*
women are addressed
as **señora** or **señorita**.

Comunicación

7

Diálogos With a partner, complete and role-play these conversations.

Conversación 1

—Hola. Me llamo Teresa. ¿Cómo te llamas tú?

—_____

—Soy de Puerto Rico. ¿Y tú?

—_____

Conversación 2

—_____

—Muy bien, gracias. ¿Y usted, señora López?

—_____

—Hasta luego, señora. Saludos al señor López.

—_____

Conversación 3

—_____

—Regular. ¿Y tú?

—_____

—Nada.

8 **Conversaciones** This is the first day of class. Write four short conversations based on what the people in this scene would say.

9 **Situaciones** With a partner, role-play these situations.

1. On your way to the library, you strike up a conversation with another student. You find out the student's name and where he or she is from before you say goodbye.
2. At the library you meet up with a friend and find out how he or she is doing.
3. As you're leaving the library, you see your friend's father, Mr. Sánchez. You say hello and send greetings to Mrs. Sánchez.
4. Make up a real-life situation that you and your partner can role-play with the language you've learned.

Bienvenida, Marissa

Marissa llega a México para pasar un año con la familia Díaz.

PERSONAJES

 MARISSA   SRA. DÍAZ

MARISSA ¿Usted es de Cuba?

SRA. DÍAZ Sí, de La Habana. Y Roberto es de Mérida. Tú eres de Wisconsin, ¿verdad?

MARISSA Sí, de Appleton, Wisconsin.

MARISSA ¿Quiénes son los dos chicos de las fotos? ¿Jimena y Felipe?

SRA. DÍAZ Sí. Ellos son estudiantes.

DON DIEGO ¿Cómo está usted hoy, señora Carolina?

SRA. DÍAZ Muy bien, gracias. ¿Y usted?

DON DIEGO Bien, gracias.

DON DIEGO Buenas tardes, señora. Señorita, bienvenida a la Ciudad de México.

MARISSA ¡Muchas gracias!

MARISSA ¿Cómo se llama usted?

DON DIEGO Yo soy Diego. Mucho gusto.

MARISSA El gusto es mío, don Diego.

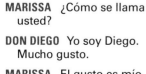

SRA. DÍAZ Ahí hay dos maletas. Son de Marissa.

DON DIEGO Con permiso.

DON DIEGO
 SR. DÍAZ
 FELIPE
 JIMENA

SR. DÍAZ ¿Qué hora es?
FELIPE Son las cuatro y veinticinco.

SRA. DÍAZ Marissa, te presento a Roberto, mi esposo.
SR. DÍAZ Bienvenida, Marissa.
MARISSA Gracias, señor Díaz.

JIMENA ¿Qué hay en esta cosa?
MARISSA Bueno, a ver, hay tres cuadernos, un mapa... ¡Y un diccionario!
JIMENA ¿Cómo se dice mediodía en inglés?
FELIPE "Noon".

FELIPE Estás en México, ¿verdad?
MARISSA ¿Sí?
FELIPE Nosotros somos tu diccionario.

Expresiones útiles

Identifying yourself and others
¿Cómo se llama usted?
What's your name?
Yo soy Diego, el portero. Mucho gusto.
I'm Diego, the doorman. Nice to meet you.
¿Cómo te llamas?
What's your name?
Me llamo Marissa.
My name is Marissa.
¿Quién es...? / ¿Quiénes son...?
Who is...? / Who are...?
Es mi esposo.
He's my husband.
Tú eres..., ¿verdad?/¿cierto?/¿no?
You are..., right?

Identifying objects
¿Qué hay en esta cosa?
What's in this thing?
Bueno, a ver, aquí hay tres cuadernos...
Well, let's see, here are three notebooks...
Oye/Oiga, ¿cómo se dice *suitcase* en español?
Hey, how do you say suitcase in Spanish?
Se dice *maleta*.
You say maleta.

Saying what time it is
¿Qué hora es?
What time is it?
Es la una. / Son las dos.
It's one o'clock. / It's two o'clock.
Son las cuatro y veinticinco.
It's four twenty-five.

Polite expressions
Con permiso.
Pardon me; Excuse me. (to request permission)
Perdón.
Pardon me; Excuse me. (to get someone's attention or excuse yourself)
¡Bienvenido/a! *Welcome!*

¿Qué pasó?

1   **¿Cierto o falso?**   Indicate if each statement is **cierto** or **falso**. Then correct the false statements.

	Cierto	Falso
1. La Sra. Díaz es de Caracas.	○	○
2. El Sr. Díaz es de Mérida.	○	○
3. Marissa es de Los Ángeles, California.	○	○
4. Jimena y Felipe son profesores.	○	○
5. Las dos maletas son de Jimena.	○	○
6. El Sr. Díaz pregunta "¿qué hora es?".	○	○
7. Hay un diccionario en la mochila (*backpack*) de Marissa.	○	○

2   **Identificar**   Indicate which person would make each statement. One name will be used twice.

1. Son las cuatro y veinticinco, papá.
2. Roberto es mi esposo.
3. Yo soy de Wisconsin, ¿de dónde es usted?
4. ¿Qué hay de nuevo, doña Carolina?
5. Yo soy de Cuba.
6. ¿Qué hay en la mochila, Marissa?

MARISSA

FELIPE

SRA. DÍAZ

DON DIEGO

JIMENA

3   **Completar**   Complete the conversation between Don Diego and Marissa.

DON DIEGO   Hola, (1)_____.

MARISSA   Hola, señor. ¿Cómo se (2)_____ usted?

DON DIEGO   Yo me llamo Diego, ¿y (3)_____?

MARISSA   Yo me llamo Marissa. (4)_____.

DON DIEGO   (5)_____, señorita Marissa.

MARISSA   Nos (6)_____, don Diego.

DON DIEGO   Hasta (7)_____, señorita Marissa.

4   **Conversar**   Imagine that you are chatting with a traveler you just met at the airport. With a partner, prepare a conversation using these cues.

Estudiante 1	Estudiante 2
Say "good afternoon" to your partner and ask for his or her name.	→ Say hello and what your name is. Then ask what your partner's name is.
Say what your name is and that you are glad to meet your partner.	→ Say that the pleasure is yours.
Ask how your partner is.	→ Say that you're doing well, thank you.
Ask where your partner is from.	→ Say where you're from.
Say it's one o'clock and say goodbye.	→ Say goodbye.

Pronunciación ◁))
The Spanish alphabet

The Spanish and English alphabets are almost identical, with a few exceptions. For example, the Spanish letter **ñ (eñe)** doesn't occur in the English alphabet. Furthermore, the letters **k (ka)** and **w (doble ve)** are used only in words of foreign origin. Examine the chart below to find other differences.

¡LENGUA VIVA!

Note that **ch** and **ll** are digraphs, or two letters that together produce one sound. Conventionally they have been considered part of the alphabet, but **ch** and **ll** do not have their own entries when placing words in alphabetical order, as in a glossary.

AYUDA

The letter combination **rr** produces a strong trilled sound which does not have an English equivalent. English speakers commonly make this sound when imitating the sound of a motor. This sound occurs with the **rr** between vowels and with the **r** at the beginning of a word: **puertorriqueño, terrible, Roberto,** etc. See **Lección 7**, p. 233 for more information.

Letra	Nombre(s)	Ejemplos	Letra	Nombre(s)	Ejemplos
a	a	adiós	m	eme	mapa
b	be	bien, problema	n	ene	nacionalidad
c	ce	cosa, cero	ñ	eñe	mañana
ch	che	chico	o	o	once
d	de	diario, nada	p	pe	profesor
e	e	estudiante	q	cu	qué
f	efe	foto	r	ere	regular, señora
g	ge	gracias, Gerardo, regular	s	ese	señor
			t	te	tú
h	hache	hola	u	u	usted
i	i	igualmente	v	ve	vista, nuevo
j	jota	Javier	w	doble ve	walkman
k	ka, ca	kilómetro	x	equis	existir, México
l	ele	lápiz	y	i griega, ye	yo
ll	elle	llave	z	zeta, ceta	zona

El alfabeto Repeat the Spanish alphabet and example words after your teacher.

Práctica Spell these words aloud in Spanish.

1. nada
2. maleta
3. quince
4. muy
5. hombre
6. por favor
7. San Fernando
8. Estados Unidos
9. Puerto Rico
10. España
11. Javier
12. Ecuador
13. Maite
14. gracias
15. Nueva York

Refranes Read these sayings aloud

Ver es creer.[1]

En boca cerrada no entran moscas.[2]

1 Seeing is believing.
2 Silence is golden.

Saludos y besos en los países hispanos

In Spanish-speaking countries, kissing on the cheek is a customary way to greet friends and family members. Even when people are introduced for the first time, it is common for them to kiss, particularly in non-business settings. Whereas North Americans maintain considerable personal space when greeting, Spaniards and Latin Americans tend to decrease their personal space and give one or two kisses (**besos**) on the cheek, sometimes accompanied by a handshake or a hug. In formal business settings, where associates do not know one another on a personal level, a simple handshake is appropriate.

Greeting someone with a **beso** varies according to gender and region. Men generally greet each other with a hug or warm handshake, with the exception of Argentina, where male friends and relatives lightly kiss on the cheek. Greetings between men and women, and between women, generally include kissing, but can differ depending on the country and context. In Spain, it is customary to give **dos besos**, starting with the right cheek first. In Latin American countries, including Mexico, Costa Rica, Colombia, and Chile, a greeting consists of a single "air kiss" on the right cheek. Peruvians also "air kiss," but  strangers will simply shake hands. In Colombia, female acquaintances tend to simply pat each other on the right forearm or shoulder.

Tendencias

País	Beso	País	Beso
Argentina	💋	España	💋💋
Bolivia	💋	México	💋
Chile	💋	Paraguay	💋💋
Colombia	💋	Puerto Rico	💋
El Salvador	💋	Venezuela	💋/💋💋

1 **¿Cierto o falso?** Indicate whether these statements are true (**cierto**) or false (**falso**). Correct the false statements.

1. In Spanish-speaking countries, people use less personal space when greeting than in the U.S.

2. Men never greet with a kiss in Spanish-speaking countries.

3. Shaking hands is not appropriate for a business setting in Latin America.

4. Spaniards greet with one kiss on the right cheek.

5. In Mexico, people greet with an "air kiss."

6. Gender can play a role in the type of greeting given.

7. If two women acquaintances meet in Colombia, they should exchange two kisses on the cheek.

8. In Peru, a man and a woman meeting for the first time would probably greet each other with an "air kiss."

ASÍ SE DICE

Saludos y despedidas

¿Cómo te/le va?	How are things going (for you)?
¡Cuánto tiempo!	It's been a long time!
Hasta ahora.	See you soon.
¿Qué hay?	What's new?
¿Qué onda? (Méx., Arg., Chi.); ¿Qué más? (Ven., Col.)	What's going on?

EL MUNDO HISPANO

Parejas y amigos famosos

Here are some famous couples and friends from the Spanish-speaking world.

- **Penélope Cruz** (España) y **Javier Bardem** (España) Both Oscar-winning actors, the couple married in 2010. They starred together in *Vicky Cristina Barcelona* (2008).

- **Gael García Bernal** (México) y **Diego Luna** (México) These lifelong friends became famous when they starred in the 2001 Mexican film  *Y tu mamá también*. They continue to work together on projects, such as the 2012 film *Casa de mi padre.*

- **Salma Hayek** (México) y **Penélope Cruz** (España) These two close friends developed their acting skills in their home countries before meeting in Hollywood.

PERFIL

La plaza principal

In the Spanish-speaking world, public space is treasured. Small city and town life revolves around the **plaza principal**. Often surrounded by cathedrals or municipal buildings like the **ayuntamiento** (*city hall*), the pedestrian **plaza** is designated as a central meeting place for family and friends. During warmer months, when outdoor cafés usually line the **plaza**, it is

La Plaza Mayor de Salamanca

a popular spot to have a leisurely cup of coffee, chat, and people watch. Many town festivals, or **ferias**, also take place in this space. One of the most famous town squares

La Plaza de Armas, Lima, Perú

is the **Plaza Mayor** in the university town of Salamanca, Spain. Students gather underneath its famous clock tower to meet up with friends or simply take a coffee break.

Conexión Internet

What are the **plazas principales** in large cities such as Mexico City and Caracas?

Use the Web to find more cultural information related to this **Cultura** section.

ACTIVIDADES

2 Comprensión Answer these questions.
1. What are two types of buildings found on the **plaza principal**?
2. What two types of events or activities are common at a **plaza principal**?
3. How would Diego Luna greet his friends?
4. Would Salma Hayek and Gael García Bernal greet each other with one kiss or two?

3 Saludos Role-play these greetings with a partner.
1. friends in Mexico
2. business associates at a conference in Chile
3. friends meeting in Madrid's Plaza Mayor
4. Peruvians meeting for the first time
5. relatives in Argentina

1.1 Nouns and articles

Spanish nouns

ANTE TODO A noun is a word used to identify people, animals, places, things, or ideas. Unlike English, all Spanish nouns, even those that refer to non-living things, have gender; that is, they are considered either masculine or feminine. As in English, nouns in Spanish also have number, meaning that they are either singular or plural.

Nouns that refer to living things

Masculine nouns		Feminine nouns	
el hombre	*the man*	**la mujer**	*the woman*
ending in –o		*ending in –a*	
el chico	*the boy*	**la chica**	*the girl*
el pasajero	*the (male) passenger*	**la pasajera**	*the (female) passenger*
ending in –or		*ending in –ora*	
el conductor	*the (male) driver*	**la conductora**	*the (female) driver*
el profesor	*the (male) teacher*	**la profesora**	*the (female) teacher*
ending in –ista		*ending in –ista*	
el turista	*the (male) tourist*	**la turista**	*the (female) tourist*

▶ Generally, nouns that refer to males, like **el hombre**, are masculine, while nouns that refer to females, like **la mujer**, are feminine.

▶ Many nouns that refer to male beings end in **–o** or **–or**. Their corresponding feminine forms end in **–a** and **–ora**, respectively.

el conductor

la profesora

▶ The masculine and feminine forms of nouns that end in **–ista**, like **turista**, are the same, so gender is indicated by the article **el** (masculine) or **la** (feminine). Some other nouns have identical masculine and feminine forms.

el joven	**la** joven
the young man	*the young woman*
el estudiante	**la** estudiante
the (male) student	*the (female) student*

Nouns that refer to non-living things

Masculine nouns

ending in –o

el cuaderno	the notebook
el diario	the diary
el diccionario	the dictionary
el número	the number
el video	the video

ending in –ma

el problema	the problem
el programa	the program

ending in –s

el autobús	the bus
el país	the country

Feminine nouns

ending in –a

la computadora	the computer
la cosa	the thing
la escuela	the school
la maleta	the suitcase
la palabra	the word

ending in –ción

la lección	the lesson
la conversación	the conversation

ending in –dad

la nacionalidad	the nationality
la comunidad	the community

¡LENGUA VIVA!

The Spanish word for *video* can be pronounced with the stress on the **i** or the **e**. For that reason, you might see the word written with or without an accent: **video** or **vídeo**.

▶ As shown above, certain noun endings are strongly associated with a specific gender, so you can use them to determine if a noun is masculine or feminine.

▶ Because the gender of nouns that refer to non-living things cannot be determined by foolproof rules, you should memorize the gender of each noun you learn. It is helpful to learn each noun with its corresponding article, **el** for masculine and **la** for feminine.

▶ Another reason to memorize the gender of every noun is that there are common exceptions to the rules of gender. For example, **el mapa** (*map*) and **el día** (*day*) end in **–a**, but are masculine. **La mano** (*hand*) ends in **–o**, but is feminine.

Plural of nouns

▶ To form the plural, add **–s** to nouns that end in a vowel. For nouns that end in a consonant, add **–es**. For nouns that end in **z**, change the **z** to **c**, then add **–es**.

el chic**o** → los chic**os**		la nacionalida**d** → las nacionalida**des**	
el diari**o** → los diari**os**		el paí**s** → los paí**ses**	
el problem**a** → los problem**as**		el lápi**z** (*pencil*) → los lápi**ces**	

▶ In general, when a singular noun has an accent mark on the last syllable, the accent is dropped from the plural form.

la lecci**ón** → las lecci**ones**	el autob**ús** → los autob**uses**

CONSULTA

You will learn more about accent marks in **Lección 4, Pronunciación**, p. 123.

▶ Use the masculine plural form to refer to a group that includes both males and females.

1 pasajer**o** + 2 pasajer**as** = 3 pasajer**os**   2 chic**os** + 2 chic**as** = 4 chic**os**

Spanish articles

As you know, English often uses definite articles (*the*) and indefinite articles (*a, an*) before nouns. Spanish also has definite and indefinite articles. Unlike English, Spanish articles vary in form because they agree in gender and number with the nouns they modify.

Definite articles

▶ Spanish has four forms that are equivalent to the English definite article *the*. Use definite articles to refer to specific nouns.

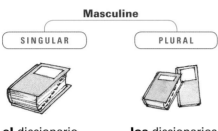

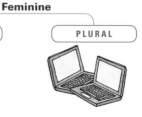

Masculine		Feminine	
SINGULAR	PLURAL	SINGULAR	PLURAL
el diccionario	**los** diccionarios	**la** computadora	**las** computadoras
the dictionary	*the dictionaries*	*the computer*	*the computers*

Indefinite articles

▶ Spanish has four forms that are equivalent to the English indefinite article, which according to context may mean *a, an,* or *some*. Use indefinite articles to refer to unspecified persons or things.

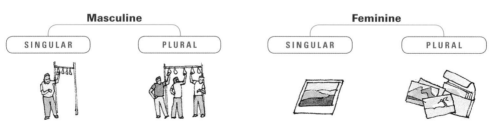

Masculine		Feminine	
SINGULAR	PLURAL	SINGULAR	PLURAL
un pasajero	**unos** pasajeros	**una** fotografía	**unas** fotografías
a (one) passenger	*some passengers*	*a (one) photograph*	*some photographs*

¡INTÉNTALO! Provide a definite article for each noun in the first column and an indefinite article for each noun in the second column.

¿el, la, los o las?

1. ____la____ chica
2. _____ chico
3. _____ maleta
4. _____ cuadernos
5. _____ lápiz
6. _____ mujeres

¿un, una, unos o unas?

1. ____un____ autobús
2. _____ escuelas
3. _____ computadora
4. _____ hombres
5. _____ señora
6. _____ lápices

Práctica

1 **¿Singular o plural?** If the word is singular, make it plural. If it is plural, make it singular.

1. el número
2. un diario
3. la estudiante
4. el conductor
5. el país
6. las cosas
7. unos turistas
8. las nacionalidades

9. unas computadoras
10. los problemas
11. una fotografía
12. los profesores
13. unas señoritas
14. el hombre
15. la maleta
16. la señora

2 **Identificar** For each drawing, provide the noun with its corresponding definite and indefinite articles.

> *modelo*
> las maletas, unas maletas

1. _____

2. _____

3. _____

4. _____

5. _____

6. _____

7. _____

8. _____

Comunicación

3 **Un juego** With a partner, play a game in which one of you names a noun and the other says a related noun (**un chico; un estudiante**). Keep the chain going until one of you can't think of another noun.

1.2 Numbers 0–30

Los números 0 a 30

0	cero				
1	uno	**11**	once	**21**	veintiuno
2	dos	**12**	doce	**22**	veintidós
3	tres	**13**	trece	**23**	veintitrés
4	cuatro	**14**	catorce	**24**	veinticuatro
5	cinco	**15**	quince	**25**	veinticinco
6	seis	**16**	dieciséis	**26**	veintiséis
7	siete	**17**	diecisiete	**27**	veintisiete
8	ocho	**18**	dieciocho	**28**	veintiocho
9	nueve	**19**	diecinueve	**29**	veintinueve
10	diez	**20**	veinte	**30**	treinta

AYUDA

Though it is less common, the numbers 16 through 29 (except 20) can also be written as three words: **diez y seis, diez y siete…**

▶ The number **uno** (*one*) and numbers ending in **–uno**, such as **veintiuno**, have more than one form. Before masculine nouns, **uno** shortens to **un**. Before feminine nouns, **uno** changes to **una**.

> **un** hombre ⟶ veinti**ún** hombres   **una** mujer ⟶ veinti**una** mujeres

▶ **¡Atención!** The forms **uno** and **veintiuno** are used when counting (**uno, dos, tres… veinte, veintiuno, veintidós…**). They are also used when the number *follows* a noun, even if the noun is feminine: **la lección uno**.

▶ To ask *how many people* or *things* there are, use **cuántos** before masculine nouns and **cuántas** before feminine nouns.

▶ The Spanish equivalent of both *there is* and *there are* is **hay**. Use **¿Hay...?** to ask *Is there…?* or *Are there…?* Use **no hay** to express *there is not* or *there are not*.

—¿**Cuántos** estudiantes **hay**?
How many students are there?

—**Hay** seis estudiantes en la foto.
There are six students in the photo.

—¿**Hay** chicos en la fotografía?
Are there guys in the picture?

—**Hay** tres chicas y **no hay** chicos.
There are three girls, and there are no guys.

¡INTÉNTALO!   Provide the Spanish words for these numbers.

1. **7** _____
2. **16** _____
3. **29** _____
4. **1** _____

5. **0** _____
6. **15** _____
7. **21** _____
8. **9** _____

9. **23** _____
10. **11** _____
11. **30** _____
12. **4** _____

13. **12** _____
14. **28** _____
15. **14** _____
16. **10** _____

Práctica

1 **Contar** Following the pattern, write out the missing numbers in Spanish.

1. 1, 3, 5, ..., 29
2. 2, 4, 6, ..., 30
3. 3, 6, 9, ..., 30
4. 30, 28, 26, ..., 0
5. 30, 25, 20, ..., 0
6. 28, 24, 20, ..., 0

2 **Resolver** Solve these math problems.

modelo
$5 + 3 =$
Cinco más tres son ocho.

AYUDA

+ → más
– → menos
= → son

1. **2 + 15 =**
2. **20 – 1 =**
3. **5 + 7 =**
4. **18 + 12 =**
5. **3 + 22 =**

6. **6 – 3 =**
7. **11 + 12 =**
8. **7 – 2 =**
9. **8 + 5 =**
10. **23 – 14 =**

3 **¿Cuántos hay?** How many persons or things are there in these drawings?

modelo
Hay tres maletas.

1. _____
2. _____

3. _____
4. _____
5. _____

6. _____
7. _____
8. _____

Comunicación

4

¿Cuántos? Answer your partner's questions about the place where you study.

1. ¿Cuántos estudiantes hay?
2. ¿Hay un video?
3. ¿Hay una computadora?
4. ¿Hay una maleta?
5. ¿Cuántos mapas hay?
6. ¿Cuántos lápices hay?
7. ¿Hay cuadernos?
8. ¿Cuántos diccionarios hay?
9. ¿Hay un diario?
10. ¿Cuántas fotografías hay?

5

Preguntas With a partner, take turns asking and answering questions about the drawing. Talk about:

1. how many children there are
2. how many women there are
3. if there are some photographs
4. if there is a boy
5. how many notebooks there are
6. if there is a bus
7. if there are tourists
8. how many pencils there are
9. if there is a man
10. how many computers there are

1.3 Present tense of **ser**

Subject pronouns

ANTE TODO   In order to use verbs, you will need to learn about subject pronouns. A subject pronoun replaces the name or title of a person and acts as the subject of a verb.

Subject pronouns			
SINGULAR		**PLURAL**	
yo	*I*	**nosotros**	*we* (masculine)
		nosotras	*we* (feminine)
tú	*you* (familiar)	**vosotros**	*you* (masc., fam.)
usted (Ud.)	*you* (formal)	**vosotras**	*you* (fem., fam.)
		ustedes (Uds.)	*you*
él	*he*	**ellos**	*they* (masc.)
ella	*she*	**ellas**	*they* (fem.)

¡LENGUA VIVA!

In Latin America, **ustedes** is used as the plural for both **tú** and **usted**. In Spain, however, **vosotros** and **vosotras** are used as the plural of **tú**, and **ustedes** is used only as the plural of **usted**.

• • •

Usted and **ustedes** are abbreviated as **Ud**. and **Uds**., or occasionally as **Vd**. and **Vds**.

▶ Spanish has two subject pronouns that mean *you* (singular). Use **tú** when addressing a friend, a family member, or a child you know well. Use **usted** to address a person with whom you have a formal or more distant relationship, such as a superior at work, a teacher, or an older person.

Tú eres de Canadá, ¿verdad, David?   **¿Usted** es la profesora de español?
You are from Canada, right, David?   *Are you the Spanish teacher?*

▶ The masculine plural forms **nosotros**, **vosotros**, and **ellos** refer to a group of males or to a group of males and females. The feminine plural forms **nosotras**, **vosotras**, and **ellas** can refer only to groups made up exclusively of females.

nosotros, vosotros, ellos   nosotros, vosotros, ellos   nosotras, vosotras, ellas

▶ There is no Spanish equivalent of the English subject pronoun *it*. Generally *it* is not expressed in Spanish.

Es un problema.   Es una computadora.
It's a problem.   *It's a computer.*

The present tense of ser

ANTE TODO In **Contextos** and **Fotonovela**, you have already used several present-tense forms of **ser** (*to be*) to identify yourself and others, and to talk about where you and others are from. **Ser** is an irregular verb; its forms do not follow the regular patterns that most verbs follow. You need to memorize the forms, which appear in this chart.

The verb ser (*to be*)		
SINGULAR FORMS		
yo	**soy**	*I am*
tú	**eres**	*you are* (fam.)
Ud./él/ella	**es**	*you are* (form.); *he/she is*
PLURAL FORMS		
nosotros/as	**somos**	*we are*
vosotros/as	**sois**	*you are* (fam.)
Uds./ellos/ellas	**son**	*you are; they are*

Uses of *ser*

▶ Use **ser** to identify people and things.

—¿Quién **es** él?
Who is he?

—**Es** Felipe Díaz Velázquez.
He's Felipe Díaz Velázquez.

—¿Qué **es**?
What is it?

—**Es** un mapa de España.
It's a map of Spain.

Es Marissa.

Es una maleta.

▶ **Ser** also expresses possession, with the preposition **de**. There is no Spanish equivalent of the English construction [*noun*] + 's (*Maru's*). In its place, Spanish uses [*noun*] + **de** + [*owner*].

—¿**De** quién **es**?
Whose is it?

—**Es** el diario **de** Maru.
It's Maru's diary.

—¿**De** quién **son**?
Whose are they?

—**Son** los lápices **de** la chica.
They are the girl's pencils.

▶ When **de** is followed by the article **el**, the two combine to form the contraction **del**. **De** does *not* contract with **la**, **las**, or **los**.

—**Es** la computadora **del** conductor.
It's the driver's computer.

—**Son** las maletas **del** chico.
They are the boy's suitcases.

¡LENGUA VIVA!

Some geographic locations can be referred to either with or without a definite article:
Soy de Estados Unidos./Soy de los Estados Unidos.

• • •

Sometimes a definite article is a part of a proper name, as in **El Salvador, El Paso,** and **Los Ángeles.** In these cases, **de** and **el** do not contract:
Soy de El Salvador.

▶ **Ser** also uses the preposition **de** to express origin.

¿De dónde eres?
Yo soy de Wisconsin.

¿De dónde es usted?
Yo soy de Cuba.

—¿**De** dónde **es** Juan Carlos?
Where is Juan Carlos from?

—Es **de** Argentina.
He's from Argentina.

—¿**De** dónde **es** Maru?
Where is Maru from?

—**Es de** Costa Rica.
She's from Costa Rica.

▶ Use **ser** to express profession or occupation.

Don Francisco **es conductor**.
Don Francisco is a driver.

Yo **soy estudiante**.
I am a student.

▶ Unlike English, Spanish does not use the indefinite article (**un, una**) after **ser** when referring to professions, unless accompanied by an adjective or other description.

Marta **es** profesora.
Marta is a teacher.

Marta **es una** profesora excelente.
Marta is an excellent teacher.

CONSULTA

You will learn more about adjectives in **Estructura 3.1**, pp. 88–90.

NOTA CULTURAL

Created in 1998, LAN Perú is an affiliate of the Chilean-based LAN Airlines, one of the largest carriers in South America. LAN Perú operates out of Lima, offering domestic flights and international service to select major cities in the Americas and Spain.

Somos Perú
LanPerú

¡INTÉNTALO!   Provide the correct subject pronouns and the present forms of **ser**.

1. Gabriel   _él_ _es_
2. Juan y yo   ____ ____
3. Óscar y Flora   ____ ____
4. Adriana   ____ ____
5. las turistas   ____ ____
6. el chico   ____ ____
7. los conductores   ____ ____
8. los señores Ruiz   ____ ____

Práctica

1 **Pronombres** What subject pronouns would you use to (a) talk *to* these people directly and (b) talk *about* them to others?

> **modelo**
>
> un joven tú, él

1. una chica
2. el presidente de México
3. tres chicas y un chico
4. un estudiante
5. la señora Ochoa
6. dos profesoras

2 **Identidad y origen** Answer these questions about the people indicated: **¿Quién es?/¿Quiénes son?** and **¿De dónde es?/¿De dónde son?**

> **modelo**
>
> Selena Gomez (Estados Unidos)
> ¿Quién es?   ¿De dónde es?
> Es Selena Gomez.   Es de los Estados Unidos.

1. Enrique Iglesias (España)

2. Robinson Canó (República Dominicana)

3. Eva Mendes y Marc Anthony (Estados Unidos)

4. Carlos Santana y Salma Hayek (México)

5. Shakira (Colombia)

6. Antonio Banderas y Penélope Cruz (España)

7. Taylor Swift y Demi Lovato (Estados Unidos)

8. Daisy Fuentes (Cuba)

3 **¿Qué es?** Indicate what each object is and to whom it belongs.

> **modelo**
>
> ¿Qué es?   ¿De quién es?
> Es un diccionario.   Es del profesor Núñez.

1.   2.   3.   4.

Comunicación

4 **La clase** Read Stephanie's description of one of her classes. Then indicate whether the following conclusions are **lógico** or **ilógico**, based on what you read.

> Yo soy Stephanie. Soy estudiante de la clase de la señora Rodríguez. Ella es de Uruguay y yo soy de los Estados Unidos. En la clase de la señora Rodríguez hay diez diccionarios de español y una computadora. Los diccionarios son de los estudiantes y la computadora es de la señora Rodríguez.

	Lógico	Ilógico
1. La señora Rodríguez es profesora.	○	○
2. Stephanie es de Madrid.	○	○
3. Es una clase de español.	○	○
4. Hay dos estudiantes en la clase.	○	○
5. La señora Rodríguez es de Miami.	○	○

5 **Famosos** Describe several famous people using the vocabulary and grammar you have learned. Use the list of professions to think of people from a variety of backgrounds.

actor *actor*	**cantante** *singer*	**escritor(a)** *writer*
actriz *actress*	**deportista** *athlete*	**músico/a** *musician*

  modelo
▶ John Leguizamo es actor. Es de Colombia...

6 **Preguntas** Using the items in the word bank, ask your partner questions about the ad.

¿Cuántas?	¿De dónde?	¿Qué?
¿Cuántos?	¿De quién?	¿Quién?

SOMOS ECOTURISTA, S.A.
Los autobuses oficiales de la Ruta Maya

- 25 autobuses en total
- 30 conductores del área
- pasajeros internacionales
- mapas de la región

¡Todos a bordo!

1.4 Telling time

In both English and Spanish, the verb *to be* (**ser**) and numbers are used to tell time.

▶ To ask what time it is, use **¿Qué hora es?** When telling time, use **es + la** with **una** and **son + las** with all other hours.

Es la una.   **Son las** dos.   **Son las** seis.

▶ As in English, you express time in Spanish from the hour to the half hour by adding minutes.

Son las cuatro **y cinco**.   Son las once **y veinte**.

▶ You may use either **y cuarto** or **y quince** to express fifteen minutes or quarter past the hour. For thirty minutes or half past the hour, you may use either **y media** or **y treinta**.

Es la una **y cuarto**.   Son las nueve **y quince**.   Son las doce **y media**.   Son las siete **y treinta**.

▶ You express time from the half hour to the hour in Spanish by subtracting minutes or a portion of an hour from the next hour.

Es la una **menos cuarto**.   Son las tres **menos quince**.   Son las ocho **menos veinte**.   Son las tres **menos diez**.

▶ To ask at what time a particular event takes place, use the phrase **¿A qué hora (...)?**
To state at what time something takes place, use the construction **a la(s)** + *time*.

¿A qué hora es la clase de biología?
(At) what time is biology class?

La clase es **a las dos**.
The class is at two o'clock.

¿A qué hora es la fiesta?
(At) what time is the party?

A las ocho.
At eight.

▶ Here are some useful words and phrases associated with telling time.

Son las ocho en punto.
It's 8 o'clock on the dot/sharp.

Es **el mediodía**.
It's noon.

Es **la medianoche**.
It's midnight.

Son las nueve **de la mañana**.
It's 9 a.m./in the morning.

Son las cuatro y cuarto **de la tarde**.
It's 4:15 p.m./in the afternoon.

Son las diez y media **de la noche**.
It's 10:30 p.m./at night.

¿Qué hora es?
Son las cuatro menos diez.

¿Qué hora es?
Son las cuatro y veinticinco.

¡INTÉNTALO! Practice telling time by completing these sentences.

1. (1:00 a.m.) Es la _____una_____ de la mañana.
2. (2:50 a.m.) Son las tres _____ diez de la mañana.
3. (4:15 p.m.) Son las cuatro y _____ de la tarde.
4. (8:30 p.m.) Son las ocho y _____ de la noche.
5. (9:15 a.m.) Son las nueve y quince de la _____.
6. (12:00 p.m.) Es el _____.
7. (6:00 a.m.) Son las seis de la _____.
8. (4:05 p.m.) Son las cuatro y cinco de la _____.
9. (12:00 a.m.) Es la _____.
10. (3:45 a.m.) Son las cuatro menos _____ de la mañana.
11. (2:15 a.m.) Son las _____ y cuarto de la mañana.
12. (1:25 p.m.) Es la una y _____ de la tarde.
13. (6:50 a.m.) Son las _____ menos diez de la mañana.
14. (10:40 p.m.) Son las once menos veinte de la _____.

Práctica

1 **Ordenar** Put these times in order, from the earliest to the latest.

a. Son las dos de la tarde.
b. Son las once de la mañana.
c. Son las siete y media de la noche.
d. Son las seis menos cuarto de la tarde.
e. Son las dos menos diez de la tarde.
f. Son las ocho y veintidós de la mañana.

2 **¿Qué hora es?** Give the times shown on each clock or watch.

> **modelo**
> Son las cuatro y cuarto/quince de la tarde.

 p.m.   p.m.   p.m.   a.m.

1. _____ 2. _____ 3. _____ 4. _____ 5. _____

 a.m.   a.m.   p.m.

6. _____ 7. _____ 8. _____ 9. _____ 10. _____

NOTA CULTURAL

Many Spanish-speaking countries use both the 12-hour clock and the 24-hour clock (that is, military time). The 24-hour clock is commonly used in written form on signs and schedules. For example, 1 p.m. is **13h**, 2 p.m. is **14h** and so on. See the photo on p. 33 for a sample schedule.

3 **¿A qué hora?** Indicate at what time these events take place.

> **modelo**
> la clase de matemáticas (2:30 p.m.)
> La clase de matemáticas es a las dos y media de la tarde.

1. el programa *Las cuatro amigas* (*11:30 a.m.*)
2. el drama *La casa de Bernarda Alba* (*7:00 p.m.*)
3. el programa *Las computadoras* (*8:30 a.m.*)
4. la clase de español (*10:30 a.m.*)
5. la clase de biología (*9:40 a.m.*)
6. la clase de historia (*10:50 a.m.*)
7. el partido (*game*) de béisbol (*5:15 p.m.*)
8. el partido de tenis (*12:45 p.m.*)
9. el partido de baloncesto (*basketball*) (*7:45 p.m.*)

NOTA CULTURAL

La casa de Bernarda Alba is a famous play by Spanish poet and playwright **Federico García Lorca** (1898–1936). Lorca was one of the most famous writers of the 20th century and a close friend of Spain's most talented artists, including the painter Salvador Dalí and the filmmaker Luis Buñuel.

Comunicación

4

Escuchar Laura and David are taking the same courses and are checking to see if they have the same schedule. Listen as they confirm the times of several of their classes.

	Lógico	Ilógico
1. La clase es a las once y media de la mañana.	O	O
2. La clase de historia es a las once y cuarto.	O	O
3. La fiesta es a las ocho de la noche.	O	O
4. Rafael es estudiante.	O	O

5

Preguntas Answer your partner's questions based on your own knowledge.

1. Son las tres de la tarde en Nueva York. ¿Qué hora es en Los Ángeles?

2. Son las ocho y media en Chicago. ¿Qué hora es en Miami?

3. Son las dos menos cinco en San Francisco. ¿Qué hora es en San Antonio?

4. ¿A qué hora es el programa *Saturday Night Live*?; ¿A qué hora es el programa *American Idol*?

6

Horas Write sentences about the times that your favorite TV shows are on. Mention at least three shows.

Síntesis

7

Situación With a partner, play the roles of a student reporter interviewing the new Spanish teacher (**profesor(a) de español**) from Venezuela.

Estudiante	Profesor(a) de literatura
Ask the teacher his/her name.	Ask the student his/her name.
Ask the teacher what time his/her literature class is.	Ask the student where he/she is from.
Ask how many students are in his/her class.	Ask to whom the notebook belongs.
Say thank you and goodbye.	Say thank you and you are pleased to meet him/her.

Recapitulación

Review the grammar concepts you have learned in this lesson by completing these activities.

1   **Completar** Complete the charts according to the models.   `28 pts.`

Masculino	Femenino
el chico	la chica
	la profesora
	la amiga
el señor	
	la pasajera
el estudiante	
	la turista
el joven	

Singular	Plural
una cosa	unas cosas
un libro	
	unas clases
una lección	
un conductor	
	unos países
	unos lápices
un problema	

2   **En la clase** Complete each conversation with the correct word.   `22 pts.`

 César   Beatriz

CÉSAR   ¿(1) _____ (Cuántos/Cuántas) chicas hay en la (2) _____ (maleta/clase)?

BEATRIZ   Hay (3) _____ (catorce/cuatro) [*14*] chicas.

CÉSAR   Y, ¿(4) _____ (cuántos/cuántas) chicos hay?

BEATRIZ   Hay (5) _____ (tres/trece) [*13*] chicos.

CÉSAR   Entonces (*Then*), en total hay (6) _____ (veintiséis/veintisiete) (7) _____ (estudiantes/chicas) en la clase.

 Ariana   Daniel

ARIANA   ¿Tienes (*Do you have*) (8) _____ (un/una) diccionario?

DANIEL   No, pero (*but*) aquí (9) _____ (es/hay) uno.

ARIANA   ¿De quién (10) _____ (son/es)?

DANIEL   (11) _____ (Son/Es) de Carlos.

RESUMEN GRAMATICAL

1.1   **Nouns and articles**   *pp. 12–14*

Gender of nouns

Nouns that refer to living things

	Masculine		Feminine
-o	el chico	-a	la chica
-or	el profesor	-ora	la profesora
-ista	el turista	-ista	la turista

Nouns that refer to non-living things

	Masculine		Feminine
-o	el libro	-a	la cosa
-ma	el programa	-ción	la lección
-s	el autobús	-dad	la nacionalidad

Plural of nouns

▶ ending in vowel + *-s*   la chica → las chicas

▶ ending in consonant + *-es*   el señor → los señores

   (-z → -ces un lápiz → unos lápices)

▶ Definite articles: el, la, los, las

▶ Indefinite articles: un, una, unos, unas

1.2   **Numbers 0–30**   *p. 16*

0	cero	8	ocho	16	dieciséis
1	uno	9	nueve	17	diecisiete
2	dos	10	diez	18	dieciocho
3	tres	11	once	19	diecinueve
4	cuatro	12	doce	20	veinte
5	cinco	13	trece	21	veintiuno
6	seis	14	catorce	22	veintidós
7	siete	15	quince	30	treinta

1.3   **Present tense of *ser***   *pp. 19–21*

yo	soy	nosotros/as	somos
tú	eres	vosotros/as	sois
Ud./él/ella	es	Uds./ellos/ellas	son

3 **Presentaciones** Complete this conversation with the correct form of the verb **ser**. `18 pts.`

JUAN ¡Hola! Me llamo Juan. (1) _____ estudiante en la clase de español.

DANIELA ¡Hola! Mucho gusto. Yo (2) _____ Daniela y ella (3) _____ Mónica. ¿De dónde (4) _____ (tú), Juan?

JUAN De California. Y ustedes, ¿de dónde (5) _____ ?

MÓNICA Nosotras (6) _____ de Florida.

1.4 Telling time	*pp. 24–25*
Es la una.	*It's 1:00.*
Son las dos.	*It's 2:00.*
Son las tres y diez.	*It's 3:10.*
Es la una y cuarto/quince.	*It's 1:15.*
Son las siete y media/treinta.	*It's 7:30.*
Es la una menos cuarto/quince.	*It's 12:45.*
Son las once menos veinte.	*It's 10:40.*
Es el mediodía.	*It's noon.*
Es la medianoche.	*It's midnight.*

4 **¿Qué hora es?** Write out in words the following times, indicating whether it's morning, noon, afternoon, or night. `28 pts.`

1. It's 12:00 p.m.

2. It's 7:05 a.m.

3. It's 9:35 p.m.

4. It's 5:15 p.m.

5. It's 1:30 p.m.

6. It's 11:50 a.m.

7. It's 3:10 p.m.

5 **Canción** Use the two appropriate words from the list to complete this children's song. `4 pts.`

cinco   cuántas   cuatro   media   quiénes

"_____ patas° tiene un gato°? Una, dos, tres y _____ ."

patas *legs*   tiene un gato *does a cat have*

Lectura

Antes de leer

Estrategia
Recognizing cognates

As you learned earlier in this lesson, cognates are words that share similar meanings and spellings in two or more languages. When reading in Spanish, it's helpful to look for cognates and use them to guess the meaning of what you're reading. But watch out for false cognates. For example, **librería** means *bookstore*, not *library*, and **embarazada** means *pregnant*, not *embarrassed*. Look at this list of Spanish words, paying special attention to prefixes and suffixes. Can you guess the meaning of each word?

importante	oportunidad
farmacia	cultura
inteligente	**activo**
dentista	sociología
decisión	**espectacular**
televisión	restaurante
médico	policía

Examinar el texto
Glance quickly at the reading selection and guess what type of document it is. Explain your answer.

Cognados
Read the document and make a list of the cognates you find. Guess their English equivalents.

Joaquín Salvador Lavado nació (*was born*) en Argentina en 1932 (mil novecientos treinta y dos). Su nombre profesional es **Quino**. Es muy popular en Latinoamérica, Europa y Canadá por sus tiras cómicas (*comic strips*). Mafalda es su serie más famosa. La protagonista, Mafalda, es una chica muy inteligente de seis años (*years*). La tira cómica ilustra las aventuras de ella y su grupo de amigos. Las anécdotas de Mafalda y los chicos también presentan temas (*themes*) importantes como la paz (*peace*) y los derechos humanos (*human rights*).

Después de leer

Preguntas
Answer these questions.
1. What is Joaquín Salvador Lavado's pen name?
2. What is Mafalda like?
3. Where is Mafalda in panel 1? What is she doing?
4. What happens to the sheep in panel 3? Why?
5. Why does Mafalda wake up?
6. What number corresponds to the sheep in panel 5?
7. In panel 6, what is Mafalda doing? How do you know?

Los animales

This comic strip uses a device called onomatopoeia: a word that represents the sound that it stands for. Did you know that many common instances of onomatopoeia are different from language to language? The noise a sheep makes is *baaaah* in English, but in Mafalda's language it is **béeeee**.

Do you think you can match these animals with their Spanish sounds? First, practice saying aloud each animal sound in group B. Then, match each animal with its sound in Spanish. If you need help remembering the sounds the alphabet makes in Spanish, see p. 9.

A

1. ___ **gato**   2. ___ **perro**   3. ___ **vacas**   4. ___ **gallo**

5. ___ **rana**   6. ___ **pato**   7. ___ **cerdo**

B

a. kikirikí   b. muuu   c. croac   d. guau

e. cuac cuac   f. miau   g. oinc

Escritura

Estrategia
Writing in Spanish

Why do we write? All writing has a purpose. For example, we may write an e-mail to share important information or compose an essay to persuade others to accept a point of view. Proficient writers are not born, however. Writing requires time, thought, effort, and a lot of practice. Here are some tips to help you write more effectively in Spanish.

DO

▶ Try to write your ideas in Spanish

▶ Use the grammar and vocabulary that you know

▶ Use your textbook for examples of style, format, and expression in Spanish

▶ Use your imagination and creativity

▶ Put yourself in your reader's place to determine if your writing is interesting

AVOID

▶ Translating your ideas from English to Spanish

▶ Simply repeating what is in the textbook or on a web page

▶ Using a dictionary until you have learned how to use foreign language dictionaries

Tema

Hacer una lista

Create a telephone/address list that includes important names, numbers, and websites that will be helpful to you in your study of Spanish. Make whatever entries you can in Spanish without using a dictionary. You might want to include this information:

▶ The names, phone numbers, and e-mail addresses of at least four other students

▶ Your teacher's name, e-mail address, and office hours

▶ Three phone numbers and e-mail addresses of campus offices or locations related to your study of Spanish

▶ Five electronic resources for students of Spanish, such as chat rooms and sites dedicated to the study of Spanish as a second language

Nombre *Sally (la chica de Indiana)*   ☎
Teléfono 655-8888   ✉
Dirección electrónica *sally@uru.edu*

Nombre *Profesor José Ramón Casas*
Teléfono 655-8090
Dirección electrónica *jrcasas@uru.edu*
Horas de oficina 12 a 12:30

Nombre *Biblioteca* 655-7000
Dirección electrónica *library@uru.edu*

Escuchar

Estrategia
Listening for words you know

You can get the gist of a conversation by listening for words and phrases you already know.

🔊 To help you practice this strategy, listen to the following sentence and make a list of the words you have already learned.

Preparación

Based on the photograph, what do you think Dr. Cavazos and Srta. Martínez are talking about? How would you get the gist of their conversation, based on what you know about Spanish?

Ahora escucha 🔊

Now you are going to hear Dr. Cavazos's conversation with Srta. Martínez. List the familiar words and phrases each person says.

Dr. Cavazos	Srta. Martínez
1. _____	9. _____
2. _____	10. _____
3. _____	11. _____
4. _____	12. _____
5. _____	13. _____
6. _____	14. _____
7. _____	15. _____
8. _____	16. _____

Use your lists of familiar words as a guide to come up with a summary of what happened in the conversation..

Comprensión

Identificar

Who would say the following things, Dr. Cavazos or Srta. Martínez?

1. Me llamo…

2. De nada.

3. Gracias. Muchas gracias.

4. Aquí tiene usted los documentos de viaje (*trip*), señor.

5. Usted tiene tres maletas, ¿no?

6. Tengo dos maletas.

7. Hola, señor.

8. ¿Viaja usted a Buenos Aires?

Contestar

1. Does this scene take place in the morning, afternoon, or evening? How do you know?

2. How many suitcases does Dr. Cavazos have?

3. Using the words you already know to determine the context, what might the following words and expressions mean?

   - boleto
   - pasaporte
   - un viaje de ida y vuelta
   - ¡Buen viaje!

Preparación

Answer these questions in English.

1. Name some foods your family buys at the supermarket.
2. What is something you consider precious that cannot be bought?

Anuncio de MasterCard

Un domingo en familia...

Anuncios para los latinos

Latinos form the fastest-growing minority group in the United States; Census Bureau projections show Hispanic populations doubling from 2015–2050, to 106 million. Viewership of the two major Spanish language TV stations, **Univisión** and **Telemundo**, has skyrocketed, sometimes surpassing that of the four major English-language networks. With Latino purchasing power estimated at $1.7 trillion for 2017, many companies have responded by adapting successful marketing campaigns to target a Spanish-speaking audience. Along with the change in language, there often come cultural adaptations important to Latino viewers.

Vocabulario útil

aperitivo	*appetizer*
carne en salsa	*beef with sauce*
copa de helado	*cup of ice cream*
no tiene precio	*priceless*
plato principal	*main dish*
postre	*dessert*
un domingo en familia	*Sunday with the family*

Comprensión

Complete the chart below based on what you see in the video.

	salami	
plato principal		
		$6

Conversación

Based on the video, discuss in English the following questions with a partner.

1. In what ways do the food purchasing choices of this family differ from your own? In what ways are they alike?
2. How does the role of the pet in this video reflect that of your family or culture? How is it different?

Aplicación

With a partner, use a dictionary to prepare an ad in Spanish like that in the video. Present your ad to the class. How did your food choices vary from the ad? What was your "priceless" item?

The **Plaza de Mayo** in Buenos Aires, Argentina, is perhaps best known as a place of political protest. Aptly nicknamed **Plaza de Protestas** by the locals, it is the site of weekly demonstrations. Despite this reputation, for many it is also a traditional **plaza**, a spot to escape from the hustle of city life. In warmer months, office workers from neighboring buildings flock to the plaza during lunch hour. **Plaza de Mayo** is also a favorite spot for families, couples, and friends to gather, stroll, or simply sit and chat. Tourists come year-round to take in the iconic surroundings: **Plaza de Mayo** is flanked by the rose-colored presidential palace (**Casa Rosada**), city hall (**municipalidad**), a colonial era museum (**Cabildo**), and a spectacular cathedral (**Catedral Metropolitana**).

Vocabulario útil

abrazo	*hug*
¡Cuánto tiempo!	*It's been a long time!*
encuentro	*encounter*
plaza	*city or town square*
¡Qué bueno verte!	*It's great to see you!*
¡Qué suerte verlos!	*How lucky to see you!*

Preparación

Where do you and your friends usually meet? Are there public places where you get together? What activities do you take part in there?

Identificar

Identify the person or people who make(s) each of these statements.

1. ¿Cómo están ustedes?   a. Gonzalo
2. ¡Qué bueno verte!   b. Mariana
3. Bien, ¿y vos?   c. Mark
4. Hola.   d. Silvina
5. ¡Qué suerte verlos!

Encuentros en la plaza

Today we are at the Plaza de Mayo.

People come to walk and get some fresh air...

And children come to play...

Estados Unidos

El país en cifras°

- ► **Población° de los EE.UU.:** 317 millones
- ► **Población de origen hispano:** 50 millones
- ► **País de origen de hispanos en los EE.UU.:**

3,5% Cuba
10,9% otros
9,2% Puerto Rico
13,4% Centroamérica y Suramérica
63,0% México

SOURCE: U.S. Census Bureau

- ► **Estados con la mayor° población hispana:**

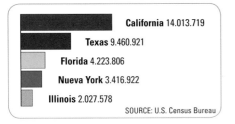

California 14.013.719
Texas 9.460.921
Florida 4.223.806
Nueva York 3.416.922
Illinois 2.027.578

SOURCE: U.S. Census Bureau

Canadá

El país en cifras

- ► **Población de Canadá:** 35 millones
- ► **Población de origen hispano:** 700.000
- ► **País de origen de hispanos en Canadá:**

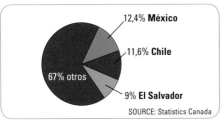

12,4% **México**
11,6% **Chile**
67% otros
9% **El Salvador**

SOURCE: Statistics Canada

- ► **Ciudades° con la mayor población hispana:**
  Montreal, Toronto, Vancouver

en cifras *by the numbers* Población *Population* mayor *largest*
Ciudades *Cities* creció *grew* más *more* cada *every* niños *children*
Se estima *It is estimated* va a ser *it is going to be*

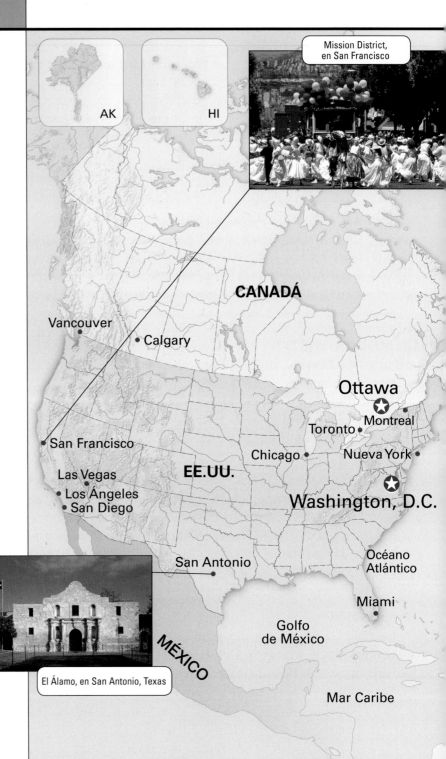

AK

HI

Mission District, en San Francisco

CANADÁ

Vancouver
• Calgary

Ottawa ✪
Toronto • Montreal

San Francisco
Chicago • Nueva York •
Las Vegas EE.UU.
• Los Ángeles
• San Diego
Washington, D.C. ✪

San Antonio
Océano Atlántico

Miami

Golfo de México

MÉXICO

El Álamo, en San Antonio, Texas

Mar Caribe

¡Increíble pero cierto!

La población hispana en los EE.UU. creció° un 48% entre los años 2000 (dos mil) y 2011 (dos mil once) (16,7 millones de personas más°). Hoy, uno de cada° cinco niños° en los EE.UU. es de origen hispano. Se estima° que en el año 2034 va a ser° uno de cada tres.

Comida • **La comida mexicana**

La comida° mexicana es muy popular en los Estados Unidos. Los tacos, las enchiladas, las quesadillas y los frijoles frecuentemente forman parte de las comidas de muchos norteamericanos. También° son populares las variaciones de la comida mexicana en los Estados Unidos: el tex-mex y el cali-mex.

Lugares • **La Pequeña Habana**

La Pequeña Habana° es un barrio° de Miami, Florida, donde viven° muchos cubanoamericanos. Es un lugar° donde se encuentran° las costumbres° de la cultura cubana, los aromas y sabores° de su comida y la música salsa. La Pequeña Habana es una parte de Cuba en los Estados Unidos.

Costumbres • **Desfile puertorriqueño**

Cada junio, desde° 1958 (mil novecientos cincuenta y ocho), los puertorriqueños celebran su cultura con un desfile° en Nueva York. Es un gran espectáculo con carrozas° y música salsa, merengue y hip-hop. Muchos espectadores llevan° la bandera° de Puerto Rico en su ropa° o pintada en la cara°.

Comunidad • **Hispanos en Canadá**

En Canadá viven° muchos hispanos. Toronto y Montreal son las ciudades° con mayor° población hispana. Muchos de ellos tienen estudios universitarios° y hablan° una de las lenguas° oficiales: inglés o francés°. Los hispanos participan activamente en la vida cotidiana° y profesional de Canadá.

¿Qué aprendiste? Completa las oraciones con la información adecuada (*appropriate*).

1. Hay _____ de personas de origen hispano en los Estados Unidos.
2. Los cuatro estados con las poblaciones hispanas más grandes son (en orden) _____, Texas, Florida y _____.
3. Toronto, Montreal y _____ son las ciudades con más población hispana de Canadá.
4. Las quesadillas y las enchiladas son platos (*dishes*) _____.

5. La Pequeña _____ es un barrio de Miami.
6. En Miami hay muchas personas de origen _____.
7. Cada junio se celebra en Nueva York un gran desfile para personas de origen _____.
8. Muchos hispanos en Canadá hablan _____ o francés.

Conexión Internet Investiga estos temas en Internet.

1. Haz (*Make*) una lista de seis hispanos célebres de los EE.UU. o Canadá. Explica (*Explain*) por qué (*why*) son célebres.
2. Escoge (*Choose*) seis lugares en los Estados Unidos con nombres hispanos e investiga sobre el origen y el significado (*meaning*) de cada nombre.

comida *food* También *Also* La Pequeña Habana *Little Havana* barrio *neighborhood* viven *live* lugar *place* se encuentran *are found* costumbres *customs* sabores *flavors* Cada junio desde *Each June since* desfile *parade* con carrozas *with floats* llevan *wear* bandera *flag* ropa *clothing* cara *face* viven *live* ciudades *cities* mayor *most* tienen estudios universitarios *have a degree* hablan *speak* lenguas *languages* inglés o francés *English or French* vida cotidiana *daily life*

Saludos

Hola.	Hello; Hi.
Buenos días.	Good morning.
Buenas tardes.	Good afternoon.
Buenas noches.	Good evening; Good night.

Despedidas

Adiós.	Goodbye.
Nos vemos.	See you.
Hasta luego.	See you later.
Hasta la vista.	See you later.
Hasta pronto.	See you soon.
Hasta mañana.	See you tomorrow.
Saludos a...	Greetings to…
Chau.	Bye.

¿Cómo está?

¿Cómo está usted?	How are you? (form.)
¿Cómo estás?	How are you? (fam.)
¿Qué hay de nuevo?	What's new?
¿Qué pasa?	What's happening?; What's going on?
¿Qué tal?	How are you?; How is it going?
(Muy) bien, gracias.	(Very) well, thanks.
Nada.	Nothing.
No muy bien.	Not very well.
Regular.	So-so; OK.

Expresiones de cortesía

Con permiso.	Pardon me; Excuse me.
De nada.	You're welcome.
Lo siento.	I'm sorry.
(Muchas) gracias.	Thank you (very much); Thanks (a lot).
No hay de qué.	You're welcome.
Perdón.	Pardon me; Excuse me.
por favor	please

Títulos

señor (Sr.); don	Mr.; sir
señora (Sra.); doña	Mrs.; ma'am
señorita (Srta.)	Miss

Presentaciones

¿Cómo se llama usted?	What's your name? (form.)
¿Cómo te llamas?	What's your name? (fam.)
Me llamo...	My name is…
¿Y usted?	And you? (form.)
¿Y tú?	And you? (fam.)
Mucho gusto.	Pleased to meet you.
El gusto es mío.	The pleasure is mine.
Encantado/a.	Delighted; Pleased to meet you.
Igualmente.	Likewise.
Le presento a...	I would like to introduce you to (name). (form.)
Te presento a...	I would like to introduce you to (name). (fam.)
el nombre	name

¿De dónde es?

¿De dónde es usted?	Where are you from? (form.)
¿De dónde eres?	Where are you from? (fam.)
Soy de...	I'm from…

Palabras adicionales

¿cuánto(s)/a(s)?	how much/many?
¿de quién...?	whose…? (sing.)
¿de quiénes...?	whose…? (plural)
(no) hay	there is (not); there are (not)

Sustantivos

el autobús	bus
el chico	boy
la chica	girl
la computadora	computer
la comunidad	community
el/la conductor(a)	driver
la conversación	conversation
la cosa	thing
el cuaderno	notebook
el día	day
el diario	diary
el diccionario	dictionary
la escuela	school
el/la estudiante	student
la foto(grafía)	photograph
el hombre	man
el/la joven	young person
el lápiz	pencil
la lección	lesson
la maleta	suitcase
la mano	hand
el mapa	map
la mujer	woman
la nacionalidad	nationality
el número	number
el país	country
la palabra	word
el/la pasajero/a	passenger
el problema	problem
el/la profesor(a)	teacher
el programa	program
el/la turista	tourist
el video	video

Verbo

ser	to be

Numbers 0–30	See page 16.
Telling time	See pages 24–25.
Expresiones útiles	See page 7.

En la clase

Communicative Goals

You will learn how to:

- Talk about your classes and school life
- Discuss everyday activities
- Ask questions in Spanish
- Describe the location of people and things

2

contextos

fotonovela

cultura

estructura

adelante

A PRIMERA VISTA

- ¿Hay un chico y una chica en la foto?
- ¿Hay una computadora o dos?
- ¿Son turistas o estudiantes?
- ¿Qué hora es, la una de la mañana o de la tarde?

En la clase

Más vocabulario

la biblioteca	*library*
la cafetería	*cafeteria*
la casa	*house; home*
la escuela	*school*
el estadio	*stadium*
el laboratorio	*laboratory*
la librería	*bookstore*
la universidad	*university; college*
el/la compañero/a de clase	*classmate*
la clase	*class*
el curso	*course*
el examen	*test; exam*
el horario	*schedule*
la prueba	*test; quiz*
el semestre	*semester*
la tarea	*homework*
el trimestre	*trimester; quarter*
el arte	*art*
la biología	*biology*
las ciencias	*sciences*
la computación	*computer science*
la contabilidad	*accounting*
la economía	*economics*
el español	*Spanish*
la física	*physics*
la geografía	*geography*
la música	*music*

Variación léxica

pluma ←→ bolígrafo
pizarra ←→ tablero (*Col.*)

el reloj

la ventana

la puerta

la profesora

el estudiante

la mesa

la calculadora

el libro

la pluma

el mapa

la pizarra

LAS MATERIAS / *COURSES*
la historia / *history*
las humanidades / *humanities*
el inglés / *English*
las lenguas extranjeras / *foreign languages*
la literatura / *literature*
las matemáticas / *mathematics*
el periodismo / *journalism*
la psicología / *psychology*
la química / *chemistry*
la sociología / *sociology*

el papel

el borrador

la tiza

la papelera

el escritorio

la mochila

la estudiante

la silla

Práctica

1 **Escuchar** Listen to Ms. Morales talk about her Spanish classroom, then check the items she mentions.

puerta	○	tiza	○	plumas	○
ventanas	○	escritorios	○	mochilas	○
pizarra	○	sillas	○	papel	○
borrador	○	libros	○	reloj	○

2 **Identificar** You will hear a series of words. Write each one in the appropriate category.

Personas	Lugares	Materias
_____	_____	_____
_____	_____	_____
_____	_____	_____

3 **Emparejar** Match each question with its most logical response. **¡Ojo!** (*Careful!*) One response will not be used.

1. ¿Qué clase es?
2. ¿Quiénes son?
3. ¿Quién es?
4. ¿De dónde es?
5. ¿A qué hora es la clase de inglés?
6. ¿Cuántos estudiantes hay?

a. Hay veinticinco.
b. Es un reloj.
c. Es de Perú.
d. Es la clase de química.
e. Es el señor Bastos.
f. Es a las nueve en punto.
g. Son los profesores.

4 **Escoger** Identify the word that does not belong in each group.

1. examen • casa • tarea • prueba
2. literatura • matemáticas • biblioteca • historia
3. pizarra • tiza • borrador • librería
4. lápiz • cafetería • papel • cuaderno
5. veinte • diez • pluma • treinta
6. conductor • laboratorio • autobús • pasajero

5 **¿Qué clase es?** Name the class associated with the subject matter.

> *modelo*
> los elementos, los átomos *Es la clase de química.*

1. Abraham Lincoln, Winston Churchill
2. Picasso, Leonardo da Vinci
3. Newton, Einstein
4. África, el océano Pacífico
5. la cultura de España, verbos
6. Hemingway, Shakespeare
7. geometría, calculadora

Los días de la semana

¿Qué día es hoy (today)?

Hoy es martes.

¿Cuándo (When) es el examen?

Es el viernes.

septiembre

lunes	martes	miércoles	jueves	viernes	sábado	domingo
	1	2	3	4	5	6
7	8	9	10			

6 **¿Qué día es hoy?** Complete each statement with the correct day of the week.

1. Hoy es martes. Mañana es _____. Ayer fue (*Yesterday was*) _____.
2. Ayer fue sábado. Mañana es _____. Hoy es _____.
3. Mañana es viernes. Hoy es _____. Ayer fue _____.
4. Ayer fue domingo. Hoy es _____. Mañana es _____.
5. Hoy es jueves. Ayer fue _____. Mañana es _____.
6. Mañana es lunes. Hoy es _____. Ayer fue _____.

7 **Analogías** Use these words to complete the analogies. Some words will not be used.

arte	día	martes	pizarra
biblioteca	domingo	matemáticas	profesor
catorce	estudiante	mujer	reloj

1. maleta ←→ pasajero ⊜ mochila ←→ _____
2. chico ←→ chica ⊜ hombre ←→ _____
3. pluma ←→ papel ⊜ tiza ←→ _____
4. inglés ←→ lengua ⊜ miércoles ←→ _____
5. papel ←→ cuaderno ⊜ libro ←→ _____
6. quince ←→ dieciséis ⊜ lunes ←→ _____
7. Cervantes ←→ literatura ⊜ Dalí ←→ _____
8. autobús ←→ conductor ⊜ clase ←→ _____
9. los EE.UU. ←→ mapa ⊜ hora ←→ _____
10. veinte ←→ veintitrés ⊜ jueves ←→ _____

Comunicación

¡ATENCIÓN!

Use **el** + [*day of the week*] when an activity occurs on a specific day and **los** + [*day of the week*] when an activity occurs regularly.

El lunes tengo un examen.

***On Monday** I have an exam.*

Los lunes y miércoles tomo biología.

***On Mondays and Wednesdays** I take biology.*

• • •

Except for **sábados** and **domingos**, the singular and plural forms for days of the week are the same.

8 **Horario** Read Cristina's description of her schedule. Then indicate whether the following conclusions are **lógico** or **ilógico**, based on what you read.

> Las clases de inglés, matemáticas, español, e historia son a la misma (*same*) hora cada (*each*) día, de lunes a viernes. El profesor Núñez enseña (*teaches*) la clase de inglés. Empieza (*It starts*) a las ocho. Tomo (*I take*) matemáticas a las nueve menos diez, y español a las diez menos veinte. Me gusta (*I like*) la profesora Salazar que enseña la clase de historia. Los lunes y miércoles, voy (*I go*) al laboratorio para biología a la una. Los martes, jueves y viernes, tomo la clase de música. ¡Me gusta mucho la clase de música!

	Lógico	Ilógico
1. Cristina es estudiante.	○	○
2. Cristina toma seis clases durante la semana.	○	○
3. Cristina toma una clase los lunes a las tres de la tarde.	○	○
4. La profesora Salazar enseña la clase de historia.	○	○
5. El profesor Núñez enseña la clase de español.	○	○
6. Cristina toma clase de música los sábados.	○	○

9 **La semana** Write a paragraph about what a typical week looks like for you. Describe your schedule for the week, including classes, times, and teachers.

> **modelo**
>
> El lunes tomo la clase de matemáticas a las nueve con el profesor Smith. A las diez...

10 **Nuevos amigos** During the first week of class, you meet a new student in the cafeteria. With a partner, prepare a conversation using these cues.

Estudiante 1		Estudiante 2
Greet your new acquaintance.	→	Introduce yourself.
Find out about him or her.	→	Tell him or her about yourself.
Ask about your partner's class schedule.	→	Compare your schedule to your partner's.
Say nice to meet you and goodbye.	→	Say nice to meet you and goodbye.

¿Qué estudias?

Felipe, Marissa, Juan Carlos y Miguel visitan Chapultepec
y hablan de las clases.

PERSONAJES

MARISSA

FELIPE

FELIPE Dos boletos, por favor.

EMPLEADO Dos boletos son
64 pesos.

FELIPE Aquí están 100 pesos.

EMPLEADO 100 menos 64 son
36 pesos de cambio.

MIGUEL Marissa, hablas muy bien
el español... ¿Y dónde está tu
diccionario?

MARISSA En casa de los Díaz.
Felipe necesita practicar inglés.

MIGUEL ¡Ay, Maru! Chicos, nos
vemos más tarde.

FELIPE Ésta es la Ciudad
de México.

FELIPE Oye, Marissa, ¿cuántas
clases tomas?

MARISSA Tomo cuatro clases:
español, historia, literatura y
también geografía. Me gusta
mucho la cultura mexicana.

FELIPE Juan Carlos, ¿quién enseña
la clase de química este semestre?

JUAN CARLOS El profesor Morales.
Ah, ¿por qué tomo química
y computación?

FELIPE Porque te gusta la tarea.

JUAN CARLOS
 MIGUEL
 EMPLEADO
 MARU

FELIPE Los lunes y los miércoles, economía a las 2:30. Tú tomas computación los martes en la tarde, y química, a ver… Los lunes, los miércoles y los viernes ¿a las 10? ¡Uf!

FELIPE Y Miguel, ¿cuándo regresa?

JUAN CARLOS Hoy estudia con Maru.

MARISSA ¿Quién es Maru?

MIGUEL ¿Hablas con tu mamá?

MARU Mamá habla. Yo escucho. Es la 1:30.

MIGUEL Ay, lo siento. Juan Carlos y Felipe…

MARU Ay, Felipe.

MARU Y ahora, ¿adónde? ¿A la biblioteca?

MIGUEL Sí, pero primero a la librería. Necesito comprar unos libros.

Expresiones útiles

Talking about classes

¿Cuántas clases tomas?
How many classes are you taking?
Tomo cuatro clases.
I'm taking four classes.
Este año, espero sacar buenas notas y, por supuesto, viajar por el país.
This year, I hope / I'm hoping to get good grades. And, of course, travel through the country.

Talking about likes/dislikes

Me gusta mucho la cultura mexicana.
I like Mexican culture a lot.
Me gustan las ciencias ambientales.
I like environmental science.
Me gusta dibujar.
I like to draw.
¿Te gusta este lugar?
Do you like this place?

Paying for tickets

Dos boletos, por favor.
Two tickets, please.
Dos boletos son sesenta y cuatro pesos.
Two tickets are sixty-four pesos.
Aquí están cien pesos.
Here's a hundred pesos.
Son treinta y seis pesos de cambio.
That's thirty-six pesos change.

Talking about location and direction

¿Dónde está tu diccionario?
Where is your dictionary?
Está en casa de los Díaz.
It's at the Díaz house.
Y ahora, ¿adónde? ¿A la biblioteca?
And now, where to? To the library?
Sí, pero primero a la librería.
Está al lado.
Yes, but first to the bookstore.
It's next door.

¿Qué pasó?

1 Escoger Choose the answer that best completes each sentence.

1. Marissa toma (*is taking*) _____ en la universidad.
   a. español, inglés, economía y música   b. historia, inglés, sociología y periodismo
   c. español, historia, literatura y geografía
2. El profesor Morales enseña (*teaches*) _____.
   a. química   b. matemáticas   c. historia
3. Juan Carlos toma química _____.
   a. los miércoles, jueves y viernes   b. los lunes, miércoles y viernes
   c. los lunes, martes y jueves
4. Miguel necesita ir a (*needs to go to*) _____.
   a. la biblioteca   b. la cafetería   c. la librería

2 Identificar Indicate which person would make each statement. The names may be used more than once.

1. ¿Maru es compañera de ustedes? _____
2. Mi mamá habla mucho. _____
3. El profesor Morales enseña la clase de química este semestre. _____
4. Mi diccionario está en casa de Felipe y Jimena. _____
5. Necesito estudiar con Maru. _____
6. Yo tomo clase de computación los martes por la tarde. _____

MARU

JUAN CARLOS

MARISSA

MIGUEL

3 Completar These sentences are similar to things said in the **Fotonovela**. Complete each sentence with the correct word(s).

| Castillo de Chapultepec | estudiar | miércoles |
| clase | inglés | tarea |

1. Marissa, éste es el _____.
2. Felipe tiene (*has*) el diccionario porque (*because*) necesita practicar _____.
3. A Juan Carlos le gusta mucho la _____.
4. Hay clase de economía los lunes y _____.
5. Miguel está con Maru para _____.

4 Preguntas personales Answer your partner's questions about your classes.

1. ¿Qué clases tomas?
2. ¿Qué clases tomas los martes?
3. ¿Qué clases tomas los viernes?
4. ¿Quién enseña la clase de español?
5. ¿Te gusta la clase de español?

Pronunciación

Spanish vowels

a　　　**e**　　　**i**　　　**o**　　　**u**

Spanish vowels are never silent; they are always pronounced in a short, crisp way without the glide sounds used in English.

Álex	**clase**	**nada**	**encantada**

The letter **a** is pronounced like the *a* in *father*, but shorter.

el	**ene**	**mesa**	**elefante**

The letter **e** is pronounced like the *e* in *they*, but shorter.

Inés	**chica**	**tiza**	**señorita**

The letter **i** sounds like the *ee* in *beet*, but shorter.

hola	**con**	**libro**	**don Francisco**

The letter **o** is pronounced like the *o* in *tone*, but shorter.

uno	**regular**	**saludos**	**gusto**

The letter **u** sounds like the *oo* in *room*, but shorter.

Práctica Practice the vowels by saying the names of these places in Spain.

1. Madrid
2. Alicante
3. Tenerife
4. Toledo
5. Barcelona
6. Granada
7. Burgos
8. La Coruña

Oraciones Read the sentences aloud, focusing on the vowels.

1. Hola. Me llamo Ramiro Morgado.
2. Enseño español en la escuela secundaria.
3. Tomo también literatura y contabilidad.
4. Ay, tengo clase de biología. ¡Nos vemos!

Refranes Practice the vowels by reading these sayings aloud.

Cada loco con su tema.²

Del dicho al hecho hay un gran trecho.¹

1 *Easier said than done.*
2 *To each his own.*

EN DETALLE

La escuela
secundaria

Manuel, a 15-year-old student in Mexico, is taking an intense third level course focused on **la química.** This is a typical part of the studies for his grade. **Escuela secundaria** (*secondary school*), which in Mexico begins after six years of **escuela primaria** (*primary school*), has three grades for students between the ages of 12 and 15.

Students like Manuel must study courses in mathematics, science, Spanish, foreign languages (English or French), music, and more every

year. After that, students choose a **plan de estudio** (*program of study*) in **preparatoria,** the three years (or two, depending on the program) of school after escuela secundaria and before university studies. The program of study that students choose requires them to study specific **materias** that are needed in preparation for their future career.

Some **bachilleratos** (*high school degrees*) are **terminales,** which means that when students graduate they are prepared with all of the skills and requirements to begin their field of work.

These students are not expected to continue studying. Some **modalidades** (*programs of study*) that are terminal include:
• **Educación Tecnológica Agropecuaria** (*Agriculture and Fishing*)
• **Comercio y Administración** (*Commerce, for administrative work*)

Other programs are designed for students who plan to continue their studies in a **carrera universitaria** (*college major*). Some programs that prepare students for university studies are:
• **Ciencias Biológicas**
• **Ciencias Contables, Económicas y Bancarias** (*Economic and Banking Sciences*)
• **Música y Arte**

Each program has courses that are designed for a specific career. This means that although all high school students may take a mathematics course, the type of mathematics studied varies according to the needs of each degree.

La escuela y la universidad

Some Mexican high schools are designed and managed by universities as well as by the Secretary of Education. One university that directs such schools is the **Universidad Nacional Autónoma de México (UNAM),** Mexico's largest university.

ACTIVIDADES

1 **¿Cierto o falso?** Indicate whether each statement is **cierto** or **falso.** Correct the false statements.

1. High schools are specialized in certain areas of study.

2. Students in Mexico cannot study art in school.

3. Students do not need to complete primary school before going to **escuela secundaria.**

4. The length of high school **planes de estudio** in Mexico varies between two and three years.

5. Students need to go to college to study to do administrative work.

6. All students must take the same mathematics courses at the high school level.

7. **La escuela secundaria** is for students from the ages of 16 to 18 years old.

8. All students in Mexico complete university studies.

ASÍ SE DICE

Clases y exámenes

aprobar	*to pass*
el colegio/la escuela	*school*
la escuela secundaria/ la preparatoria (Méx.)/ el liceo (Ven.)/ el instituto (Esp.)	*high school*
el examen parcial	*midterm exam*
el horario	*schedule*
la matrícula	*enrollment (in school)*
reprobar	*to fail*
sacar buenas/ malas notas	*to get good/ bad grades*

EL MUNDO HISPANO

La escuela en Latinoamérica

- **In Latin America**, public secondary schools are free of charge. Private schools, however, can be quite costly. At **la Escuela Campo Alegre** in Venezuela, annual tuition is about $25,000 a year.

- **Argentina** and **Chile** are the two Latin American countries with the most years of required schooling at 13 years each.

- **In Chile**, students begin the school year in March and finish in December. Of course—Chile lies south of the equator, so while it is winter in the United States, Chilean students are on their summer break!

PERFIL

El INFRAMEN

La ciudad de San Salvador

The **Instituto Nacional Francisco Menéndez (INFRAMEN)** is the largest public high school in El Salvador. So it should be: it is named after General Francisco Menéndez, an ex-president of the country who was the founder of **enseñanza secundaria** (*secondary studies*) for the entire country! The 1,900 students at the INFRAMEN can choose to complete one of four kinds of diplomas: general studies, health care, tourism, and business. The institution has changed locales (and even cities) many times since it was founded in 1885 and is currently located in the capital city of San Salvador. Students at the INFRAMEN begin their school year in mid January and finish in early November.

Conexión Internet

How do dress codes vary in schools across Latin America?

Go to **vhlcentral.com** to find more cultural information related to this **Cultura** section.

ACTIVIDADES

2 **Comprensión** Complete these sentences.
1. The INFRAMEN was founded in _____.
2. The programs of study available in the INFRAMEN are _____.
3. There are _____ students in the INFRAMEN.
4. General Francisco Menéndez was a _____ of El Salvador.
5. El _____ is a student's schedule.

3 **¡A estudiar!** All students have classes they like and classes they don't. What are your favorite classes? Which are your least favorite? With a partner, discuss what you like and don't like about your classes and make a short list of what could be done to improve the classes you don't like.

[2.1] Present tense of **-ar** verbs

ANTE TODO In order to talk about activities, you need to use verbs. Verbs express actions or states of being. In English and Spanish, the infinitive is the base form of the verb. In English, the infinitive is preceded by the word *to*: *to study*, *to be*. The infinitive in Spanish is a one-word form and can be recognized by its endings: **-ar**, **-er**, or **-ir**.

-ar verb		*-er* verb		*-ir* verb	
estudiar	*to study*	**comer**	*to eat*	**escribir**	*to write*

▶ In this lesson, you will learn the forms of regular **-ar** verbs.

The verb estudiar (*to study*)

SINGULAR FORMS	yo	estudi**o**	*I study*
	tú	estudi**as**	*you* (fam.) *study*
	Ud./él/ella	estudi**a**	*you* (form.) *study; he/she studies*
PLURAL FORMS	nosotros/as	estudi**amos**	*we study*
	vosotros/as	estudi**áis**	*you* (fam.) *study*
	Uds./ellos/ellas	estudi**an**	*you study; they study*

Juan Carlos estudia ciencias ambientales.

Y tú, ¿qué estudias, Miguel?

▶ To create the forms of most regular verbs in Spanish, drop the infinitive endings (**-ar**, **-er**, **-ir**). You then add to the stem the endings that correspond to the different subject pronouns. This diagram will help you visualize verb conjugation.

Conjugation of *-ar* verbs

INFINITIVE	VERB STEM	CONJUGATED FORM
estudi**ar**	estudi-	yo estudi**o**
bail**ar**	bail-	tú bail**as**
trabaj**ar**	trabaj-	nosotros trabaj**amos**

Common -ar verbs

bailar	to dance	estudiar	to study
buscar	to look for	explicar	to explain
caminar	to walk	hablar	to talk; to speak
cantar	to sing	llegar	to arrive
cenar	to have dinner	llevar	to carry
comprar	to buy	mirar	to look (at); to watch
contestar	to answer	necesitar (+ *inf.*)	to need
conversar	to converse, to chat	practicar	to practice
desayunar	to have breakfast	preguntar	to ask (a question)
descansar	to rest	preparar	to prepare
desear (+ *inf.*)	to desire; to wish	regresar	to return
dibujar	to draw	terminar	to end; to finish
enseñar	to teach	tomar	to take; to drink
escuchar	to listen (to)	trabajar	to work
esperar (+ *inf.*)	to wait (for); to hope	viajar	to travel

▶ **¡Atención!** Unless referring to a person, the Spanish verbs **buscar**, **escuchar**, **esperar**, and **mirar** do not need to be followed by prepositions as they do in English.

Busco la tarea.
I'm looking for the homework.

Escucho la música.
I'm listening to the music.

Espero el autobús.
I'm waiting for the bus.

Miro la pizarra.
I'm looking at the blackboard.

COMPARE & CONTRAST

English uses three sets of forms to talk about the present: (1) the simple present (*Paco works*), (2) the present progressive (*Paco is working*), and (3) the emphatic present (*Paco does work*). In Spanish, the simple present can be used in all three cases.

Paco **trabaja** en la cafetería.
1. *Paco works in the cafeteria.*
2. *Paco is working in the cafeteria.*
3. *Paco does work in the cafeteria.*

In Spanish and English, the present tense is also sometimes used to express future action.

Marina **viaja** a Madrid mañana.
1. *Marina travels to Madrid tomorrow.*
2. *Marina will travel to Madrid tomorrow.*
3. *Marina is traveling to Madrid tomorrow.*

▶ When two verbs are used together with no change of subject, the second verb is generally in the infinitive. To make a sentence negative in Spanish, the word **no** is placed before the conjugated verb. In this case, **no** means *not*.

Deseo hablar con el señor Díaz.
I want to speak with Mr. Díaz.

Alicia **no** desea bailar ahora.
Alicia doesn't want to dance now.

▶ Spanish speakers often omit subject pronouns because the verb endings indicate who the subject is. In Spanish, subject pronouns are used for emphasis, clarification, or contrast.

—¿Qué enseñan?
What do they teach?

—**Ella** enseña arte y **él** enseña física.
She teaches art, and he teaches physics.

—¿Quién desea trabajar hoy?
Who wants to work today?

—**Yo** no deseo trabajar hoy.
I don't want to work today.

The verb gustar

▶ **Gustar** is different from other **-ar** verbs. To express your likes and dislikes, use the expression **(no) me gusta + el/la +** [*singular noun*] or **(no) me gustan + los/las +** [*plural noun*]. Note: You may use the phrase **a mí** for emphasis, but never the subject pronoun **yo**.

Me gusta la música clásica.
I like classical music.

Me gustan las clases de español y biología.
I like Spanish and biology classes.

A mí me gustan las artes.
I like the arts.

A mí no me gusta el programa.
I don't like the program.

▶ To talk about what you like and don't like to do, use **(no) me gusta +** [*infinitive(s)*]. Note that the singular **gusta** is always used, even with more than one infinitive.

No me gusta viajar en autobús.
I don't like to travel by bus.

Me gusta cantar y **bailar**.
I like to sing and dance.

▶ To ask a friend about likes and dislikes, use the pronoun **te** instead of **me**. Note: You may use **a ti** for emphasis, but never the subject pronoun **tú**.

—¿**Te gusta la geografía?**
Do you like geography?

—**Sí, me gusta. Y a ti, ¿te gusta el inglés?**
Yes, I like it. And you, do you like English?

▶ You can use this same structure to talk about other people by using the pronouns **nos**, **le**, and **les**.

Nos gusta dibujar. (nosotros)
We like to draw.

Nos gustan las clases de español e inglés. (nosotros)
We like Spanish class and English class.

No le gusta trabajar. (usted, él, ella)
You don't like to work.
He/She doesn't like to work.

Les gusta el arte. (ustedes, ellos, ellas)
You like art.
They like art.

¡ATENCIÓN!

Note that **gustar** does not behave like other **-ar** verbs. You must study its use carefully and pay attention to prepositions, pronouns, and agreement.

AYUDA

Use the construction **a** + [*name/pronoun*] to clarify to whom you are referring. This construction is not always necessary.
A Gabriela le gusta bailar.
A Sara y a él les gustan los animales.
A mí me gusta viajar.
¿**A ti** te gustan las clases?

¡INTÉNTALO! Provide the present tense forms of these verbs. The first items have been done for you.

hablar

1. Yo ___hablo___ español.
2. Ellos _____ español.
3. Inés _____ español.
4. Nosotras _____ español.
5. Tú _____ español.

gustar

1. ___Me gusta___ el café. (a mí)
2. ¿_____ las clases? (a ti)
3. No _____ el café. (a ti)
4. No _____ las clases. (a mí)
5. No _____ el café. (a mí)

Práctica

1 **Completar** Complete the conversation with the appropriate forms of the verbs in parentheses.

JUAN ¡Hola, Linda! ¿Qué (1)_____ (llevar) en la mochila?

LINDA (2)_____ (llevar) las cosas que (3)_____ (necesitar) para la clase de español.

JUAN (4)_____ (necesitar) el libro de español?

LINDA Claro que sí.

JUAN ¿Los estudiantes en tu clase de español (5)_____ (estudiar) mucho?

LINDA Sí, nosotros (6)_____ (practicar) y (7)_____ (conversar) en español treinta minutos todos los días (*every day*).

2 **Oraciones** Form sentences using the words provided. Remember to conjugate the verbs and add any other necessary words.

1. ustedes / practicar / vocabulario
2. ¿preparar (tú) / tarea?
3. clase de español / terminar / once
4. ¿qué / buscar / ustedes?
5. (nosotros) buscar / pluma
6. (yo) comprar / calculadora

3 **Gustos** Read what these people do. Then use the information in parentheses to tell what they like.

> **modelo**
>
> Yo enseño en la escuela. (las clases)   Me gustan las clases.

1. Tú deseas mirar cuadros (*paintings*) de Picasso. (el arte)
2. Soy estudiante de química. (estudiar)
3. Tú estudias italiano y español. (las lenguas extranjeras)
4. No descansas los sábados. (cantar y bailar)
5. Busco una computadora. (la computación)

4 **Actividades** Get together with a classmate and take turns asking each other if you do these activities. Which activities does your classmate like? Which do you both like?

> **modelo**
>
> tomar el autobús
> **Estudiante 1:** ¿Tomas el autobús?
> **Estudiante 2:** Sí, tomo el autobús, pero (*but*) no me gusta./ No, no tomo el autobús.

bailar merengue	escuchar música rock	practicar el español
cantar en	estudiar física	hablar italiano
público	mirar la televisión	viajar a Europa
dibujar bien		

AYUDA

The Spanish **no** translates to both *no* and *not* in English. In negative answers to questions, you will need to use **no** twice:
¿Estudias geografía?
No, no estudio geografía.

Comunicación

5 **Actividades** Talk about the different activities you and your friends do in your daily life. Then specify which of those activities you like to do and which you don't. Use at least five of the **-ar** verbs you have learned.

> Yo bailo hip hop en una academia. Mary dibuja...
> Me gusta bailar. No me gusta dibujar.

6 **Describir** Write a description of what you see in each picture using the given verbs. Also mention whether or not you like the activities.

modelo
enseñar
> La profesora enseña química. A mí me gusta la química.

1. caminar, hablar, llevar

2. buscar, descansar, estudiar

3. dibujar, cantar, escuchar

4. llevar, tomar, viajar

Síntesis

7 **Conversación** With a classmate, pretend that you are friends who have not seen each other for a few days. Have a conversation in which you catch up on things. Mention how you're feeling, what classes you're taking, which teachers teach those classes, and which classes you like and don't like.

2.2 Forming questions in Spanish

ANTE TODO There are three basic ways to ask questions in Spanish. Can you guess what they are by looking at the photos and photo captions on this page?

Te gusta mucho la tarea, ¿no?

¿Hablas con tu mamá?

¿Estudia Maru?

▶ One way to form a question is to raise the pitch of your voice at the end of a declarative sentence. When writing any question in Spanish, be sure to use an upside-down question mark (¿) at the beginning and a regular question mark (?) at the end of the sentence.

Statement	Question
Ustedes trabajan los sábados.	¿Ustedes trabajan los sábados?
You work on Saturdays.	*Do you work on Saturdays?*
Carlota busca un mapa.	¿Carlota busca un mapa?
Carlota is looking for a map.	*Is Carlota looking for a map?*

▶ You can also form a question by inverting the order of the subject and the verb of a declarative statement. The subject may even be placed at the end of the sentence.

Statement	Question
SUBJECT VERB	VERB SUBJECT
Ustedes trabajan los sábados.	¿**Trabajan ustedes** los sábados?
You work on Saturdays.	*Do you work on Saturdays?*
SUBJECT VERB	VERB SUBJECT
Carlota regresa a las seis.	¿**Regresa** a las seis **Carlota**?
Carlota returns at six.	*Does Carlota return at six?*

▶ Questions can also be formed by adding the tags **¿no?** or **¿verdad?** at the end of a statement.

Statement	Question
Ustedes trabajan los sábados.	Ustedes trabajan los sábados, **¿no?**
You work on Saturdays.	*You work on Saturdays, don't you?*
Carlota regresa a las seis.	Carlota regresa a las seis, **¿verdad?**
Carlota returns at six.	*Carlota returns at six, right?*

Question words

Interrogative words

¿Adónde?	*Where (to)?*	**¿De dónde?**	*From where?*
¿Cómo?	*How?*	**¿Dónde?**	*Where?*
¿Cuál?, ¿Cuáles?	*Which?; Which one(s)?*	**¿Por qué?**	*Why?*
¿Cuándo?	*When?*	**¿Qué?**	*What?; Which?*
¿Cuánto/a?	*How much?*	**¿Quién?**	*Who?*
¿Cuántos/as?	*How many?*	**¿Quiénes?**	*Who (plural)?*

▶ To ask a question that requires more than a *yes* or *no* answer, use an interrogative word.

¿Cuál de ellos estudia en la biblioteca?
Which of them studies in the library?

¿Adónde caminamos?
Where are we walking (to)?

¿Cuántos estudiantes hablan español?
How many students speak Spanish?

¿Por qué necesitas hablar con ella?
Why do you need to talk to her?

¿Dónde trabaja Ricardo?
Where does Ricardo work?

¿Quién enseña la clase de arte?
Who teaches the art class?

¿Qué clases tomas?
What classes are you taking?

¿Cuánta tarea hay?
How much homework is there?

▶ When pronouncing this type of question, the pitch of your voice falls at the end of the sentence.

¿Cómo llegas a clase?
How do you get to class?

¿Por qué necesitas estudiar?
Why do you need to study?

▶ Notice the difference between **¿por qué?**, which is written as two words and has an accent, and **porque**, which is written as one word without an accent.

¿Por qué estudias español?
Why do you study Spanish?

¡Porque es divertido!
Because it's fun!

▶ In Spanish **no** can mean both *no* and *not*. Therefore, when answering a yes/no question in the negative, you need to use **no** twice.

¿Caminan a la escuela?
Do you walk to school?

No, no caminamos a la escuela.
No, we do not walk to the school.

¡INTÉNTALO! Make questions out of these statements. Use the intonation method in column 1 and the tag **¿no?** method in column 2.

Statement	Intonation	Tag questions
1. Hablas inglés.	¿Hablas inglés?	Hablas inglés, ¿no?
2. Trabajamos mañana.	_____	_____
3. Ustedes desean bailar.	_____	_____
4. Raúl estudia mucho.	_____	_____
5. Enseño a las nueve.	_____	_____
6. Luz mira la televisión.	_____	_____

Práctica

1 **Preguntas** Change these sentences into questions by inverting the word order.

> **modelo**
>
> Ernesto habla con su compañero de clase.
> ¿Habla Ernesto con su compañero de clase? /
> ¿Habla con su compañero de clase Ernesto?

1. La profesora Cruz prepara la prueba.
2. Sandra y yo necesitamos estudiar.
3. Los chicos practican el vocabulario.
4. Jaime termina la tarea.
5. Tú trabajas en la biblioteca.

2 **Completar** Irene and Manolo are chatting in the library. Complete their conversation with the appropriate questions.

IRENE   Hola, Manolo. (1)_____

MANOLO   Bien, gracias. (2)_____

IRENE   Muy bien. (3)_____

MANOLO   Son las nueve.

IRENE   (4)_____

MANOLO   Estudio historia.

IRENE   (5)_____

MANOLO   Porque hay un examen mañana.

IRENE   (6)_____

MANOLO   Sí, me gusta mucho la clase.

IRENE   (7)_____

MANOLO   El profesor Padilla enseña la clase.

IRENE   (8)_____

MANOLO   No, no tomo biología.

IRENE   (9)_____

MANOLO   Regreso a mi casa a las tres.

IRENE   (10)_____

MANOLO   No, no deseo tomar una soda. ¡Deseo estudiar!

3 **Dos profesores** Create a dialogue, similar to the one in **Actividad 2**, between two teachers, Mr. Padilla and his colleague Mrs. Martínez. Use question words.

> **modelo**
>
> **Prof. Padilla:** ¿Qué enseñas este semestre?
> **Prof. Martínez:** Enseño matemáticas.

Comunicación

4 **Muchas preguntas** Listen to the conversation between Manuel and Ana. Then indicate whether the following conclusions are **lógico** or **ilógico**, based on what you heard.

	Lógico	Ilógico
1. Ana es profesora.	○	○
2. Diana es estudiante.	○	○
3. La profesora de español es de España.	○	○
4. Diana no toma la clase de computación porque hay mucha tarea.	○	○
5. Ana toma la clase de química.	○	○

5 **Un juego** With a classmate, play a game (**un juego**) of Jeopardy®. Remember to phrase your answers in the form of a question.

Es algo que...	**Es un lugar donde...**	**Es una persona que...**
It's something that...	*It's a place where...*	*It's a person that...*

modelo

Estudiante 1: Es un lugar donde estudiamos.
Estudiante 2: ¿Qué es la biblioteca?

Estudiante 2: Es algo que escuchamos.
Estudiante 1: ¿Qué es la música?

Estudiante 1: Es un director de España.
Estudiante 2: ¿Quién es Pedro Almodóvar?

6 **El nuevo estudiante** Imagine you are a transfer student and today is your first day of Spanish class. Ask your partner questions to find out all you can about the class, your classmates, and the school. Then switch roles.

modelo

Estudiante 1: Hola, me llamo Samuel. ¿Cómo te llamas?
Estudiante 2: Me llamo Laura.
Estudiante 1: ¿Quiénes son ellos?
Estudiante 2: Son Melanie y Lucas.
Estudiante 1: En la escuela hay cursos de artes, ¿verdad?
Estudiante 2: Sí, hay clases de música y dibujo.
Estudiante 1: ¿Cuántos exámenes hay en esta clase?
Estudiante 2: Hay dos.

Síntesis

7 **Entrevista** Write an article about school life in your community. Write five questions you would ask students about their academic life.

2.3 # Present tense of **estar**

CONSULTA

To review the forms of
ser, see **Estructura 1.3**,
pp. 19–21.

ANTE TODO In **Lección 1**, you learned how to conjugate and use the verb **ser** (*to be*). You will now learn a second verb which means *to be*, the verb **estar**. Although **estar** ends in **-ar**, it does not follow the pattern of regular **-ar** verbs. The **yo** form (**estoy**) is irregular. Also, all forms have an accented **á** except the **yo** and **nosotros/as** forms.

The verb estar (*to be*)

SINGULAR FORMS			
	yo	est**oy**	*I am*
	tú	est**ás**	*you* (fam.) *are*
	Ud./él/ella	est**á**	*you* (form.) *are; he/she is*

PLURAL FORMS			
	nosotros/as	est**amos**	*we are*
	vosotros/as	est**áis**	*you* (fam.) *are*
	Uds./ellos/ellas	est**án**	*you are; they are*

¡Estamos en Perú!

María está en la biblioteca.

COMPARE & CONTRAST

Compare the uses of the verb **estar** to those of the verb **ser**.

AYUDA

Use **la casa** to express
the house, but **en casa**
to express *at home*.

CONSULTA

To learn more about
the difference between
ser and **estar**, see
Estructura 5.3,
pp. 170–171.

Uses of *estar*

Location
   Estoy en casa.
   I am at home.

   Marissa **está** al lado de Felipe.
   Marissa is next to Felipe.

Health
   Juan Carlos **está** enfermo hoy.
   Juan Carlos is sick today.

Well-being
   —¿Cómo **estás**, Jimena?
   How are you, Jimena?

   —**Estoy** muy bien, gracias.
   I'm very well, thank you.

Uses of *ser*

Identity
   Hola, **soy** Maru.
   Hello, I'm Maru.

Occupation
   Soy estudiante.
   I'm a student.

Origin
   —¿**Eres** de México?
   Are you from Mexico?

   —Sí, **soy** de México.
   Yes, I'm from Mexico.

Telling time
   Son las cuatro.
   It's four o'clock.

▶ **Estar** is often used with certain prepositions and adverbs to describe the location of a person or an object.

Prepositions and adverbs often used with estar

al lado de	next to	**delante de**	in front of
a la derecha de	to the right of	**detrás de**	behind
a la izquierda de	to the left of	**en**	in; on
allá	over there	**encima de**	on top of
allí	there	**entre**	between
cerca de	near	**lejos de**	far from
con	with	**sin**	without
debajo de	below	**sobre**	on; over

La tiza **está al lado de** la pluma.
The chalk is next to the pen.

Los libros **están encima del** escritorio.
The books are on top of the desk.

El laboratorio **está cerca de** la clase.
The lab is near the classroom.

Maribel **está delante de** José.
Maribel is in front of José.

La maleta **está allí**.
The suitcase is there.

El estadio no **está lejos de** la librería.
The stadium isn't far from the bookstore.

El mapa **está entre** la pizarra y la puerta.
The map is between the blackboard and the door.

Los estudiantes **están en** la clase.
The students are in class.

La calculadora **está sobre** la mesa.
The calculator is on the table.

Los turistas **están allá**.
The tourists are over there.

Estamos lejos de casa.

La biblioteca está al lado de la librería.

¡INTÉNTALO! Provide the present tense forms of **estar**.

1. Ustedes ___*están*___ en la clase.
2. José _____ en la biblioteca.
3. Yo _____ bien, gracias.
4. Nosotras _____ en la cafetería.
5. Tú _____ en el laboratorio.
6. Elena _____ en la librería.
7. Ellas _____ en la clase.

8. Ana y yo _____ en la clase.
9. ¿Cómo _____ usted?
10. Javier y Maribel _____ en el estadio.
11. Nosotros _____ en la cafetería.
12. Yo _____ en el laboratorio.
13. Carmen y María _____ enfermas.
14. Tú _____ en la clase.

Práctica

1 **Completar** Daniela has just returned home from the library. Complete this conversation with the appropriate forms of **ser** or **estar**.

MAMÁ   Hola, Daniela. ¿Cómo (1)_____?

DANIELA   Hola, mamá. (2)_____ bien. ¿Dónde (3)_____ papá?
             ¡Ya (*Already*) (4)_____ las ocho de la noche!

MAMÁ   No (5)_____ aquí. (6)_____ en la oficina.

DANIELA   Y Andrés y Margarita, ¿dónde (7)_____ ellos?

MAMÁ   (8)_____ en el restaurante La Palma con Martín.

DANIELA   ¿Quién (9)_____ Martín?

MAMÁ   (10)_____ un compañero de clase. (11)_____ de México.

DANIELA   Ah. Y el restaurante La Palma, ¿dónde (12)_____?

MAMÁ   (13)_____ cerca de la Plaza Mayor, en San Modesto.

DANIELA   Gracias, mamá. Voy (*I'm going*) al restaurante. ¡Hasta pronto!

2 **Escoger** Choose the preposition that best completes each sentence.

1. La pluma está (encima de / detrás de) la mesa.
2. La ventana está (a la izquierda de / debajo de) la puerta.
3. La pizarra está (debajo de / delante de) los estudiantes.
4. Las sillas están (encima de / detrás de) los escritorios.
5. Los estudiantes llevan los libros (en / sobre) la mochila.
6. La biblioteca está (sobre / al lado de) la cafetería.
7. España está (cerca de / lejos de) Puerto Rico.
8. México está (cerca de / lejos de) los Estados Unidos.
9. Felipe trabaja (con / en) Ricardo en la cafetería.

3 **La librería** Indicate the location of five items in the drawing.

modelo

Los diccionarios están debajo de los libros de literatura.

Comunicación

4 **En la clase** Read Camila's e-mail to her friend, in which she describes her new school. Then, indicate whether each statement is **lógico** or **ilógico**, based on what you read.

Para: Andrés	Asunto:

Hola Andrés,

¿Cómo estás? Yo estoy muy bien, ¡adoro la nueva escuela! Hay dos cafeterías, una gran biblioteca y un laboratorio de biología. ¡Y mi salón de clases (*classroom*) está genial! Está cerca de la biblioteca. Tiene una puerta y dos ventanas, una mesa y una computadora para mí. También hay un reloj al lado de la puerta, y hay muchos escritorios y sillas para los estudiantes. ¿Y tú cómo estás? ¿Te gusta tu nueva escuela? ¿Cuántos estudiantes hay en tus clases de matemáticas?

¡Hasta pronto!

Camila

1. Camila es una estudiante de la clase de matemáticas.
2. El salón de clases está cerca del laboratorio de biología.
3. Hay una computadora en el salón de clases.
4. Camila y Andrés son profesores en la escuela.
5. Andrés es profesor de biología.

5 **¿Dónde estás...?** With a partner, take turns asking each other where you normally are at these times.

> **modelo**
>
> lunes / 10:00 a.m.
>
> **Estudiante 1:** ¿Dónde estás los lunes a las diez de la mañana?
> **Estudiante 2:** Estoy en la biblioteca.

1. sábados / 6:00 a.m.
2. miércoles / 9:15 a.m.
3. lunes / 11:10 a.m.
4. jueves / 12:30 a.m.
5. viernes / 2:25 p.m.
6. martes / 3:50 p.m.
7. jueves / 5:45 p.m.
8. miércoles / 8:20 p.m.

Síntesis

6 **Entrevista** Answer your partner's questions.

1. ¿Cómo estás?
2. ¿Dónde estás ahora?
3. ¿Dónde está tu (*your*) diccionario de español?
4. ¿Dónde está tu casa?
5. ¿Cuándo hay un examen?
6. ¿Estudias mucho?
7. ¿Cuántas horas estudias para (*for*) una prueba?

2.4 Numbers 31 and higher

ANTE TODO   You have already learned numbers 0–30. Now you will learn the rest of the numbers.

Numbers 31–100

▶ Numbers 31–99 follow the same basic pattern as 21–29.

	Numbers 31–100				
31	treinta y uno	**40**	cuarenta	**50**	cincuenta
32	treinta y dos	**41**	cuarenta y uno	**51**	cincuenta y uno
33	treinta y tres	**42**	cuarenta y dos	**52**	cincuenta y dos
34	treinta y cuatro	**43**	cuarenta y tres	**60**	sesenta
35	treinta y cinco	**44**	cuarenta y cuatro	**63**	sesenta y tres
36	treinta y seis	**45**	cuarenta y cinco	**64**	sesenta y cuatro
37	treinta y siete	**46**	cuarenta y seis	**70**	setenta
38	treinta y ocho	**47**	cuarenta y siete	**80**	ochenta
39	treinta y nueve	**48**	cuarenta y ocho	**90**	noventa
		49	cuarenta y nueve	**100**	cien, ciento

▶ **Y** is used in most numbers from **31** through **99**. Unlike numbers 21–29, these numbers must be written as three separate words.

Hay **noventa y dos** exámenes.
There are ninety-two exams.

Hay **cuarenta y dos** estudiantes.
There are forty-two students.

Hay cuarenta y siete estudiantes en la clase de geografía.

Cien menos sesenta y cuatro son treinta y seis pesos de cambio.

▶ With numbers that end in **uno** (31, 41, etc.), **uno** becomes **un** before a masculine noun and **una** before a feminine noun.

Hay **treinta y un** chicos.
There are thirty-one guys.

Hay **treinta y una** chicas.
There are thirty-one girls.

▶ **Cien** is used before nouns and in counting. The words **un**, **una**, and **uno** are never used before **cien** in Spanish. Use **cientos** to say *hundreds*.

Hay **cien** libros y **cien** sillas.
There are one hundred books and one hundred chairs.

¿Cuántos libros hay? **Cientos.**
How many books are there? Hundreds.

Numbers 101 and higher

▶ As shown in the chart, Spanish uses a period to indicate thousands and millions, rather than a comma, as is used in English.

Numbers 101 and higher

101	ciento uno		**1.000**	mil
200	doscientos/as		**1.100**	mil cien
300	trescientos/as		**2.000**	dos mil
400	cuatrocientos/as		**5.000**	cinco mil
500	quinientos/as		**100.000**	cien mil
600	seiscientos/as		**200.000**	doscientos/as mil
700	setecientos/as		**550.000**	quinientos/as cincuenta mil
800	ochocientos/as		**1.000.000**	un millón (de)
900	novecientos/as		**8.000.000**	ocho millones (de)

▶ Notice that you should use **ciento**, not **cien**, to count numbers over 100.

     110 = **ciento diez**   118 = **ciento dieciocho**   150 = **ciento cincuenta**

▶ The numbers 200 through 999 agree in gender with the nouns they modify.

     324 plum**as**   3.505 libr**os**
     trescient**as** veinticuatro plum**as**   tres mil quinient**os** cinco libr**os**

▶ The word **mil**, which can mean *a thousand* and *one thousand*, is not usually used in the plural form to refer to an exact number, but it can be used to express the idea of *a lot*, *many*, or *thousands*. **Cientos** can also be used to express *hundreds* in this manner.

     ¡Hay **miles** de personas en el estadio!   Hay **cientos** de libros en la biblioteca.
     There are thousands of people   *There are hundreds of books*
     in the stadium!   *in the library.*

▶ To express a complex number (including years), string together all of its components.

     55.422   cincuenta y cinco mil cuatrocientos veintidós

¡LENGUA VIVA!

In Spanish, years are not expressed as pairs of two-digit numbers as they are in English (1979, *nineteen seventy-nine*): 1776, **mil setecientos setenta y seis**; 1945, **mil novecientos cuarenta y cinco**; 2016, **dos mil dieciséis**.

¡ATENCIÓN!

When **millón** or **millones** is used before a noun, the word **de** is placed between the two:
1.000.000 hombres = un millón de hombres
12.000.000 casas = doce millones de casas.

¡INTÉNTALO!   Write out the Spanish equivalent of each number.

1. **102** _____ *ciento dos* _____
2. **5.000.000** _____
3. **201** _____
4. **76** _____
5. **92** _____
6. **550.300** _____

7. **235** _____
8. **79** _____
9. **113** _____
10. **88** _____
11. **17.123** _____
12. **497** _____

Práctica y Comunicación

1 **Baloncesto** Provide these basketball scores in Spanish.

1. Ohio State 76, Michigan 65
2. Florida 92, Florida State 104
3. Stanford 83, UCLA 89

4. Purdue 81, Indiana 78
5. Princeton 67, Harvard 55
6. Duke 115, Virginia 121

2 **Completar** Following the pattern, write out the missing numbers in Spanish.

1. 50, 150, 250 ... 1.050

2. 5.000, 20.000, 35.000 ... 95.000

3. 100.000, 200.000, 300.000 ... 1.000.000

4. 100.000.000, 90.000.000, 80.000.000 ... 0

3 **Resolver** Solve the math problems. Write out the numbers in Spanish.

> **modelo**
> 200 + 300 =
> *Doscientos más trescientos son quinientos.*

AYUDA

+	→	**más**
−	→	**menos**
=	→	**son**

1. 1.000 + 753 =
2. 1.000.000 − 30.000 =
3. 10.000 + 555 =
4. 15 + 150 =
5. 100.000 + 205.000 =
6. 29.000 − 10.000 =

4 **Los números de teléfono** Write a list of telephone numbers that are important to you. Write out the numbers.

> **modelo**
> *mi celular: 635-1951 seis-tres-cinco-diecinueve-cincuenta y uno*

Síntesis

5 **Preguntas** With a classmate, ask each other questions that require numbers in the answers. The questions could be about phone numbers, the number of people in your city or state, the year you finish school, etc.

> **modelo**
> **Estudiante 1:** *¿Cuándo terminas la escuela?*
> **Estudiante 2:** *Termino la escuela en dos mil veintiuno.*

Recapitulación

Review the grammar concepts you have learned in this lesson by completing these activities.

1 Completar Complete the chart with the correct verb forms. **24 pts.**

yo	tú	nosotros	ellas
compro			
	deseas		
		miramos	
			preguntan

2 Números Write these numbers in Spanish. **16 pts.**

> **modelo**
> 645: *seiscientos cuarenta y cinco*

1. **49:** _____
2. **97:** _____
3. **113:** _____
4. **632:** _____
5. **1.781:** _____
6. **3.558:** _____
7. **1.006.015:** _____
8. **67.224.370:** _____

3 Preguntas Write questions for these answers. **12 pts.**

1. —¿_____ Patricia?
   —Patricia es de Colombia.
2. —¿_____ él?
   —Él es mi amigo (*friend*).
3. —¿_____ (tú)?
   —Hablo dos idiomas (*languages*).
4. —¿_____ (ustedes)?
   —Deseamos tomar café.
5. —¿_____?
   —Tomo biología porque me gustan las ciencias.
6. —¿_____?
   —Camilo descansa por las mañanas.

RESUMEN GRAMATICAL

2.1 Present tense of -ar verbs *pp. 50–52*

estudiar	
estudio	estudiamos
estudias	estudiáis
estudia	estudian

The verb gustar

(no) me gusta + el/la + [*singular noun*]

(no) me gustan + los/las + [*plural noun*]

(no) me gusta + [*infinitive(s)*]

Note: You may use **a mí** for emphasis, but never **yo**.

To ask a friend about likes and dislikes, use **te** instead of **me**, but never **tú**.

¿Te gusta la historia?

2.2 Forming questions in Spanish *pp. 55–56*

▶ ¿Ustedes trabajan los sábados?

▶ ¿Trabajan ustedes los sábados?

▶ Ustedes trabajan los sábados, ¿verdad?/¿no?

Interrogative words

¿Adónde?	¿Cuánto/a?	¿Por qué?
¿Cómo?	¿Cuántos/as?	¿Qué?
¿Cuál(es)?	¿De dónde?	¿Quién(es)?
¿Cuándo?	¿Dónde?	

2.3 Present tense of *estar* *pp. 59–60*

▶ estar: estoy, estás, está, estamos, estáis, están

2.4 Numbers 31 and higher *pp. 63–64*

31	treinta y uno	101	ciento uno
32	treinta y dos	200	doscientos/as
	(and so on)	500	quinientos/as
40	cuarenta	700	setecientos/as
50	cincuenta	900	novecientos/as
60	sesenta	1.000	mil
70	setenta	2.000	dos mil
80	ochenta	5.100	cinco mil cien
90	noventa	100.000	cien mil
100	cien, ciento	1.000.000	un millón (de)

4 | **Al teléfono** Complete this telephone conversation with the correct forms of the verb **estar**.

16 pts.

MARÍA TERESA   Hola, señora López. (1) ¿ _____ Elisa en casa?

SRA. LÓPEZ   Hola, ¿quién es?

MARÍA TERESA   Soy María Teresa. Elisa y yo (2) _____ en la misma (*same*) clase de literatura.

SRA. LÓPEZ   ¡Ah, María Teresa! ¿Cómo (3) _____ ?

MARÍA TERESA   (4) _____ muy bien, gracias. Y usted, ¿cómo (5) _____ ?

SRA. LÓPEZ   Bien, gracias. Pues, no, Elisa no (6) _____ en casa. Ella y su hermano (*her brother*) (7) _____ en la Biblioteca Cervantes.

MARÍA TERESA   ¿Cervantes?

SRA. LÓPEZ   Es la biblioteca que (8) _____ al lado del café Bambú.

MARÍA TERESA   ¡Ah, sí! Gracias, señora López.

SRA. LÓPEZ   Hasta luego, María Teresa.

5 | **¿Qué te gusta?** Form complete sentences with the information provided to indicate what is liked. **28 pts.**

> **modelo**
> yo: las ciencias
> *Me gustan las ciencias.*

1. yo: la clase de música _____
2. tú: las lenguas extranjeras _____
3. yo: escuchar la radio _____
4. tú: la historia _____
5. yo: las matemáticas _____
6. tú: viajar _____
7. yo: el arte _____

6 | **Canción** Use the appropriate forms of the verb **gustar** to complete the beginning of a popular song by Manu Chao. **4 pts.**

“ Me _____ los aviones°,
me gustas tú,
me _____ viajar,
me gustas tú,
me gusta la mañana,
me gustas tú. ”

aviones *airplanes*

Lectura

Antes de leer

Estrategia
Predicting content through formats

Recognizing the format of a document can help you to predict its content. For instance, invitations, greeting cards, and classified ads follow an easily identifiable format, which usually gives you a general idea of the information they contain. Look at the text and identify it based on its format.

Período	Hora	Clase
1	7:45 – 8:37	Matemáticas
2	8:43 – 9:30	Español
3	9:36 – 10:23	Inglés
4	10:29 – 11:16	Historia
Almuerzo	11:16 – 12:06	
5	12:12 – 12:59	Biología
6	1:05 – 1:52	Arte
7	1:58 – 2:45	Música

If you guessed that this is a page from a student's schedule, you are correct. You can now infer that the document contains information about a student's weekly schedule, including days, times, and activities.

Cognados
Make a list of the cognates in the text and guess their English meanings. What do cognates reveal about the content of the document?

Examinar el texto
Look at the format of the document entitled *¡Español en Madrid!* What type of text is it? What information do you expect to find in this type of document?

¡ESPAÑOL EN MADRID!

EIM

Programa de Cursos Intensivos de Español
Escuela de Idiomas de Madrid

Después de leer

Correspondencias
Provide the letter of each item in Column B that matches the words in Column A. Two items will not be used.

 A   **B**

1. profesores
2. vivienda
3. Madrid
4. número de teléfono
5. Español 2B
6. número de fax

a. (34) 91 523 4500
b. (34) 91 524 0210
c. 23 junio–30 julio
d. capital cultural de Europa
e. 16 junio–22 julio
f. especializados en enseñar español como lengua extranjera
g. (34) 91 523 4623
h. familias españolas

Escuela de Idiomas de Madrid

Madrid, la capital cultural de Europa, y la EIM te ofrecen cursos intensivos de verano° para aprender° español.

¿Dónde?
En el edificio de la EIM, cerca a la Plaza de Cibeles.

¿Quiénes son los profesores?
Son todos hablantes nativos del español especializados en enseñar el español como lengua extranjera.

¿Qué niveles se ofrecen?
Se ofrecen tres niveles° básicos:

1. Español Elemental, A, B y C
2. Español Intermedio, A y B
3. Español Avanzado, A y B

Viviendas
Para estudiantes extranjeros se ofrece vivienda° con familias españolas.

¿Cuándo?
Este verano desde° el 16 de junio hasta el 10 de agosto. Los cursos tienen una duración de 6 semanas.

Cursos	Empieza°	Termina
Español 1A	16 junio	22 julio
Español 1B	23 junio	30 julio
Español 1C	30 junio	10 agosto
Español 2A	16 junio	22 julio
Español 2B	23 junio	30 julio
Español 3A	16 junio	22 julio
Español 3B	23 junio	30 julio

Información
Para mayor información, sirvan comunicarse con la siguiente° oficina:

Escuela de Idiomas de Madrid
Programa de Español como Lengua Extranjera
Calle del Barquillo 1, 28005, 28039 Madrid, España
Tel. (34) 91 523 4500, **Fax** (34) 91 523 4623
www.uae.es

---

verano *summer* aprender *to learn* edificio *building* niveles *levels* vivienda *housing* desde *from* Empieza *Begins* siguiente *following*

¿Cierto o falso?
Indicate whether each statement is **cierto** or **falso**.
Then correct the false statements.

	Cierto	Falso
1. La Escuela de Idiomas de Madrid ofrece (*offers*) cursos intensivos de italiano.	○	○
2. La lengua nativa de los profesores del programa es el inglés.	○	○
3. Se ofrecen dos niveles básicos de español.	○	○
4. Los estudiantes pueden vivir (*can live*) con familias españolas.	○	○

	Cierto	Falso
5. La escuela de idiomas que ofrece los cursos intensivos está en Salamanca.	○	○
6. Español 3B termina en agosto.	○	○
7. Si deseas información sobre (*about*) los cursos intensivos de español, es posible llamar al (34) 91 523 4500.	○	○
8. Español 1A empieza en julio.	○	○

Escritura

Estrategia
Brainstorming

How do you find ideas to write about? In the early stages of writing, brainstorming can help you generate ideas on a specific topic. You should spend ten to fifteen minutes brainstorming and jotting down any ideas about the topic. Whenever possible, try to write your ideas in Spanish. Express your ideas in single words or phrases, and jot them down in any order. While brainstorming, don't worry about whether your ideas are good or bad. Selecting and organizing ideas should be the second stage of your writing. Remember that the more ideas you write down while you're brainstorming, the more options you'll have to choose from later when you start to organize your ideas.

<u>Me gusta</u>

bailar

viajar

mirar la televisión

la clase de español

la clase de psicología

<u>No me gusta</u>

cantar

dibujar

trabajar

la clase de química

la clase de biología

Tema
Una descripción

Write a description of yourself to post in a forum on a website in order to meet Spanish-speaking people. Include this information in your description:

▶ your name and where you are from, and a photo (optional) of yourself

▶ where you go to school

▶ the courses you are taking

▶ where you work (if you have a job)

▶ some of your likes and dislikes

¡Hola! Me llamo Alicia Roberts. Estudio matemáticas y economía. Me gusta dibujar, cantar y viajar.

Escuchar

Estrategia
Listening for cognates

You already know that cognates are words
that have similar spellings and meanings in
two or more languages: for example, *group*
and **grupo** or *stereo* and **estéreo**. Listen for
cognates to increase your comprehension of
spoken Spanish.

🔊 To help you practice this strategy, you will now
listen to two sentences. Make a list of all the
cognates you hear.

Preparación

Based on the photograph, who do you think
Armando and Julia are? What do you think they
are talking about?

Ahora escucha 🔊

Now you are going to hear Armando and Julia's
conversation. Make a list of the cognates they use.

Armando	Julia
_____	_____
_____	_____
_____	_____
_____	_____

Based on your knowledge of cognates, decide whether
the following statements are **cierto** or **falso**.

	Cierto	Falso
1. Armando y Julia hablan de la familia.	○	○
2. Armando y Julia toman una clase de italiano.	○	○
3. Julia toma clase de historia.	○	○
4. Armando estudia lenguas extranjeras.	○	○
5. Julia toma una clase de religión.	○	○

Comprensión

Preguntas
Answer these questions about Armando
and Julia's conversation.

1. ¿Qué clases toma Armando?

   _____

2. ¿Qué clases toma Julia?

   _____

Seleccionar
Choose the answer that best completes each sentence.

1. Armando toma _____ clases.
   a. cuatro   b. tres   c. seis
2. Julia toma dos clases de _____.
   a. matemáticas b. ciencias   c. idiomas
3. Armando toma italiano y _____.
   a. historia   b. música   c. química

Preguntas personales

1. ¿Cuántas clases tomas?
2. ¿Qué clases tomas?
3. ¿Qué clases te gustan y qué clases
   no te gustan?

en pantalla

Anuncio de Jumbo

Viejito Pascuero°...

Preparación

Answer the following questions in English.

1. For what occasions do you give and get gifts?
2. When did you get a very special or needed gift? What was the gift?

Calendarios

During the months of cold weather and snow in North America, the southern hemisphere enjoys warm weather and longer days. Since Chile's summer lasts from December to February, school vacation coincides with these months. In Chile, the school year starts in early March and finishes toward the end of December. All schools, from preschools to universities, observe this scholastic calendar, with only a few days' variation between institutions.

Viejito Pascuero *Santa Claus (Chile)*

Vocabulario útil

ahorrar	*to save (money)*
Navidad	*Christmas*
pedirte	*to ask you*
quería	*I wanted*
te preocupa	*it worries you*

Comprensión

Answer the following questions, using both English and Spanish as directed.

1. In the video, what was the young boy doing?
2. Who else is in the video? How do you know who he is?
3. What did the boy ask? Give both the Spanish and the English equivalent.
4. What answer was he given? Give both the Spanish and the English equivalent.

Conversación

With a partner, take turns asking for something and being sure of the spelling. Each of you should ask for four different things. Follow the model.

> **modelo**
> **Estudiante 1:** ¿Qué quieres?
> **Estudiante 2:** Quiero un diccionario.
> **Estudiante 1:** ¿Cómo se escribe "diccionario"?
> **Estudiante 2:** D-I-C-C-I-O-N-A-R-I-O

Aplicación

With a partner, describe your school calendar and vacations. Then research and describe the same for a Spanish-speaking culture. Include the following elements: at what age students start school, the first and last days of the school year, and the dates of school vacations. Present your descriptions to the class, comparing the two as you present.

Mexican author and diplomat Octavio Paz (March 31, 1914–April 19, 1998) studied both law and literature at the **Universidad Nacional Autónoma de México** (**UNAM**), but after graduating he immersed himself in the art of writing. An incredibly prolific writer of novels, poetry, and essays, Paz solidified his prestige as Mexico's preeminent author with his 1950 book *El laberinto de la soledad*, a fundamental study of Mexican identity. Among the many awards he received in his lifetime are the **Premio Miguel de Cervantes** (1981) and Nobel Prize for Literature (1990). Paz foremost considered himself a poet and affirmed that poetry constitutes "**la religión secreta de la edad° moderna**".

Los estudios

—¿Qué estudias?
—Ciencias de la comunicación.

Estudio derecho en la UNAM.

Vocabulario útil

¿Cuál es tu materia favorita?	*What is your favorite subject?*
¿Cuántos años tienes?	*How old are you?*
¿Qué estudias?	*What do you study?*
el/la alumno/a	*student*
la carrera (de medicina)	*(medical) degree program, major*
derecho	*law*
reconocido	*well-known*

¿Conoces a algún° profesor famoso que dé° clases... en la UNAM?

Preparación

What is the name of your school? What classes are you taking this semester?

Emparejar

Match the first part of the sentence in the left column with the appropriate ending in the right column.

1. Los estudiantes Mexicanos de la UNAM viven en
2. México, D.F. es
3. La UNAM es
4. La UNAM ofrece

   a. una universidad muy grande.
   b. 74 carreras de estudio.
   c. sus casas con sus padres.
   d. la ciudad más grande (*biggest*) de Hispanoamérica.

edad *age* ¿Conoces a algún...? *Do you know any...?* que dé *that teaches*

España

El país en cifras

- ▸ **Área:** 505.370 km² (kilómetros cuadrados) o 195.124 millas cuadradas°, incluyendo las islas Baleares y las islas Canarias
- ▸ **Población:** 47.043.000
- ▸ **Capital:** Madrid—5.762.000
- ▸ **Ciudades° principales:** Barcelona—5.029.000, Valencia—812.000, Sevilla, Zaragoza
- ▸ **Moneda°:** euro
- ▸ **Idiomas°:** español o castellano, catalán, gallego, valenciano, euskera

Gallego
Euskera
Catalán
Español
Valenciano

Regiones lingüísticas

Bandera de España

Españoles célebres

- ▸ **Miguel de Cervantes,** escritor° (1547–1616)
- ▸ **Pedro Almodóvar,** director de cine° (1949–)
- ▸ **Rosa Montero,** escritora y periodista° (1951–)
- ▸ **Fernando Alonso,** corredor de autos° (1981–)
- ▸ **Paz Vega,** actriz° (1976–)
- ▸ **Severo Ochoa,** Premio Nobel de Medicina, 1959; doctor y científico (1905–1993)

millas cuadradas *square miles* **Ciudades** *Cities* **Moneda** *Currency*
Idiomas *Languages* **escritor** *writer* **cine** *film* **periodista** *reporter*
corredor de autos *race car driver* **actriz** *actress* **pueblo** *town*
Cada año *Every year* **Durante todo un día** *All day long*
se tiran *throw at each other* **varias toneladas** *many tons*

La Sagrada Familia en Barcelona

Plaza Mayor en Madrid

Mar Cantábrico

FRANCIA

ANDORRA

La Coruña

San Sebastián

Pirineos

Salamanca

Zaragoza Río Ebro

Barcelona

ESPAÑA

Menorca

PORTUGAL

Madrid

Valencia

Mallorca

Ibiza

Islas Baleares

Sevilla

Sierra Nevada

Mar Mediterráneo

Estrecho de Gibraltar

Ceuta

Melilla

MARRUECOS

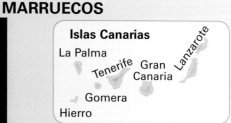

Islas Canarias

La Palma

Tenerife Gran Canaria Lanzarote

Gomera

Hierro

El baile flamenco

¡Increíble pero cierto!

En Buñol, un pueblo° de Valencia, la producción de tomates es un recurso económico muy importante. Cada año° se celebra el festival de *La Tomatina*. Durante todo un día°, miles de personas se tiran° tomates. Llegan turistas de todo el país, y se usan varias toneladas° de tomates.

Gastronomía • **José Andrés**

José Andrés es un chef español famoso internacionalmente°. Le gusta combinar platos° tradicionales de España con las técnicas de cocina más innovadoras°. Andrés vive° en Washington, DC, es dueño° de varios restaurantes en los EE.UU. y presenta° un programa en PBS (foto, izquierda). También° ha estado° en *Late Show with David Letterman* y *Top Chef*.

Cultura • **La diversidad**

La riqueza° cultural y lingüística de España refleja la combinación de las diversas culturas que han habitado° en su territorio durante siglos°. El español es la lengua oficial del país, pero también son oficiales el catalán, el gallego, el euskera y el valenciano.

Póster en catalán

Artes • **Velázquez y el Prado**

El Prado, en Madrid, es uno de los museos más famosos del mundo°. En el Prado hay pinturas° importantes de Botticelli, de El Greco y de los españoles Goya y Velázquez. *Las meninas* es la obra° más conocida° de Diego Velázquez, pintor° oficial de la corte real° durante el siglo° XVII.

Las meninas,
Diego Velázquez, 1656

Comida • **La paella**

La paella es uno de los platos más típicos de España. Siempre se prepara° con arroz° y azafrán°, pero hay diferentes recetas°. La paella valenciana, por ejemplo, es de pollo° y conejo°, y la paella marinera es de mariscos°.

La costa de Ibiza

¿Qué aprendiste? Completa las oraciones con la información adecuada.
1. El chef español _____ es muy famoso.
2. El arroz y el azafrán son ingredientes básicos de la _____.
3. El Prado está en _____.
4. José Andrés vive en _____.
5. El chef José Andrés tiene un _____ de televisión en PBS.
6. El gallego es una de las lenguas oficiales de _____.

Conexión Internet Investiga estos temas en Internet.

1. Busca información sobre la Universidad de Salamanca u otra universidad española. ¿Qué cursos ofrece (*does it offer*)?
2. Busca información sobre un español o una española célebre (por ejemplo, un[a] político/a, un actor, una actriz, un[a] artista). ¿De qué parte de España es y por qué es célebre?

internacionalmente *internationally* **platos** *dishes* **más innovadoras** *most innovative* **vive** *lives* **dueño** *owner* **presenta** *hosts* **También** *Also* **ha estado** *has been* **riqueza** *richness* **han habitado** *have lived* **durante siglos** *for centuries* **mundo** *world* **pinturas** *paintings* **obra** *work* **más conocida** *best-known* **pintor** *painter* **corte real** *royal court* **siglo** *century* **Siempre se prepara** *It is always prepared* **arroz** *rice* **azafrán** *saffron* **recetas** *recipes* **pollo** *chicken* **conejo** *rabbit* **mariscos** *seafood*

La clase

el/la compañero/a de clase	classmate
el/la estudiante	student
el/la profesor(a)	teacher
el borrador	eraser
la calculadora	calculator
el escritorio	desk
el libro	book
el mapa	map
la mesa	table
la mochila	backpack
el papel	paper
la papelera	wastebasket
la pizarra	blackboard
la pluma	pen
la puerta	door
el reloj	clock; watch
la silla	seat
la tiza	chalk
la ventana	window
la biblioteca	library
la cafetería	cafeteria
la casa	house; home
el estadio	stadium
el laboratorio	laboratory
la librería	bookstore
la universidad	university; college
la clase	class
el curso, la materia	course
el examen	test; exam
el horario	schedule
la prueba	test; quiz
el semestre	semester
la tarea	homework
el trimestre	trimester; quarter

Las materias

la arqueología	archeology
el arte	art
la biología	biology
las ciencias	sciences
la computación	computer science
la contabilidad	accounting
la economía	economics
el español	Spanish
la física	physics
la geografía	geography
la historia	history
las humanidades	humanities
el inglés	English
las lenguas extranjeras	foreign languages
la literatura	literature
las matemáticas	mathematics
la música	music
el periodismo	journalism
la psicología	psychology
la química	chemistry
la sociología	sociology

Preposiciones y adverbios

al lado de	next to
a la derecha de	to the right of
a la izquierda de	to the left of
allá	over there
allí	there
cerca de	near
con	with
debajo de	below
delante de	in front of
detrás de	behind
en	in; on
encima de	on top of
entre	between
lejos de	far from
sin	without
sobre	on; over

Palabras adicionales

¿Adónde?	Where (to)?
ahora	now
¿Cuál?, ¿Cuáles?	Which?; Which one(s)?
¿Por qué?	Why?
porque	because

Verbos

bailar	to dance
buscar	to look for
caminar	to walk
cantar	to sing
cenar	to have dinner
comprar	to buy
contestar	to answer
conversar	to converse, to chat
desayunar	to have breakfast
descansar	to rest
desear	to wish; to desire
dibujar	to draw
enseñar	to teach
escuchar la radio/ música	to listen (to) the radio/music
esperar (+ *inf.*)	to wait (for); to hope
estar	to be
estudiar	to study
explicar	to explain
gustar	to like
hablar	to talk; to speak
llegar	to arrive
llevar	to carry
mirar	to look (at); to watch
necesitar (+ *inf.*)	to need
practicar	to practice
preguntar	to ask (a question)
preparar	to prepare
regresar	to return
terminar	to end; to finish
tomar	to take; to drink
trabajar	to work
viajar	to travel

Los días de la semana

¿Cuándo?	When?
¿Qué día es hoy?	What day is it?
Hoy es…	Today is…
la semana	week
lunes	Monday
martes	Tuesday
miércoles	Wednesday
jueves	Thursday
viernes	Friday
sábado	Saturday
domingo	Sunday

Numbers 31 and higher	See pages 63–64.
Expresiones útiles	See page 45.

La familia

3

Communicative Goals

You will learn how to:
- Talk about your family and friends
- Describe people and things
- Express possession

A PRIMERA VISTA
- ¿Cuántos chicos hay en la foto?
- ¿Hay una mujer detrás de la chica? ¿Y a la izquierda?
- ¿Hay una cosa en la mano del chico?
- ¿Conversan ellos? ¿Trabajan? ¿Descansan?
- ¿Están en su casa?

La familia

Más vocabulario

los abuelos	grandparents
el/la bisabuelo/a	great-grandfather/ great-grandmother
el/la gemelo/a	twin
el/la hermanastro/a	stepbrother/stepsister
el/la hijastro/a	stepson/stepdaughter
la madrastra	stepmother
el medio hermano/ la media hermana	half-brother/ half-sister
el padrastro	stepfather
los padres	parents
los parientes	relatives
el/la cuñado/a	brother-in-law/ sister-in-law
la nuera	daughter-in-law
el/la suegro/a	father-in-law/ mother-in-law
el yerno	son-in-law
el/la amigo/a	friend
el apellido	last name
la gente	people
el/la muchacho/a	boy/girl
el/la niño/a	child
el/la novio/a	boyfriend/girlfriend
la persona	person
el/la artista	artist
el/la ingeniero/a	engineer
el/la doctor(a), el/la médico/a	doctor; physician
el/la periodista	journalist
el/la programador(a)	computer programmer

Variación léxica

madre ⟷ mamá, mami (*colloquial*)
padre ⟷ papá, papi (*colloquial*)
muchacho/a ⟷ chico/a

La familia de José Miguel Pérez Santoro

Juan Santoro Sánchez

mi abuelo (*my grandfather*)

Ernesto Santoro González

mi tío (*uncle*)
hijo (*son*) **de Juan y Socorro**

Marina Gutiérrez de Santoro

mi tía (*aunt*)
esposa (*wife*) **de Ernesto**

Silvia Socorro Santoro Gutiérrez

mi prima (*cousin*)
hija (*daughter*) **de Ernesto y Marina**

Héctor Manuel Santoro Gutiérrez

mi primo (*cousin*)
nieto (*grandson*) **de Juan y Socorro**

Carmen Santoro Gutiérrez

mi prima
hija de Ernesto y Marina

¡LENGUA VIVA!

In Spanish-speaking countries, it is common for people to go by both their first name and middle name, such as **José Miguel** or **Juan Carlos**. You will learn more about names and naming conventions on p. 86.

Socorro González de Santoro

mi abuela (*my grandmother*)

Mirta Santoro de Pérez

mi madre (*mother*)
hija de Juan y Socorro

Rubén Ernesto Pérez Gómez

mi padre (*father*)
esposo de mi madre

José Miguel Pérez Santoro

hijo de Rubén y Mirta

Beatriz Alicia Pérez de Morales

mi hermana (*sister*)

Felipe Morales Zapata

esposo (*husband*) de Beatriz Alicia

Víctor Miguel Morales Pérez

mi sobrino (*nephew*)
hermano (*brother*) de Anita

Anita Morales Pérez

mi sobrina (*niece*)
nieta (*granddaughter*) de mis padres

los hijos (*children*) de Beatriz Alicia y Felipe

Práctica

1 **Escuchar** Listen to each statement made by José Miguel Pérez Santoro, then indicate whether it is **cierto** or **falso**, based on his family tree.

	Cierto	Falso		Cierto	Falso
1.	○	○	6.	○	○
2.	○	○	7.	○	○
3.	○	○	8.	○	○
4.	○	○	9.	○	○
5.	○	○	10.	○	○

2 **Personas** Indicate each word that you hear mentioned in the narration.

1. _____ cuñado   4. _____ niño   7. _____ ingeniera
2. _____ tía   5. _____ esposo   8. _____ primo
3. _____ periodista 6. _____ abuelos

3 **Emparejar** Provide the letter of the phrase that matches each description. Two items will not be used.

1. Mi hermano programa las computadoras.
2. Son los padres de mi esposo.
3. Son los hijos de mis (*my*) tíos.
4. Mi tía trabaja en un hospital.
5. Es el hijo de mi madrastra y el hijastro de mi padre.
6. Es el esposo de mi hija.
7. Es el hijo de mi hermana.
8. Mi primo dibuja y pinta mucho.
9. Mi hermanastra enseña en la universidad.
10. Mi padre trabaja con planos (*blueprints*).

a. Es médica.
b. Es mi hermanastro.
c. Es programador.
d. Es ingeniero.
e. Son mis suegros.
f. Es mi novio.
g. Es mi padrastro.
h. Son mis primos.
i. Es artista.
j. Es profesora.
k. Es mi sobrino.
l. Es mi yerno.

4 **Definiciones** Define these family terms in Spanish.

> **modelo**
>
> hijastro *Es el hijo de mi esposo/a, pero no es mi hijo.*

1. abuela   5. suegra
2. bisabuelo   6. cuñado
3. tío   7. nietos
4. primas   8. medio hermano

5   **Escoger** Complete the description of each photo using words you have learned in **Contextos**.

1. La _____ de Sara es grande.

2. Héctor y Lupita son _____.

3. Maira Díaz es _____.

4. Rubén habla con su _____.

5. Los dos _____ están en el parque.

6. Irene es _____.

7. Elena Vargas Soto es _____.

8. Don Manuel es el _____ de Martín.

Comunicación

6

Preguntas personales Answer your partner's questions.

1. ¿Cuántas personas hay en tu familia?
2. ¿Cómo se llaman tus padres? ¿De dónde son? ¿Dónde trabajan?
3. ¿Cuántos hermanos tienes? ¿Cómo se llaman? ¿Dónde estudian o trabajan?
4. ¿Cuántos primos tienes? ¿Cuáles son los apellidos de ellos? ¿Cuántos son niños y cuántos son adultos? ¿Hay más chicos o más chicas en tu familia?
5. ¿Eres tío/a? ¿Cómo se llaman tus sobrinos/as? ¿Dónde estudian o trabajan?
6. ¿Quién es tu pariente favorito?
7. ¿Tienes un mejor amigo? ¿Cómo se llama?

AYUDA

tu, tus *your* (sing., pl.)
mi, mis *my* (sing., pl.)
tienes *you have*
tengo *I have*

7

Árbol genealógico Write about a family tree. Use your own family or invent a family.

> **modelo**
>
> *El abuelo se llama Robert Lange. Es de Nebraska...*

8

Una familia With a partner, identify the members in the family tree by asking questions about how each family member is related to Graciela Vargas García.

> **modelo**
>
> **Estudiante 1:** *¿Quién es Beatriz Pardo de Vargas?*
> **Estudiante 2:** *Es la abuela de Graciela.*

CONSULTA

To see the cities where these family members live, look at the map in **Panorama** on p. 112.

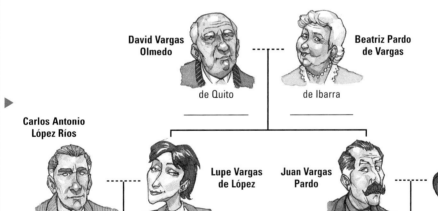

Un domingo en familia

Marissa pasa el día en Xochimilco con la familia Díaz.

PERSONAJES

FELIPE

TÍA NAYELI

JIMENA Hola, tía Nayeli.

TÍA NAYELI ¡Hola, Jimena! ¿Cómo estás?

JIMENA Bien, gracias. Y, ¿dónde están mis primas?

TÍA NAYELI No sé. ¿Dónde están mis hijas? ¡Ah!

MARISSA ¡Qué bonitas son tus hijas! Y ¡qué simpáticas!

MARISSA La verdad, mi familia es pequeña.

SRA. DÍAZ ¿Pequeña? Yo soy hija única. Bueno, y ¿qué más? ¿Tienes novio?

MARISSA No. Tengo mala suerte con los novios.

FELIPE Soy guapo y delgado.

JIMENA Ay, ¡por favor! Eres gordo, antipático y muy feo.

TÍO RAMÓN ¿Tienes una familia grande, Marissa?

MARISSA Tengo dos hermanos mayores, Zack y Jennifer, y un hermano menor, Adam.

MARISSA Tía Nayeli, ¿cuántos años tienen tus hijas?

TÍA NAYELI Marta tiene ocho años y Valentina doce.

JIMENA   **MARTA**   **VALENTINA**   **SRA. DÍAZ**   **TÍO RAMÓN**   **SR. DÍAZ**   **MARISSA**

7

SRA. DÍAZ Chicas, ¿compartimos una trajinera?

MARISSA ¡Claro que sí! ¡Qué bonitas son!

SRA. DÍAZ ¿Vienes, Jimena?

JIMENA No, gracias. Tengo que leer.

8

MARISSA Me gusta mucho este sitio. Tengo ganas de visitar otros lugares en México.

SRA. DÍAZ ¡Debes viajar a Mérida!

TÍA NAYELI ¡Sí, con tus amigos! Debes visitar a Ana María, la hermana de Roberto y de Ramón.

9

(*La Sra. Díaz habla por teléfono con la tía Ana María.*)

SRA. DÍAZ ¡Qué bien! Excelente. Sí, la próxima semana. Muchísimas gracias.

10

MARISSA ¡Gracias, Sra. Díaz!

SRA. DÍAZ Tía Ana María.

MARISSA Tía Ana María.

SRA. DÍAZ ¡Un beso, chau!

MARISSA *Bye!*

Expresiones útiles

Talking about your family

¿Tienes una familia grande?
Do you have a big family?
Tengo dos hermanos mayores y un hermano menor.
I have two older siblings and a younger brother.
La verdad, mi familia es pequeña.
The truth is, my family is small.
¿Pequeña? Yo soy hija única.
Small? I'm an only child.

Describing people

¡Qué bonitas son tus hijas!
Y ¡qué simpáticas!
Your daughters are so pretty!
And so nice!
Soy guapo y delgado.
I'm handsome and slim.
¡Por favor! Eres gordo, antipático y muy feo.
Please! You're fat, unpleasant, and very ugly.

Talking about plans

¿Compartimos una trajinera?
Shall we share a trajinera*?*
¡Claro que sí! ¡Qué bonitas son!
Of course! They're so pretty!
¿Vienes, Jimena?
Are you coming, Jimena?
No, gracias. Tengo que leer.
No, thanks. I have to read.

Saying how old people are

¿Cuántos años tienen tus hijas?
How old are your daughters?
Marta tiene ocho años y Valentina doce.
Marta is eight and Valentina twelve.

Additional vocabulary

ensayo *essay*
pobrecito/a *poor thing*
próxima *next*
sitio *place*
todavía *still*
trajinera *type of barge*

¿Qué pasó?

1   **¿Cierto o falso?** Indicate whether each sentence is **cierto** or **falso**. Correct the false statements.

	Cierto	Falso
1. Marissa dice que (*says that*) tiene una familia grande.	○	○
2. La Sra. Díaz tiene dos hermanos.	○	○
3. Marissa no tiene novio.	○	○
4. Valentina tiene veinte años.	○	○
5. Marissa comparte una trajinera con la Sra. Díaz y la tía Nayeli.	○	○
6. A Marissa le gusta mucho Xochimilco.	○	○

2   **Identificar** Indicate which person would make each statement. The names may be used more than once. **¡Ojo!** One name will not be used.

1. Felipe es antipático y feo.
2. Mis hermanos se llaman Jennifer, Adam y Zack.
3. ¡Soy un joven muy guapo!
4. Mis hijas tienen ocho y doce años.
5. ¡Qué bonitas son las trajineras!
6. Ana María es la hermana de Ramón y Roberto.
7. No puedo (*I can't*) compartir una trajinera porque tengo que leer.
8. Tus hijas son bonitas y simpáticas, tía Nayeli.

SRA. DÍAZ   **JIMENA**

MARISSA   **FELIPE**

TÍA NAYELI

3   **Escribir** Choose Marissa, Sra. Díaz, or tía Nayeli and write a brief description of her family. Be creative!

MARISSA

SRA. DÍAZ

TÍA NAYELI

Marissa es de los EE.UU. ¿Cómo es su familia?

La Sra. Díaz es de Cuba. ¿Cómo es su familia?

La tía Nayeli es de México. ¿Cómo es su familia?

4   **Conversar** Answer your partner's questions.

1. ¿Cuántos años tienes?
2. ¿Tienes una familia grande?
3. ¿Tienes hermanos o hermanas?
4. ¿Cuántos años tiene tu abuelo (tu hermana, tu primo, etc.)?
5. ¿De dónde son tus padres?

Pronunciación 🔊
Diphthongs and linking

hermano	**niña**	**cuñado**

In Spanish, **a**, **e**, and **o** are considered strong vowels. The weak vowels are **i** and **u**.

---

ruido	**parientes**	**periodista**

A diphthong is a combination of two weak vowels or of a strong vowel and a weak vowel. Diphthongs are pronounced as a single syllable.

mi hijo   **una clase excelente**

Two identical vowel sounds that appear together are pronounced like one long vowel.

la abuela

---

con Natalia	**sus sobrinos**	**las sillas**

Two identical consonants together sound like a single consonant.

---

es ingeniera	**mis abuelos**	**sus hijos**

A consonant at the end of a word is linked with the vowel sound at the beginning of the next word.

---

mi hermano	**su esposa**	**nuestro amigo**

A vowel at the end of a word is linked with the vowel sound at the beginning of the next word.

Práctica Say these words aloud, focusing on the diphthongs.

1. historia	5. residencia	9. lenguas
2. nieto	6. prueba	10. estudiar
3. parientes	7. puerta	11. izquierda
4. novia	8. ciencias	12. ecuatoriano

Oraciones Read these sentences aloud to practice diphthongs and linking words.

1. Hola. Me llamo Anita Amaral. Soy del Ecuador.
2. Somos seis en mi familia.
3. Tengo dos hermanos y una hermana.
4. Mi papá es del Ecuador y mi mamá es de España.

Refranes Read these sayings aloud to practice diphthongs and linking sounds.

Cuando una puerta se cierra, otra se abre.[1]

Hablando del rey de Roma, por la puerta se asoma.[2]

1 When one door closes, another opens.
2 Speak of the devil and he will appear.

¿Cómo te llamas?

In the Spanish-speaking world, it is common to have two last names: one paternal and one maternal. In some cases, the conjunctions **de** or **y** are used to connect the two. For example, in the name **Juan Martínez Velasco,** *Martínez* is the paternal surname (**el apellido paterno**), and *Velasco* is the maternal surname (**el apellido materno**). This convention of using two last names (**doble apellido**) is a European tradition that Spaniards brought to the Americas. It continues to be practiced in many countries, including Chile, Colombia, Mexico, Peru, and Venezuela. There are exceptions, however. In Argentina, the prevailing custom is for children to inherit only the father's last name.

When a woman marries in a country where two last names are used, legally she retains her two maiden surnames. However, socially she may take her husband's paternal surname in place of her inherited maternal surname. For example, **Karen Martínez Insignares,** the wife of Colombian singer

José Martínez García   Mercedes Velasco Pérez

Juan Martínez Velasco

Juanes (**Juan Esteban Aristizábal Vásquez**), might use the names **Karen Martínez Aristizábal** or **Karen Martínez de Aristizábal** in social situations (although officially her name remains **Karen Martínez Insignares**). Adopting a husband's last name for social purposes, though widespread, is only legally recognized in Ecuador and Peru.

Most parents do not break tradition upon naming their children; regardless of the surnames the mother uses, they use the father's first surname followed by the mother's first surname, as in the name **Juan Martínez Velasco.** However, one should note that both surnames come from the grandfathers, and therefore all **apellidos** are effectively paternal.

Hijos en la casa

In Spanish-speaking countries, family and society place very little pressure on young adults to live on their own (**independizarse**), and children often live with their parents well into their thirties. For example, about 60% of Spaniards under 34 years of age live at home with their parents. This delay in moving out is both cultural and economic—lack of job security or low wages coupled with a high cost of living may make it impractical for young adults to live independently before they marry.

1 **¿Cierto o falso?** Indicate whether these statements are **cierto** or **falso.** Correct the false statements.

1. Most Spanish-speaking people have three last names.
2. Hispanic last names generally consist of the paternal last name followed by the maternal last name.
3. It is common to see **de** or **y** used in a Hispanic last name.
4. Someone from Argentina would most likely have two last names.
5. Generally, married women legally retain two maiden surnames.
6. In social situations, a married woman often uses her husband's last name in place of her inherited paternal surname.
7. Adopting a husband's surname is only legally recognized in Peru and Ecuador.
8. Hispanic last names are effectively a combination of the maternal surnames from the previous generation.

Familia y amigos

el/la bisnieto/a	*great-grandson/daughter*
el/la chamaco/a (Méx.); el/la chamo/a (Ven.); el/la chaval(a) (Esp.); el/la pibe/a (Arg.)	el/la muchacho/a
mi colega (Esp.); mi cuate (Méx.); mi parcero/a (Col.); mi pana (Ven., P. Rico, Rep. Dom.)	*my pal; my buddy*
la madrina	*godmother*
el padrino	*godfather*
el/la tatarabuelo/a	*great-great-grandfather/ great-great-grandmother*

Las familias

Although worldwide population trends show a decrease in average family size, households in many Spanish-speaking countries are still larger than their U.S. counterparts.

- **México** 4,0 personas

- **Colombia** 3,9 personas

- **Argentina** 3,6 personas

- **Uruguay** 3,0 personas

- **España** 2,9 personas

- **Estados Unidos** 2,6 personas

La familia real española

Undoubtedly, Spain's most famous family is **la familia real** (*Royal*). In 1962, the then prince **Juan Carlos de Borbón** married Princess **Sofía** of Greece. In the 1970s, **el Rey** (*King*) **Juan Carlos** and **la Reina** (*Queen*) **Sofía** helped transition Spain to democracy after a forty-year dictatorship. The royal couple has three children: las **infantas** (*Princesses*) **Elena** and **Cristina**, and a son, **el príncipe** (*Prince*) **Felipe**, whose official title was **el Príncipe de Asturias**. In 2004, Felipe married **Letizia Ortiz Rocasolano,** a journalist and TV presenter. They have two daughters, **las infantas Leonor** (born in 2005) and **Sofía** (born in 2007). In 2014, Juan Carlos decided to abdicate the throne in favor of his son.

Conexión Internet

What role do **padrinos** and **madrinas** have in today's Hispanic family?

Use the Web to find more cultural information related to this **Cultura** section.

2 **Comprensión** Complete these sentences.

1. Spain's royals were responsible for guiding in _____.
2. In Spanish, your godmother is called _____.
3. Princess Leonor is the _____ of Queen Sofía.
4. Uruguay's average household has _____ people.
5. If a Venezuelan calls you **mi pana**, you are that person's _____.

3 **Una familia famosa** Create a genealogical tree of a famous family, using photos or drawings labeled with names and ages. Explain who the people are and their relationships to each other.

3.1 Descriptive adjectives

ANTE TODO Adjectives are words that describe people, places, and things. In Spanish, descriptive adjectives are used with the verb **ser** to point out characteristics such as nationality, size, color, shape, personality, and appearance.

Forms and agreement of adjectives

COMPARE & CONTRAST

In English, the forms of descriptive adjectives do not change to reflect the gender (masculine/feminine) and number (singular/plural) of the noun or pronoun they describe.

*Juan is **nice**.*   *Elena is **nice**.*   *They are **nice**.*

In Spanish, the forms of descriptive adjectives agree in gender and/or number with the nouns or pronouns they describe.

Juan es simpátic**o**.   Elena es simpátic**a**.   Ellos son simpátic**os**.

▶ Adjectives that end in **-o** have four different forms. The feminine singular is formed by changing the **-o** to **-a**. The plural is formed by adding **-s** to the singular forms.

Masculine		Feminine	
SINGULAR	PLURAL	SINGULAR	PLURAL
el muchach**o** alt**o**	los muchach**os** alt**os**	la muchach**a** alt**a**	las muchach**as** alt**as**

¡Qué bonitas son tus hijas, tía Nayeli!

Felipe es gordo, antipático y muy feo.

▶ Adjectives that end in **-e** or a consonant have the same masculine and feminine forms.

Masculine		Feminine	
SINGULAR	PLURAL	SINGULAR	PLURAL
el chico inteligent**e**	los chicos inteligent**es**	la chica inteligent**e**	las chicas inteligent**es**
el examen difíci**l**	los exámenes difíci**les**	la clase difíci**l**	las clases difíci**les**

▶ Adjectives that end in **-or** are variable in both gender and number.

Masculine		Feminine	
SINGULAR	PLURAL	SINGULAR	PLURAL
el hombre trabajad**or**	los hombres trabajad**ores**	la mujer trabajad**ora**	las mujeres trabajad**oras**

▶ Use the masculine plural form to refer to groups that include males and females.

Manuel es alt**o**.   Lola es alt**a**.   Manuel y Lola son alt**os**.

Common adjectives

alto/a	tall	**gordo/a**	fat	**mucho/a**	much; many; a lot of
antipático/a	unpleasant	**grande**	big		
bajo/a	short (in height)	**guapo/a**	good-looking	**pelirrojo/a**	red-haired
		importante	important	**pequeño/a**	small
bonito/a	pretty	**inteligente**	intelligent	**rubio/a**	blond(e)
bueno/a	good	**interesante**	interesting	**simpático/a**	nice; likeable
delgado/a	thin	**joven**	young	**tonto/a**	foolish
difícil	difficult	**malo/a**	bad	**trabajador(a)**	hard-working
fácil	easy	**mismo/a**	same	**viejo/a**	old
feo/a	ugly	**moreno/a**	brunet(te)		

Adjectives of nationality

▶ Unlike in English, Spanish adjectives of nationality are **not** capitalized. Proper names of countries, however, are capitalized.

Some adjectives of nationality

alemán, alemana	German	**francés, francesa**	French
argentino/a	Argentine	**inglés, inglesa**	English
canadiense	Canadian	**italiano/a**	Italian
chino/a	Chinese	**japonés, japonesa**	Japanese
costarricense	Costa Rican	**mexicano/a**	Mexican
cubano/a	Cuban	**norteamericano/a**	(North) American
ecuatoriano/a	Ecuadorian	**puertorriqueño/a**	Puerto Rican
español(a)	Spanish	**ruso/a**	Russian
estadounidense	from the U.S.		

▶ Adjectives of nationality are formed like other descriptive adjectives. Those that end in **-o** change to **-a** when forming the feminine.

chin**o** ⟶ chin**a**   mexican**o** ⟶ mexican**a**

The plural is formed by adding an **-s** to the masculine or feminine form.

argentin**o** ⟶ argentin**os**   cuban**a** ⟶ cuban**as**

▶ Adjectives of nationality that end in **-e** have only two forms, singular and plural.

canadiens**e** ⟶ canadiens**es**   estadounidens**e** ⟶ estadounidens**es**

▶ To form the feminine of adjectives of nationality that end in a consonant, add **–a**.

alem**án** ⟶ alema**na**   españo**l** ⟶ españo**la**
japoné**s** ⟶ japone**sa**   inglé**s** ⟶ ingle**sa**

Position of adjectives

▶ Descriptive adjectives and adjectives of nationality generally follow the nouns they modify.

El niño **rubio** es de España.
The blond boy is from Spain.

La mujer **española** habla inglés.
The Spanish woman speaks English.

▶ Unlike descriptive adjectives, adjectives of quantity precede the modified noun.

Hay **muchos** libros en la biblioteca.
There are many books in the library.

Hablo con **dos** turistas puertorriqueños.
I am talking with two Puerto Rican tourists.

▶ **Bueno/a** and **malo/a** can appear before or after a noun. When placed before a masculine singular noun, the forms are shortened: **bueno → buen; malo → mal**.

Joaquín es un **buen** amigo.
Joaquín es un amigo **bueno**. ⟶ *Joaquín is a good friend.*

Hoy es un **mal** día.
Hoy es un día **malo**. ⟶ *Today is a bad day.*

▶ When **grande** appears before a singular noun, it is shortened to **gran**, and the meaning of the word changes: **gran** = *great* and **grande** = *big, large.*

Don Francisco es un **gran** hombre.
Don Francisco is a great man.

La familia de Inés es **grande**.
Inés' family is large.

¡LENGUA VIVA!

Like **bueno** and **grande, santo** (*saint*) is also shortened before masculine nouns (unless they begin with **To-** or **Do-**): **San Francisco, San José** (but: **Santo Tomás, Santo Domingo**). **Santa** is used with names of female saints: **Santa Bárbara, Santa Clara.**

¡INTÉNTALO! Provide the appropriate forms of the adjectives.

simpático

1. Mi hermano es _simpático_.
2. La profesora Martínez es _____.
3. Rosa y Teresa son _____.
4. Nosotros somos _____.

alemán

1. Hans es _alemán_.
2. Mis primas son _____.
3. Marcus y yo somos _____.
4. Mi tía es _____.

difícil

1. La química es _difícil_.
2. El curso es _____.
3. Las pruebas son _____.
4. Los libros son _____.

guapo

1. Su esposo es _guapo_.
2. Mis sobrinas son _____.
3. Los padres de ella son _____.
4. Marta es _____.

Práctica

1 **Emparejar** Find the words in column B that are the opposite of the words in column A. One word in B will not be used.

Marcos

Jorge

A	B
1. guapo	a. delgado
2. moreno	b. pequeño
3. alto	c. malo
4. gordo	d. feo
5. joven	e. viejo
6. grande	f. rubio
7. simpático	g. antipático
	h. bajo

2 **Completar** Indicate the nationalities of these people by selecting the correct adjectives and changing their forms when necessary.

NOTA CULTURAL

Alfonso Cuarón
(1961–) became the
first Mexican winner
of the Best Director
Academy Award for
his film *Gravity* (2013).

1. Penélope Cruz es _____.
▶ 2. Alfonso Cuarón es un gran director de cine de México; es _____.
3. Ellen Page y Avril Lavigne son _____.
4. Giorgio Armani es un diseñador de modas (*fashion designer*) _____.
5. Daisy Fuentes es de La Habana, Cuba; ella es _____.
6. Emma Watson y Daniel Radcliffe son actores _____.
7. Heidi Klum y Michael Fassbender son _____.
8. Serena Williams y Michael Phelps son _____.

3 **Describir** Look at the drawing and describe each family member using as many adjectives as possible.

Josefina Barcos
de Romero

Carlos Romero
Sandoval

Susana Romero
Barcos

Tomás Romero Barcos   Alberto Romero Pereda

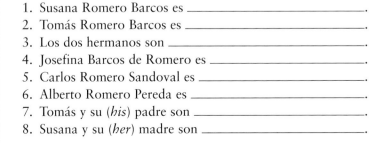

1. Susana Romero Barcos es _____.
2. Tomás Romero Barcos es _____.
3. Los dos hermanos son _____.
4. Josefina Barcos de Romero es _____.
5. Carlos Romero Sandoval es _____.
6. Alberto Romero Pereda es _____.
7. Tomás y su (*his*) padre son _____.
8. Susana y su (*her*) madre son _____.

Comunicación

4   **Busco novio** Read Cecilia's personal profile. Then indicate whether these conclusions are **lógico** or **ilógico**, based on what you read.

> **SOY ALTA,** morena y bonita. Soy cubana, de Holguín. Me gusta mucho el arte. Busco una amiga similar. Mi amiga ideal es alta, morena, inteligente y muy simpática.

	Lógico	Ilógico
1. Cecilia es profesora.	○	○
2. Cecilia desea ser artista.	○	○
3. Cecilia dibuja.	○	○
4. Cecilia es tonta.	○	○
5. La amiga ideal de Cecilia es interesante.	○	○

5   **Preguntas** Answer your partner's questions.

1. ¿Cómo eres tú?
2. ¿Cómo es tu casa?
3. ¿Cómo es tu escuela?
4. ¿Cómo es tu ciudad?
5. ¿Cómo es tu país?
6. ¿Cómo son tus amigos?

6   **Anuncio personal** Write a personal profile for your school newspaper. Describe yourself and your ideal best friend. Then compare you profile with a classmate's. How are you similar and how are you different? Are you looking for the same things in a best friend?

Síntesis

7   **¿Cómo es?** With a partner, take turns describing people, places, and things. You may want to use the items on the list. Tell your partner whether you agree (**Estoy de acuerdo**) or disagree (**No estoy de acuerdo**) with his/her descriptions.

> **modelo**
> San Francisco
> **Estudiante 1:** San Francisco es una ciudad (city) muy bonita.
> **Estudiante 2:** No estoy de acuerdo. Es muy fea.

Nueva York	los periodistas
Chicago	las clases de español/física/
George Clooney	matemáticas/química
Taylor Swift	el/la presidente/a de los
los médicos	Estados Unidos

3.2 Possessive adjectives

ANTE TODO Possessive adjectives, like descriptive adjectives, are words that are used to qualify people, places, or things. Possessive adjectives express the quality of ownership or possession.

Forms of possessive adjectives

SINGULAR FORMS	PLURAL FORMS	
mi	**mis**	*my*
tu	**tus**	*your* (fam.)
su	**sus**	*his, her, its, your* (form.)
nuestro/a	**nuestros/as**	*our*
vuestro/a	**vuestros/as**	*your* (fam.)
su	**sus**	*their, your*

COMPARE & CONTRAST

In English, possessive adjectives are invariable; that is, they do not agree in gender and number with the nouns they modify. Spanish possessive adjectives, however, do agree in number with the nouns they modify.

my cousin	*my cousins*	*my aunt*	*my aunts*
mi primo	**mis** primos	**mi** tía	**mis** tías

The forms **nuestro** and **vuestro** agree in both gender and number with the nouns they modify.

nuestr**o** prim**o** nuestr**os** prim**os** nuestr**a** tí**a** nuestr**as** tí**as**

▶ Possessive adjectives are always placed before the nouns they modify.

—¿Está **tu novio** aquí? —No, **mi novio** está en la biblioteca.
Is your boyfriend here? *No, my boyfriend is in the library.*

AYUDA
Look at the context, focusing on nouns and pronouns, to help you determine the meaning of **su(s)**.

▶ Because **su** and **sus** have multiple meanings (*your, his, her, their, its*), you can avoid confusion by using this construction instead: [*article*] + [*noun*] + **de** + [*subject pronoun*].

sus parientes ◀
los parientes **de él/ella** *his/her relatives*
los parientes **de Ud./Uds.** *your relatives*
los parientes **de ellos/ellas** *their relatives*

¡INTÉNTALO! Provide the appropriate form of each possessive adjective.

Singular

1. Es _____mi_____ (*my*) libro.
2. _____ (*My*) familia es ecuatoriana.
3. _____ (*Your,* fam.) esposo es italiano.
4. _____ (*Our*) profesor es español.
5. Es _____ (*her*) reloj.
6. Es _____ (*your,* fam.) mochila.
7. Es _____ (*your,* form.) maleta.
8. _____ (*Their*) sobrina es alemana.

Plural

1. _____Sus_____ (*Her*) primos son franceses.
2. _____ (*Our*) primos son canadienses.
3. Son _____ (*their*) lápices.
4. _____ (*Their*) nietos son japoneses.
5. Son _____ (*our*) plumas.
6. Son _____ (*my*) papeles.
7. _____ (*My*) amigas son inglesas.
8. Son _____ (*his*) cuadernos.

Práctica

1 **La familia de Manolo** Complete each sentence with the correct possessive adjective from the options in parentheses. Use the subject of each sentence as a guide.

1. Me llamo Manolo, y _____ (nuestro, mi, sus) hermano es Federico.
2. _____ (Nuestra, Sus, Mis) madre Silvia es profesora y enseña química.
3. Ella admira a _____ (tu, nuestro, sus) estudiantes porque trabajan mucho.
4. Yo estudio en la misma escuela, pero no tomo clases con _____ (mi, nuestras, tus) madre.
5. Federico trabaja en una oficina con _____ (mis, tu, nuestro) padre.
6. _____ (Mi, Su, Tu) oficina está en el centro de la Ciudad de México.
7. Javier y Óscar son _____ (mis, mi, sus) tíos de Oaxaca.
8. ¿Y tú? ¿Cómo es _____ (mi, su, tu) familia?

2 **Clarificar** Clarify each sentence with a prepositional phrase. Follow the model.

> **modelo**
> Su hermana es muy bonita. (ella)
> *La hermana de ella es muy bonita.*

1. Su casa es muy grande. (ellos) _____
2. ¿Cómo se llama su hermano? (ellas) _____
3. Sus padres trabajan en el centro. (ella) _____
4. Sus abuelos son muy simpáticos. (él) _____
5. Maribel es su prima. (ella) _____
6. Su primo lee los libros. (ellos) _____

3 **¿Dónde está?** Look at the drawings and indicate where your belongings are.

> **modelo**
> *Mi mochila está encima del escritorio.*

1.   2.   3.

4.   5.   6.

Comunicación

4 🔊 **Noticias de familia** Listen to Ana María talk about some family news. Then indicate whether the following conclusions are **lógico** or **ilógico**, based on what you heard.

		Lógico	Ilógico
1.	Ana María es rubia.	○	○
2.	Sus padres están en Bogotá.	○	○
3.	Su primo es inteligente.	○	○
4.	Su primo habla español.	○	○
5.	La novia de su primo es argentina.	○	○

5 👥 **Describir** With a partner, describe the people and places listed below.

> **modelo**
>
> la biblioteca de su escuela
> *La biblioteca de nuestra escuela es muy grande. Hay muchos libros en la biblioteca.*

1. tu profesor favorito
2. tu profesora favorita
3. tu clase favorita
4. la cafetería de su escuela
5. tus padres
6. tus abuelos
7. tu mejor (*best*) amigo
8. tu mejor amiga

6 **Una familia famosa** Assume the identity of a member of a famous family, real or fictional (the Obamas, Clintons, Bushes, Kardashians, Simpsons, etc.), and write a description of "your" family. Reveal your identity at the end of your description.

> **modelo**
>
> *Hay cuatro personas en mi familia. Mi padre es delgado y simpático. Él es de Philadelphia. Mi madre es muy inteligente y guapa. Mis padres son actores. Tengo una hermana menor. Nosotros también somos actores... Soy Jaden Smith.*

Síntesis

7 👥 **Describe a tu familia** With a partner, take turns asking each other questions about your families.

> **modelo**
>
> **Estudiante 1:** *¿Cómo es tu padre?*
> **Estudiante 2:** *Mi padre es alto, guapo y muy inteligente.*

3.3 Present tense of -er and -ir verbs

ANTE TODO In **Lección 2,** you learned how to form the present tense of regular -ar verbs. You also learned about the importance of verb forms, which change to show who is performing the action. The chart below shows the forms from two other important groups, **-er** verbs and **-ir** verbs.

CONSULTA

To review the conjugation of -ar verbs, see **Estructura 2.1**, p. 50.

Present tense of -er and -ir verbs

		comer (to eat)	**escribir** (to write)
SINGULAR FORMS	yo	com**o**	escrib**o**
	tú	com**es**	escrib**es**
	Ud./él/ella	com**e**	escrib**e**
PLURAL FORMS	nosotros/as	com**emos**	escrib**imos**
	vosotros/as	com**éis**	escrib**ís**
	Uds./ellos/ellas	com**en**	escrib**en**

▶ **-Er** and **-ir** verbs have very similar endings. Study the preceding chart to detect the patterns that make it easier for you to use them to communicate in Spanish.

Felipe y su tío comen.

Jimena lee.

AYUDA

Here are some tips on learning Spanish verbs:
1) Learn to identify the verb's stem, to which all endings attach.
2) Memorize the endings that go with each verb and verb tense.
3) As often as possible, practice using different forms of each verb in speech and writing.
4) Devote extra time to learning irregular verbs, such as **ser** and **estar**.

▶ Like **-ar** verbs, the **yo** forms of **-er** and **-ir** verbs end in **-o.**

Yo com**o**.   Yo escrib**o**.

▶ Except for the **yo** form, all of the verb endings for **-er** verbs begin with **-e.**

-es   -emos   -en
-e   -éis

▶ **-Er** and **-ir** verbs have the exact same endings, except in the **nosotros/as** and **vosotros/as** forms.

nosotros ◀ com**emos** / escrib**imos**   vosotros ◀ com**éis** / escrib**ís**

Common -er and -ir verbs

-er verbs		-ir verbs	
aprender (a + *inf.*)	to learn	**abrir**	to open
beber	to drink	**asistir (a)**	to attend
comer	to eat	**compartir**	to share
comprender	to understand	**decidir (+ *inf.*)**	to decide
correr	to run	**describir**	to describe
creer (en)	to believe (in)	**escribir**	to write
deber (+ *inf.*)	should	**recibir**	to receive
leer	to read	**vivir**	to live

Ellos **corren** en el parque.

Él **escribe** una carta.

¡INTÉNTALO!   Provide the appropriate present tense forms of these verbs.

correr

1. Graciela ___corre___.
2. Tú _____.
3. Yo _____.
4. Sara y Ana _____.
5. Usted _____.
6. Ustedes _____.
7. La gente _____.
8. Marcos y yo _____.

abrir

1. Ellos ___abren___ la puerta.
2. Carolina _____ la maleta.
3. Yo _____ las ventanas.
4. Nosotras _____ los libros.
5. Usted _____ el cuaderno.
6. Tú _____ la ventana.
7. Ustedes _____ las maletas.
8. Los muchachos _____ los cuadernos.

aprender

1. Él ___aprende___ español.
2. Maribel y yo _____ inglés.
3. Tú _____ japonés.
4. Tú y tu hermanastra _____ francés.
5. Mi hijo _____ chino.
6. Yo _____ alemán.
7. Usted _____ inglés.
8. Nosotros _____ italiano.

Práctica

1 **Completar** Complete Susana's sentences about her family with the correct forms of the verbs in parentheses. One of the verbs will remain in the infinitive.

1. Mi familia y yo _____ (vivir) en Mérida, Yucatán.
2. Tengo muchos libros. Me gusta _____ (leer).
3. Mi hermano Alfredo es muy inteligente. Alfredo _____ (asistir) a clases los lunes, miércoles y viernes.
4. Los martes y jueves Alfredo y yo _____ (correr) en el Parque del Centenario.
5. Mis padres _____ (comer) mucha lasaña los domingos y se quedan dormidos (*they fall asleep*).
6. Yo _____ (creer) que (*that*) mis padres deben comer menos (*less*).

2 **Oraciones** Juan is talking about what he and his friends do after school. Form complete sentences by adding any other necessary elements.

> **modelo**
>
> yo / correr / amigos / lunes y miércoles
> *Yo corro con mis amigos los lunes y miércoles.*

1. Manuela / asistir / clase / yoga
2. Eugenio / abrir / correo electrónico (*e-mail*)
3. Isabel y yo / leer / biblioteca
4. Sofía y Roberto / aprender / hablar / inglés
5. tú / comer / cafetería / escuela
6. mi novia y yo / compartir / libro de historia

3 **Consejos** Mario and his family are spending a year abroad to learn Japanese. Use the words below to indicate what he and/or his family members are doing or should do to adjust to life in Japan. Then, create one more sentence using a verb not on the list.

> **modelo**
>
> recibir libros / deber practicar japonés
> *Mario y su esposa reciben muchos libros en japonés.*
> *Los hijos deben practicar japonés.*

aprender japonés	decidir explorar el país
asistir a clases	escribir listas de palabras en japonés
beber té (*tea*)	leer novelas japonesas
deber comer cosas nuevas	vivir con una familia japonesa
¿?	¿?

Comunicación

4   **Entrevista** Answer your partner's questions.

1. ¿Dónde comes al mediodía? ¿Comes mucho?
2. ¿Dónde vives?
3. ¿Con quién vives?
4. ¿Qué cursos debes tomar el próximo (*next*) semestre?
5. ¿Lees el periódico (*newspaper*)? ¿Qué periódico lees y cuándo?
6. ¿Recibes muchos mensajes de texto (*text messages*)? ¿De quién(es)?
7. ¿Escribes poemas?
8. ¿Crees en fantasmas (*ghosts*)?

5   **Deberes** Talk about at least five things you should do to improve your life and the lives of others. Use **deber** (+ *inf.*) and other **-er** or **-ir** verbs.

modelo

Yo debo correr más...

6   **Descripción** With a partner, take turns choosing an action from the list. Then give a description. Your partner will have to guess the action you are describing.

abrir (un libro, una puerta, una mochila)
aprender (a bailar, a hablar francés, a dibujar)
asistir (a una clase de yoga, a un concierto de rock, a una clase interesante)
beber (agua, limonada)
comer (pasta, un sándwich, pizza)
compartir (un libro, un sándwich)

correr (en el parque, en un maratón)
escribir (una composición, un mensaje de texto [*text message*], con lápiz)
leer (una carta [*letter*] de amor, un mensaje electrónico [*e-mail message*], un periódico [*newspaper*])
recibir un regalo (*gift*)
¿?

modelo

Estudiante 1: Soy estudiante y tomo muchas clases. Vivo en Roma.
Estudiante 2: ¿Comes pasta?
Estudiante 1: No, no como pasta.
Estudiante 2: ¿Aprendes a hablar italiano?
Estudiante 1: ¡Sí!

Síntesis

7   **Un día típico** Write a description of a typical day in your life. Include at least six verbs.

modelo

A las nueve de la mañana mis amigas y yo bebemos un café.
Asisto a la clase de yoga a las nueve y media.....

[3.4] Present tense of **tener** and **venir**

The verbs **tener** (*to have*) and **venir** (*to come*) are among the most frequently used in Spanish. Because most of their forms are irregular, you will have to learn each one individually.

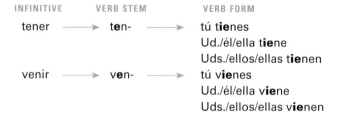

The verbs **tener** and **venir**		
	tener	**venir**
SINGULAR FORMS		
yo	ten**go**	ven**go**
tú	tien**es**	vien**es**
Ud./él/ella	tien**e**	vien**e**
PLURAL FORMS		
nosotros/as	ten**emos**	ven**imos**
vosotros/as	ten**éis**	ven**ís**
Uds./ellos/ellas	tien**en**	vien**en**

▶ The endings are the same as those of regular **-er** and **-ir** verbs, except for the **yo** forms, which are irregular: **tengo, vengo.**

▶ In the **tú, Ud.,** and **Uds.** forms, the **e** of the stem changes to **ie,** as shown below.

INFINITIVE	VERB STEM	VERB FORM
tener ⟶	ten- ⟶	tú ti**e**nes
		Ud./él/ella ti**e**ne
		Uds./ellos/ellas ti**e**nen
venir ⟶	ven- ⟶	tú vi**e**nes
		Ud./él/ella vi**e**ne
		Uds./ellos/ellas vi**e**nen

¿Tienes una familia grande, Marissa?

No, tengo una familia pequeña.

▶ Only the **nosotros** and **vosotros** forms are regular. Compare them to the forms of **comer** and **escribir** that you learned on page 96.

	tener	comer	venir	escribir
nosotros/as	ten**emos**	com**emos**	ven**imos**	escrib**imos**
vosotros/as	ten**éis**	com**éis**	ven**ís**	escrib**ís**

▶ In certain idiomatic or set expressions in Spanish, you use the construction **tener** + [*noun*] to express *to be* + [*adjective*]. This chart contains a list of the most common expressions with **tener**.

Expressions with tener

tener... años	*to be... years old*	**tener (mucha) prisa**	*to be in a (big) hurry*
tener (mucho) calor	*to be (very) hot*	**tener razón**	*to be right*
tener (mucho) cuidado	*to be (very) careful*	**no tener razón**	*to be wrong*
tener (mucho) frío	*to be (very) cold*	**tener (mucha) sed**	*to be (very) thirsty*
tener (mucha) hambre	*to be (very) hungry*	**tener (mucho) sueño**	*to be (very) sleepy*
tener (mucho) miedo (de)	*to be (very) afraid/scared (of)*	**tener (mucha) suerte**	*to be (very) lucky*

—¿**Tienen** hambre ustedes? —Sí, y **tenemos** sed también.
Are you hungry? *Yes, and we're thirsty, too.*

▶ To express an obligation, use **tener que** (*to have to*) + [*infinitive*].

—¿Qué **tienes que** estudiar hoy? —**Tengo que** estudiar biología.
What do you have to study today? *I have to study biology.*

▶ To ask people if they feel like doing something, use **tener ganas de** (*to feel like*) + [*infinitive*].

—¿**Tienes ganas de** comer? —No, **tengo ganas de** dormir.
Do you feel like eating? *No, I feel like sleeping.*

MICIUDAD.COM
Usted tiene que visitarnos.

¡INTÉNTALO! Provide the appropriate forms of **tener** and **venir**.

tener	venir
1. Ellos ___tienen___ dos hermanos.	1. Mis padres ___vienen___ de México.
2. Yo _____ una hermana.	2. Tú _____ de España.
3. El artista _____ tres primos.	3. Nosotras _____ de Cuba.
4. Nosotros _____ diez tíos.	4. Pepe _____ de Italia.
5. Eva y Diana _____ un sobrino.	5. Yo _____ de Francia.
6. Usted _____ cinco nietos.	6. Ustedes _____ de Canadá.
7. Tú _____ dos hermanastras.	7. Alfonso y yo _____ de Portugal.
8. Ustedes _____ cuatro hijos.	8. Ellos _____ de Alemania.
9. Ella _____ una hija.	9. Usted _____ de Venezuela.

Práctica

1 **Emparejar** Find the expression in column B that best matches an item in column A. Then, come up with a new item that corresponds with the leftover expression in column B.

A

1. el Polo Norte
2. una sauna
3. la comida salada (*salty food*)
4. una persona muy inteligente
5. un abuelo
6. una dieta

B

a. tener calor
b. tener sed
c. tener frío
d. tener razón
e. tener ganas de
f. tener hambre
g. tener 75 años

2 **Completar** Complete the sentences with the correct forms of **tener** or **venir**.

1. Hoy nosotros _____ una reunión familiar (*family reunion*).
2. Yo _____ en autobús del aeropuerto de Quito.
3. Todos mis parientes _____, excepto mi tío Manolo y su esposa.
4. Ellos no _____ ganas de venir porque viven en Portoviejo.
5. Mi prima Susana y su novio no _____ hasta las ocho porque ella _____ que trabajar.
6. En las fiestas, mi hermana siempre (*always*) _____ muy tarde (*late*).
7. Nosotros _____ mucha suerte porque las reuniones son divertidas (*fun*).
8. Mi madre cree que mis sobrinos son muy simpáticos. Creo que ella _____ razón.

3 **Describir** Describe what these people are doing or feeling using an expression with **tener**.

1. _____ 2. _____ 3. _____

4. _____ 5. _____ 6. _____

Comunicación

4 🔊

Mi familia Listen to Francisco's description of his family. Then indicate whether the following conclusions are **lógico** or **ilógico**, based on what you heard.

	Lógico	Ilógico
1. Francisco tiene una familia grande.	○	○
2. A Francisco le gustan los números.	○	○
3. Francisco vive en la casa de sus padres durante el semestre.	○	○
4. Francisco desea ser artista.	○	○
5. Carlos y Dolores tienen gemelos.	○	○

5 👥

Preguntas Answer your partner's questions.

1. ¿Tienes que estudiar hoy?
2. ¿Cuántos años tienes? ¿Y tus hermanos/as?
3. ¿Cuándo vienes a la escuela?
4. ¿Cuándo vienen tus amigos a tu casa o apartamento?
5. ¿De qué tienes miedo? ¿Por qué?
6. ¿Qué tienes ganas de hacer el sábado?

6

Obligaciones Talk about five things that you have to do but cannot do for various reasons, such as fear, lack of motivation, or being in a rush. Use expressions with **tener**.

> **modelo**
>
> Tengo que estudiar, pero no tengo ganas.

Síntesis

7 👥

Minidrama Role-play this situation with a partner: you are introducing your best friend to your extended family. To avoid any surprises before you go, talk about who is coming and what each family member is like. Switch roles.

Recapitulación

Review the grammar concepts you have learned in this lesson by completing these activities.

1 **Adjetivos** Complete each phrase with the appropriate adjective from the list. Make all necessary changes. **18 pts.**

antipático	interesante	mexicano
difícil	joven	moreno

1. Mi tía es _____. Vive en Guadalajara.
2. Mi primo no es rubio, es _____.
3. Mi amigo cree que la clase no es fácil; es _____.
4. Los libros son _____; me gustan mucho.
5. Mis hermanos son _____; no tienen muchos amigos.
6. Las gemelas tienen nueve años. Son _____.

2 **Completar** For each set of sentences, provide the appropriate form of the verb **tener** and the possessive adjective. Follow the model. **36 pts.**

> **modelo**
> Él *tiene* un libro. Es *su* libro.

1. Esteban y Julio _____ una tía. Es _____ tía.
2. Yo _____ muchos amigos. Son _____ amigos.
3. Tú _____ tres primas. Son _____ primas.
4. María y tú _____ un hermano. Es _____ hermano.
5. Nosotras _____ unas mochilas. Son _____ mochilas.
6. Usted _____ dos sobrinos. Son _____ sobrinos.

3 **Oraciones** Arrange the words in the correct order to form complete logical sentences. **¡Ojo!** Don't forget to conjugate the verbs. **20 pts.**

1. libros / unos / tener / interesantes / tú / muy
   _____
2. dos / leer / fáciles / compañera / tu / lecciones
   _____
3. mi / francés / ser / amigo / buen / Hugo
   _____
4. ser / simpáticas / dos / personas / nosotras
   _____
5. a / clases / menores / mismas / sus / asistir / hermanos / las
   _____

3.1 **Descriptive adjectives** *pp. 88–90*

Forms and agreement of adjectives

Masculine		Feminine	
Singular	Plural	Singular	Plural
alto	altos	alta	altas
inteligente	inteligentes	inteligente	inteligentes
trabajador	trabajadores	trabajadora	trabajadoras

▶ Descriptive adjectives follow the noun:
  el chico rubio

▶ Adjectives of nationality also follow the noun:
  la mujer española

▶ Adjectives of quantity precede the noun:
  muchos libros, dos turistas

▶ When placed before a singular masculine noun, these adjectives are shortened.

  bueno → buen   malo → mal

▶ When placed before a singular noun, **grande** is shortened to **gran**.

3.2 **Possessive adjectives** *p. 93*

Singular		Plural	
mi	nuestro/a	mis	nuestros/as
tu	vuestro/a	tus	vuestros/as
su	su	sus	sus

3.3 **Present tense of -er and -ir verbs** *pp. 96–97*

comer		escribir	
como	comemos	escribo	escribimos
comes	coméis	escribes	escribís
come	comen	escribe	escriben

3.4 **Present tense of tener and venir** *pp. 100–101*

tener		venir	
tengo	tenemos	vengo	venimos
tienes	tenéis	vienes	venís
tiene	tienen	viene	vienen

4 **Carta** Complete this letter with the appropriate forms of the verbs in the word list. Not all verbs will be used. **22 pts.**

abrir	correr	recibir
asistir	creer	tener
compartir	escribir	venir
comprender	leer	vivir

Hola, Ángel:

¿Qué tal? (Yo) (1) _____ esta carta (this letter) en la biblioteca. Todos los días (2) _____ aquí y (3) _____ un buen libro. Yo (4) _____ que es importante leer por diversión. Mi hermano no (5) _____ por qué me gusta leer. Él sólo (6) _____ los libros de texto. Pero nosotros (7) _____ unos intereses. Por ejemplo, los dos somos atléticos; por las mañanas nosotros (8) _____. También nos gustan las ciencias; por las tardes (9) _____ a nuestra clase de biología. Nosotros (10) _____ en un apartamento que está cerca de la escuela. Y tú, ¿cómo estás? ¿(Tú) (11) _____ mucho trabajo (work)?

5 **Proverbio** Complete this proverb with the correct forms of the verbs in parentheses. **4 pts.**

" Dos andares° _____ **(tener) el dinero°,** _____ **(venir) despacio°** y **se va° ligero°. "**

andares *speeds* dinero *money* despacio *slowly*
se va *it leaves* ligero *quickly*

Lectura

Antes de leer

Estrategia

Guessing meaning from context

As you read in Spanish, you'll often come across words you haven't learned. You can guess what they mean by looking at the surrounding words and sentences. Look at the following text and guess what **tía abuela** means, based on the context.

¡Hola, Claudia!

¿Qué hay de nuevo?

¿Sabes qué? Ayer fui a ver a mi tía abuela, la hermana de mi abuela. Tiene 85 años, pero es muy independiente. Vive en un apartamento en Quito con su prima Lorena, quien también tiene 85 años.

If you guessed *great-aunt*, you are correct, and you can conclude from this word and the format clues that this is a letter about someone's visit with his or her great-aunt.

Examinar el texto

Quickly read through the paragraphs and find two or three words you don't know. Using the context as your guide, guess what these words mean. Then glance at the paragraphs where these words appear and try to predict what the paragraphs are about.

Examinar el formato

Look at the format of the reading. What clues do the captions, photos, and layout give you about its content?

Gente ... Las familias

1. Me llamo Armando y tengo setenta años, pero no me considero viejo. Tengo seis nietas y un nieto. Vivo con mi hija y tengo la oportunidad de pasar mucho tiempo con ella y con mi nieto. Por las tardes salgo a pasear° por el parque con él y por la noche le leo cuentos°.

Armando. Tiene seis nietas y un nieto.

2. Mi prima Victoria y yo nos llevamos muy bien. Estudiamos juntas° en la universidad y compartimos un apartamento. Ella es muy inteligente y me ayuda° con los estudios. Además°, es muy simpática y generosa. Si necesito cualquier° cosa, ¡ella me la compra!

Diana. Vive con su prima.

3. Me llamo Ramona y soy paraguaya, aunque° ahora vivo en los Estados Unidos. Tengo tres hijos, uno de nueve años, uno de doce y el mayor de quince. Es difícil a veces, pero mi esposo y yo tratamos° de ayudarlos y comprenderlos siempre°.

Ramona. Sus hijos son muy importantes para ella.

4. Tengo mucha suerte. Aunque mis padres están divorciados, tengo una familia muy unida. Tengo dos hermanos y dos hermanas. Me gusta hablar y salir a fiestas con ellos. Ahora tengo novio en la universidad y él no conoce a mis hermanos. ¡Espero que se lleven bien!

Ana María. Su familia es muy unida.

5. Antes quería° tener hermanos, pero ya no° es tan importante. Ser hijo único tiene muchas ventajas°: no tengo que compartir mis cosas con hermanos, no hay discusiones° y, como soy nieto único también, ¡mis abuelos piensan° que soy perfecto!

Fernando. Es hijo único.

6. Como soy joven todavía°, no tengo ni esposa ni hijos. Pero tengo un sobrino, el hijo de mi hermano, que es muy especial para mí. Se llama Benjamín y tiene diez años. Es un muchacho muy simpático. Siempre tiene hambre y por lo tanto vamos° frecuentemente a comer hamburguesas. Nos gusta también ir al cine° a ver películas de acción. Hablamos de todo. ¡Creo que ser tío es mejor que ser padre!

Santiago. Cree que ser tío es divertido.

salgo a pasear *I go take a walk* cuentos *stories* juntas *together* me ayuda *she helps me* Además *Besides* cualquier *any* aunque *although* tratamos *we try* siempre *always* quería *I wanted* ya no *no longer* ventajas *advantages* discusiones *arguments* piensan *think* todavía *still* vamos *we go* ir al cine *to go to the movies*

Después de leer

Emparejar
Glance at the paragraphs and see how the words and phrases in column A are used in context. Then find their definitions in column B.

A
1. me la compra
2. nos llevamos bien
3. no conoce
4. películas
5. mejor que
6. el mayor

B
a. the oldest
b. movies
c. the youngest
d. buys it for me
e. borrows it from me
f. we see each other
g. doesn't know
h. we get along
i. portraits
j. better than

Seleccionar
Choose the sentence that best summarizes each paragraph.
1. Párrafo 1
   a. Me gusta mucho ser abuelo.
   b. No hablo mucho con mi nieto.
   c. No tengo nietos.
2. Párrafo 2
   a. Mi prima es antipática.
   b. Mi prima no es muy trabajadora.
   c. Mi prima y yo somos muy buenas amigas.
3. Párrafo 3
   a. Tener hijos es un gran sacrificio, pero es muy bonito también.
   b. No comprendo a mis hijos.
   c. Mi esposo y yo no tenemos hijos.
4. Párrafo 4
   a. No hablo mucho con mis hermanos.
   b. Comparto mis cosas con mis hermanos.
   c. Mis hermanos y yo somos como (*like*) amigos.
5. Párrafo 5
   a. Me gusta ser hijo único.
   b. Tengo hermanos y hermanas.
   c. Vivo con mis abuelos.
6. Párrafo 6
   a. Mi sobrino tiene diez años.
   b. Me gusta mucho ser tío.
   c. Mi esposa y yo no tenemos hijos.

Escritura

Estrategia

Using idea maps

How do you organize ideas for a first draft? Often, the organization of ideas represents the most challenging part of the process. Idea maps are useful for organizing pertinent information. Here is an example of an idea map you can use:

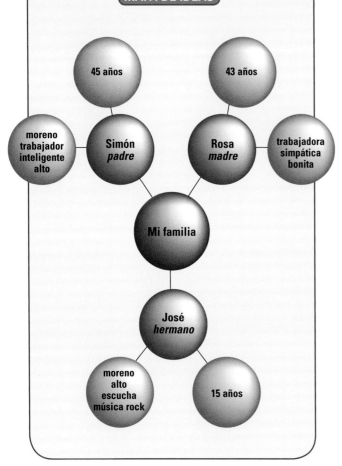

MAPA DE IDEAS

- 45 años
- 43 años
- moreno trabajador inteligente alto
- Simón *padre*
- Rosa *madre*
- trabajadora simpática bonita
- Mi familia
- José *hermano*
- moreno alto escucha música rock
- 15 años

Tema

Escribir un mensaje electrónico

A friend you met in a chat room for Spanish speakers wants to know about your family. Using some of the verbs and adjectives you have learned in this lesson, write a brief e-mail describing your family or an imaginary family, including:

▶ Names and relationships

▶ Physical characteristics

▶ Hobbies and interests

Here are some useful expressions for writing an e-mail or letter in Spanish:

Salutations

Estimado/a Julio/Julia:	*Dear Julio/Julia,*
Querido/a Miguel/Ana María:	*Dear Miguel/Ana María,*

Closings

Un abrazo,	*A hug,*
Abrazos,	*Hugs,*
Con cariño,	*Affectionately,*
¡Hasta pronto!	*See you soon!*
¡Hasta la próxima semana!	*See you next week!*

Escuchar

Estrategia
**Asking for repetition/
Replaying the recording**

Sometimes it is difficult to understand
what people say, especially in a noisy
environment. During a conversation,
you can ask someone to repeat by saying
¿Cómo? (*What?*) or **¿Perdón?** (*Pardon
me?*). In class, you can ask your teacher to
repeat by saying **Repita, por favor** (*Repeat,
please*). If you don't understand a recorded
activity, you can simply replay it.

◁)) To help you practice this strategy, you will
listen to a short paragraph. Ask your teacher
to repeat it or replay the recording, and then
summarize what you heard.

Preparación

Based on the photograph, where do you think
Cristina and Laura are? What do you think Laura
is saying to Cristina?

Ahora escucha ◁))

Now you are going to hear Laura and Cristina's
conversation. Use **R** to indicate which adjectives
describe Cristina's boyfriend, Rafael. Use **E** for
adjectives that describe Laura's boyfriend, Esteban.
Some adjectives will not be used.

___ **rubio**	___ **interesante**
___ **feo**	___ **antipático**
___ **alto**	___ **inteligente**
___ **trabajador**	___ **moreno**
___ **un poco gordo**	___ **viejo**

Comprensión

Identificar
Which person would make each statement: Cristina or Laura?

	Cristina	Laura
1. Mi novio habla sólo de fútbol y de béisbol.	○	○
2. Tengo un novio muy interesante y simpático.	○	○
3. Mi novio es alto y moreno.	○	○
4. Mi novio trabaja mucho.	○	○
5. Mi amiga no tiene buena suerte con los muchachos.	○	○
6. El novio de mi amiga es un poco gordo, pero guapo.	○	○

¿Cierto o falso?
Indicate whether each sentence is **cierto** or **falso**, then
correct the false statements.

	Cierto	Falso
1. Esteban es un chico interesante y simpático.	○	○
2. Laura tiene mala suerte con los chicos.	○	○
3. Rafael es muy interesante.	○	○
4. Laura y su novio hablan de muchas cosas.	○	○

Preparación

How do you feel about shopping sprees? Do you like spending time in shopping malls? What would you rather do: buy things for yourself or gifts for others?

Diminutivo

¡Oh! ¡Un saquito te compró mamá!

Diminutivos are suffixes used to indicate a small size, young age, or to express affection. They are also used to talk to babies and toddlers, and to communicate that something is cute. The most commonly used diminutive suffix in Spanish is **–ito/ita**, which can be used with nouns and names (**niñito/a, Miguelito, Susanita**), adjectives (**pequeñito/a**), and adverbs (**lueguito, ahorita**). When words end in consonants like n, r, or z, such as in **lápiz** and **lección**, **-ito/ita** becomes **–cito/cita**; for example: **lapicito** and **leccioncita**. However, there are many exceptions, such as **novio/a**, which diminutive is **noviecito/a**. Diminutives can also be created using the suffix **–illo/illa** (**cuadernillo, problemilla**).

Vocabulario útil

¿Te falta mucho?	*Have you got long to go?*
apurarse	*to hurry*
saquito	*small/cute coat*
par de zapatitos	*pair of small shoes*
conjuntito	*small outfit*
cerrar	*to close*

Comprensión

Fill in the blanks, choosing the correct option from the word bank.

hija/a	prisa	su	cierra
regresar	esposo	zapatos	

1. Marcos es el _____ de Claudia.
2. Claudia compra _____ y otras cosas para ella en el centro comercial (*shopping mall*).
3. Marcos y Claudia tienen una _____.
4. El centro comercial _____ en diez minutos.
5. Claudia busca un regalo (*gift*) para _____ hija.
6. Claudia tiene _____ porque debe _____ pronto a casa.

 Conversación

Talk with a classmate about these questions:

1. In the video, why did the man think the woman was buying presents for their baby daughter?
2. Why do you think the woman was using diminutives such as **saquito**, **zapatitos**, and **conjuntito**?

Aplicación

Work in small groups to create an ad for **Banco Galicia**, using adjectives from this lesson and applying different diminutives to nouns you include in the ad. Present it to the class, and discuss afterward which ads seem most effective and why.

If a Spanish-speaking friend told you he was going to a **reunión familiar,** what type of event would you picture? Most likely, your friend would not be referring to an annual event reuniting family members from far-flung cities. In Hispanic culture, family gatherings are often more frequent and relaxed, and thus do not require intensive planning or juggling of schedules. Some families gather every Sunday afternoon to enjoy a leisurely meal; others may prefer to hold get-togethers on a Saturday evening, with food, music, and dancing. In any case, gatherings tend to be laid-back events in which family members spend hours chatting, sharing stories, and telling jokes.

La familia

—**Érica, ¿y cómo se llaman tus padres?**
—**Mi mamá, Lorena y mi papá, Miguel.**

Vocabulario útil	
el Día de la Madre	*Mother's Day*
estamos celebrando	*we are celebrating*
familia grande y feliz	*a big, happy family*
familia numerosa	*a large family*
hacer (algo) juntos	*to do (something) together*
el patio interior	*courtyard*
pelear	*to fight*
reuniones familiares	*family gatherings, reunions*

¡Qué familia tan° grande tiene!

Preparación
What is a "typical family" like where you live? Is there such a thing? What members of a family usually live together?

Completar
Complete this paragraph with the correct options.

Te presento a la familia Bolaños.

Los Valdivieso y los Bolaños son dos ejemplos de familias en Ecuador. Los Valdivieso son una familia (1) _____ (difícil/numerosa). Viven en una casa (2) _____ (grande/buena). En el patio, hacen (*they do*) muchas reuniones (3) _____ (familiares/con amigos). Los Bolaños son una familia pequeña. Ellos comen (4) _____ (separados/juntos) y preparan canelazo, una bebida (*drink*) típica ecuatoriana.

Ecuador

El país en cifras

- **Área**: 283.560 km² (109.483 millas²), *incluyendo las islas Galápagos, aproximadamente el área de Colorado*
- **Población**: 15.439.000
- **Capital**: Quito — 1.622.000
- **Ciudades° principales**: Guayaquil — 2.634.000, Cuenca, Machala, Portoviejo
- **Moneda**: dólar estadounidense
- **Idiomas**: español (oficial), quichua

La lengua oficial de Ecuador es el español, pero también se hablan° otras° lenguas en el país. Aproximadamente unos 4.000.000 de ecuatorianos hablan lenguas indígenas; la mayoría° de ellos habla quichua. El quichua es el dialecto ecuatoriano del quechua, la lengua de los incas.

Bandera de Ecuador

Ecuatorianos célebres

- **Francisco Eugenio de Santa Cruz y Espejo,** médico, periodista y patriota (1747–1795)
- **Juan León Mera,** novelista (1832–1894)
- **Eduardo Kingman,** pintor° (1913–1997)
- **Rosalía Arteaga,** abogada°, política y ex vicepresidenta (1956–)
- **Iván Vallejo Ricafuerte,** montañista (1959–)

Ciudades *cities* se hablan *are spoken* otras *other* mayoría *majority* pintor *painter* abogada *lawyer* sur *south* mundo *world* pies *feet* dos veces más alto que *twice as tall as*

Las islas Galápagos

ESTADOS UNIDOS
OCÉANO PACÍFICO
OCÉANO ATLÁNTICO
ECUADOR
AMÉRICA DEL SUR

COLOMBIA

Indígenas del Amazonas

Río Esmeraldas

• Ibarra

Quito ☆

Volcán Cotopaxi ▲

Río Napo

Volcán Tungurahua ▲

Portoviejo •

Río Daule

Río Pastaza

Cordillera de los Andes

Guayaquil •

Volcán Chimborazo ▲

Océano Pacífico

Cuenca •

Muchos indígenas de Ecuador hablan quichua.

• Machala

• Loja

La ciudad de Quito y la Cordillera de los Andes

PERÚ

Catedral de Guayaquil

¡Increíble pero cierto!

El volcán Cotopaxi, situado a unos 60 kilómetros al sur° de Quito, es considerado el volcán activo más alto del mundo°. Tiene una altura de 5.897 metros (19.340 pies°). Es dos veces más alto que° el monte Santa Elena (2.550 metros o 9.215 pies) en el estado de Washington.

Lugares • Las islas Galápagos

Muchas personas vienen de lejos a visitar las islas Galápagos porque son un verdadero tesoro° ecológico. Aquí Charles Darwin estudió° las especies que inspiraron° sus ideas sobre la evolución. Como las Galápagos están lejos del continente, sus plantas y animales son únicos. Las islas son famosas por sus tortugas° gigantes.

Artes • Oswaldo Guayasamín

Oswaldo Guayasamín fue° uno de los artistas latinoamericanos más famosos del mundo. Fue escultor° y muralista. Su expresivo estilo viene del cubismo y sus temas preferidos son la injusticia y la pobreza° sufridas° por los indígenas de su país.

Deportes • El *trekking*

El sistema montañoso de los Andes cruza° y divide Ecuador en varias regiones. La Sierra, que tiene volcanes, grandes valles y una variedad increíble de plantas y animales, es perfecta para el *trekking*. Muchos turistas visitan Ecuador cada° año para hacer° *trekking* y escalar montañas°.

Lugares • Latitud 0

Hay un monumento en Ecuador, a unos 22 kilómetros (14 millas) de Quito, donde los visitantes están en el hemisferio norte y el hemisferio sur a la vez°. Este monumento se llama la Mitad del Mundo° y es un destino turístico muy popular.

Explosión del volcán Tungurahua

¿Qué aprendiste? Completa las oraciones con la información correcta.

1. La ciudad más grande (*biggest*) de Ecuador es _____.
2. La capital de Ecuador es _____.
3. Unos 4.000.000 de ecuatorianos hablan _____.
4. Darwin estudió el proceso de la evolución en _____.
5. Dos temas del arte de _____ son la pobreza y la _____.
6. Un monumento muy popular es _____.
7. La Sierra es un lugar perfecto para el _____.
8. El volcán _____ es el volcán activo más alto del mundo.

Conexión Internet Investiga estos temas en Internet.

1. Busca información sobre una ciudad de Ecuador. ¿Te gustaría (*Would you like*) visitar la ciudad? ¿Por qué?
2. Haz una lista de tres animales o plantas que viven sólo en las islas Galápagos. ¿Dónde hay animales o plantas similares?

....

verdadero tesoro *true treasure* estudió *studied* inspiraron *inspired* tortugas *tortoises* fue *was* escultor *sculptor* pobreza *poverty* sufridas *suffered* cruza *crosses* cada *every* hacer *to do* escalar montañas *to climb mountains* a la vez *at the same time* Mitad del Mundo *Equatorial Line Monument (lit. Midpoint of the World)*

La familia

el/la abuelo/a	grandfather/grandmother
los abuelos	grandparents
el apellido	last name
el/la bisabuelo/a	great-grandfather/great-grandmother
el/la cuñado/a	brother-in-law/sister-in-law
el/la esposo/a	husband/wife; spouse
la familia	family
el/la gemelo/a	twin
el/la hermanastro/a	stepbrother/stepsister
el/la hermano/a	brother/sister
el/la hijastro/a	stepson/stepdaughter
el/la hijo/a	son/daughter
los hijos	children
la madrastra	stepmother
la madre	mother
el/la medio/a hermano/a	half-brother/half-sister
el/la nieto/a	grandson/granddaughter
la nuera	daughter-in-law
el padrastro	stepfather
el padre	father
los padres	parents
los parientes	relatives
el/la primo/a	cousin
el/la sobrino/a	nephew/niece
el/la suegro/a	father-in-law/mother-in-law
el/la tío/a	uncle/aunt
el yerno	son-in-law

Otras personas

el/la amigo/a	friend
la gente	people
el/la muchacho/a	boy/girl
el/la niño/a	child
el/la novio/a	boyfriend/girlfriend
la persona	person

Profesiones

el/la artista	artist
el/la doctor(a), el/la médico/a	doctor; physician
el/la ingeniero/a	engineer
el/la periodista	journalist
el/la programador(a)	computer programmer

Adjetivos

alto/a	tall
antipático/a	unpleasant
bajo/a	short (in height)
bonito/a	pretty
buen, bueno/a	good
delgado/a	thin
difícil	difficult
fácil	easy
feo/a	ugly
gordo/a	fat
grande	big
guapo/a	good-looking
importante	important
inteligente	intelligent
interesante	interesting
joven (sing.), jóvenes (pl.)	young
mal, malo/a	bad
mismo/a	same
moreno/a	brunet(te)
mucho/a	much; many; a lot of
pelirrojo/a	red-haired
pequeño/a	small
rubio/a	blond(e)
simpático/a	nice; likeable
tonto/a	foolish
trabajador(a)	hard-working
viejo/a	old

Nacionalidades

alemán, alemana	German
argentino/a	Argentine
canadiense	Canadian
chino/a	Chinese
costarricense	Costa Rican
cubano/a	Cuban
ecuatoriano/a	Ecuadorian
español(a)	Spanish
estadounidense	from the U.S.
francés, francesa	French
inglés, inglesa	English
italiano/a	Italian
japonés, japonesa	Japanese
mexicano/a	Mexican
norteamericano/a	(North) American
puertorriqueño/a	Puerto Rican
ruso/a	Russian

Verbos

abrir	to open
aprender (a + inf.)	to learn
asistir (a)	to attend
beber	to drink
comer	to eat
compartir	to share
comprender	to understand
correr	to run
creer (en)	to believe (in)
deber (+ inf.)	should
decidir (+ inf.)	to decide
describir	to describe
escribir	to write
leer	to read
recibir	to receive
tener	to have
venir	to come
vivir	to live

Possessive adjectives	See page 93.
Expressions with tener	See page 101.
Expresiones útiles	See page 83.

Los pasatiempos

4

A PRIMERA VISTA
- ¿Es esta persona un atleta o un artista?
- ¿En qué tiene interés, en el ciclismo o en el tenis?
- ¿Es viejo? ¿Es delgado?
- ¿Tiene frío o calor?

Los pasatiempos

Más vocabulario

el béisbol	baseball
el ciclismo	cycling
el esquí (acuático)	(water) skiing
el fútbol americano	football
el golf	golf
el hockey	hockey
la natación	swimming
el tenis	tennis
el vóleibol	volleyball
el equipo	team
el parque	park
el partido	game; match
la plaza	city or town square
andar en patineta	to skateboard
bucear	to scuba dive
escalar montañas (f., pl.)	to climb mountains
esquiar	to ski
ganar	to win
ir de excursión	to go on a hike
practicar deportes (m., pl.)	to play sports
escribir una carta/ un mensaje electrónico	to write a letter/ an e-mail
leer el correo electrónico	to read e-mail
leer una revista	to read a magazine
deportivo/a	sports-related

Variación léxica

piscina	←→	pileta (Arg.); alberca (Méx.)
baloncesto	←→	básquetbol (Amér. L.)
béisbol	←→	pelota (P. Rico, Rep. Dom.)

Lee el periódico. (leer)

Pasea en bicicleta. (pasear)

la pelota

el fútbol

la jugadora

Visitan el monumento. (visitar)

Pasean. (pasear)

Toma el sol. (tomar)

Nada. (nadar)

la piscina

Práctica

1 Escuchar Indicate the letter of the activity in Column B that best corresponds to each statement you hear. Two items in Column B will not be used.

A **B**

1. _____ a. leer el correo electrónico
2. _____ b. tomar el sol
3. _____ c. pasear en bicicleta
4. _____ d. ir a un partido de fútbol americano
5. _____ e. escribir una carta
6. _____ f. practicar muchos deportes
           g. nadar
           h. ir de excursión

2 Ordenar Order these activities according to what you hear in the narration.

_____ a. pasear en bicicleta   _____ d. tomar el sol

_____ b. nadar   _____ e. practicar deportes

_____ c. leer una revista   _____ f. patinar en línea

3 ¿Cierto o falso? Indicate whether each statement is **cierto** or **falso** based on the illustration.

	Cierto	Falso
1. Un hombre nada en la piscina.	○	○
2. Un hombre lee una revista.	○	○
3. Un chico pasea en bicicleta.	○	○
4. Dos muchachos esquían.	○	○
5. Una mujer y dos niños visitan un monumento.	○	○
6. Un hombre bucea.	○	○
7. Hay un equipo de hockey.	○	○
8. Una mujer toma el sol.	○	○

4 Clasificar Fill in the chart below with as many terms from **Contextos** as you can.

Actividades	Deportes	Personas
_____	_____	_____
_____	_____	_____
_____	_____	_____
_____	_____	_____
_____	_____	_____
_____	_____	_____

Patina en línea. (patinar)

el jugador

el baloncesto

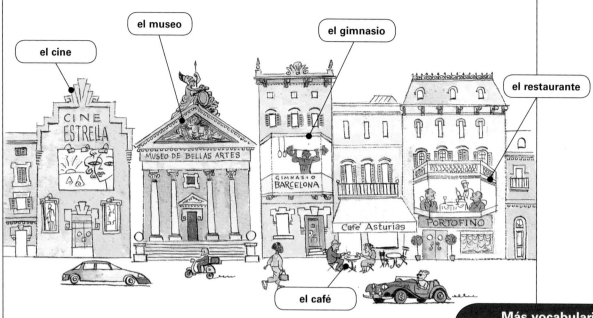

el cine   el museo   el gimnasio   el restaurante   el café

En el centro

Más vocabulario

la diversión	fun activity; entertainment; recreation
el fin de semana	weekend
el pasatiempo	pastime; hobby
los ratos libres	spare (free) time
el videojuego	video game
la iglesia	church
el lugar	place
ver películas (f., pl.)	to watch movies
favorito/a	favorite

5   **Identificar** Identify the place where these activities would take place.

> **modelo**
> Esquiamos. Es una montaña.

1. Tomamos una limonada.
2. Vemos una película.
3. Nadamos y tomamos el sol.
4. Hay muchos monumentos.
5. Comemos tacos y fajitas.
6. Miramos pinturas (*paintings*) de Diego Rivera y Frida Kahlo.
7. Hay mucho tráfico.
8. Practicamos deportes.

6   **Lugares** Indicate what you do in the places mentioned below.

> **modelo**
> una plaza
> Camino por la plaza y miro a las personas.

beber	escalar	mirar	practicar
caminar	escribir	nadar	tomar
correr	leer	patinar	visitar

1. una biblioteca
2. un estadio
3. una plaza
4. una piscina
5. las montañas
6. un parque
7. un café
8. un museo

Comunicación

7 **Guadalajara** Read this description of Guadalajara. Then indicate whether the following conclusions are **lógico** or **ilógico**, based on what you read.

Guadalajara es una gran ciudad del estado de Jalisco, México. ¿Te gustan los parques? El Parque Mirador Independencia es un buen lugar para pasear en bicicleta, andar en patineta o tomar el sol. ¿Te gusta el cine? Guadalajara es un importante centro cultural, famosa por el Festival de Cine de Guadalajara. ¿Tienes hambre? Hay fabulosos restaurantes por toda la ciudad. ¿Te gustan los deportes? Debes asistir a un partido del Club Deportivo Guadalajara, uno de los equipos de fútbol más populares de México. ¿Te gusta el arte? Guadalajara es también muy famosa por sus museos y sus monumentos.

	Lógico	Ilógico
1. En el Parque Mirador Independencia, hay lugar para la diversión.	○	○
2. Asistes al Festival de Cine de Guadalajara para ver películas.	○	○
3. En Guadalajara, la gente come bien.	○	○
4. No hay estadios de fútbol en Guadalajara.	○	○
5. En Guadalajara, los turistas visitan monumentos.	○	○

8 **Entrevista** Answer your partner's questions.

1. ¿Hay un café cerca de tu casa?
2. ¿Cuál es tu restaurante favorito?
3. ¿Te gusta viajar y visitar monumentos?
4. ¿Te gusta ir al cine los fines de semana?
5. ¿Cuáles son tus películas favoritas?
6. ¿Te gusta practicar deportes?
7. ¿Cuáles son tus deportes favoritos?
8. ¿Cuáles son tus pasatiempos favoritos?

CONSULTA

To review expressions with **gustar,** see **Estructura 2.1,** p. 52.

9 **Pasatiempos** Write a paragraph about the pastimes three of your friends and family members enjoy.

> **modelo**
>
> Mi hermana pasea mucho en bicicleta, pero mis padres practican la natación.
> Mi hermano no nada, pero visita muchos museos.

10 **Conversación** Using the words and expressions provided, work with a partner to prepare a short conversation about pastimes.

¿a qué hora?	¿con quién(es)?	¿dónde?
¿cómo?	¿cuándo?	¿qué?

> **modelo**
>
> **Estudiante 1:** ¿Cuándo patinas en línea?
> **Estudiante 2:** Patino en línea los domingos. Y tú, ¿patinas en línea?
> **Estudiante 1:** No, no me gusta patinar en línea. Me gusta practicar el béisbol.

Fútbol, cenotes y mole

Maru, Miguel, Jimena y Marissa visitan un cenote, mientras Felipe y Juan Carlos van a un partido de fútbol.

PERSONAJES

 MIGUEL

 PABLO

MIGUEL Buenos días a todos.

TÍA ANA MARÍA Hola, Miguel. Maru, ¿qué van a hacer hoy?

MARU Miguel y yo vamos a llevar a Marissa a un cenote.

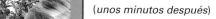

MARISSA ¿No vamos a nadar? ¿Qué es un cenote?

MIGUEL Sí, sí vamos a nadar. Un cenote... difícil de explicar. Es una piscina natural en un hueco profundo.

MARU ¡Ya vas a ver! Seguro que te va a gustar.

(unos minutos después)

EDUARDO Hay un partido de fútbol en el parque. ¿Quieren ir conmigo?

PABLO Y conmigo. Si no consigo más jugadores, nuestro equipo va a perder.

ANA MARÍA Marissa, ¿qué te gusta hacer? ¿Escalar montañas? ¿Ir de excursión?

MARISSA Sí, me gusta ir de excursión y practicar el esquí acuático. Y usted, ¿qué prefiere hacer en sus ratos libres?

PABLO Mi mamá tiene muchos pasatiempos y actividades.

EDUARDO Sí. Ella nada y juega al tenis y al golf.

PABLO Va al cine y a los museos.

ANA MARÍA Sí, salgo mucho los fines de semana

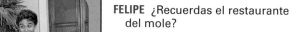

FELIPE ¿Recuerdas el restaurante del mole?

EDUARDO ¿Qué restaurante?

JIMENA El mole de mi tía Ana María es mi favorito.

MARU Chicos, ya es hora. ¡Vamos!

ANA MARÍA **MARU** **MARISSA** **EDUARDO** **FELIPE** **JUAN CARLOS** **JIMENA** **DON GUILLERMO**

7

(*más tarde, en el parque*)

PABLO No puede ser. ¡Cinco a uno!

FELIPE ¡Vamos a jugar! Si perdemos, compramos el almuerzo. Y si ganamos...

EDUARDO ¡Empezamos!

8

(*mientras tanto, en el cenote*)

MARISSA ¿Hay muchos cenotes en México?

MIGUEL Sólo en la península de Yucatán.

MARISSA ¡Vamos a nadar!

9

(*Los chicos visitan a don Guillermo, un vendedor de paletas heladas.*)

JUAN CARLOS Don Guillermo, ¿dónde podemos conseguir un buen mole?

FELIPE Eduardo y Pablo van a pagar el almuerzo. Y yo voy a pedir un montón de comida.

10

FELIPE Sí, éste es el restaurante. Recuerdo la comida.

EDUARDO Oye, Pablo... No tengo...

PABLO No te preocupes, hermanito.

FELIPE ¿Qué buscas? (*muestra la cartera de Pablo*) ¿Esto?

Expresiones útiles

Making invitations

Hay un partido de fútbol en el parque. ¿Quieren ir conmigo?
There's a soccer game in the park. Do you want to come with me?

¡Yo puedo jugar!
I can play!

Mmm... no quiero.
Hmm... I don't want to.

Lo siento, pero no puedo.
I'm sorry, but I can't.

¡Vamos a nadar!
Let's go swimming!

Sí, vamos.
Yes, let's go.

Making plans

¿Qué van a hacer hoy?
What are you going to do today?

Vamos a llevar a Marissa a un cenote.
We are taking Marissa to a cenote.

Vamos a comprar unas paletas heladas.
We're going to buy some popsicles.

Vamos a jugar. Si perdemos, compramos el almuerzo.
Let's play. If we lose, we'll buy lunch.

Talking about pastimes

¿Qué te gusta hacer? ¿Escalar montañas? ¿Ir de excursión?
What do you like to do? Mountain climbing? Hiking?

Sí, me gusta ir de excursión y practicar esquí acuático.
Yes, I like hiking and water skiing.

Y usted, ¿qué prefiere hacer en sus ratos libres?
And you, what do you like to do in your free time?

Salgo mucho los fines de semana.
I go out a lot on the weekends.

Voy al cine y a los museos.
I go to the movies and to museums.

Additional vocabulary

el/la aficionado/a *fan*
la cartera *wallet*   **el hueco** *hole*
un montón de *a lot of*

¿Qué pasó?

1 **Escoger** Choose the answer that best completes each sentence.

1. Marissa, Maru y Miguel desean _____.
   a. nadar   b. correr por el parque   c. leer el periódico

2. A Marissa le gusta _____.
   a. el tenis   b. el vóleibol   c. ir de excursión y practicar esquí acuático

3. A la tía Ana María le gusta _____.
   a. jugar al hockey   b. nadar y jugar al tenis y al golf   c. hacer ciclismo

4. Pablo y Eduardo pierden el partido de _____.
   a. fútbol   b. béisbol   c. baloncesto

5. Juan Carlos y Felipe desean _____.
   a. patinar   b. esquiar   c. comer mole

2 **Identificar** Identify the person who would make each statement.

1. A mí me gusta nadar, pero no sé qué es un cenote. _____

2. Mamá va al cine y al museo en sus ratos libres. _____

3. Yo voy a pedir mucha comida. _____

4. ¿Quieren ir a jugar al fútbol con nosotros en el parque? _____

5. Me gusta salir los fines de semana. _____

MARISSA
FELIPE
EDUARDO
PABLO
TÍA ANA MARÍA

NOTA CULTURAL

Mole is a typical sauce in Mexican cuisine. It is made from pumpkin seeds, chile, and chocolate, and it is usually served with chicken, beef, or pork. To learn more about **mole**, go to page 272.

NOTA CULTURAL

Cenotes are deep, freshwater sinkholes found in caves throughout the Yucatán peninsula. They were formed in prehistoric times by the erosion and collapse of cave walls. The Mayan civilization considered the **cenotes** sacred, and performed rituals there. Today, they are popular destinations for swimming and diving.

3 **Preguntas** Answer the questions using the information from the **Fotonovela**.

1. ¿Qué van a hacer Miguel y Maru?

2. ¿Adónde van Felipe y Juan Carlos mientras sus amigos van al cenote?

3. ¿Quién gana el partido de fútbol?

4. ¿Quiénes van al cenote con Maru y Miguel?

4 **Conversación** With a partner, prepare a conversation in which you talk about pastimes and invite each other to do some activity together. Use these expressions and also look at **Expresiones útiles** on the previous page.

¿A qué hora? *(At) What time?*
contigo *with you*

¿Dónde? *Where?*
No puedo porque... *I can't because...*

Nos vemos a las siete. *See you at seven.*

▶ ¿Eres aficionado/a a...?
▶ ¿Te gusta...?

▶ ¿Por qué no...?
▶ ¿Quieres... conmigo?

▶ ¿Qué vas a hacer esta noche?

Pronunciación

Word stress and accent marks

pe-lí-cu-la **e-di-fi-cio** **ver** **yo**

Every Spanish syllable contains at least one vowel. When two vowels are joined in the same syllable they form a **diphthong***. A **monosyllable** is a word formed by a single syllable.

bi-blio-te-ca **vi-si-tar** **par-que** **fút-bol**

The syllable of a Spanish word that is pronounced most emphatically is the "stressed" syllable.

pe-lo-ta **pis-ci-na** **ra-tos** **ha-blan**

Words that end in **n**, **s**, or a **vowel** are usually stressed on the next-to-last syllable.

na-ta-ción **pa-pá** **in-glés** **Jo-sé**

If words that end in **n**, **s**, or a **vowel** are stressed on the last syllable, they must carry an accent mark on the stressed syllable.

bai-lar **es-pa-ñol** **u-ni-ver-si-dad** **tra-ba-ja-dor**

Words that do not end in **n**, **s**, or a **vowel** are usually stressed on the last syllable.

béis-bol **lá-piz** **ár-bol** **Gó-mez**

If words that do not end in **n**, **s**, or a **vowel** are stressed on the next-to-last syllable, they must carry an accent mark on the stressed syllable.

*The two vowels that form a diphthong are either both weak or one is weak and the other is strong.

En la unión
está la fuerza.²

Práctica Pronounce each word, stressing the correct syllable. Then give the word stress rule for each word.

1. profesor
2. Puebla
3. ¿Cuántos?
4. Mazatlán
5. examen
6. ¿Cómo?
7. niños
8. Guadalajara
9. programador
10. México
11. están
12. geografía

Oraciones Read the conversation aloud to practice word stress.

MARINA Hola, Carlos. ¿Qué tal?
CARLOS Bien. Oye, ¿a qué hora es el partido de fútbol?
MARINA Creo que es a las siete.
CARLOS ¿Quieres ir?
MARINA Lo siento, pero no puedo. Tengo que estudiar biología.

Quien ríe
de último, ríe mejor.¹

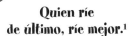

Refranes Read these sayings aloud to practice word stress.

1 He who laughs last, laughs best.
2 United we stand.

Real Madrid y Barça: rivalidad total

Soccer in Spain is a force to be reckoned with, and no two teams draw more attention than **Real Madrid** and the **Fútbol Club Barcelona**. Whether the venue is Madrid's **Santiago Bernabéu** or Barcelona's **Camp Nou**, the two cities shut down for the showdown, paralyzed by **fútbol** fever. A ticket to the actual game is always the hottest ticket in town.

The rivalry between **Real Madrid** and **Barça** is about more than soccer. As the two biggest, most powerful cities in Spain, Barcelona and Madrid are constantly compared to one another and have a natural rivalry. There is also a political component to the dynamic. Barcelona, with its distinct language and culture, has long struggled for increased autonomy from Madrid's centralized government. Under Francisco Franco's rule (1939–1975), when repression of the Catalan identity was at its height, a game between **Real Madrid** and **FC Barcelona** was wrapped up with all the symbolism of the regime versus the resistance, even though both teams suffered casualties in Spain's civil war and the subsequent Franco dictatorship.

Although the dictatorship is long over, the momentum of all those decades of competition still transforms both cities into a frenzied, tense panic leading up to the game. Once the final score is announced, one of those cities is transformed again, this time into the best party in the country.

Rivalidades del fútbol

Argentina: Boca Juniors vs River Plate

México: Águilas del América vs Chivas del Guadalajara

Chile: Colo Colo vs Universidad de Chile

Guatemala: Comunicaciones vs Municipal

Uruguay: Peñarol vs Nacional

Colombia: Millonarios vs Independiente Santa Fe

ACTIVIDADES

1 **¿Cierto o falso?** Indicate whether each statement is cierto or falso. Correct the false statements.

1. People from Spain don't like soccer.
2. Madrid and Barcelona are the most important cities in Spain.
3. Santiago Bernabéu is a stadium in Barcelona.
4. The rivalry between Real Madrid and FC Barcelona is not only in soccer.
5. Barcelona has resisted Madrid's centralized government.
6. Only the FC Barcelona team was affected by the civil war.
7. During Franco's regime, the Catalan culture thrived.
8. There are many famous rivalries between soccer teams in the Spanish-speaking world.
9. River Plate is a popular team from Argentina.
10. Comunicaciones and Peñarol are famous rivals in Guatemala.

ASÍ SE DICE

Los deportes

el/la árbitro/a	referee
el/la atleta	athlete
la bola; el balón	**la pelota**
el campeón/ la campeona	champion
la carrera	race
competir	to compete
empatar	to tie
la medalla	medal
el/la mejor	the best
mundial	worldwide
el torneo	tournament

EL MUNDO HISPANO

Atletas importantes

World-renowned Hispanic athletes:

- **Rafael Nadal** (España) has won 14 Grand Slam singles titles and the 2008 Olympic gold medal in singles tennis.

- **Lionel Andrés Messi** (Argentina) is one of the world's top soccer players. He plays for **FC Barcelona** and for the Argentine national team.

- **Mireia Belmonte García** (España) won two silver medals in swimming at the 2012 Olympics.

- **Lorena Ochoa** (México) was the top-ranked female golfer in the world when she retired in 2010 at the age of 28. She still hosts an LPGA golf tournament, the Lorena Ochoa Invitational, every year.

PERFILES

Miguel Cabrera y Paola Espinosa

Miguel Cabrera, considered one of the best hitters in baseball, now plays first base for the Detroit Tigers. Born in Venezuela in 1983, he made his Major League debut at the age of 20. Cabrera has been selected for both the National League and American League All-Star Teams. In 2012, he became the first player since 1967 to win the Triple Crown.

Mexican diver **Paola Milagros Espinosa Sánchez**, born in 1986, has competed in three Olympics (2004, 2008, and 2012). She and her partner Tatiana Ortiz took home a bronze medal in 2008. In 2012, she won a silver medal with partner Alejandra Orozco. She won three gold medals at the Pan American Games in 2007 and again in 2011.

Conexión Internet

¿Qué deportes son populares en los países hispanos?

Use the Web to find more cultural information related to this **Cultura** section.

ACTIVIDADES

2 **Comprensión** Write the name of the athlete described in each sentence.

1. Es un jugador de fútbol de Argentina. _____
2. Es una mujer que practica el golf. _____
3. Es un jugador de béisbol de Venezuela. _____
4. Es una mujer mexicana que practica un deporte en la piscina. _____

3 **¿Quién es?** Write a short paragraph describing an athlete that you like. What does he/she look like? What sport does he/she play? Where does he/she live?

4.1 Present tense of **ir**

ANTE TODO The verb **ir** (*to go*) is irregular in the present tense. Note that, except for the **yo** form (**voy**) and the lack of a written accent on the **vosotros** form (**vais**), the endings are the same as those for regular present tense **-ar** verbs.

The verb **ir** (*to go*)

Singular forms		Plural forms	
yo	**voy**	nosotros/as	**vamos**
tú	**vas**	vosotros/as	**vais**
Ud./él/ella	**va**	Uds./ellos/ellas	**van**

▶ **Ir** is often used with the preposition **a** (*to*). If **a** is followed by the definite article **el**, they combine to form the contraction **al**. If **a** is followed by the other definite articles (**la, las, los**), there is no contraction.

$$a + el = al$$

Voy **al** parque con Juan.
I'm going to the park with Juan.

Mis amigos van **a las** montañas.
My friends are going to the mountains.

▶ The construction **ir a** + [*infinitive*] is used to talk about actions that are going to happen in the future. It is equivalent to the English *to be going* + [*infinitive*].

Va a leer el periódico.
He is going to read the newspaper.

Van a pasear por el pueblo.
They are going to walk around town.

AYUDA

When asking a question that contains a form of the verb **ir**, remember to use **adónde**:

¿Adónde vas?
(To) Where are you going?

¡Voy a ir con ellos!

Ella va al cine y a los museos.

▶ **Vamos a** + [*infinitive*] can also express the idea of *let's* (*do something*).

Vamos a pasear.
Let's take a walk.

¡**Vamos a** comer!
Let's eat!

¡INTÉNTALO! Provide the present tense forms of **ir**.

1. Ellos ___*van*___.
2. Yo _____.
3. Tu amigo _____.
4. Adela _____.
5. Mi prima y yo _____.
6. Tú _____.
7. Ustedes _____.
8. Nosotros _____.
9. Usted _____.
10. Nosotras _____.
11. Miguel _____.
12. Ellas _____.

Práctica

1 **¿Adónde van?** Everyone in your neighborhood is dashing off to various places. Say where they are going.

1. la señora Castillo / el centro
2. las hermanas Gómez / la piscina
3. tu tío y tu papá / el partido de fútbol
4. yo / el Museo de Arte Moderno
5. nosotros / el restaurante Miramar

2 **¿Qué van a hacer?** These sentences describe what several students in a college hiking club are doing today. Use **ir a** + [*infinitive*] to say that they are also going to do the same activities tomorrow.

> **modelo**
> Martín y Rodolfo nadan en la piscina.
> *Van a nadar en la piscina mañana también.*

1. Sara lee una revista.
2. Yo practico deportes.
3. Ustedes van de excursión.
4. El presidente del club patina.
5. Tú tomas el sol.
6. Paseamos con nuestros amigos.

3 **Actividades** Indicate where the people are going and what they are going to do there.

> **modelo**
> Estela va a la Librería Sol.
> *Va a comprar un libro.*

Estela

1. Álex y Miguel

2. mi amigo

3. tú

4. los estudiantes

5. la profesora Torres

6. ustedes

Comunicación

4

Esta noche Listen to the conversation between Enrique and Rosa. Then indicate whether the following conclusions are **lógico** or **ilógico**, based on what you heard.

	Lógico	Ilógico
1. Rosa y Mercedes van a ver una película esta noche.	○	○
2. A Enrique le gustan los deportes.	○	○
3. Enrique va a ir al estadio esta noche.	○	○
4. Enrique y Pedro van a cenar mientras (*while*) miran el partido.	○	○
5. A Rosa no le gustan los restaurantes japoneses.	○	○
6. Rosa y Enrique conversan en el cine.	○	○

5

Situaciones Work with a partner and say where you and your friends go in these situations.

1. Cuando deseo descansar…
2. Cuando mi mejor amigo/a tiene que estudiar…
3. Si deseo hablar con mis amigos…
4. Cuando mis amigos y yo tenemos hambre…
5. En mis ratos libres…
6. Cuando mis amigos desean esquiar…
7. Si estoy de vacaciones…
8. Si tengo ganas de leer…

6

Entrevista With a partner, take turns asking each other where you are going and what you are going to do on your next vacation.

Estudiante 1: *¿Adónde vas de vacaciones (on vacation)?*
Estudiante 2: *Voy a Guadalajara con mi familia.*
Estudiante 1: *¿Y qué van a hacer (to do) ustedes en Guadalajara?*
Estudiante 2: *Vamos a visitar unos monumentos y museos. ¿Y tú?*

Síntesis

7

Planes Make a schedule of your activities for the weekend.

▶ For each day, list at least three things you have to do.
▶ For each day, list at least two things you will do for fun.

4.2 Stem-changing verbs:
e→ie, o→ue

CONSULTA

To review the present tense of regular **-ar** verbs, see **Estructura 2.1**, p. 50.

• • •

To review the present tense of regular **-er** and **-ir** verbs, see **Estructura 3.3**, p. 96.

ANTE TODO   Stem-changing verbs deviate from the normal pattern of regular verbs. When stem-changing verbs are conjugated, they have a vowel change in the last syllable of the stem.

INFINITIVE	VERB STEM	STEM CHANGE	CONJUGATED FORM
empezar	emp**ez**-	emp**iez**-	emp**ie**zo
volver	v**o**lv-	v**ue**lv-	v**ue**lvo

▶ In many verbs, such as **empezar** (*to begin*), the stem vowel changes from **e** to **ie**. Note that the **nosotros/as** and **vosotros/as** forms don't have a stem change.

The verb empezar (e:ie) (*to begin*)

Singular forms		Plural forms	
yo	emp**ie**zo	nosotros/as	empezamos
tú	emp**ie**zas	vosotros/as	empezáis
Ud./él/ella	emp**ie**za	Uds./ellos/ellas	emp**ie**zan

Los chicos empiezan a hablar de su visita al cenote.

Ellos vuelven a comer en el restaurante.

▶ In many other verbs, such as **volver** (*to return*), the stem vowel changes from **o** to **ue**. The **nosotros/as** and **vosotros/as** forms have no stem change.

The verb volver (o:ue) (*to return*)

Singular forms		Plural forms	
yo	v**ue**lvo	nosotros/as	volvemos
tú	v**ue**lves	vosotros/as	volvéis
Ud./él/ella	v**ue**lve	Uds./ellos/ellas	v**ue**lven

▶ To help you identify stem-changing verbs, they will appear as follows throughout the text:

empezar (e:ie), volver (o:ue)

Common stem-changing verbs

e:ie	
cerrar	to close
comenzar (a + _inf._)	to begin
empezar (a + _inf._)	to begin
entender	to understand
pensar	to think
perder	to lose; to miss
preferir (+ _inf._)	to prefer
querer (+ _inf._)	to want; to love

o:ue	
almorzar	to have lunch
contar	to count; to tell
dormir	to sleep
encontrar	to find
mostrar	to show
poder (+ _inf._)	to be able to; can
recordar	to remember
volver	to return

¡LENGUA VIVA!

The verb **perder** can mean _to lose_ or _to miss_, in the sense of "to miss a train."

Siempre pierdo mis llaves.
I always lose my keys.

Es importante no perder el autobús.
It's important not to miss the bus.

▶ **Jugar** (_to play a sport or a game_) is the only Spanish verb that has a **u:ue** stem change. **Jugar** is followed by **a** + [_definite article_] when the name of a sport or game is mentioned.

Ella juega al tenis y al golf.

Los chicos juegan al fútbol.

▶ **Comenzar** and **empezar** require the preposition **a** when they are followed by an infinitive.

Comienzan a jugar a las siete.
They begin playing at seven.

Ana **empieza a** escribir una postal.
Ana is starting to write a postcard.

▶ **Pensar** + [_infinitive_] means _to plan_ or _to intend to do something_. **Pensar en** means _to think about someone_ or _something_.

¿Piensan ir al gimnasio?
Are you planning to go to the gym?

¿En qué **piensas**?
What are you thinking about?

¡INTÉNTALO!   Provide the present tense forms of these verbs.

cerrar (e:ie)

1. Ustedes ___cierran___.
2. Tú _____.
3. Nosotras _____.
4. Mi hermano _____.
5. Yo _____.
6. Usted _____.
7. Los chicos _____.
8. Ella _____.

dormir (o:ue)

1. Mi abuela no ___duerme___.
2. Yo no _____.
3. Tú no _____.
4. Mis hijos no _____.
5. Usted no _____.
6. Nosotros no _____.
7. Él no _____.
8. Ustedes no _____.

Práctica

1 **Completar** Complete this conversation with the appropriate forms of the verbs.

PABLO Óscar, voy al centro ahora.

ÓSCAR ¿A qué hora (1)_____ (pensar) volver? El partido de fútbol
(2)_____ (empezar) a las dos.

PABLO (3)_____ (Volver) a la una. (4)_____ (Querer) ver el partido.

ÓSCAR (5)¿_____ (Recordar) que (*that*) nuestro equipo es muy bueno?
(6)¡ _____ (Poder) ganar!

PABLO No, (7)_____ (pensar) que va a (8)_____ (perder). Los jugadores de
Guadalajara son salvajes (*wild*) cuando (9)_____ (jugar).

2 **Preferencias** Indicate what these people want to do, using the cues provided.

> **modelo**
> Guillermo: estudiar / pasear en bicicleta
> *Guillermo no quiere estudiar. Prefiere pasear*
> *en bicicleta.*

1. tú: trabajar / dormir

▶ 2. ustedes: mirar la televisión / jugar al dominó

3. tus amigos: ir de excursión / descansar

4. tú: comer en la cafetería / ir a un restaurante

5. Elisa: ver una película / leer una revista

6. María y su hermana: tomar el sol / practicar el esquí acuático

3 **Describir** Use a verb from the list to describe what these people are doing.

almorzar   cerrar   contar   dormir   encontrar   mostrar

1. las niñas

2. yo

3. nosotros

4. tú

5. Pedro

6. Teresa

Comunicación

4 **Frecuencia** Use the verbs from the list and other stem-changing verbs you know to explain which activities you do daily (**todos los días**), which you do once a month (**una vez al mes**), and which you do once a year (**una vez al año**).

> **modelo**
> Yo recuerdo a mi familia todos los días. Yo pierdo uno de mis libros una vez al año...

cerrar	encontrar	poder	recordar
dormir	jugar	preferir	¿?
empezar	perder	querer	

5 **En la televisión** Read the television listings for Saturday. With a partner, role-play a conversation between two siblings arguing about what to watch.

> **modelo**
> **Hermano:** Podemos ver la Copa Mundial.
> **Hermana:** ¡No, no quiero ver la Copa Mundial! Prefiero ver...

	13:00	14:00	15:00	16:00	17:00	18:00	19:00	20:00	21:00	22:00	23:00
7	Copa Mundial (*World Cup*) de fútbol				República Deportiva		Campeonato (*Championship*) Mundial de Vóleibol: México-Argentina			Torneo de Natación	
8	Abierto (*Open*) Mexicano de Tenis: Santiago González (México) vs. Nicolás Almagro (España). Semifinales			Campeonato de baloncesto: Los Correcaminos de Tampico vs. los Santos de San Luis				Aficionados al buceo		Cozumel: Aventuras	
12	Yo soy Betty, la fea		Héroes		Hermanos y hermanas			Película: **Sin nombre**		Película: **El coronel no tiene quien le escriba**	
13	El padrastro			60 Minutos			El esquí acuático			Patinaje artístico	
17	Biografías: La artista Frida Kahlo			Música de la semana			Entrevista del día: Iker Casillas y su pasión por el fútbol			Cine de la noche: **Elsa y Fred**	

> **NOTA CULTURAL**
> **Iker Casillas Fernández** is a famous goalkeeper for **Real Madrid**. A native of Madrid, he is among the best goalkeepers of his generation.

Síntesis

6 **Deportes** Write a paragraph about your favorite sport. Mention why you like it, and whether you practice it or watch it on TV. Include some facts you know about the sport. Use at least three stem-changing verbs.

> **modelo**
> Mi deporte favorito es el béisbol porque es un deporte interesante. Esta noche pienso ver el partido de los Padres en la televisión. Empieza a las siete...

4.3 Stem-changing verbs: e→i

ANTE TODO You've already seen that many verbs in Spanish change their stem vowel when conjugated. There is a third kind of stem-vowel change in some verbs, such as **pedir** (*to ask for; to request*). In these verbs, the stressed vowel in the stem changes from **e** to **i**, as shown in the diagram.

INFINITIVE	VERB STEM	STEM CHANGE	CONJUGATED FORM
pedir ▶	ped- ▶	pid- ▶	pido

▶ As with other stem-changing verbs you have learned, there is no stem change in the **nosotros/as** or **vosotros/as** forms in the present tense.

¡LENGUA VIVA!

As you learned in **Lección 2, preguntar** means *to ask a question*. **Pedir**, however, means *to ask for something:*

Ella me pregunta cuántos años tengo.
She asks me how old I am.

Él me pide ayuda.
He asks me for help.

The verb pedir (e:i) (*to ask for; to request*)

Singular forms		Plural forms	
yo	pido	nosotros/as	pedimos
tú	pides	vosotros/as	pedís
Ud./él/ella	pide	Uds./ellos/ellas	piden

▶ To help you identify verbs with the **e:i** stem change, they will appear as follows throughout the text:

pedir (e:i)

▶ These are the most common **e:i** stem-changing verbs:

conseguir	**decir**	**repetir**	**seguir**
to get; to obtain	*to say; to tell*	*to repeat*	*to follow; to continue; to keep (doing something)*

Pido favores cuando es necesario.
I ask for favors when it's necessary.

Javier **dice** la verdad.
Javier is telling the truth.

Sigue con su tarea.
He continues with his homework.

Consiguen ver buenas películas.
They get to see good movies.

▶ **¡Atención!** The verb **decir** is irregular in its **yo** form: **yo digo.**

▶ The **yo** forms of **seguir** and **conseguir** have a spelling change in addition to the stem change **e:i.**

Sigo su plan.
I'm following their plan.

Consigo novelas en la librería.
I get novels at the bookstore.

¡INTÉNTALO! Provide the correct forms of the verbs.

repetir (e:i)	**decir (e:i)**	**seguir (e:i)**
1. Arturo y Eva __repiten__.	1. Yo __digo__.	1. Yo __sigo__.
2. Yo _____.	2. Él _____.	2. Nosotros _____.
3. Nosotros _____.	3. Tú _____.	3. Tú _____.
4. Julia _____.	4. Usted _____.	4. Los chicos _____.
5. Sofía y yo _____.	5. Ellas _____.	5. Usted _____.

Práctica

1   **Completar** Complete these sentences with the correct form of the verb provided.

1. Cuando mi familia pasea por la ciudad, mi madre siempre (*always*) va a un café y _____ (pedir) una soda.
2. Pero mi padre _____ (decir) que perdemos mucho tiempo. Tiene prisa por llegar al Bosque de Chapultepec.
3. Mi padre tiene suerte, porque él siempre _____ (conseguir) lo que (*that which*) desea.
4. Cuando llegamos al parque, mis hermanos y yo _____ (seguir) conversando (*talking*) con nuestros padres.
5. Mis padres siempre _____ (repetir) la misma cosa: "Nosotros tomamos el sol aquí sin ustedes".
6. Yo siempre _____ (pedir) permiso para volver a casa un poco más tarde porque me gusta mucho el parque.

NOTA CULTURAL

A popular weekend destination for residents and tourists, **el Bosque de Chapultepec** is a beautiful park located in Mexico City. It occupies over 1.5 square miles and includes lakes, wooded areas, several museums, and a botanical garden. You may recognize this park from **Fotonovela, Lección 2.**

2   **Combinar** Combine words from the two columns to create sentences about yourself and people you know.

A	B
yo	(no) pedir muchos favores
mi madre	nunca (*never*) pedir perdón
mi mejor (*best*) amigo/a	nunca seguir las instrucciones
mi familia	siempre seguir las instrucciones
mis amigos/as	conseguir libros en Internet
mis amigos/as y yo	repetir el vocabulario
mis padres	poder hablar dos lenguas
mi hermano/a	dormir hasta el mediodía
mi profesor(a) de español	siempre perder sus libros

3   **¿Sí o no?** Indicate whether you do the following.

> **modelo**
>
> pedir consejos con frecuencia
> *Pido consejos con frecuencia./No pido consejos con frecuencia.*

1. conseguir libros en la librería
2. almorzar en casa
3. perder cosas con frecuencia
4. pedir favores
5. seguir las instrucciones de un manual
6. volver tarde a casa
7. dormir mucho
8. jugar al tenis

Comunicación

4   **Una entrevista** Read this interview with actress Andrea de la Palma. Then indicate whether the following conclusions are **lógico** or **ilógico**, based on what you read.

MANUEL   Andrea, ¿qué tipo de persona eres?

ANDREA   Creo que soy una persona introvertida. No les pido demasiados favores a mis amigos. En general, pienso que soy una buena amiga; siempre digo la verdad.

MANUEL   ¿Qué pides en un restaurante?

ANDREA   Siempre (*Always*) pido comida (*food*) vegetariana. Hay un restaurante español muy bueno. Siempre pido tortilla española (*potato omelet*) y ¡siempre repito!

MANUEL   ¿Qué deportes sigues?

ANDREA   Sigo el béisbol, pero no consigo entender bien los partidos.

MANUEL   Sí, ¡pueden ser muy complicados! Andrea, muchas gracias por la entrevista y por ser tan buena actriz. Siempre veo tus películas.

ANDREA   El gusto es mío. ¡Muchas gracias!

	Lógico	Ilógico
1. Andrea es honesta.	O	O
2. Andrea siempre come en casa.	O	O
3. Andrea pide pollo (*chicken*) en los restaurantes.	O	O
4. A Manuel le gustan las películas.	O	O
5. Manuel sigue la carrera de Andrea.	O	O

5   **Las películas** Answer your partner's questions.

1. ¿Prefieres las películas románticas, las películas de acción o las películas de terror? ¿Por qué?

2. ¿Dónde consigues información sobre (*about*) cine y televisión?

3. ¿Dónde consigues las entradas (*tickets*) para el cine?

4. Para decidir qué películas vas a ver, ¿sigues las recomendaciones de los críticos de cine? ¿Qué dicen los críticos en general?

5. ¿Qué cines de tu comunidad muestran las mejores (*best*) películas?

6. ¿Vas a ver una película esta semana? ¿A qué hora empieza la película?

6   **El cine** With a partner, discuss good and bad movies you have seen. Use stem-changing verbs in your conversation.

> **modelo**
>
> **Estudiante 1:** Pienso que *Gravedad* es una película muy buena. Los efectos especiales son excelentes.
>
> **Estudiante 2:** Sí. Digo que Sandra Bullock es la mejor actriz...

Síntesis

7   **Mi película favorita** Write a paragraph about your favorite movie. Use stem-changing verbs in your description.

4.4 Verbs with irregular **yo** forms

ANTE TODO   In Spanish, several verbs have irregular **yo** forms in the present tense. You have already seen three verbs with the **-go** ending in the **yo** form: **decir → digo, tener → tengo,** and **venir → vengo.**

▶ Here are some common expressions with **decir.**

decir la verdad *to tell the truth*	**decir mentiras** *to tell lies*
decir que *to say that*	**decir la respuesta** *to say the answer*

▶ The verb **hacer** is often used to ask questions about what someone does. Note that when answering, **hacer** is frequently replaced with another, more specific action verb.

Verbs with irregular yo forms

	hacer *(to do;* *to make)*	**poner** *(to put;* *to place)*	**salir** *(to leave)*	**suponer** *(to suppose)*	**traer** *(to bring)*
SINGULAR FORMS	**hago** haces hace	**pongo** pones pone	**salgo** sales sale	**supongo** supones supone	**traigo** traes trae
PLURAL FORMS	hacemos hacéis hacen	ponemos ponéis ponen	salimos salís salen	suponemos suponéis suponen	traemos traéis traen

Salgo mucho los fines de semana.

Yo no salgo, yo hago la tarea y veo películas en la televisión.

▶ **Poner** can also mean to *turn on* a household appliance.

Carlos **pone** la radio. *Carlos turns on the radio.*	María **pone** la televisión. *María turns on the television.*

▶ **Salir de** is used to indicate that someone is leaving a particular place.

Hoy **salgo del** hospital. *Today I leave the hospital.*	**Sale de** la clase a las cuatro. *He leaves class at four.*

▶ **Salir para** is used to indicate someone's destination.

Mañana **salgo para** México.   Hoy **salen para** España.
Tomorrow I leave for Mexico.   *Today they leave for Spain.*

▶ **Salir con** means *to leave with someone* or *something*, or *to date someone.*

Alberto **sale con** su mochila.   Margarita **sale con** Guillermo.
Alberto is leaving with his backpack. *Margarita is going out with Guillermo.*

The verbs **ver** and **oír**

▶ The verb **ver** (*to see*) has an irregular **yo** form. The other forms of **ver** are regular.

The verb ver (*to see*)			
Singular forms		**Plural forms**	
yo	**veo**	nosotros/as	vemos
tú	ves	vosotros/as	veis
Ud./él/ella	ve	Uds./ellos/ellas	ven

▶ The verb **oír** (*to hear*) has an irregular **yo** form and the spelling change **i:y** in the **tú**, **usted/él/ella**, and **ustedes/ellos/ellas** forms. The **nosotros/as** and **vosotros/as** forms have an accent mark.

The verb oír (*to hear*)			
Singular forms		**Plural forms**	
yo	**oigo**	nosotros/as	oímos
tú	o**y**es	vosotros/as	oís
Ud./él/ella	o**y**e	Uds./ellos/ellas	o**y**en

▶ While most commonly translated as *to hear*, **oír** is also used in contexts where the verb *to listen* would be used in English.

Oigo a unas personas en la otra sala.   ¿**Oyes** la radio por la mañana?
I hear some people in the other room.   *Do you listen to the radio in the morning?*

¡INTÉNTALO!   Provide the appropriate forms of these verbs.

1. salir   Isabel _____*sale*_____.   Nosotros _____.   Yo _____.
2. ver   Yo _____.   Uds. _____.   Tú _____.
3. poner   Rita y yo _____.   Yo _____.   Los niños _____.
4. hacer   Yo _____.   Tú _____.   Ud. _____.
5. oír   Él _____.   Nosotros _____.   Yo _____.
6. traer   Ellas _____.   Yo _____.   Tú _____.
7. suponer   Yo _____.   Mi amigo _____.   Nosotras _____.

Práctica

1 **Completar** Complete this conversation with the appropriate forms of the verbs.

ERNESTO David, ¿qué (1)_____ (hacer) hoy?

DAVID Ahora estudio biología, pero esta noche (2)_____ (salir) con Luisa.
Vamos al cine. Los críticos (3)_____ (decir) que la nueva (*new*) película
de Almodóvar es buena.

ERNESTO ¿Y Diana? ¿Qué (4)_____ (hacer) ella?

DAVID (5)_____ (Salir) a comer con sus padres.

ERNESTO ¿Qué (6)_____ (hacer) Andrés y Javier?

DAVID Tienen que (7)_____ (hacer) las maletas. (8)_____ (Salir) para
Monterrey mañana.

ERNESTO Pues, ¿qué (9)_____ (hacer) yo?

DAVID Yo (10)_____ (suponer) que puedes estudiar o (11)_____ (ver) la televisión.

ERNESTO No quiero estudiar. Mejor (12)_____ (poner) la televisión. Mi programa
favorito empieza en unos minutos.

2 **Oraciones** Form sentences using the cues provided and verbs from **Estructura 4.4**.

> **modelo**
> tú / _____ / cosas / en / su lugar / antes de (*before*) / salir
> *Tú pones las cosas en su lugar antes de salir.*

1. mis amigos / _____ / conmigo / centro
2. tú / _____ / mentiras / pero / yo _____ / verdad
3. Alberto / _____ / música del café Pasatiempos
4. yo / no / _____ / muchas películas
5. domingo / nosotros / _____ / mucha / tarea
6. si / yo / _____ / que / yo / querer / ir / cine / mis amigos / ir / también

3 **Describir** Use the verbs from **Estructura 4.4** to describe what these people are doing.

1. Fernán
2. los aficionados
3. yo
4. nosotros
5. la señora Vargas
6. el estudiante

Comunicación

4

El día de Francisco Listen to Francisco's description of his day. Then indicate whether the following conclusions are **lógico** or **ilógico**, based on what you heard.

	Lógico	Ilógico
1. Francisco duerme hasta (*until*) el mediodía.	O	O
2. A Francisco no le gustan las matemáticas.	O	O
3. Francisco almuerza en casa.	O	O
4. A Francisco le gustan los deportes.	O	O
5. Francisco sale para la casa antes de las cinco.	O	O

5

Tu rutina Answer your partner's questions.

1. ¿Siempre (*Always*) pones tus cosas en su lugar?
2. ¿Qué prefieres hacer, oír la radio o ver la televisión?
3. ¿Oyes música cuando estudias?
4. ¿Ves películas en casa o prefieres ir al cine?
5. ¿Haces mucha tarea los fines de semana?
6. ¿Sales con tus amigos los fines de semana? ¿A qué hora? ¿Qué hacen?

6

Un día típico Write a short paragraph about what you do on a typical day. Use at least six of the verbs you have learned in this lesson.

> **modelo**
>
> Hola, me llamo Julia y vivo en Houston. Por la mañana, yo...

Síntesis

7

Situación Imagine that you are speaking with a member of your family. With a partner, prepare a conversation using these cues.

Estudiante 1	Estudiante 2
Ask your partner what he or she is doing. →	Tell your partner that you are watching TV.
Say what you suppose he or she is watching. →	Say that you like the show _____. Ask if he or she wants to watch.
Say no, because you are going out with friends, and tell where you are going. →	Say you think it's a good idea, and ask what your partner and his or her friends are doing there.
Say what you are going to do, and ask your partner whether he or she wants to come along. →	Say no and tell your partner what you prefer to do.

Recapitulación

SUBJECT
Javier
CONJUGATED FORM
empiezo
Main clause
Dudan

Review the grammar concepts you have learned in this lesson by completing these activities.

1 **Completar** Complete the chart with the correct verb forms. **30 pts.**

Infinitive	yo	nosotros/as	ellos/as
	vuelvo		
comenzar		comenzamos	
		hacemos	hacen
ir			
	juego		
repetir			repiten

2 **Un día típico** Complete the paragraph with the appropriate forms of the verbs in the word list. Not all verbs will be used. Some may be used more than once. **30 pts.**

almorzar	ir	salir
cerrar	jugar	seguir
empezar	mostrar	ver
hacer	querer	volver

¡Hola! Me llamo Cecilia y vivo en Puerto Vallarta, México. ¿Cómo es un día típico en mi vida (*life*)? Por la mañana bebo café con mis padres y juntos (*together*) (1) _____ las noticias (*news*) en la televisión. A las siete y media, (*yo*) (2) _____ de mi casa y tomo el autobús. Me gusta llegar temprano (*early*) a la escuela porque siempre (*always*) (3) _____ a mis amigos en la cafetería. Tomamos jugo y planeamos lo que (4) _____ hacer cada (*each*) día. A las ocho y cuarto, mi amiga Sandra y yo (5) _____ al laboratorio de lenguas. La clase de francés (6) _____ a las ocho y media. ¡Es mi clase favorita! A las doce y media (*yo*) (7) _____ en la cafetería con mis amigos. Después (*Afterwards*), yo (8) _____ con mis clases. Por las tardes, mis amigos (9) _____ a sus casas, pero yo (10) _____ al vóleibol con mi amigo Tomás.

RESUMEN GRAMATICAL

4.1 **Present tense of ir**   *p. 126*

yo	voy	nos.	vamos
tú	vas	vos.	vais
él	va	ellas	van

► ir a + [*infinitive*] = *to be going* + [*infinitive*]
► a + el = al
► vamos a + [*infinitive*] = *let's* (*do something*)

4.2 **Stem-changing verbs e:ie, o:ue, u:ue**
pp. 129–130

	empezar	volver	jugar
yo	empiezo	vuelvo	juego
tú	empiezas	vuelves	juegas
él	empieza	vuelve	juega
nos.	empezamos	volvemos	jugamos
vos.	empezáis	volvéis	jugáis
ellas	empiezan	vuelven	juegan

► Other e:ie verbs: cerrar, comenzar, entender, pensar, perder, preferir, querer
► Other o:ue verbs: almorzar, contar, dormir, encontrar, mostrar, poder, recordar

4.3 **Stem-changing verbs e:i**   *p. 133*

	pedir		
yo	pido	nos.	pedimos
tú	pides	vos.	pedís
él	pide	ellas	piden

► Other e:i verbs: conseguir, decir, repetir, seguir

4.4 **Verbs with irregular yo forms**   *pp. 136–137*

hacer	poner	salir	suponer	traer
hago	pongo	salgo	supongo	traigo

► ver: veo, ves, ve, vemos, veis, ven
► oír: oigo, oyes, oye, oímos, oís, oyen

3 **Oraciones** Arrange the cues provided in the correct order to form complete sentences. Make all necessary changes. **36 pts.**

1. tarea / los / hacer / sábados / nosotros / la

   _____

2. en / pizza / Andrés / una / restaurante / el / pedir

   _____

3. a / ? / museo / ir / ¿ / el / (tú)

   _____

4. de / oír / amigos / bien / los / no / Elena

   _____

5. libros / traer / yo / clase / mis / a

   _____

6. película / ver / en / Jorge y Carlos / pensar / cine / una / el

   _____

7. unos / escribir / Mariana / electrónicos / querer / mensajes

   _____

8. centro / conseguir / en / nosotros / el / videojuegos

   _____

9. tú / favores / el / pedir / tiempo / todo

   _____

4 **Rima** Complete the rhyme with the appropriate forms of the correct verbs from the list. **4 pts.**

contar	poder
oír	suponer

❝ Si no _____ dormir
   y el sueño deseas,
   lo vas a conseguir
   si _____ ovejas°. **❞**

ovejas *sheep*

Lectura

Antes de leer

Estrategia
Predicting content from visuals

When you are reading in Spanish, be sure to look for visual clues that will orient you as to the content and purpose of what you are reading. Photos and illustrations, for example, will often give you a good idea of the main points that the reading covers. You may also encounter very helpful visuals that are used to summarize large amounts of data in a way that is easy to comprehend; these include bar graphs, pie charts, flow charts, lists of percentages, and other sorts of diagrams.

Examinar el texto

Take a quick look at the visual elements of the magazine article in order to generate a list of ideas about its content.

Contestar

Read the list of ideas you wrote in **Examinar el texto**, and look again at the visual elements of the magazine article. Then answer these questions:

1. Who is the woman in the photo, and what is her role?
2. What is the article about?
3. What is the subject of the pie chart?
4. What is the subject of the bar graph?

---

por María Úrsula Echevarría

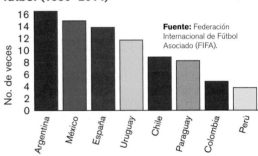

El fútbol es el deporte más popular en el mundo° hispano, según° una encuesta° reciente realizada entre estudiantes de secundaria. Mucha gente practica este deporte y tiene un equipo de fútbol favorito. Cada cuatro años se realiza la Copa Mundial°. Argentina y Uruguay han ganado° este campeonato° más de una vez°. Los aficionados siguen los partidos de fútbol en casa por tele y en muchos otros lugares como bares, restaurantes, estadios y clubes deportivos. Los jóvenes juegan al fútbol con sus amigos en parques y gimnasios.

Países hispanos en campeonatos mundiales de fútbol (1930–2014)

Fuente: Federación Internacional de Fútbol Asociado (FIFA).

(Bar graph — No. de veces vs. Argentina, México, España, Uruguay, Chile, Paraguay, Colombia, Perú)

Pero, por supuesto°, en los países de habla hispana también hay otros deportes populares. ¿Qué deporte sigue al fútbol en estos países? Bueno, ¡depende del país y de otros factores!

Después de leer

Evaluación y predicción

Which of the following sporting events would be most popular among the high school students surveyed? Rate them from one (most popular) to five (least popular). Which would be the most popular at your school?

_____ 1. la Copa Mundial de Fútbol

_____ 2. los Juegos Olímpicos

_____ 3. el Campeonato de Wimbledon

_____ 4. la Serie Mundial de Béisbol

_____ 5. el Tour de Francia

No sólo el fútbol

En Colombia, el béisbol también es muy popular después del fútbol, aunque° esto varía según la región del país. En la costa del norte de Colombia, el béisbol es una pasión. Y el ciclismo también es un deporte que los colombianos siguen con mucho interés.

Donde el béisbol es más popular

En los países del Caribe, el béisbol es el deporte predominante. Éste es el caso en Puerto Rico, Cuba y la República Dominicana. Los niños empiezan a jugar cuando son muy pequeños. En Puerto Rico y la República Dominicana, la gente también quiere participar en otros deportes, como el baloncesto, o ver los partidos en la tele. Y para los espectadores aficionados del Caribe, el boxeo es número dos.

Donde el fútbol es más popular

En México, el béisbol es el segundo° deporte más popular después° del fútbol. Pero en Argentina, después del fútbol, el rugby tiene mucha importancia. En Perú a la gente le gusta mucho ver partidos de vóleibol. ¿Y en España? Muchas personas prefieren el baloncesto, el tenis y el ciclismo.

Deportes más populares

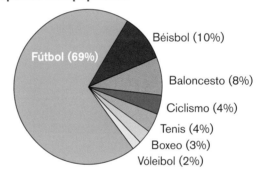

Fútbol (69%)
Béisbol (10%)
Baloncesto (8%)
Ciclismo (4%)
Tenis (4%)
Boxeo (3%)
Vóleibol (2%)

---

mundo *world* según *according to* encuesta *survey* se realiza la Copa Mundial *the World Cup is held* han ganado *have won* campeonato *championship* más de una vez *more than once* por supuesto *of course* segundo *second* después *after* aunque *although*

¿Cierto o falso?

Indicate whether each sentence is **cierto** or **falso**, then correct the false statements.

	Cierto	Falso
1. El vóleibol es el segundo deporte más popular en México.	O	O
2. En España a la gente le gustan varios deportes como el baloncesto y el ciclismo.	O	O
3. En la costa del norte de Colombia, el tenis es una pasión.	O	O
4. En el Caribe, el deporte más popular es el béisbol.	O	O

Preguntas

Answer these questions in Spanish.

1. ¿Dónde ven el fútbol los aficionados? Y tú, ¿cómo ves tus deportes favoritos?
2. ¿Te gusta el fútbol? ¿Por qué?
3. ¿Miras la Copa Mundial en la televisión?
4. ¿Qué deportes miras en la televisión?
5. En tu opinión, ¿cuáles son los tres deportes más populares en tu escuela? ¿En tu comunidad? ¿En tu país?
6. ¿Practicas deportes en tus ratos libres?

Escritura

Estrategia
Using a dictionary

A common mistake made by beginning language learners is to embrace the dictionary as the ultimate resource for reading, writing, and speaking. While it is true that the dictionary is a useful tool that can provide valuable information about vocabulary, using the dictionary correctly requires that you understand the elements of each entry.

If you glance at a Spanish-English dictionary, you will notice that its format is similar to that of an English dictionary. The word is listed first, usually followed by its pronunciation. Then come the definitions, organized by parts of speech. Sometimes the most frequently used definitions are listed first.

To find the best word for your needs, you should refer to the abbreviations and the explanatory notes that appear next to the entries. For example, imagine that you are writing about your pastimes. You want to write, "I want to buy a new racket for my match tomorrow," but you don't know the Spanish word for "racket." In the dictionary, you may find an entry like this:

> **racket** *s* **1**. alboroto; **2**. raqueta (*dep.*)

The abbreviation key at the front of the dictionary says that *s* corresponds to **sustantivo** (*noun*). Then, the first word you see is **alboroto**. The definition of **alboroto** is *noise* or *racket*, so **alboroto** is probably not the word you're looking for. The second word is **raqueta**, followed by the abbreviation *dep.*, which stands for **deportes**. This indicates that the word **raqueta** is the best choice for your needs.

Tema
Escribir un folleto

Choose one topic to write a brochure.

1. You are the head of the Homecoming Committee at your school this year. Create a pamphlet that lists events for Friday night, Saturday, and Sunday. Include a brief description of each event and its time and location. Include activities for different age groups, since some alumni will bring their families.

2. You are on the Freshman Student Orientation Committee and are in charge of creating a pamphlet for new students that describes the sports offered at your school. Write the flyer and include activities for both men and women.

3. You volunteer at your community's recreation center. It is your job to market your community to potential residents. Write a brief pamphlet that describes the recreational opportunities your community provides, the areas where the activities take place, and the costs, if any. Be sure to include activities that will appeal to singles as well as couples and families; you should include activities for all age groups and for both men and women.

Escuchar

Estrategia
Listening for the gist

Listening for the general idea, or gist, can help you follow what someone is saying even if you can't hear or understand some of the words. When you listen for the gist, you simply try to capture the essence of what you hear without focusing on individual words.

🔊 To help you practice this strategy, you will listen to a paragraph made up of three sentences. Jot down a brief summary of what you hear.

Preparación

Based on the photo, what do you think Anabela is like? Do you and Anabela have similar interests?

Ahora escucha 🔊

You will hear first José talking, then Anabela. As you listen, check off each person's favorite activities.

Pasatiempos favoritos de José

1. _____ leer el correo electrónico
2. _____ jugar al béisbol
3. _____ ver películas de acción
4. _____ ir al café
5. _____ ir a partidos de béisbol
6. _____ ver películas románticas
7. _____ dormir la siesta
8. _____ escribir mensajes electrónicos

Pasatiempos favoritos de Anabela

9. _____ esquiar
10. _____ nadar
11. _____ practicar el ciclismo
12. _____ jugar al golf
13. _____ jugar al baloncesto
14. _____ ir a ver partidos de tenis
15. _____ escalar montañas
16. _____ ver televisión

Comprensión

Preguntas

Answer these questions about José's and Anabela's pastimes.

1. ¿Quién practica más deportes?
2. ¿Quién piensa que es importante descansar?
3. ¿A qué deporte es aficionado José?
4. ¿Por qué Anabela no practica el baloncesto?
5. ¿Qué películas le gustan a la novia de José?
6. ¿Cuál es el deporte favorito de Anabela?

Seleccionar

Which person do these statements best describe?

1. Le gusta practicar deportes.
2. Prefiere las películas de acción.
3. Le gustan las computadoras.
4. Le gusta nadar.
5. Siempre (*Always*) duerme una siesta por la tarde.
6. Quiere ir de vacaciones a las montañas.

Preparación

Answer these questions in English.

1. What role do sports play in your life? Which sports do you enjoy? Why?
2. Is there a sport you enjoy with other members of your family? With a group of friends? Is there a special season for that sport?

Más que un deporte

For many, extreme sports aren't just games but an art form and a lifestyle. BMX, skateboarding, surfing, and other sports are passions for many young men and women who, in search of speed and adrenaline, make their bikes and boards the center of their lives. Communities around the world are responding to the demand for extreme sports by constructing bike and skate parks, and Spanish-speaking countries are no exception. The UCI BMX World Championship was held in Medellín in 2016. Colombian Olympic Gold Medalist Mariana Pajón has won gold at the games three times (2011, 2014, 2016). Argentinian professional BMX cyclist Gabriela Díaz won the championship in 2001, 2002, and 2004.

Me quedo con la bici *I stay with the bike*

Ejes

A mí me gusta la bici y me quedo con la bici°.

Vocabulario útil

andar	*go*
bici	*bike*
callejón	*alley*
campeonato	*championship*
conocer	*to be acquainted with*
molar	*be cool*
rampas	*ramps*

Comprensión

Indicate whether each statement is **cierto** or **falso**.

	Cierto	Falso
1. A Diego le gusta la bici.	○	○
2. Sarini cree que patinar es un arte.	○	○
3. Pequesaurio prefiere la patineta.	○	○
4. A Pequesaurio le gusta la rampa.	○	○

Conversación

With a partner, discuss these questions in Spanish.

1. ¿Qué deportes se pueden practicar fácilmente en tu comunidad? ¿Qué deportes son fomentados (*encouraged*) en tu comunidad?
2. ¿Cuál es la diferencia entre un deporte y un juego? ¿Cuál es la diferencia entre un deporte y un deporte extremo?

Aplicación

Participation in sports and other physical activities is important for one's well-being. With two classmates, prepare an oral presentation for your community. Your objective is to convince families and communities to encourage participation in sports among kids from an early age. Include illustrations in your presentation.

The rivalry between the teams **Real Madrid** and **FC Barcelona** is perhaps the fiercest in all of soccer—just imagine if they occupied the same city! Well, each team also has competing clubs within its respective city: Spain's capital has the **Club Atlético de Madrid**, and Barcelona is home to **Espanyol**. In fact, across the Spanish-speaking world, it is common for a city to have more than one professional team, often with strikingly dissimilar origins, identity, and fan base. For example, in Bogotá, the **Millonarios** were so named for the large sums spent on players, while the **Santa Fe** team is one of the most traditional in Colombian soccer. **River Plate** and **Boca Juniors**, who enjoy a famous rivalry, are just two of twenty-four clubs in Buenos Aires—the city with the most professional soccer teams in the world.

Vocabulario útil

afición	fans
celebran	they celebrate
preferido/a	favorite
rivalidad	rivalry
se junta con	it's tied up with

Preparación

What is the most popular sport at your school? What teams are your rivals? How do students celebrate a win?

Escoger

Select the correct answer.

1. Un partido entre el Barça y el Real Madrid es un _____ (deporte/evento) importante en toda España.

2. Los aficionados _____ (miran/celebran) las victorias de sus equipos en las calles (*streets*).

3. La rivalidad entre el Real Madrid y el Barça está relacionada con la _____ (religión/política).

¡Fútbol en España!

(Hay mucha afición al fútbol en España.)

¿Y cuál es vuestro jugador favorito?

—**¿Y quién va a ganar?**
—**El Real Madrid.**

México

El país en cifras

▶ **Área:** 1.972.550 km² (761.603 millas²), casi° tres veces° el área de Texas

La situación geográfica de México, al sur° de los Estados Unidos, ha influido en° la economía y la sociedad de los dos países. Una de las consecuencias es la emigración de la población mexicana al país vecino°. Hoy día, más de 33 millones de personas de ascendencia mexicana viven en los Estados Unidos.

▶ **Población:** 118.818.000
▶ **Capital:** México, D.F. (y su área metropolitana)—19.319.000
▶ **Ciudades principales:** Guadalajara —4.338.000, Monterrey—3.838.000, Puebla—2.278.000, Ciudad Juárez—1.321.000
▶ **Moneda:** peso mexicano
▶ **Idiomas:** español (oficial), náhuatl, otras lenguas indígenas

Bandera de México

Mexicanos célebres

▶ **Benito Juárez,** héroe nacional (1806–1872)
▶ **Octavio Paz,** poeta (1914–1998)
▶ **Elena Poniatowska,** periodista y escritora (1932–)
▶ **Mario Molina,** Premio Nobel de Química, 1995; químico (1943–)
▶ **Paulina Rubio,** cantante (1971–)

casi *almost* veces *times* sur *south* ha influido en *has influenced* vecino *neighboring* se llenan de luz *get filled with light* flores *flowers* Muertos *Dead* se ríen *laugh* muerte *death* lo cual se refleja *which is reflected* calaveras de azúcar *sugar skulls* pan *bread* huesos *bones*

Cabo San Lucas

ESTADOS UNIDOS

Autorretrato con mono (*Self-portrait with monkey*), 1938, Frida Kahlo

Ciudad Juárez · Río Grande · Río Bravo del Norte · Sierra Madre Oriental · Golfo de California · Baja California · Sierra Madre Occidental · Monterrey

ESTADOS UNIDOS · MÉXICO · OCÉANO ATLÁNTICO · OCÉANO PACÍFICO · AMÉRICA DEL SUR

Océano Pacífico · Puerto Vallarta · Ciudad de México · Guadalajara · Puebla · Acapulco

Artesanías en Taxco, Guerrero

Pirámide de Kukulcán en Chichén Itzá

¡Increíble pero cierto!

Cada dos de noviembre los cementerios de México se llenan de luz°, música y flores°. El Día de Muertos° no es un evento triste; es una fiesta en honor a las personas muertas. En ese día, los mexicanos se ríen° de la muerte°, lo cual se refleja° en detalles como las calaveras de azúcar° y el pan° de muerto —pan en forma de huesos°.

Ciudades • México, D.F.

La Ciudad de México, fundada° en 1525, también se llama el D.F. o Distrito Federal. Muchos turistas e inmigrantes vienen a la ciudad porque es el centro cultural y económico del país. El crecimiento° de la población es de los más altos° del mundo. El D.F. tiene una población mayor que las de Nueva York, Madrid o París.

Artes • Diego Rivera y Frida Kahlo

Frida Kahlo y Diego Rivera eran° artistas mexicanos muy famosos. Se casaron° en 1929. Los dos se interesaron° en las condiciones sociales de la gente indígena de su país. Puedes ver algunas° de sus obras° en el Museo de Arte Moderno de la Ciudad de México.

Historia • Los aztecas

Los aztecas dominaron° en México del siglo° XIV al siglo XVI. Sus canales, puentes° y pirámides con templos religiosos eran muy importantes.
El fin del imperio azteca comenzó° con la llegada° de los españoles en 1519, pero la presencia azteca sigue hoy. La Ciudad de México está situada en la capital azteca de Tenochtitlán, y muchos turistas van a visitar sus ruinas.

Golfo de México

Península de Yucatán

Bahía de Campeche

Mérida

Cancún

Veracruz

Istmo de Tehuantepec   **BELICE**

GUATEMALA

Economía • La plata

México es el mayor productor de plata° del mundo°. Estados como Zacatecas y Durango tienen ciudades fundadas cerca de los más grandes yacimientos° de plata del país. Estas ciudades fueron° en la época colonial unas de las más ricas e importantes. Hoy en día, aún° conservan mucho de su encanto° y esplendor.

¿Qué aprendiste? Responde a cada pregunta con una oración completa.

1. ¿Qué lenguas hablan los mexicanos?

2. ¿Cómo es la población del D.F. en comparación con la de otras ciudades?

3. ¿En qué se interesaron Frida Kahlo y Diego Rivera?

4. Nombra algunas de las estructuras de la arquitectura azteca.

5. ¿Dónde está situada la capital de México?

6. ¿Qué estados de México tienen los mayores yacimientos de plata?

Conexión Internet Investiga estos temas en Internet.

1. Busca información sobre dos lugares de México. ¿Te gustaría (*Would you like*) vivir allí? ¿Por qué?

2. Busca información sobre dos artistas mexicanos. ¿Cómo se llaman sus obras más famosas?

fundada *founded* crecimiento *growth* más altos *highest* eran *were* Se casaron *They got married* se interesaron *were interested* algunas *some* obras *works* dominaron *dominated* siglo *century* puentes *bridges* comenzó *started* llegada *arrival* plata *silver* mundo *world* yacimientos *deposits* fueron *were* aún *still* encanto *charm*

Pasatiempos

andar en patineta	to skateboard
bucear	to scuba dive
escalar montañas (f., pl.)	to climb mountains
escribir una carta	to write a letter
escribir un mensaje electrónico	to write an e-mail
esquiar	to ski
ganar	to win
ir de excursión	to go on a hike
leer el correo electrónico	to read e-mail
leer un periódico	to read a newspaper
leer una revista	to read a magazine
nadar	to swim
pasear	to take a walk
pasear en bicicleta	to ride a bicycle
patinar (en línea)	to (inline) skate
practicar deportes (m., pl.)	to play sports
tomar el sol	to sunbathe
ver películas (f., pl.)	to watch movies
visitar monumentos (m., pl.)	to visit monuments
la diversión	fun activity; entertainment; recreation
el fin de semana	weekend
el pasatiempo	pastime; hobby
los ratos libres	spare (free) time
el videojuego	video game

Deportes

el baloncesto	basketball
el béisbol	baseball
el ciclismo	cycling
el equipo	team
el esquí (acuático)	(water) skiing
el fútbol	soccer
el fútbol americano	football
el golf	golf
el hockey	hockey
el/la jugador(a)	player
la natación	swimming
el partido	game; match
la pelota	ball
el tenis	tennis
el vóleibol	volleyball

Adjetivos

deportivo/a	sports-related
favorito/a	favorite

Lugares

el café	café
el centro	downtown
el cine	movie theater
el gimnasio	gymnasium
la iglesia	church
el lugar	place
el museo	museum
el parque	park
la piscina	swimming pool
la plaza	city or town square
el restaurante	restaurant

Verbos

almorzar (o:ue)	to have lunch
cerrar (e:ie)	to close
comenzar (e:ie)	to begin
conseguir (e:i)	to get; to obtain
contar (o:ue)	to count; to tell
decir (e:i)	to say; to tell
dormir (o:ue)	to sleep
empezar (e:ie)	to begin
encontrar (o:ue)	to find
entender (e:ie)	to understand
hacer	to do; to make
ir	to go
jugar (u:ue)	to play (a sport or a game)
mostrar (o:ue)	to show
oír	to hear
pedir (e:i)	to ask for; to request
pensar (e:ie)	to think
pensar (+ inf.)	to intend
pensar en	to think about
perder (e:ie)	to lose; to miss
poder (o:ue)	to be able to; can
poner	to put; to place
preferir (e:ie)	to prefer
querer (e:ie)	to want; to love
recordar (o:ue)	to remember
repetir (e:i)	to repeat
salir	to leave
seguir (e:i)	to follow; to continue
suponer	to suppose
traer	to bring
ver	to see
volver (o:ue)	to return

Decir expressions	See page 136.
Expresiones útiles	See page 121.

Las vacaciones

5

Communicative Goals

You will learn how to:

- **Discuss and plan a vacation**
- **Describe a hotel**
- **Talk about how you feel**
- **Talk about the seasons and the weather**

A PRIMERA VISTA
- ¿Están ellos en una montaña o en un museo?
- ¿Son viejos o jóvenes?
- ¿Pasean o ven una película? ¿Andan en patineta o van de excursión?
- ¿Es posible esquiar en este lugar?

Las vacaciones

la cama	bed
la habitación individual, doble	single, double room
el piso	floor (of a building)
la planta baja	ground floor
el campo	countryside
el paisaje	landscape
el equipaje	luggage
la estación de autobuses, del metro, de tren	bus, subway, train station
la llegada	arrival
el pasaje (de ida y vuelta)	(round-trip) ticket
la salida	departure; exit
la tabla de (wind)surf	surfboard/sailboard
acampar	to camp
estar de vacaciones	to be on vacation
hacer las maletas	to pack (one's suitcases)
hacer un viaje	to take a trip
hacer (wind)surf	to (wind)surf
ir de compras	to go shopping
ir de vacaciones	to go on vacation
ir en autobús (m.), auto(móvil) (m.), motocicleta (f.), taxi (m.)	to go by bus, car, motorcycle, taxi

Variación léxica

automóvil	⟷	coche (Esp.), carro (Amér. L.)
autobús	⟷	camión (Méx.), guagua (Caribe)
motocicleta	⟷	moto (coloquial)

la agente de viajes

el pasaporte

Confirma una reservación. (confirmar)

En la agencia de viajes

la habitación

el ascensor

el empleado

la llave

la huésped

el huésped

En el hotel

Práctica

Saca/Toma fotos. (sacar, tomar)

BIENVENIDOS

el avión

el viajero

la inspectora de aduanas

En el aeropuerto

Pesca. (pescar)

Monta a caballo. (montar)

Va en barco. (ir)

el mar

Juegan a las cartas. (jugar)

la playa

En la playa

1 **Escuchar** Indicate who would probably make each statement you hear. Each answer is used twice.

a. el agente de viajes
b. el inspector de aduanas
c. un empleado del hotel

1. _____   4. _____
2. _____   5. _____
3. _____   6. _____

2 **¿Cierto o falso?** Mario and his wife, Natalia, are planning their next vacation with a travel agent. Indicate whether each statement is **cierto** or **falso** according to what you hear in the conversation.

	Cierto	Falso
1. Mario y Natalia están en Puerto Rico.	O	O
2. Ellos quieren hacer un viaje a Puerto Rico.	O	O
3. Natalia prefiere ir a la montaña.	O	O
4. Mario quiere pescar en Puerto Rico.	O	O
5. La agente de viajes va a confirmar la reservación.	O	O

3 **Escoger** Choose the best answer for each sentence.

1. Un huésped es una persona que _____.
   a. toma fotos   b. está en un hotel   c. pesca en el mar
2. Abrimos la puerta con _____.
   a. una llave   b. un caballo   c. una llegada
3. Enrique tiene _____ porque va a viajar a otro (*another*) país.
   a. un pasaporte   b. una foto   c. una llegada
4. Antes de (*Before*) ir de vacaciones, hay que _____.
   a. pescar   b. ir en tren   c. hacer las maletas
5. Nosotros vamos en _____ al aeropuerto.
   a. autobús   b. pasaje   c. viajero
6. Me gusta mucho ir al campo. El _____ es increíble.
   a. paisaje   b. pasaje   c. equipaje

4 **Analogías** Complete the analogies using the words below. Two words will not be used.

auto   huésped   mar   sacar
empleado   llegada   pasaporte   tren

1. acampar → campo ⊜ pescar →
2. agencia de viajes → agente ⊜ hotel →
3. llave → habitación ⊜ pasaje →
4. estudiante → libro ⊜ turista →
5. aeropuerto → viajero ⊜ hotel →
6. maleta → hacer ⊜ foto →

Las estaciones y los meses del año

el invierno: **diciembre, enero, febrero**

la primavera: **marzo, abril, mayo**

el verano: **junio, julio, agosto**

el otoño: **septiembre, octubre, noviembre**

—**¿Cuál es la fecha de hoy?**   *What is today's date?*
—**Es el primero de octubre.**   *It's the first of October.*
—**Es el dos de marzo.**   *It's March 2nd.*
—**Es el diez de noviembre.**   *It's November 10th.*

El tiempo

—**¿Qué tiempo hace?**   *How's the weather?*
—**Hace buen/mal tiempo.**   *The weather is good/bad.*

Hace (mucho) calor.
It's (very) hot.

Hace (mucho) frío.
It's (very) cold.

Llueve. (llover o:ue)
It's raining.

Está lloviendo.
It's raining.

Nieva. (nevar e:ie)
It's snowing.

Está nevando.
It's snowing.

Más vocabulario

Está (muy) nublado.	*It's (very) cloudy.*
Hace fresco.	*It's cool.*
Hace (mucho) sol.	*It's (very) sunny.*
Hace (mucho) viento.	*It's (very) windy.*

5   **El Hotel Regis**   Label the floors of the hotel.

Números ordinales	
primer *(before a masculine singular noun)*, **primero/a**	*first*
segundo/a	*second*
tercer *(before a masculine singular noun)*, **tercero/a**	*third*
cuarto/a	*fourth*
quinto/a	*fifth*
sexto/a	*sixth*
séptimo/a	*seventh*
octavo/a	*eighth*
noveno/a	*ninth*
décimo/a	*tenth*

a. _____ piso
b. _____ piso
c. _____ piso
d. _____ piso
e. _____ piso
f. _____ piso
g. _____ piso
h. _____ baja

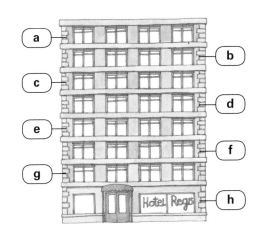

6   **Contestar**   Look at the illustrations of the months and seasons on the previous page. Then answer these questions.

> **modelo**
>
> **Estudiante 1:** *¿Cuál es el primer mes de la primavera?*
> **Estudiante 2:** marzo

1. ¿Cuál es el primer mes del invierno?
2. ¿Cuál es el segundo mes de la primavera?
3. ¿Cuál es el tercer mes del otoño?
4. ¿Cuál es el primer mes del año?
5. ¿Cuál es el quinto mes del año?
6. ¿Cuál es el octavo mes del año?
7. ¿Cuál es el décimo mes del año?
8. ¿Cuál es el segundo mes del verano?
9. ¿Cuál es el tercer mes del invierno?
10. ¿Cuál es el sexto mes del año?

7   **Las estaciones**   Name the season that applies to the description.

1. Las clases terminan.
2. Vamos a la playa.
3. Acampamos.
4. Nieva mucho.
5. Las clases empiezan.
6. Hace mucho calor.
7. Llueve mucho.
8. Esquiamos.
9. el entrenamiento (*training*) de béisbol
10. el Día de Acción de Gracias (*Thanksgiving*)

8   **¿Cuál es la fecha?**   Give the dates for these holidays.

> **modelo**
>
> el día de San Valentín   14 de febrero

1. el día de San Patricio
2. el día de Halloween
3. el primer día de verano
4. el Año Nuevo
5. mi cumpleaños (*birthday*)
6. mi día de fiesta favorito

9 **Seleccionar** Paco is talking about his family and friends. Choose the word or phrase that best completes each sentence.

1. A mis padres les gusta ir a Yucatán porque (hace sol, nieva).
2. Mi primo de Kansas dice que durante (*during*) un tornado, hace mucho (sol, viento).
3. Mis amigos van a esquiar si (nieva, está nublado).
4. Tomo el sol cuando (hace calor, llueve).
5. Nosotros vamos a ver una película si hace (buen, mal) tiempo.
6. Mi hermana prefiere correr cuando (hace mucho calor, hace fresco).
7. Mis tíos van de excursión si hace (buen, mal) tiempo.
8. Mi padre no quiere jugar al golf si (hace fresco, llueve).
9. Cuando hace mucho (sol, frío) no salgo de casa y tomo chocolate caliente (*hot*).
10. Hoy mi sobrino va al parque porque (está lloviendo, hace buen tiempo).

10 **El clima** With a partner, take turns asking and answering questions about the weather and temperatures in these cities. Use the model as a guide.

> **modelo**
>
> **Estudiante 1:** ¿Qué tiempo hace hoy en Nueva York?
> **Estudiante 2:** Hace frío y hace viento.
> **Estudiante 1:** ¿Cuál es la temperatura máxima?
> **Estudiante 2:** Treinta y un grados (*degrees*).
> **Estudiante 1:** ¿Y la temperatura mínima?
> **Estudiante 2:** Diez grados.

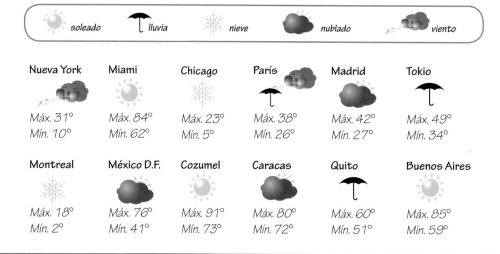

soleado   lluvia   nieve   nublado   viento

Nueva York	Miami	Chicago	París	Madrid	Tokio
Máx. 31°	Máx. 84°	Máx. 23°	Máx. 38°	Máx. 42°	Máx. 49°
Mín. 10°	Mín. 62°	Mín. 5°	Mín. 26°	Mín. 27°	Mín. 34°

Montreal	México D.F.	Cozumel	Caracas	Quito	Buenos Aires
Máx. 18°	Máx. 76°	Máx. 91°	Máx. 80°	Máx. 60°	Máx. 85°
Mín. 2°	Mín. 41°	Mín. 73°	Mín. 72°	Mín. 51°	Mín. 59°

NOTA CULTURAL

In most Spanish-speaking countries, temperatures are given in degrees Celsius. Use these formulas to convert between **grados centígrados** and **grados Fahrenheit**.

degrees C. × 9 ÷ 5 + 32 = degrees F.

degrees F. - 32 × 5 ÷ 9 = degrees C.

11 **Completar** Complete these sentences with your own ideas.

1. Cuando hace sol, yo…
2. Cuando llueve, mis amigos y yo…
3. Cuando hace calor, mi familia…
4. Cuando hace viento, la gente…
5. Cuando hace frío, yo…
6. Cuando hace mal tiempo, mis amigos…
7. Cuando nieva, muchas personas…
8. Cuando está nublado, mis amigos y yo…
9. Cuando hace fresco, mis padres…
10. Cuando hace buen tiempo, mis amigos…

CONSULTA

Calor and **frío** can apply to both weather and people. Use **hacer** to describe weather conditions or climate.

(**Hace frío en Santiago.** *It's cold in Santiago.*)

Use **tener** to refer to people.

(**El viajero tiene frío.** *The traveler is cold.*)

See **Estructura 3.4**, p. 101.

Comunicación

12

En la agencia de viajes Listen to the conversation between Mr. Vega and a travel agent. Then indicate whether the following conclusions are **lógico** or **ilógico**, based on what you heard.

	Lógico	Ilógico
1. El señor Vega quiere visitar la Antártida.	O	O
2. Hace calor en Puerto Rico.	O	O
3. El señor Vega va a ver el mar en Puerto Rico.	O	O
4. El señor Vega va a comprar un pasaje de ida y vuelta.	O	O
5. El señor Vega viaja con su familia.	O	O

13

Preguntas personales Answer your partner's questions.

1. ¿Cuál es la fecha de hoy? ¿Qué estación es?
2. ¿Te gusta esta estación? ¿Por qué?
3. ¿Qué estación prefieres? ¿Por qué?
4. ¿Prefieres el mar o las montañas? ¿La playa o el campo? ¿Por qué?
5. Cuando haces un viaje, ¿qué te gusta hacer y ver?
6. ¿Piensas ir de vacaciones este verano? ¿Adónde quieres ir? ¿Por qué?
7. ¿Qué deseas ver y qué lugares quieres visitar?
8. ¿Cómo te gusta viajar? ¿En avión? ¿En motocicleta...?

14

Itinerario Create a trip itinerary for a friend, a relative, or someone famous. First, choose a destination. Include information about transportation and accommodations, as well as a section for each day with activities.

- fechas
- lugar
- transporte
- hotel
- actividades

Síntesis

15

Un viaje With a partner, role-play a conversation between a travel agent and a client planning a trip. Discuss destinations, dates, transportation, hotel accommodations, and activities for the trip.

¡Vamos a la playa!

Los seis amigos hacen un viaje a la playa.

TÍA ANA MARÍA ¿Están listos para su viaje a la playa?

TODOS Sí.

TÍA ANA MARÍA Excelente... ¡A la estación de autobuses!

MARU ¿Dónde está Miguel?

FELIPE Yo lo traigo.

(*se escucha un grito de Miguel*)

FELIPE Ya está listo. Y tal vez enojado. Ahorita vamos.

FELIPE No está nada mal el hotel, ¿verdad? Limpio, cómodo... ¡Oye, Miguel! ¿Todavía estás enojado conmigo? (*a Juan Carlos*) Miguel está de mal humor. No me habla.

JUAN CARLOS ¿Todavía?

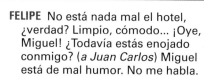

EMPLEADO Bienvenidas. ¿En qué puedo servirles?

MARU Hola. Tenemos una reservación para seis personas para esta noche.

EMPLEADO ¿A nombre de quién?

JIMENA ¿Díaz? ¿López? No estoy segura.

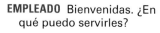

EMPLEADO No encuentro su nombre. Ah, no, ahora sí lo veo, aquí está. Díaz. Dos habitaciones en el primer piso para seis huéspedes.

EMPLEADO Aquí están las llaves de sus habitaciones.

MARU Gracias. Una cosa más. Mi novio y yo queremos hacer windsurf, pero no tenemos tablas.

EMPLEADO El botones las puede conseguir para ustedes.

MARISSA

JIMENA

MARU

MIGUEL

MAITE FUENTES

ANA MARÍA

EMPLEADO

JUAN CARLOS ¿Qué hace este libro aquí? ¿Estás estudiando en la playa?

JIMENA Sí, es que tengo un examen la próxima semana.

JUAN CARLOS Ay, Jimena. ¡No! ¿Vamos a nadar?

JIMENA Bueno, como estudiar es tan aburrido y el tiempo está tan bonito...

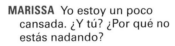

MARISSA Yo estoy un poco cansada. ¿Y tú? ¿Por qué no estás nadando?

FELIPE Es por causa de Miguel.

MARISSA Hmm, estoy confundida.

FELIPE Esta mañana. ¡Sigue enojado conmigo!

MARISSA No puede seguir enojado tanto tiempo.

Expresiones útiles

Talking with hotel personnel

¿En qué puedo servirles?
How can I help you?
Tenemos una reservación.
We have a reservation.
¿A nombre de quién?
In whose name?
¿Quizás López? ¿Tal vez Díaz?
Maybe López? Maybe Díaz?
Ahora lo veo, aquí está. Díaz.
Now I see it. Here it is. Díaz.
Dos habitaciones en el primer piso para seis huéspedes.
Two rooms on the first floor for six guests.
Aquí están las llaves.
Here are the keys.

Describing a hotel

No está nada mal el hotel.
The hotel isn't bad at all.
Todo está tan limpio y cómodo.
Everything is so clean and comfortable.
Es excelente/estupendo/fabuloso/ fenomenal/increíble/magnífico/ maravilloso/perfecto.
It's excellent/stupendous/fabulous/ phenomenal/incredible/magnificent/ marvelous/perfect.

Talking about how you feel

Yo estoy un poco cansado/a.
I am a little tired.
Estoy confundido/a. *I'm confused.*
Todavía estoy/Sigo enojado/a contigo.
I'm still angry with you.

Additional vocabulary

afuera *outside*
amable *nice; friendly*
el balde *bucket*
el/la botones *bellhop*
la crema de afeitar
shaving cream
el frente (frío) *(cold) front*
el grito *scream*
la temporada *period of time*
entonces *so, then*
es igual *it's the same*

¿Qué pasó?

1

Completar Complete these sentences with the correct term from the word bank.

aburrido	botones	la llave
el aeropuerto	la estación de autobuses	montar a caballo
amable	habitaciones	reservación

1. Los amigos van a _____ para ir a la playa.
2. La _____ del hotel está a nombre de los Díaz.
3. Los amigos tienen dos _____ para seis personas.
4. El _____ puede conseguir tablas de windsurf para Maru.
5. Jimena dice que estudiar en vacaciones es muy _____.

> **CONSULTA**
>
> The meaning of some adjectives, such as **aburrido**, changes depending on whether they are used with **ser** or **estar**. See **Estructura 5.3**, pp. 170–171.

2

Identificar Identify the person who would make each statement.

EMPLEADO   **MARU**   **TÍA ANA MARÍA**   **FELIPE**   **JUAN CARLOS**

1. No lo encuentro, ¿a nombre de quién está su reservación?
2. ¿Por qué estás estudiando en la playa? ¡Mejor vamos a nadar!
3. Nuestra reservación es para seis personas en dos habitaciones.
4. El hotel es limpio y cómodo, pero estoy triste porque Miguel no me habla.
5. Suban al autobús y ¡buen viaje a la playa!

3

Ordenar Place these events in the correct order.

_____ a. El empleado busca la reservación.
_____ b. Marissa dice que está confundida.
_____ c. Los amigos están listos para ir a la playa.
_____ d. El empleado da (*gives*) las llaves de las habitaciones a las chicas.
_____ e. Miguel grita (*screams*).

4

Conversar With a partner, use these cues to create a conversation between a hotel employee and a guest in Mexico.

Huésped	Empleado/a
Say hi to the employee and ask for your reservation.	→ Tell the guest that you can't find his/her reservation.
Tell the employee that the reservation is in your name.	→ Tell him/her that you found the reservation and that it's for a double room.
Tell the employee that the hotel is very clean and comfortable.	→ Say that you agree with the guest, welcome him/her, and give him/her the keys.
Ask the employee to call the bellhop to help you with your luggage.	→ Call the bellhop to help the guest with his/her luggage.

Pronunciación 🔊
Spanish **b** and **v**

bueno	**vóleibol**	**biblioteca**	**vivir**

There is no difference in pronunciation between the Spanish letters **b** and **v**. However, each letter can be pronounced two different ways, depending on which letters appear next to them.

bonito	**viajar**	**también**	**investigar**

B and **v** are pronounced like the English hard *b* when they appear either as the first letter of a word, at the beginning of a phrase, or after **m** or **n**.

deber	**novio**	**abril**	**favor**

In all other positions, **b** and **v** have a softer pronunciation, which has no equivalent in English. Unlike the hard **b**, which is produced by tightly closing the lips and stopping the flow of air, the soft **b** is produced by keeping the lips slightly open.

bola	**vela**	**Caribe**	**declive**

In both pronunciations, there is no difference in sound between **b** and **v**. The English *v* sound, produced by friction between the upper teeth and lower lip, does not exist in Spanish. Instead, the soft **b** comes from friction between the two lips.

Verónica y su esposo cantan boleros.

When **b** or **v** begins a word, its pronunciation depends on the previous word. At the beginning of a phrase or after a word that ends in **m** or **n**, it is pronounced as a hard **b**.

Benito   es de Boquerón pero vive   en Victoria.

Words that begin with **b** or **v** are pronounced with a soft **b** if they appear immediately after a word that ends in a vowel or any consonant other than **m** or **n**.

Práctica Read these words aloud to practice the **b** and the **v**.

1. hablamos	4. van	7. doble	10. nublado
2. trabajar	5. contabilidad	8. novia	11. llave
3. botones	6. bien	9. béisbol	12. invierno

Oraciones Read these sentences aloud to practice the **b** and the **v**.

1. Vamos a Guaynabo en autobús.
2. Voy de vacaciones a la Isla Culebra.
3. Tengo una habitación individual en el octavo piso.
4. Víctor y Eva van en avión al Caribe.
5. La planta baja es bonita también.
6. ¿Qué vamos a ver en Bayamón?
7. Beatriz, la novia de Víctor, es de Arecibo, Puerto Rico.

Refranes Read these sayings aloud to practice the **b** and the **v**.

No hay mal que por bien no venga.[1]

Hombre prevenido vale por dos.[2]

[1] *Every cloud has a silver lining.*
[2] *An ounce of prevention equals a pound of cure.*

Las cataratas del Iguazú

Imagine the impressive and majestic Niagara Falls, the most powerful waterfall in North America. Now, if you can, imagine a waterfall four times as wide and almost twice as tall that caused Eleanor Roosevelt to exclaim "Poor Niagara!" upon seeing it for the first time. Welcome to **las cataratas del Iguazú!**

Iguazú is located in Iguazú National Park, an area of subtropical jungle where Argentina meets Brazil. Its name comes from the indigenous Guaraní word for "great water." A UNESCO World Heritage Site, **las cataratas del Iguazú** span three kilometers and comprise 275 cascades split into two main sections by San Martín Island. Most of the falls are about 82 meters (270 feet) high. The horseshoe-shaped cataract **Garganta del Diablo** (Devil's Throat) has the greatest water flow and is considered to be the most impressive; it also marks the border between Argentina and Brazil.

Each country offers different views and tourist options. Most visitors opt to use the numerous catwalks that are available on both

Garganta del Diablo

Isla San Martín

sides; however, from the Argentinean side, tourists can get very close to the falls, whereas Brazil provides more panoramic views. If you don't mind getting wet, a jet boat tour is a good choice; those looking for wildlife—such as toucans, ocelots, butterflies, and jaguars—should head for San Martín Island. Brazil boasts less conventional ways to view the falls, such as helicopter rides and rappelling, while Argentina focuses on sustainability with its **Tren Ecológico de la Selva** (*Ecological Jungle Train*), an environmentally friendly way to reach the walkways.

No matter which way you choose to enjoy the falls, you are certain to be captivated.

Más cascadas° en Latinoamérica

Nombre	País	Altura°	Datos
Salto Ángel	Venezuela	979 metros	la más alta° del mundo°
Catarata del Gocta	Perú	771 metros	descubierta° en 2006
Piedra Volada	México	453 metros	la más alta de México

cascadas *waterfalls* Altura *Height* más alta *tallest* mundo *world* descubierta *discovered*

1 **¿Cierto o falso?** Indicate whether these statements are cierto or falso. Correct the false statements.

1. Iguazú Falls is located on the border of Argentina and Brazil.

2. Niagara Falls is four times as wide as Iguazú Falls.

3. Iguazú Falls has a few cascades, each about 82 meters.

4. Tourists visiting Iguazú can see exotic wildlife.

5. *Iguazú* is the Guaraní word for "blue water."

6. You can access the walkways by taking the **Garganta del Diablo**.

7. It is possible for tourists to visit Iguazú Falls by air.

8. **Salto Ángel** is the tallest waterfall in the world.

9. There are no waterfalls in Mexico.

10. For the best views of Iguazú Falls, tourists should visit the Brazilian side.

Viajes y turismo

el asiento del medio, del pasillo, de la ventanilla	*center, aisle, window seat*
el itinerario	*itinerary*
media pensión	*breakfast and one meal included*
el ómnibus (Perú)	**el autobús**
pensión completa	*all meals included*
el puente	*long weekend (lit., bridge)*

Destinos populares

- **Las playas del Parque Nacional Manuel Antonio** (Costa Rica) ofrecen° la oportunidad de nadar y luego caminar por el bosque tropical°.

- **Teotihuacán** (México) Desde antes de la época° de los aztecas, aquí se celebra el equinoccio de primavera en la Pirámide del Sol.

- **Puerto Chicama** (Perú), con sus olas° de cuatro kilómetros de largo°, es un destino para surfistas expertos.

- **Tikal** (Guatemala) Aquí puedes ver las maravillas de la selva° y ruinas de la civilización maya.

- **Las playas de Rincón** (Puerto Rico) Son ideales para descansar y observar ballenas°.

ofrecen *offer* bosque tropical *rainforest*
Desde antes de la época *Since before the time* olas *waves*
de largo *in length* selva *jungle* ballenas *whales*

Punta del Este

One of South America's largest and most fashionable beach resort towns is Uruguay's **Punta del Este**, a narrow strip of land containing twenty miles of pristine beaches. Its peninsular shape gives it two very different seascapes. **La Playa Mansa**, facing the bay and therefore the more protected side, has calm waters. Here, people practice water sports like swimming, water skiing, windsurfing, and diving. **La Playa Brava**, facing the east, receives the Atlantic Ocean's powerful, wave-producing winds, making it popular for surfing, body boarding, and kite surfing. Besides the beaches, posh shopping, and world-famous nightlife, **Punta** offers its 600,000 yearly visitors yacht and fishing clubs, golf courses, and excursions to observe sea lions at the **Isla de Lobos** nature reserve.

Conexión Internet

¿Cuáles son los sitios más populares para el turismo en Puerto Rico?

Use the Web to find more cultural information related to this **Cultura** section.

2 **Comprensión** Complete the sentences.

1. En las playas de Rincón puedes ver _____.
2. Cerca de 600.000 turistas visitan _____ cada año.
3. En el avión pides un _____ si te gusta ver el paisaje.
4. En Punta del Este, la gente prefiere nadar en la Playa _____.
5. El _____ es un medio de transporte en Perú.

3 **De vacaciones** Spring break is coming up, and you want to go on a short vacation with your family. Decide which of the locations featured on these pages best suits your likes and interests. Come to an agreement about how you will get there, where you prefer to stay and for how long, and what each of you will do during your free time.

5.1 Estar with conditions and emotions

ANTE TODO As you learned in **Lecciones 1** and **2**, the verb **estar** is used to talk about how you feel and to say where people, places, and things are located. **Estar** is also used with adjectives to talk about certain emotional and physical conditions.

CONSULTA

To review the present tense of **estar**, see **Estructura 2.3**, p. 59.

• • •

To review the present tense of **ser**, see **Estructura 1.3**, p. 20.

▶ Use **estar** with adjectives to describe the physical condition of places and things.

La habitación **está** sucia.
The room is dirty.

La puerta **está** cerrada.
The door is closed.

▶ Use **estar** with adjectives to describe how people feel, both mentally and physically.

Yo estoy cansada.

¿Están listos para su viaje?

▶ **¡Atención!** Two important expressions with **estar** that you can use to talk about conditions and emotions are **estar de buen humor** (*to be in a good mood*) and **estar de mal humor** (*to be in a bad mood*).

Adjectives that describe emotions and conditions

abierto/a	open	**contento/a**	content	**listo/a**	ready
aburrido/a	bored	**desordenado/a**	disorderly	**nervioso/a**	nervous
alegre	happy	**enamorado/a (de)**	in love (with)	**ocupado/a**	busy
avergonzado/a	embarrassed	**enojado/a**	angry	**ordenado/a**	orderly
cansado/a	tired	**equivocado/a**	wrong	**preocupado/a (por)**	worried (about)
cerrado/a	closed	**feliz**	happy	**seguro/a**	sure
cómodo/a	comfortable	**limpio/a**	clean	**sucio/a**	dirty
confundido/a	confused			**triste**	sad

¡INTÉNTALO! Provide the present tense forms of **estar**, and choose which adjective best completes the sentence.

1. La biblioteca _____está_____ (cerrada / nerviosa) los domingos por la noche. cerrada
2. Nosotros _____ muy (ocupados / equivocados) todos los lunes.
3. Ellas _____ (alegres / confundidas) porque tienen vacaciones.
4. Javier _____ (enamorado / ordenado) de Maribel.
5. Diana _____ (enojada / limpia) con su hermano.
6. Yo _____ (nerviosa / abierta) por el viaje.
7. La habitación siempre _____ (ordenada / segura) cuando vienen sus padres.
8. Ustedes no comprenden; _____ (equivocados / tristes).

Práctica y Comunicación

1 **¿Cómo están?** Complete Martín's statements about how he and other people are feeling. In the first blank, fill in the correct form of **estar**. In the second blank, fill in the adjective that best fits the context.

1. Yo _____ un poco _____ porque tengo un examen mañana.
2. Mi hermana Patricia _____ muy _____ porque mañana va a hacer una excursión al campo.
3. Mis hermanos Juan y José salen de la casa a las cinco de la mañana. Por la noche, siempre _____ muy _____.
4. Mi amigo Ramiro _____ _____; su novia se llama Adela.
5. Mi papá y sus colegas _____ muy _____ hoy. ¡Hay mucho trabajo!
6. Patricia y yo _____ un poco _____ por ellos porque trabajan mucho.
7. Mi amiga Mónica _____ un poco _____ porque sus amigos no pueden salir esta noche.
8. Esta clase no es muy interesante. ¿Tú _____ _____ también?

2 **Describir** Describe these people and places.

1. Anabela

2. Juan y Luisa

3. la habitación de Teresa

4. la habitación de César

3 **Situaciones** With a partner, use **estar** to talk about how you feel in these situations.

1. Cuando hace sol...
2. Cuando tomas un examen...
3. Cuando viajas en avión...
4. Cuando llueve...
5. Cuando ves una película con tu actor/actriz favorito/a...

4 **Emociones** Write an e-mail to a friend explaining what you do when you feel a certain way. Use five adjectives of emotion.

> *modelo*
> Cuando estoy preocupado, hablo por teléfono con mi madre.
> Cuando estoy aburrido, miro la televisión...

5.2 The present progressive

ANTE TODO Both Spanish and English use the present progressive, which consists of the present tense of the verb *to be* and the present participle of another verb (the *-ing* form in English).

Las chicas están hablando con el empleado del hotel.

¿Estás estudiando en la playa?

▶ Form the present progressive with the present tense of **estar** and a present participle.

FORM OF **ESTAR** + PRESENT PARTICIPLE		FORM OF **ESTAR** + PRESENT PARTICIPLE	
Estoy	**pescando.**	**Estamos**	**comiendo.**
I am	*fishing.*	*We are*	*eating.*

▶ The present participle of regular **-ar**, **-er**, and **-ir** verbs is formed as follows:

INFINITIVE		STEM		ENDING		PRESENT PARTICIPLE
hablar	▶	habl-	▶	**-ando**	▶	habl**ando**
comer		com-		**-iendo**		com**iendo**
escribir		escrib-		**-iendo**		escrib**iendo**

▶ **¡Atención!** When the stem of an **-er** or **-ir** verb ends in a vowel, the present participle ends in **-yendo**.

INFINITIVE		STEM		ENDING		PRESENT PARTICIPLE
leer	▶	le-	▶	**-yendo**	▶	le**yendo**
oír		o-		**-yendo**		o**yendo**
traer		tra-		**-yendo**		tra**yendo**

▶ **Ir**, **poder**, and **venir** have irregular present participles (**yendo**, **pudiendo**, **viniendo**). Several other verbs have irregular present participles that you will need to learn.

▶ **-Ir** stem-changing verbs have a stem change in the present participle.

-ir stem-changing verbs

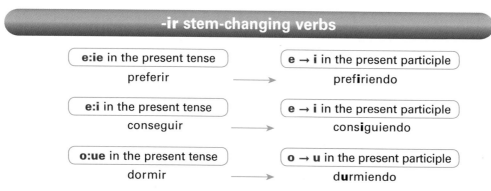

e:ie in the present tense	→	e → i in the present participle
preferir		pref**i**riendo

e:i in the present tense	→	e → i in the present participle
conseguir		cons**i**guiendo

o:ue in the present tense	→	o → u in the present participle
dormir		d**u**rmiendo

COMPARE & CONTRAST

The use of the present progressive is much more restricted in Spanish than in English. In Spanish, the present progressive is mainly used to emphasize that an action is in progress at the time of speaking.

Maru **está escuchando** música latina **ahora mismo**.
Maru is listening to Latin music right now.

Felipe y su amigo **todavía están jugando** al fútbol.
Felipe and his friend are still playing soccer.

In English, the present progressive is often used to talk about situations and actions that occur over an extended period of time or in the future. In Spanish, the simple present tense is often used instead.

Xavier **estudia** computación este semestre.
Xavier is studying computer science this semester.

Marissa **sale** mañana para los Estados Unidos.
Marissa is leaving tomorrow for the United States.

¿Está pensando en su futuro?
Nosotros, sí.

🏛 BANCO 🏛
CONGRESO

Preparándolo para el mañana

¡INTÉNTALO! Create complete sentences by putting the verbs in the present progressive.

1. mis amigos / descansar en la playa *Mis amigos están descansando en la playa.*
2. nosotros / practicar deportes _____
3. Carmen / comer en casa _____
4. nuestro equipo / ganar el partido _____
5. yo / leer el periódico _____
6. él / pensar comprar una bicicleta _____
7. ustedes / jugar a las cartas _____
8. José y Francisco / dormir _____
9. Marisa / leer correo electrónico _____
10. yo / preparar sándwiches _____
11. Carlos / tomar fotos _____
12. ¿dormir / tú? _____

Práctica

1 **Completar** Alfredo's Spanish class is preparing to travel to Puerto Rico. Use the present progressive of the verb in parentheses to complete Alfredo's description of what everyone is doing.

1. Yo _____ (investigar) la situación política de la isla (*island*).
2. La esposa del profesor _____ (hacer) las maletas.
3. Marta y José Luis _____ (buscar) información sobre San Juan en Internet.
4. Enrique y yo _____ (leer) un correo electrónico de nuestro amigo puertorriqueño.
5. Javier _____ (aprender) mucho sobre la cultura puertorriqueña.
6. Y tú _____ (practicar) el español, ¿verdad?

2 **¿Qué están haciendo?** María and her friends are vacationing at a resort in San Juan, Puerto Rico. Complete her description of what everyone is doing right now.

◀ **CONSULTA**

For more information about Puerto Rico, see **Panorama**, pp. 186–187.

1. Yo

2. Javier

3. Alejandro y Rebeca

4. Celia y yo

5. Samuel

6. Lorenzo

3 **Personajes famosos** Say what these celebrities are doing right now, using the cues provided.

modelo

Shakira

Shakira está cantando una canción ahora mismo.

A		B	
Isabel Allende	Nelly Furtado	bailar	hacer
Rachael Ray	Dwight Howard	cantar	jugar
James Cameron	Las Rockettes de	correr	preparar
Venus y Serena	Nueva York	escribir	¿?
Williams	¿?	hablar	¿?
Joey Votto	¿?		

◀ **AYUDA**

Isabel Allende: **novelas**
Rachael Ray: **televisión, negocios** (*business*)
James Cameron: **cine**
Venus y Serena Williams: **tenis**
Joey Votto: **béisbol**
Nelly Furtado: **canciones**
Dwight Howard: **baloncesto**
Las Rockettes de Nueva York: **baile**

Comunicación

4　**Las vacaciones** Read Elena's description of her family vacation. Then indicate whether these conclusions are **lógico** or **ilógico**, based on what you read.

> Está lloviendo. Mis tres hermanos están jugando a las cartas. Mi hermana está leyendo una revista. Mi madre está buscando la llave de la habitación. Mi padre está durmiendo. ¿Y yo? Estoy escribiendo este mensaje electrónico...

	Lógico	Ilógico
1. Hace mal tiempo.	○	○
2. La familia es pequeña.	○	○
3. La madre está contenta.	○	○
4. El padre está en la cama.	○	○
5. La familia está en un hotel.	○	○

5　**Preguntar** Answer your partner's questions about what you are doing at these times.

> **modelo**
>
> 8:00 a.m.
>
> **Estudiante 1:** *Son las ocho de la mañana. ¿Qué estás haciendo?*
>
> **Estudiante 2:** *Estoy desayunando.*

1. 5:00 a.m.	3. 11:00 a.m.	5. 2:00 p.m.	7. 9:00 p.m.
2. 9:30 a.m.	4. 12:00 p.m.	6. 5:00 p.m.	8. 11:30 p.m.

6　**Describir** Use the present progressive to write a description of what is happening in this Spanish beach scene.

NOTA CULTURAL ▶

Nearly 60 million tourists travel to Spain every year, many of them drawn by the warm climate and beautiful coasts. Tourists wanting a beach vacation go mostly to the **Costa del Sol** or the Balearic Islands, in the Mediterranean.

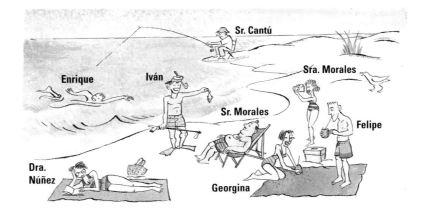

Síntesis

7　**¿Qué están haciendo?** With a partner, take turns asking each other what people are doing right now. You could ask about other students, professors, or even celebrities.

bailar	comer	escribir	estudiar	leer
cantar	enseñar	escuchar	jugar	mirar

5.3   Ser and estar

ANTE TODO   You have already learned that **ser** and **estar** both mean *to be* but are used for different purposes. These charts summarize the key differences in usage between **ser** and **estar**.

¡ATENCIÓN!

Ser de expresses not only origin (**Es de Buenos Aires.**) and possession (**Es la pluma de Maru.**), but also what material something is made of (**La bicicleta es de metal.**).

Uses of ser

1. **Nationality and place of origin** . . . .   Juan Carlos **es** argentino.
   Es de Buenos Aires.
2. **Profession or occupation** . . . .   Adela **es** agente de viajes.
   Francisco **es** médico.
3. **Characteristics of people and things** . . .   José y Clara **son** simpáticos.
   El clima de Puerto Rico **es** agradable.
4. **Generalizations** . . . .   **¡Es** fabuloso viajar!
   Es difícil estudiar a la una de la mañana.
5. **Possession** . . . .   **Es** la pluma de Jimena.
   Son las llaves del señor Díaz.
6. **What something is made of** . . . .   La bicicleta **es** de metal.
   Los pasajes **son** de papel.
7. **Time and date** . . . .   Hoy **es** martes. **Son** las dos.
   Hoy **es** el primero de julio.
8. **Where or when an event takes place** . . .   El partido **es** en el estadio Santa Fe.
   La conferencia **es** a las siete.

Ellos son mis amigos.

Miguel está enojado conmigo.

Uses of estar

1. **Location or spatial relationships** . . . . .   El aeropuerto **está** lejos de la ciudad.
   Tu habitación **está** en el tercer piso.
2. **Health** . . . .   ¿Cómo **estás**?
   Estoy bien, gracias.
3. **Physical states and conditions** . . . .   El profesor **está** ocupado.
   Las ventanas **están** abiertas.
4. **Emotional states** . . . .   Marissa **está** feliz hoy.
   Estoy muy enojado con Maru.
5. **Certain weather expressions** . . . .   **Está** lloviendo.
   Está nublado.
6. **Ongoing actions (progressive tenses)** . .   **Estamos** estudiando para un examen.
   Ana **está** leyendo una novela.

Ser and estar with adjectives

▶ With many descriptive adjectives, **ser** and **estar** can both be used, but the meaning will change.

Juan **es** delgado.	Ana **es** nerviosa.
Juan is thin.	*Ana is a nervous person.*
Juan **está** más delgado hoy.	Ana **está** nerviosa por el examen.
Juan looks thinner today.	*Ana is nervous because of the exam.*

▶ In the examples above, the statements with **ser** are general observations about the inherent qualities of Juan and Ana. The statements with **estar** describe conditions that are variable.

▶ Here are some adjectives that change in meaning when used with **ser** and **estar**.

With ser	With estar
El chico **es listo**.	El chico **está listo**.
The boy is smart.	*The boy is ready.*
La profesora **es mala**.	La profesora **está mala**.
The professor is bad.	*The professor is sick.*
Jaime **es aburrido**.	Jaime **está aburrido**.
Jaime is boring.	*Jaime is bored.*
Las peras **son verdes**.	Las peras **están verdes**.
Pears are green.	*The pears are not ripe.*
El gato **es muy vivo**.	El gato **está vivo**.
The cat is very clever.	*The cat is alive.*
Iván **es un hombre seguro**.	Iván no **está seguro**.
Iván is a confident man.	*Iván is not sure.*

¡ATENCIÓN!

When referring to objects, **ser seguro/a** means *to be safe.*

El puente es seguro.
The bridge is safe.

¡INTÉNTALO! Form complete sentences by using the correct form of **ser** or **estar** and making any other necessary changes.

1. Alejandra / cansado
   Alejandra está cansada.

2. ellos / pelirrojo
   _____

3. Carmen / alto
   _____

4. yo / la clase de español
   _____

5. película / a las once
   _____

6. hoy / viernes
   _____

7. nosotras / enojado
   _____

8. Antonio / médico
   _____

9. Romeo y Julieta / enamorado
   _____

10. libros / de Ana
    _____

11. Marisa y Juan / estudiando
    _____

12. partido de baloncesto / gimnasio
    _____

Práctica

1 **¿Ser o estar?** Indicate whether each adjective takes **ser** or **estar**. ¡Ojo! Three of them can take both verbs.

	ser	estar			ser	estar
1. delgada	○	○		5. seguro	○	○
2. canadiense	○	○		6. enojada	○	○
3. enamorado	○	○		7. importante	○	○
4. lista	○	○		8. avergonzada	○	○

2 **Completar** Complete this conversation with the appropriate forms of **ser** and **estar**.

EDUARDO ¡Hola, Ceci! ¿Cómo (1)_____?

CECILIA Hola, Eduardo. Bien, gracias. ¡Qué guapo (2)_____ hoy!

EDUARDO Gracias. (3)_____ muy amable. Oye, ¿qué (4)_____ haciendo? (5)¿_____ ocupada?

CECILIA No, sólo le (6)_____ escribiendo una carta a mi prima Pilar.

EDUARDO ¿De dónde (7)_____ ella?

CECILIA Pilar (8)_____ de Ecuador. Su papá (9)_____ médico en Quito. Pero ahora Pilar y su familia (10)_____ de vacaciones en Ponce, Puerto Rico.

EDUARDO Y... ¿cómo (11)_____ Pilar?

CECILIA (12)_____ muy lista. Y también (13)_____ alta, rubia y muy bonita.

3 **En el parque** Describe the people in the drawing. Your descriptions should answer the questions provided.

1. ¿Quiénes son?
2. ¿Dónde están?
3. ¿Cómo son?
4. ¿Cómo están?
5. ¿Qué están haciendo?
6. ¿Qué estación es?
7. ¿Qué tiempo hace?
8. ¿Quiénes están de vacaciones?

Comunicación

4

🔊

Ponce Listen to Carolina's description of her vacation. Then indicate whether the following conclusions are **lógico** or **ilógico**, based on what you heard.

	Lógico	Ilógico
1. Carolina es una turista.	○	○
2. Carolina prefiere acampar.	○	○
3. A Carolina no le gusta ir a la playa.	○	○
4. Carolina vive en Ponce.	○	○
5. A Carolina le gustan los museos.	○	○

5

Una persona famosa Describe a celebrity using these items as a guide.

- descripción física
- origen
- qué está haciendo ahora
- cómo está ahora
- dónde está ahora
- profesión u ocupación

6

En el aeropuerto With a partner, take turns assuming the identity of a character from this drawing. Your partner will ask you questions using **ser** and **estar** to figure out who you are.

> **modelo**
>
> **Estudiante 2:** ¿Dónde estás?
> **Estudiante 1:** Estoy cerca de la puerta.
> **Estudiante 2:** ¿Qué estás haciendo?
> **Estudiante 1:** Estoy escuchando a otra persona.
> **Estudiante 2:** ¿Eres uno de los pasajeros?
> **Estudiante 1:** No, soy empleado del aeropuerto.
> **Estudiante 2:** ¿Eres Camilo?

Síntesis

7

Un hotel magnífico Write a radio ad for a vacation resort somewhere in the Spanish-speaking world. Use **ser** and **estar** in as many different ways as you can.

5.4 Direct object nouns and pronouns

	SUBJECT		VERB		DIRECT OBJECT NOUN
Juan Carlos y Jimena		están tomando		fotos.	
Juan Carlos and Jimena		*are taking*		*photos.*	

▶ A direct object noun receives the action of the verb directly and generally follows the verb. In the example above, the direct object noun answers the question *What are Juan Carlos and Jimena taking?*

▶ When a direct object noun in Spanish is a person or a pet, it is preceded by the word **a**. This is called the personal **a**; there is no English equivalent for this construction.

Mariela mira **a** Carlos.   Mariela mira televisión.
Mariela is watching Carlos.   *Mariela is watching TV.*

▶ In the first sentence above, the personal **a** is required because the direct object is a person. In the second sentence, the personal **a** is not required because the direct object is a thing, not a person.

Miguel no me perdona.

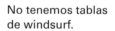

No tenemos tablas de windsurf.

El botones las puede conseguir para ustedes.

▶ Direct object pronouns are words that replace direct object nouns. Like English, Spanish uses a direct object pronoun to avoid repeating a noun already mentioned.

DIRECT OBJECT		DIRECT OBJECT PRONOUN		
Maribel hace	las maletas.	Maribel	las	hace.
Felipe compra	el sombrero.	Felipe	lo	compra.
Vicky tiene	la llave.	Vicky	la	tiene.

Direct object pronouns

SINGULAR		PLURAL	
me	*me*	**nos**	*us*
te	*you* (fam.)	**os**	*you* (fam.)
lo	*you* (m., form.)	**los**	*you* (m.)
	him; it (m.)		*them* (m.)
la	*you* (f., form.)	**las**	*you* (f.)
	her; it (f.)		*them* (f.)

▶ In affirmative sentences, direct object pronouns generally appear before the conjugated verb. In negative sentences, the pronoun is placed between the word **no** and the verb.

Adela practica **el tenis.**	Gabriela no tiene **las llaves.**
Adela **lo** practica.	Gabriela **no las** tiene.
Carmen compra **los pasajes.**	Diego no hace **las maletas.**
Carmen **los** compra.	Diego **no las** hace.

▶ When the verb is an infinitive construction, such as **ir a** + [*infinitive*], the direct object pronoun can be placed before the conjugated form or attached to the infinitive.

Ellos van a escribir **unas postales.**
  Ellos **las** van a escribir.
  Ellos van a escribir**las.**

Lidia quiere ver **una película.**
  Lidia **la** quiere ver.
  Lidia quiere ver**la.**

▶ When the verb is in the present progressive, the direct object pronoun can be placed before the conjugated form or attached to the present participle. **¡Atención!** When a direct object pronoun is attached to the present participle, an accent mark is added to maintain the proper stress.

Gerardo está leyendo **la lección.**
  Gerardo **la** está leyendo.
  Gerardo está leyéndo**la.**

Toni está mirando **el partido.**
  Toni **lo** está mirando.
  Toni está mirándo**lo.**

CONSULTA

To learn more about accents, see **Lección 4**, **Pronunciación**, p. 123.

¡INTÉNTALO! Choose the correct direct object pronoun for each sentence.

1. Tienes el libro de español. *c*
   a. La tienes.   b. Los tienes.   c. Lo tienes.
2. Voy a ver el partido de baloncesto.
   a. Voy a verlo.   b. Voy a verte.   c. Voy a vernos.
3. El artista quiere dibujar a Luisa y a su mamá.
   a. Quiere dibujarme.   b. Quiere dibujarla.   c. Quiere dibujarlas.
4. Marcos busca la llave.
   a. Me busca.   b. La busca.   c. Las busca.
5. Rita me lleva al aeropuerto y también lleva a Tomás.
   a. Nos lleva.   b. Las lleva.   c. Te lleva.
6. Puedo oír a Gerardo y a Miguel.
   a. Puedo oírte.   b. Puedo oírlos.   c. Puedo oírlo.
7. Quieren estudiar la gramática.
   a. Quieren estudiarnos.   b. Quieren estudiarlo.   c. Quieren estudiarla.
8. ¿Practicas los verbos irregulares?
   a. ¿Los practicas?   b. ¿Las practicas?   c. ¿Lo practicas?
9. Ignacio ve la película.
   a. La ve.   b. Lo ve.   c. Las ve.
10. Sandra va a invitar a Mario a la excursión. También me va a invitar a mí.
    a. Los va a invitar.   b. Lo va a invitar.   c. Nos va a invitar.

Práctica

1 **Simplificar** Professor Vega's class is planning a trip to Costa Rica. Describe their preparations by changing the direct object nouns into direct object pronouns.

> **modelo**
>
> La profesora Vega tiene su pasaporte.
> *La profesora Vega lo tiene.*

1. Gustavo y Héctor confirman las reservaciones.
2. Nosotros leemos los folletos (*brochures*).
3. Ana María estudia el mapa.
4. Yo aprendo los nombres de los monumentos de San José.
5. Alicia escucha a la profesora.
6. Miguel escribe las instrucciones para ir al hotel.
7. Esteban busca el pasaje.
8. Nosotros planeamos una excursión.

¡LENGUA VIVA!

There are many Spanish words that correspond to *ticket*. **Billete** and **pasaje** usually refer to a ticket for travel, such as an airplane ticket. **Entrada** refers to a ticket to an event, such as a concert or a movie. **Boleto** can be used in either case.

2 **Vacaciones** Ramón is going to San Juan, Puerto Rico, with his friends, Javier and Marcos. Express his thoughts more succinctly using direct object pronouns.

> **modelo**
>
> Quiero hacer una excursión.
> *Quiero hacerla./La quiero hacer.*

1. Voy a hacer mi maleta.
2. Necesitamos llevar los pasaportes.
3. Marcos está pidiendo el folleto turístico.
4. Javier debe llamar a sus padres.
5. Ellos desean visitar el Viejo San Juan.
6. Puedo llamar a Javier por la mañana.
7. Prefiero llevar mi cámara.
8. No queremos perder nuestras reservaciones de hotel.

NOTA CULTURAL

Puerto Rico is a U.S. territory, so people do not need travel documents when traveling to and from Puerto Rico from the U.S. mainland. However, everyone must meet all requirements for entering the U.S. when traveling directly to Puerto Rico from abroad.

3 **¿Quién?** The Garza family is preparing to go on a vacation to Puerto Rico. Based on the clues, answer the questions. Use direct object pronouns in your answers.

> **modelo**
>
> ¿Quién hace las reservaciones para el hotel? (el Sr. Garza)
> *El Sr. Garza las hace.*

1. ¿Quién compra los pasajes para el vuelo (*flight*)? (la Sra. Garza)
2. ¿Quién tiene que hacer las maletas de los niños? (María)
3. ¿Quiénes buscan los pasaportes? (Antonio y María)
4. ¿Quién va a confirmar las reservaciones de hotel? (la Sra. Garza)
5. ¿Quién busca la cámara? (María)
6. ¿Quién compra un mapa de Puerto Rico? (Antonio)

Comunicación

4

🔊

Escuchar Listen to Mercedes and Gabriel, two students in Chicago, talk about their winter break. Then indicate whether the following conclusions are **lógico** or **ilógico**, based on what you heard.

	Lógico	Ilógico
1. Gabriel va a la playa.	○	○
2. Gabriel está listo para salir.	○	○
3. Va a hacer frío en Chicago.	○	○
4. Gabriel viaja a España.	○	○
5. Mercedes va a viajar también.	○	○

5

Entrevista Answer your partner's questions. Use direct object pronouns.

1. ¿Ves mucho la televisión?
2. ¿Cuándo vas a ver tu programa favorito?
3. ¿Quién prepara la comida (*food*) en tu casa?
4. ¿Te visita mucho tu familia?
5. ¿Visitas mucho a tus abuelos?
6. ¿Nos entienden nuestros padres a nosotros?
7. ¿Cuándo ves a tus amigos/as?
8. ¿Cuándo te llaman tus amigos/as?

6

De mal humor The weather has ruined your plans to go to the beach. Using words from the list, your partner offers some suggestions to cheer you up. Use direct object pronouns in your responses.

> **modelo**
> **Estudiante 1:** ¿Quieres ver la película de Ryan Gosling?
> **Estudiante 2:** No la quiero ver.

computadora	fotos	libro
película	revista	videojuegos

Síntesis

7

Adivinanzas Write five riddles with descriptions of people, places, or things. Follow the model. Then see whether your teacher can solve your riddles.

> **modelo**
> Lo uso para (*I use it to*) escribir en mi cuaderno.
> No es muy grande y tiene borrador. ¿Qué es?

Recapitulación

Review the grammar concepts you have learned in this lesson by completing these activities.

1 **Completar** Complete the chart with the correct present participle of these verbs. **16 pts.**

Infinitive	Present participle	Infinitive	Present participle
hacer		estar	
acampar		ser	
tener		vivir	
venir		estudiar	

2 **Vacaciones en París** Complete this paragraph about Julia's trip to Paris with the correct form of **ser** or **estar**. **24 pts.**

Hoy (1) _____ (es/está) el 3 de julio y voy a París por tres semanas. (Yo) (2) _____ (Soy/Estoy) muy feliz porque voy a ver a mi mejor amiga. Ella (3) _____ (es/está) de Puerto Rico, pero ahora (4) _____ (es/está) viviendo en París. También (yo) (5) _____ (soy/estoy) un poco nerviosa porque (6) _____ (es/está) mi primer viaje a Francia. El vuelo (*flight*) (7) _____ (es/está) hoy por la tarde, pero ahora (8) _____ (es/está) lloviendo. Por eso (9) _____ (somos/estamos) preocupadas, porque probablemente el avión va a salir tarde. Mi equipaje ya (10) _____ (es/está) listo. (11) _____ (Es/Está) tarde y me tengo que ir. ¡Va a (12) _____ (ser/estar) un viaje fenomenal!

3 **¿Qué hacen?** Respond to these questions by indicating what people do with the items mentioned. Use direct object pronouns. **20 pts.**

> **modelo**
> ¿Qué hacen ellos con la película? (ver)
> La ven.

1. ¿Qué haces tú con el libro de viajes? (leer) _____
2. ¿Qué hacen los turistas en la ciudad? (explorar) _____
3. ¿Qué hace el botones con el equipaje? (llevar) _____
4. ¿Qué hace la agente con las reservaciones? (confirmar) _____
5. ¿Qué hacen ustedes con los pasaportes? (mostrar) _____

RESUMEN GRAMATICAL

5.1 **Estar with conditions and emotions** *p. 164*

▶ Yo **esto**y aburrido/a, feliz, nervioso/a.

▶ El cuarto **está** desordenado, limpio, ordenado.

▶ Estos libros **están** abiertos, cerrados, sucios.

5.2 **The present progressive** *pp. 166–167*

▶ The present progressive is formed with the present tense of estar plus the present participle.

Forming the present participle

infinitive	stem	ending	present participle
hablar	habl-	-ando	hablando
comer	com-	-iendo	comiendo
escribir	escrib-	-iendo	escribiendo

-ir stem-changing verbs

	infinitive	present participle
e:ie	preferir	prefiriendo
e:i	conseguir	consiguiendo
o:ue	dormir	durmiendo

▶ Irregular present participles: **yendo (ir), pudiendo (poder), viniendo (venir)**

5.3 **Ser and estar** *pp. 170–171*

▶ Uses of **ser**: nationality, origin, profession or occupation, characteristics, generalizations, possession, what something is made of, time and date, time and place of events

▶ Uses of **estar**: location, health, physical states and conditions, emotional states, weather expressions, ongoing actions

▶ Many adjectives can be used with both **ser** and **estar**, but the meaning of the adjectives will change.

Juan **es** delgado.   Juan **está** más delgado hoy.
Juan is thin.   *Juan looks thinner today.*

5.4   **Direct object nouns and pronouns**   *pp. 174–175*

Direct object pronouns

Singular		Plural	
me	lo	nos	los
te	la	os	las

In affirmative sentences:
Adela practica el tenis. → Adela lo practica.

In negative sentences: Adela **no** lo practica.

With an infinitive:
Adela lo va a practicar./Adela va a practicarlo.

With the present progressive:
Adela lo está practicando./Adela está practicándolo.

4   **Opuestos** Complete these sentences with the appropriate form of the verb **estar** and an antonym for the underlined adjective.   **20 pts.**

> *modelo*
>
> Mis respuestas están <u>bien</u>, pero las de Susana *están mal*.

1. Las tiendas están <u>abiertas</u>, pero la agencia de viajes _____ _____.
2. No me gustan las habitaciones <u>desordenadas</u>. Incluso (*Even*) mi habitación de hotel _____ _____.
3. Nosotras estamos <u>tristes</u> cuando trabajamos. Hoy comienzan las vacaciones y _____ _____.
4. En esta ciudad los autobuses están <u>sucios</u>, pero los taxis _____ _____.
5. —El avión sale a las 5:30, ¿verdad? —No, estás <u>confundida</u>. Yo _____ _____ de que el avión sale a las 5:00.

5   **En la playa** Describe what these people are doing. Complete the sentences using the present progressive tense.   **16 pts.**

1. El Sr. Camacho _____.
2. Felicia _____.
3. Leo _____.
4. Nosotros _____.

6   **Refrán** Complete this Spanish saying by filling in the missing present participles. Refer to the translation and the drawing.   **4 pts.**

¡LA CIUDAD ESTÁ MUY SUCIA!

“ Se consigue más _____ que _____. ”

(You can accomplish more by doing than by saying.)

Lectura

Antes de leer

Estrategia
Scanning

Scanning involves glancing over a document in search of specific information. For example, you can scan a document to identify its format, to find cognates, to locate visual clues about the document's content, or to find specific facts. Scanning allows you to learn a great deal about a text without having to read it word for word.

Examinar el texto

Scan the reading selection for cognates and write down a few of them.

1. _____ 4. _____

2. _____ 5. _____

3. _____ 6. _____

Based on the cognates you found, what do you think this document is about?

_____

Preguntas

Read these questions. Then scan the document again to look for answers.

1. What is the format of the reading selection?
   _____

2. Which place is the document about?
   _____

3. What are some of the visual cues this document provides? What do they tell you about the content of the document?
   _____

4. Who produced the document, and what do you think it is for?
   _____

Turismo ecológico en Puerto Rico

Hotel Vistahermosa
~ Lajas, Puerto Rico ~

- 40 habitaciones individuales
- 15 habitaciones dobles
- Teléfono/TV por cable/Internet
- Aire acondicionado
- Restaurante (Bar)
- Piscina
- Área de juegos
- Cajero automático°

El hotel está situado en Playa Grande, un pequeño pueblo de pescadores del mar Caribe. Es el lugar perfecto para el viajero que viene de vacaciones. Las playas son seguras y limpias, ideales para tomar el sol, descansar, tomar fotografías y nadar. Está abierto los 365 días del año. Hay una rebaja° especial para estudiantes universitarios.

DIRECCIÓN: Playa Grande 406, Lajas, PR 00667, cerca del Parque Nacional Foresta.

Cajero automático *ATM* rebaja *discount*

Atracciones cercanas

Playa Grande ¿Busca la playa perfecta? Playa Grande es la playa que está buscando. Usted puede pescar, sacar fotos, nadar y pasear en bicicleta. Playa Grande es un paraíso para el turista que quiere practicar deportes acuáticos. El lugar es bonito e interesante y usted va a tener muchas oportunidades para descansar y disfrutar en familia.

Valle Niebla Ir de excursión, tomar café, montar a caballo, caminar, hacer picnics. Más de cien lugares para acampar.

Bahía Fosforescente Sacar fotos, salidas de noche, excursión en barco. Una maravillosa experiencia llena de luz°.

Arrecifes de Coral Sacar fotos, bucear, explorar. Es un lugar único en el Caribe.

Playa Vieja Tomar el sol, pasear en bicicleta, jugar a las cartas, escuchar música. Ideal para la familia.

Parque Nacional Foresta Sacar fotos, visitar el Museo de Arte Nativo. Reserva Mundial de la Biosfera.

Santuario de las Aves Sacar fotos, observar aves°, seguir rutas de excursión.

llena de luz *full of light* **aves** *birds*

Después de leer

Listas
Which amenities of Hotel Vistahermosa would most interest these potential guests? Explain your choices.

1. dos padres con un hijo de seis años y una hija de ocho años

   _____

2. un hombre y una mujer en su luna de miel (*honeymoon*)

   _____

3. una persona en un viaje de negocios (*business trip*)

   _____

Conversaciones
Answer your partner's questions.

1. ¿Quieres visitar el Hotel Vistahermosa? ¿Por qué?
2. Tienes tiempo de visitar sólo tres de las atracciones turísticas que están cerca del hotel. ¿Cuáles vas a visitar? ¿Por qué?
3. ¿Qué prefieres hacer en Valle Niebla? ¿En Playa Vieja? ¿En el Parque Nacional Foresta?

Situaciones
You have just arrived at Hotel Vistahermosa. Your partner is the concierge. Use the phrases below to express your interests and ask for suggestions about where to go.

1. montar a caballo
2. bucear
3. pasear en bicicleta
4. pescar
5. observar aves

Contestar
Answer these questions.

1. ¿Quieres visitar Puerto Rico? Explica tu respuesta.

   _____

2. ¿Adónde quieres ir de vacaciones el verano que viene? Explica tu respuesta.

   _____

Escritura

Estrategia

Making an outline

When we write to share information, an outline can serve to separate topics and subtopics, providing a framework for the presentation of data. Consider the following excerpt from an outline of the tourist brochure on pages 180–181.

IV. Descripción del sitio (con foto)
    A. Playa Grande
        1. Playas seguras y limpias
        2. Ideal para tomar el sol, descansar, tomar fotografías, nadar
    B. El hotel
        1. Abierto los 365 días del año
        2. Rebaja para estudiantes universitarios

Mapa de ideas

Idea maps can be used to create outlines. The major sections of an idea map correspond to the Roman numerals in an outline. The minor idea map sections correspond to the outline's capital letters, and so on. Examine the idea map that led to the outline above.

Tema

Escribir un folleto

Write a tourist brochure for a hotel or resort you have visited. If you wish, you may write about an imaginary location. You may want to include some of this information in your brochure:

► the name of the hotel or resort

► phone and fax numbers that tourists can use to make contact

► the hotel website that tourists can consult

► an e-mail address that tourists can use to request information

► a description of the exterior of the hotel or resort

► a description of the interior of the hotel or resort, including facilities and amenities

► a description of the surrounding area, including its climate

► a listing of nearby scenic natural attractions

► a listing of nearby cultural attractions

► a listing of recreational activities that tourists can pursue in the vicinity of the hotel or resort

Escuchar

Estrategia
Listening for key words

By listening for key words or phrases, you can identify the subject and main ideas of what you hear, as well as some of the details.

🔊 To practice this strategy, you will now listen to a short paragraph. As you listen, jot down the key words that help you identify the subject of the paragraph and its main ideas.

Preparación

Based on the illustration, who do you think Hernán Jiménez is, and what is he doing? What key words might you listen for to help you understand what he is saying?

Ahora escucha 🔊

Now you are going to listen to a weather report by Hernán Jiménez. Note which phrases are correct according to the key words and phrases you hear.

Santo Domingo

1. hace sol
2. va a hacer frío
3. una mañana de mal tiempo
4. va a estar nublado
5. buena tarde para tomar el sol
6. buena mañana para la playa

San Francisco de Macorís

1. hace frío
2. hace sol
3. va a nevar
4. va a llover
5. hace calor
6. mal día para excursiones

Comprensión

¿Cierto o falso?

Indicate whether each statement is **cierto** or **falso**, based on the weather report. Correct the false statements.

1. Según el meteorólogo, la temperatura en Santo Domingo es de 26 grados.

   _____

2. La temperatura máxima en Santo Domingo hoy va a ser de 30 grados.

   _____

3. Está lloviendo ahora en Santo Domingo.

   _____

4. En San Francisco de Macorís la temperatura mínima de hoy va a ser de 20 grados.

   _____

5. Va a llover mucho hoy en San Francisco de Macorís.

   _____

Preguntas

Answer these questions about the weather report.

1. ¿Hace viento en Santo Domingo ahora?
2. ¿Está nublado en Santo Domingo ahora?
3. ¿Está nevando ahora en San Francisco de Macorís?
4. ¿Qué tiempo hace en San Francisco de Macorís?

Preparación

Answer these questions in Spanish.

1. ¿Te gusta viajar? ¿Por qué? ¿Adónde te gusta viajar?
2. ¿Qué te gusta hacer cuando estás de vacaciones?
3. ¿Qué modo de transporte prefieres usar? ¿Por qué?

Con lo que realmente nos importa°.

El arte de viajar

Millions of people travel on airlines every year for business and pleasure. The number of airline passengers is expected to double between 2014 and 2034 worldwide. This is true for Latin America, too, as airlines are looking at how to attract all those customers to their planes. The airline of Chile, LAN, has partnered with the international bank Santander to create the loyalty program LANPASS to encourage frequent travel on LAN. What does an airline say to travelers that captures their attention and makes their business seem like your pleasure?

importa *matters*

Vocabulario útil	
arena	*sand*
cambiar	*to change*
destino	*destination*
medir	*to measure*
mismo/a	*itself*
piel	*skin*
puestas de sol	*sunsets*
recuerdos	*memories*
sentirse	*to feel*
sino	*but*

Comprensión

Mark an X next to the phrases you hear in the ad.
Irse es volver a....

_ cambiar de piel
_ desconectarnos
_ estudiar mucho
_ un mundo sin Internet

_ trabajar
_ castillos de arena
_ destinos exóticos
_ la esencia de todo

_ la oficina
_ sentirse vivo
_ las siestas
_ tiempo en familia

Conversación

Answer these questions with a classmate.

1. Según el anuncio, ¿cuáles son algunas cosas positivas de viajar?
2. ¿Cuáles de estas cosas positivas son importantes para ti? ¿Por qué?
3. Para tener experiencias positivas, ¿a dónde viajas tú? ¿A dónde viaja tu familia? ¿Y tus amigos?

Aplicación

With a classmate, prepare an ad inviting other people to travel to a special place. Explain why it is a perfect or ideal place. What evocative words and images will you use? Present your ad to the class.

Between 1438 and 1533, when the vast and powerful Incan Empire was at its height, the Incas built an elaborate network of **caminos** (*trails*) that traversed the Andes Mountains and converged on the empire's capital, Cuzco. Today, hundreds of thousands of tourists come to Peru annually to walk the surviving trails and enjoy the spectacular scenery. The most popular trail, **el Camino Inca**, leads from Cuzco to **Intipunku** (*Sun Gate*), the entrance to the ancient mountain city of Machu Picchu.

Vocabulario útil

ciudadela	*citadel*
de cultivo	*farming*
el/la guía	*guide*
maravilla	*wonder*
quechua	*Quechua (indigenous Peruvian)*
sector (urbano)	*(urban) sector*

Preparación

Have you ever visited an archeological or historic site? Where? Why did you go there?

Completar

Complete these sentences. Make the necessary changes.

1. Las ruinas de Machu Picchu son una antigua _____ inca.

2. La ciudadela estaba (*was*) dividida en tres sectores: _____ , religioso y de cultivo.

3. Cada año los _____ reciben a cientos (*hundreds*) de turistas de diferentes países.

4. Hoy en día, la cultura _____ está presente en las comunidades andinas (*Andean*) de Perú.

¡Vacaciones en Perú!

Machu Picchu [...] se encuentra aislada sobre° esta montaña...

... siempre he querido° venir [...] Me encantan° las civilizaciones antiguas°.

Somos una familia francesa [...] Perú es un país muy, muy bonito de verdad.

se encuentra aislada sobre *it is isolated on* siempre he querido *I have always wanted* Me encantan *I love* antiguas *ancient*

Puerto Rico

El país en cifras

▶ **Área:** 8.959 km² (3.459 millas²)
menor° que el área de Connecticut
▶ **Población:** 3.667.084
Puerto Rico es una de las islas más densamente pobladas° del mundo. Más de la mitad de la población vive en San Juan, la capital.
▶ **Capital:** San Juan—2.730.000
▶ **Ciudades principales:** Arecibo, Bayamón, Fajardo, Mayagüez, Ponce
▶ **Moneda:** dólar estadounidense
▶ **Idiomas:** español (oficial); inglés (oficial)
Aproximadamente la cuarta parte de la población puertorriqueña habla inglés, pero en las zonas turísticas este porcentaje es mucho más alto. El uso del inglés es obligatorio para documentos federales.

Bandera de Puerto Rico

Puertorriqueños célebres

▶ **Raúl Juliá,** actor (1940–1994)
▶ **Roberto Clemente,** beisbolista (1934–1972)
▶ **Julia de Burgos,** escritora (1914–1953)
▶ **Benicio del Toro,** actor y productor (1967–)
▶ **Rosie Pérez,** actriz y bailarina (1964–)
▶ **José Rivera,** dramaturgo y guionista (1955–)

menor *less* pobladas *populated* río subterráneo *underground river* más largo *longest* cuevas *caves* bóveda *vault* fortaleza *fort* caber *fit*

Faro en Arecibo
Playa en San Juan
Océano Atlántico
Arecibo
San Juan ✪
Bayamón •
Río Grande de Añasco
Mayagüez
Cordillera Central
Sierra de Cayey
Ponce
Mar Caribe
OCÉANO ATLÁNTICO
PUERTO RICO
OCÉANO PACÍFICO

Pescadores en Mayagüez

Iglesia en Ponce

¡Increíble pero cierto!

El río Camuy es el tercer río subterráneo° más largo° del mundo y tiene el sistema de cuevas° más grande del hemisferio occidental.
La Cueva de los Tres Pueblos es una gigantesca bóveda°, tan grande que toda la fortaleza° del Morro puede caber° en su interior.

Lugares • **El Morro**

El Morro es una fortaleza que se construyó para proteger° la bahía° de San Juan desde principios del siglo° XVI hasta principios del siglo XX. Hoy día muchos turistas visitan este lugar, convertido en un museo. Es el sitio más fotografiado de Puerto Rico. La arquitectura de la fortaleza es impresionante. Tiene misteriosos túneles, oscuras mazmorras° y vistas fabulosas de la bahía.

Artes • **Salsa**

La salsa, un estilo musical de origen puertorriqueño y cubano, nació° en el barrio latino de la ciudad de Nueva York. Dos de los músicos de salsa más famosos son Tito Puente y Willie Colón, los dos de Nueva York. Las estrellas° de la salsa en Puerto Rico son Felipe Rodríguez y Héctor Lavoe. Hoy en día, Puerto Rico es el centro internacional de este estilo musical. El Gran Combo de Puerto Rico es una de las orquestas de salsa más famosas del mundo°.

Isla de Culebra

Fajardo

Isla de Vieques

Ciencias • **El Observatorio de Arecibo**

El Observatorio de Arecibo tiene uno de los radiotelescopios más grandes del mundo. Gracias a este telescopio, los científicos° pueden estudiar las propiedades de la Tierra°, la Luna° y otros cuerpos celestes. También pueden analizar fenómenos celestiales como los quasares y pulsares, y detectar emisiones de radio de otras galaxias, en busca de inteligencia extraterrestre.

Historia • **Relación con los Estados Unidos**

Puerto Rico pasó a ser° parte de los Estados Unidos después de° la guerra° de 1898 y se hizo° un estado libre asociado en 1952. Los puertorriqueños, ciudadanos° estadounidenses desde° 1917, tienen representación política en el Congreso, pero no votan en las elecciones presidenciales y no pagan impuestos° federales. Hay un debate entre los puertorriqueños: ¿debe la isla seguir como estado libre asociado, hacerse un estado como los otros° o volverse° independiente?

¿Qué aprendiste? Contesta las preguntas con una oración completa.

1. ¿Cuál es la moneda de Puerto Rico?
2. ¿Qué idiomas se hablan (*are spoken*) en Puerto Rico?
3. ¿Cuál es el sitio más fotografiado de Puerto Rico?
4. ¿Qué es el Gran Combo?
5. ¿Qué hacen los científicos en el Observatorio de Arecibo?

Conexión Internet Investiga estos temas en Internet.

1. Describe a dos puertorriqueños famosos. ¿Cómo son? ¿Qué hacen? ¿Dónde viven? ¿Por qué son célebres?
2. Busca información sobre lugares en los que se puede hacer ecoturismo en Puerto Rico.

....

proteger *protect* bahía *bay* siglo *century* mazmorras *dungeons* nació *was born* estrellas *stars* mundo *world* científicos *scientists*
Tierra *Earth* Luna *Moon* pasó a ser *became* después de *after* guerra *war* se hizo *became* ciudadanos *citizens* desde *since*
pagan impuestos *pay taxes* otros *others* volverse *to become*

Los viajes y las vacaciones

acampar	to camp
confirmar una reservación	to confirm a reservation
estar de vacaciones (*f. pl.*)	to be on vacation
hacer las maletas	to pack (one's suitcases)
hacer un viaje	to take a trip
hacer (wind)surf	to (wind)surf
ir de compras (*f. pl.*)	to go shopping
ir de vacaciones	to go on vacation
ir en autobús (*m.*), auto(móvil) (*m.*), avión (*m.*), barco (*m.*), moto(cicleta) (*f.*), taxi (*m.*)	to go by bus, car, plane, boat, motorcycle, taxi
jugar a las cartas	to play cards
montar a caballo (*m.*)	to ride a horse
pescar	to fish
sacar/tomar fotos (*f. pl.*)	to take photos
el/la agente de viajes	travel agent
el/la inspector(a) de aduanas	customs inspector
el/la viajero/a	traveler
el aeropuerto	airport
la agencia de viajes	travel agency
el campo	countryside
el equipaje	luggage
la estación de autobuses, del metro, de tren	bus, subway, train station
la llegada	arrival
el mar	sea
el paisaje	landscape
el pasaje (de ida y vuelta)	(round-trip) ticket
el pasaporte	passport
la playa	beach
la salida	departure; exit
la tabla de (wind)surf	surfboard/sailboard

El hotel

el ascensor	elevator
la cama	bed
el/la empleado/a	employee
la habitación individual, doble	single, double room
el hotel	hotel
el/la huésped	guest
la llave	key
el piso	floor (of a building)
la planta baja	ground floor

Adjetivos

abierto/a	open
aburrido/a	bored; boring
alegre	happy
amable	nice; friendly
avergonzado/a	embarrassed
cansado/a	tired
cerrado/a	closed
cómodo/a	comfortable
confundido/a	confused
contento/a	content
desordenado/a	disorderly
enamorado/a (de)	in love (with)
enojado/a	angry
equivocado/a	wrong
feliz	happy
limpio/a	clean
listo/a	ready; smart
nervioso/a	nervous
ocupado/a	busy
ordenado/a	orderly
preocupado/a (por)	worried (about)
seguro/a	sure; safe; confident
sucio/a	dirty
triste	sad

Los números ordinales

primer, primero/a	first
segundo/a	second
tercer, tercero/a	third
cuarto/a	fourth
quinto/a	fifth
sexto/a	sixth
séptimo/a	seventh
octavo/a	eighth
noveno/a	ninth
décimo/a	tenth

Palabras adicionales

ahora mismo	right now
el año	year
¿Cuál es la fecha (de hoy)?	What is the date (today)?
de buen/mal humor	in a good/bad mood
la estación	season
el mes	month
todavía	yet; still

Seasons, months, and dates	See page 154.
Weather expressions	See page 154.
Direct object pronouns	See page 174.
Expresiones útiles	See page 159.

¡De compras!

Communicative Goals

You will learn how to:

• **Talk about and describe clothing**
• **Express preferences in a store**
• **Negotiate and pay for items you buy**

A PRIMERA VISTA

• ¿Está comprando algo la chica?
• ¿Crees que busca una maleta o una blusa?
• ¿Está contenta o enojada?
• ¿Cómo es la chica?

¡De compras!

Más vocabulario

el abrigo	*coat*
los calcetines (el calcetín)	*sock(s)*
el cinturón	*belt*
las gafas (de sol)	*(sun)glasses*
los guantes	*gloves*
el impermeable	*raincoat*
la ropa	*clothes*
la ropa interior	*underwear*
las sandalias	*sandals*
el traje	*suit*
el vestido	*dress*
los zapatos de tenis	*sneakers*
el regalo	*gift*
el almacén	*department store*
el centro comercial	*shopping mall*
el mercado (al aire libre)	*(open-air) market*
el precio (fijo)	*(fixed; set) price*
la rebaja	*sale*
la tienda	*store*
costar (o:ue)	*to cost*
gastar	*to spend (money)*
pagar	*to pay*
regatear	*to bargain*
vender	*to sell*
hacer juego (con)	*to match (with)*
llevar	*to wear; to take*
usar	*to wear; to use*

Variación léxica

calcetines	⟷	medias (*Amér. L.*)
cinturón	⟷	correa (*Col., Venez.*)
gafas/lentes	⟷	espejuelos (*Cuba, P.R.*), anteojos (*Arg., Chile*)
zapatos de tenis	⟷	zapatillas de deporte (*Esp.*), zapatillas (*Arg., Perú*)

Damas

los pantalones cortos

el traje de baño

los pantalones

la camiseta

el dependiente/el vendedor

la camisa

la clienta

el dinero en efectivo

la blusa

la bolsa

el suéter

la falda

las medias

Práctica

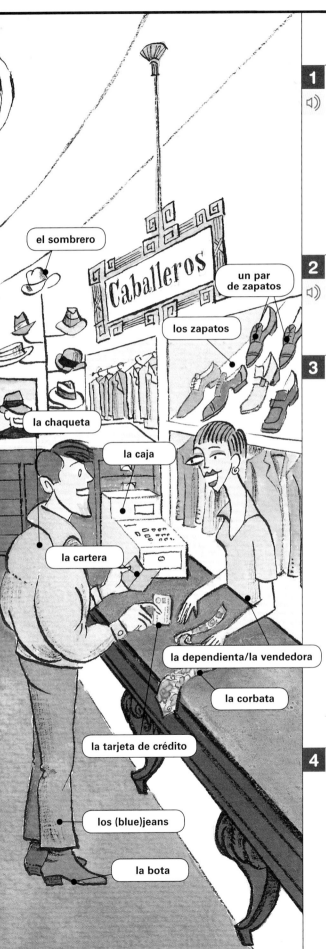

el sombrero

Caballeros

un par de zapatos

los zapatos

la chaqueta

la caja

la cartera

la dependienta/la vendedora

la corbata

la tarjeta de crédito

los (blue)jeans

la bota

1 Escuchar Listen to Juanita and Vicente talk about what they're packing for their vacations. Indicate who is packing each item. If both are packing an item, write both names. If neither is packing an item, write an **X**.

1. abrigo _____
2. zapatos de tenis _____
3. impermeable _____
4. chaqueta _____
5. sandalias _____
6. bluejeans _____

7. gafas de sol _____
8. camisetas _____
9. traje de baño _____
10. botas _____
11. pantalones cortos _____
12. suéter _____

2 ¿Lógico o ilógico? Listen to Guillermo and Ana talk about vacation destinations. Indicate whether each statement is **lógico** or **ilógico**.

1. _____
2. _____

3. _____
4. _____

3 Completar Anita is talking about going shopping. Complete each sentence with the correct word(s), adding definite or indefinite articles when necessary.

caja	medias	tarjeta de crédito
centro comercial	par	traje de baño
dependientas	ropa	vendedores

1. Hoy voy a ir de compras al _____.
2. Voy a ir a la tienda de ropa para mujeres. Siempre hay muchas rebajas y las _____ son muy simpáticas.
3. Necesito comprar _____ de zapatos.
4. Y tengo que comprar _____ porque el sábado voy a la playa con mis amigos.
5. También voy a comprar unas _____ para mi mamá.
6. Voy a pagar todo (*everything*) en _____.
7. Pero hoy no tengo dinero. Voy a tener que usar mi _____.
8. Mañana voy al mercado al aire libre. Me gusta regatear con los _____.

4 Escoger Choose the item in each group that does not belong.

1. almacén • centro comercial • mercado • sombrero
2. camisa • camiseta • blusa • botas
3. jeans • bolsa • falda • pantalones
4. abrigo • suéter • corbata • chaqueta
5. mercado • tienda • almacén • cartera
6. pagar • llevar • hacer juego (con) • usar
7. botas • sandalias • zapatos • traje
8. vender • regatear • ropa interior • gastar

Los colores

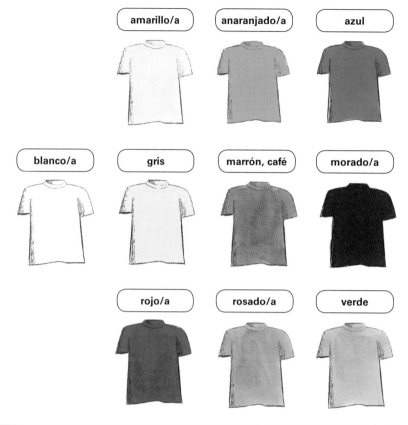

amarillo/a	anaranjado/a	azul

blanco/a	gris	marrón, café	morado/a	negro/a

rojo/a	rosado/a	verde

◀ **¡LENGUA VIVA!**

The names of colors vary throughout the Spanish-speaking world. For example, in some countries, **anaranjado/a** may be referred to as **naranja**, **morado/a** as **púrpura**, and **rojo/a** as **colorado/a**.

Other terms that will prove helpful include **claro** (*light*) and **oscuro** (*dark*): **azul claro**, **azul oscuro**.

Adjetivos

barato/a	*cheap*
bueno/a	*good*
cada	*each*
caro/a	*expensive*
corto/a	*short (in length)*
elegante	*elegant*
hermoso/a	*beautiful*
largo/a	*long*
loco/a	*crazy*
nuevo/a	*new*
otro/a	*other; another*
pobre	*poor*
rico/a	*rich*

5 **Contrastes** Complete each phrase with the opposite of the underlined word.

1. una corbata <u>barata</u> • unas camisas…
2. unas vendedoras <u>malas</u> • unos dependientes…
3. un vestido <u>corto</u> • una falda…
4. un hombre muy <u>pobre</u> • una mujer muy…
5. una cartera <u>nueva</u> • un cinturón…
6. unos trajes <u>hermosos</u> • unos jeans…
7. un impermeable <u>caro</u> • unos suéteres…
8. unos calcetines <u>blancos</u> • unas medias…

6 **Preguntas** Answer these questions.

1. ¿De qué color es la rosa de Texas?
2. ¿De qué color es la bandera (*flag*) de Canadá?
3. ¿De qué color es la casa donde vive el presidente de los EE.UU.?
4. ¿De qué color es el océano Atlántico?
5. ¿De qué color es la nieve?
6. ¿De qué color es el café?
7. ¿De qué color es el dólar de los EE.UU.?
8. ¿De qué color es la cebra (*zebra*)?

◀ **CONSULTA**

Like other adjectives you have seen, colors must agree in gender and number with the nouns they modify.

Ex: **las camisas verdes, el vestido amarillo.**

For a review of descriptive adjectives, see **Estructura 3.1,** pp. 88–89.

Comunicación

7

◁))

Los regalos Listen to the conversation between Victoria and her friend Juan Manuel. Then indicate whether the following conclusions are **lógico** or **ilógico**, based on what you heard.

	Lógico	Ilógico
1. Juan Manuel quiere ir de compras.	○	○
2. A la mamá de Victoria le gusta nadar.	○	○
3. El papá de Victoria usa camisas.	○	○
4. Victoria va a regatear.	○	○
5. Victoria le va a comprar a su hermano unas botas.	○	○

8

 condominio

Preferencias Answer your partner's questions.

1. ¿Adónde vas a comprar ropa? ¿Por qué?
2. ¿Qué tipo de ropa prefieres? ¿Por qué?
3. ¿Cuáles son tus colores favoritos?
4. En tu opinión, ¿es importante comprar ropa nueva frecuentemente? ¿Por qué?
5. ¿Gastas mucho dinero en ropa cada mes? ¿Buscas rebajas?
6. ¿Regateas cuando compras ropa? ¿Usas tarjetas de crédito?

9

El viaje Write an e-mail to a relative about a trip you are taking with your family this summer. Include where you are going, what the weather is going to be like, what activities you are going to do, and what clothes you are taking.

10

condominio

Las maletas With a partner, take turns asking questions about the drawings. Include the topics from the list to talk about Carmela's vacation and Pepe's trip to Bariloche.

- ropa
- color
- lugar
- tiempo
- actividades

NOTA CULTURAL

Bariloche is a popular resort for skiing in South America. Located in Argentina's Patagonia region, the town is also known for its chocolate factories and its beautiful lakes, mountains, and forests.

CONSULTA

To review weather, see **Lección 5, Contextos**, p. 154.

En el mercado

Los chicos van de compras al mercado. ¿Quién hizo la mejor compra?

FELIPE

JUAN CARLOS

MARISSA Oigan, vamos al mercado.

JUAN CARLOS ¡Sí! Los chicos en un equipo y las chicas en otro.

FELIPE Tenemos dos horas para ir de compras.

MARU Y don Guillermo decide quién gana.

JIMENA Esta falda azul es muy elegante.

MARISSA ¡Sí! Además, este color está de moda.

MARU Éste rojo es de algodón.

(*Las chicas encuentran unas bolsas.*)

VENDEDOR Ésta de rayas cuesta 190 pesos, ésta 120 pesos y ésta 220 pesos.

MARISSA ¿Me das aquella blusa rosada? Me parece que hace juego con esta falda, ¿no? ¿No tienen otras tallas?

JIMENA Sí, aquí. ¿Qué talla usas?

MARISSA Uso talla 4.

JIMENA La encontré. ¡Qué ropa más bonita!

(*En otra parte del mercado*)

FELIPE Juan Carlos compró una camisa de muy buena calidad.

MIGUEL (*a la vendedora*) ¿Puedo ver ésos, por favor?

VENDEDORA Sí, señor. Le doy un muy buen precio.

VENDEDOR Son 530 por las tres bolsas. Pero como ustedes son tan bonitas, son 500 pesos.

MARU Señor, no somos turistas ricas. Somos estudiantes pobres.

VENDEDOR Bueno, son 480 pesos.

MARISSA
 JIMENA
 MARU
 MIGUEL
 DON GUILLERMO
 VENDEDORA
 VENDEDOR

JUAN CARLOS Miren, mi nueva camisa. Elegante, ¿verdad?

FELIPE A ver, Juan Carlos... te queda bien.

MARU ¿Qué compraste?

MIGUEL Sólo esto.

MARU ¡Qué bonitos aretes! Gracias, mi amor.

JUAN CARLOS Y ustedes, ¿qué compraron?

JIMENA Bolsas.

MARU Acabamos de comprar tres bolsas por sólo 480 pesos. ¡Una ganga!

FELIPE Don Guillermo, usted tiene que decidir quién gana. ¿Los chicos o las chicas?

DON GUILLERMO El ganador es... Miguel. ¡Porque no compró nada para él, sino para su novia!

Expresiones útiles

Talking about clothing

¡Qué ropa más bonita!
What nice clothing!
Esta falda azul es muy elegante.
This blue skirt is very elegant.
Está de moda.
It's in style.
Éste rojo es de algodón/lana.
This red one is cotton/wool.
Ésta de rayas/lunares/cuadros es de seda.
This striped / polka-dotted / plaid one is silk.
Es de muy buena calidad.
It's very good quality.
¿Qué talla usas/llevas?
What size do you wear?
Uso/Llevo talla 4.
I wear a size 4.
¿Qué número calza?
What size shoe do you wear?
Yo calzo siete.
I wear a size seven.

Negotiating a price

¿Cuánto cuesta?
How much does it cost?
Demasiado caro/a.
Too expensive.
Es una ganga.
It's a bargain.

Saying what you bought

¿Qué compraste?/¿Qué compró usted?
What did you buy?
Sólo compré esto.
I only bought this.
¡Qué bonitos aretes!
What beautiful earrings!
Y ustedes, ¿qué compraron?
And you guys, what did you buy?

Additional vocabulary

híjole *wow*

¿Qué pasó?

1 ¿Cierto o falso? Indicate whether each sentence is **cierto** or **falso**. Correct the false statements.

	Cierto	Falso
1. Jimena dice que la falda azul no es elegante.	○	○
2. Juan Carlos compra una camisa.	○	○
3. Marissa dice que el azul es un color que está de moda.	○	○
4. Miguel compra unas sandalias para Maru.	○	○

2 Identificar Provide the first initial of the person who would make each statement.

____ 1. ¿Te gusta cómo se me ven mis nuevos aretes?
____ 2. Juan Carlos compró una camisa de muy buena calidad.
____ 3. No podemos pagar 500, señor, eso es muy caro.
____ 4. Aquí tienen ropa de muchas tallas.
____ 5. Esta falda me gusta mucho, el color azul es muy elegante.
____ 6. Hay que darnos prisa, sólo tenemos dos horas para ir de compras.

MARU

FELIPE

JIMENA

3 Completar Answer the questions using the information in the **Fotonovela**.

1. ¿Qué talla es Marissa?
2. ¿Cuánto les pide el vendedor por las tres bolsas?
3. ¿Cuál es el precio que pagan las tres amigas por las bolsas?
4. ¿Qué dice Juan Carlos sobre su nueva camisa?
5. ¿Quién ganó al hacer las compras? ¿Por qué?

4 Conversar With a partner, role-play a conversation between a customer and a salesperson in an open-air market. Use these expressions and also look at **Expresiones útiles** on the previous page.

¿Qué desea?	Estoy buscando...	Prefiero el/la rojo/a.
What would you like?	*I'm looking for...*	*I prefer the red one.*

Cliente/a | **Vendedor(a)**

Say good afternoon. → Greet the customer and ask what he/she would like.

Explain that you are looking for a particular item of clothing. → Show him/her some items and ask what he/she prefers.

Discuss colors and sizes. → Discuss colors and sizes.

Ask for the price and begin bargaining. → Tell him/her a price. Negotiate a price.

Settle on a price and purchase the item. → Accept a price and say thank you.

Pronunciación 🔊
The consonants **d** and **t**

¿Dónde?   **vender**   **nadar**   **verdad**

Like **b** and **v**, the Spanish **d** can have a hard sound or a soft sound, depending on which letters appear next to it.

Don   **dinero**   **tienda**   **falda**

At the beginning of a phrase and after **n** or **l**, the letter **d** is pronounced with a hard sound. This sound is similar to the English *d* in *dog*, but a little softer and duller. The tongue should touch the back of the upper teeth, not the roof of the mouth.

---

medias   **verde**   **vestido**   **huésped**

In all other positions, **d** has a soft sound. It is similar to the English *th* in *there*, but a little softer.

Don Diego no tiene el diccionario

When **d** begins a word, its pronunciation depends on the previous word. At the beginning of a phrase or after a word that ends in **n** or **l**, it is pronounced as a hard **d**.

Doña Dolores es de la capital

Words that begin with **d** are pronounced with a soft **d** if they appear immediately after a word that ends in a vowel or any consonant other than **n** or **l**.

---

traje   **pantalones**   **tarjeta**   **tienda**

When pronouncing the Spanish **t**, the tongue should touch the back of the upper teeth, not the roof of the mouth. Unlike the English *t*, no air is expelled from the mouth.

Práctica   Read these phrases aloud to practice the **d** and the **t**.

1. Hasta pronto.
2. De nada.
3. Mucho gusto.
4. Lo siento.
5. No hay de qué.
6. ¿De dónde es usted?
7. ¡Todos a bordo!
8. No puedo.
9. Es estupendo.
10. No tengo computadora.
11. ¿Cuándo vienen?
12. Son las tres y media.

Oraciones   Read these sentences aloud to practice the **d** and the **t**.

1. Don Teodoro tiene una tienda en un almacén en La Habana.
2. Don Teodoro vende muchos trajes, vestidos y zapatos todos los días.
3. Un día un turista, Federico Machado, entra en la tienda para comprar un par de botas.
4. Federico regatea con don Teodoro y compra las botas y también un par de sandalias.

Refranes   Read these sayings aloud to practice the **d** and the **t**.

En la variedad está el gusto.[1]

Aunque la mona se vista de seda, mona se queda.[2]

1 *Variety is the spice of life.*
2 *You can't make a silk purse out of a sow's ear.*

Los mercados al aire libre

Mercados al aire libre are an integral part of commerce and culture in the Spanish-speaking world. Whether they take place daily or weekly, these markets are an important forum where tourists, locals, and vendors interact. People come to the marketplace to shop, socialize, taste local foods, and watch street performers. Wandering from one **puesto** (*stand*) to the next, one can browse for fresh fruits and vegetables, clothing, CDs and DVDs, and **artesanías** (*crafts*). Some markets offer a mix of products, while others specialize in food, fashion, or used merchandise, such as antiques and books.

When shoppers see an item they like, they can bargain with the vendor. Friendly bargaining is an expected ritual and may result in a significantly lower price. When selling food, vendors may give the customer a little extra of what they purchase; this free addition is known as **la ñapa**.

Many open-air markets are also tourist attractions. The market in Otavalo, Ecuador, is world-famous and has taken place every Saturday since pre-Incan times. This market is well-known for the colorful textiles woven by the **otavaleños**, the indigenous people of the area. One can also find leather goods and wood carvings from nearby towns.

Mercado de Otavalo

Another popular market is **El Rastro**, held every Sunday in Madrid, Spain. Sellers set up **puestos** along the streets to display their wares, which range from local artwork and antiques to inexpensive clothing and electronics.

mariscos *seafood* pescado *fish* verduras *vegetables* flores *flowers*

Otros mercados famosos

Mercado	Lugar	Productos
Feria Artesanal de Recoleta	Buenos Aires, Argentina	artesanías
Mercado Central	Santiago, Chile	mariscos°, pescado°, frutas, verduras°
Tianguis Cultural del Chopo	Ciudad de México, México	ropa, música, revistas, libros, arte, artesanías
El mercado de Chichicastenango	Chichicastenango, Guatemala	frutas y verduras, flores°, cerámica, textiles

ACTIVIDADES

1 **¿Cierto o falso?** Indicate whether these statements are **cierto** or **falso**. Correct the false statements.

1. Generally, open-air markets specialize in one type of goods.

2. Bargaining is commonplace at outdoor markets.

3. Only new goods can be found at open-air markets.

4. A Spaniard in search of antiques could search at **El Rastro.**

5. If you are in Guatemala and want to buy ceramics, you can go to Chichicastenango.

6. A **ñapa** is a tax on open-air market goods.

7. The **otavaleños** weave colorful textiles to sell on Saturdays.

8. Santiago's **Mercado Central** is known for books and music.

La ropa

la chamarra (Méx.)	la chaqueta
de manga corta/larga	*short/long-sleeved*
los mahones (P. Rico); el pantalón de mezclilla (Méx.); los tejanos (Esp.); los vaqueros (Arg., Cuba, Esp., Uru.)	los bluejeans
la marca	*brand*
la playera (Méx.); la remera (Arg.)	la camiseta

Diseñadores de moda

- **Adolfo Domínguez** (España) Su ropa tiene un estilo minimalista y práctico. Usa telas° naturales y cómodas en sus diseños.

- **Silvia Tcherassi** (Colombia) Los colores vivos y las líneas asimétricas de sus vestidos y trajes muestran influencias tropicales.

- **Óscar de la Renta** (República Dominicana) Diseñó ropa opulenta para la mujer clásica.

- **Narciso Rodríguez** (EE.UU.) En sus diseños delicados y finos predominan los colores blanco y negro. Hizo° el vestido de boda° de Carolyn Bessette Kennedy. También diseñó varios vestidos para Michelle Obama.

telas *fabrics* Hizo *He made* de boda *wedding*

Carolina Herrera

In 1980, at the urging of some friends, **Carolina Herrera** created a fashion collection as a "test." The Venezuelan designer received such a favorable response that within one year she moved her family from Caracas to New York City and created her own label, Carolina Herrera, Ltd.

"I love elegance and intricacy, but whether it is in a piece of clothing or a fragrance, the intricacy must appear as simplicity," Herrera once stated. She quickly found that many sophisticated women agreed; from the start,

her sleek and glamorous designs have been in constant demand. Over the years, Herrera has grown her brand into a veritable fashion empire that encompasses her fashion and bridal collections, cosmetics, perfume, and accessories that are sold around the globe.

Conexión Internet

¿Qué marcas de ropa son populares en el mundo hispano?

Use the Web to find more cultural information related to this Cultura section.

2 Comprensión Complete these sentences.
1. Adolfo Domínguez usa telas _____ y _____ en su ropa.
2. Si hace fresco en el D.F., puedes llevar una _____.
3. La diseñadora _____ hace ropa, perfumes y más.
4. La ropa de _____ muestra influencias tropicales.
5. Los _____ son una ropa casual en Puerto Rico.

3 Mi ropa favorita Write a brief description of your favorite article of clothing. Mention what store it is from, the brand, colors, fabric, style, and any other information.

6.1 Saber and conocer

ANTE TODO Spanish has two verbs that mean *to know*: **saber** and **conocer**. They cannot be used interchangeably. Note the irregular **yo** forms.

The verbs saber and conocer

		saber (to know)	**conocer** (to know)
SINGULAR FORMS	yo	**sé**	**conozco**
	tú	**sabes**	**conoces**
	Ud./él/ella	**sabe**	**conoce**
PLURAL FORMS	nosotros/as	**sabemos**	**conocemos**
	vosotros/as	**sabéis**	**conocéis**
	Uds./ellos/ellas	**saben**	**conocen**

▶ **Saber** means *to know a fact or piece(s) of information* or *to know how to do something.*

No **sé** tu número de teléfono.
I don't know your telephone number.

Mi hermana **sabe** hablar francés.
My sister knows how to speak French.

▶ **Conocer** means *to know* or *be familiar/acquainted* with a person, place, or thing.

¿**Conoces** la ciudad de Nueva York?
Do you know New York City?

No **conozco** a tu amigo Esteban.
I don't know your friend Esteban.

▶ When the direct object of **conocer** is a person or pet, the personal **a** is used.

¿Conoces La Habana?   *but*   ¿Conoces a Celia Cruz?
Do you know Havana?   *Do you know Celia Cruz?*

▶ **¡Atención!** **Parecer** (*to seem*) and **ofrecer** (*to offer*) are conjugated like **conocer**.

▶ **¡Atención!** **Conducir** (*to drive*) and **traducir** (*to translate*) also have an irregular **yo** form, but since they are **-ir** verbs, they are conjugated differently from **conocer**.

conducir	**conduzco, conduces, conduce, conducimos, conducís, conducen**
traducir	**traduzco, traduces, traduce, traducimos, traducís, traducen**

NOTA CULTURAL

Cuban singer **Celia Cruz** (1925–2003), known as the "Queen of Salsa," recorded many albums over her long career. Adored by her fans, she was famous for her colorful and lively on-stage performances.

¡INTÉNTALO! Provide the appropriate forms of these verbs.

saber

1. José no ___sabe___ la hora.
2. Sara y yo _____ jugar al tenis.
3. ¿Por qué no _____ tú estos verbos?
4. Mis padres _____ hablar japonés.
5. Yo _____ a qué hora es la clase.
6. Usted no _____ dónde vivo.
7. Mi hermano no _____ nadar.
8. Nosotros _____ muchas cosas.

conocer

1. Usted y yo ___conocemos___ bien Miami.
2. ¿Tú _____ a mi amigo Manuel?
3. Sergio y Taydé _____ mi pueblo.
4. Emiliano _____ a mis padres.
5. Yo _____ muy bien el centro.
6. ¿Ustedes _____ la tienda Gigante?
7. Nosotras _____ una playa hermosa.
8. ¿Usted _____ a mi profesora?

Práctica y Comunicación

1 **Completar** Indicate the correct verb for each sentence.

1. Mis hermanos (conocen/saben) conducir, pero yo no (sé/conozco).
2. —¿(Conocen/Saben) ustedes dónde está el estadio? —No, no lo (conocemos/sabemos).
3. —¿(Conoces/Sabes) a Lady Gaga? —Bueno, (sé/conozco) quién es, pero no la (conozco/sé).
4. Mi profesora (sabe/conoce) Cuba y también (conoce/sabe) bailar salsa.

2 **Combinar** Combine elements from each column to create sentences.

A	B	C
Shakira	(no) conocer	Jimmy Fallon
los Yankees	(no) saber	cantar y bailar
el primer ministro		La Habana Vieja
de Canadá		muchas personas importantes
mis amigos y yo		hablar dos lenguas extranjeras
tú		jugar al béisbol

3 **Mi mejor amiga** Listen as Jennifer describes her best friend. Then indicate whether the following conclusions are **lógico** or **ilógico**, based on what you heard.

	Lógico	Ilógico
1. Jennifer y Laura son amigas.	○	○
2. Laura es antipática.	○	○
3. A Laura le gustan las lenguas extranjeras.	○	○
4. Laura prefiere comprar ropa cara.	○	○
5. Laura no tiene pasatiempos.	○	○
6. Laura conoce a muchas personas.	○	○

4 **Preguntas** Answer your partner's questions. Use complete sentences.

1. ¿Conoces a un(a) cantante famoso/a? ¿Te gusta cómo canta?
2. En tu familia, ¿quién sabe cantar bien? ¿Tu opinión es objetiva?
3. Y tú, ¿conduces bien o mal? ¿Y tus amigos?
4. Si un(a) amigo/a no conduce muy bien, ¿le ofreces crítica constructiva?
5. ¿Cómo parecen estar tus amigos hoy?

5 **Conocimientos** Tell about three things you know how to do, three places you are familiar with, and three people you know.

6 **Anuncio** Write an advertisement using two examples each of **saber** and **conocer**.

6.2 Indirect object pronouns

ANTE TODO   In **Lección 5**, you learned that a direct object receives the action of the verb directly. In contrast, an indirect object receives the action of the verb indirectly.

SUBJECT	I.O. PRONOUN	VERB	DIRECT OBJECT	INDIRECT OBJECT
Roberto	**le**	presta	cien pesos	**a Luisa**.
Roberto		*lends*	*100 pesos*	*to Luisa.*

An indirect object is a noun or pronoun that answers the question *to whom* or *for whom* an action is done. In the preceding example, the indirect object answers this question: **¿A quién le presta Roberto cien pesos?** *To whom does Roberto lend 100 pesos?*

Indirect object pronouns

Singular forms		Plural forms	
me	(to, for) *me*	**nos**	(to, for) *us*
te	(to, for) *you* (fam.)	**os**	(to, for) *you* (fam.)
le	(to, for) *you* (form.)	**les**	(to, for) *you*
	(to, for) *him; her*		(to, for) *them*

▶ **¡Atención!** The forms of indirect object pronouns for the first and second persons (**me**, **te**, **nos**, **os**) are the same as the direct object pronouns. Indirect object pronouns agree in number with the corresponding nouns, but not in gender.

Bueno, le doy un descuento.

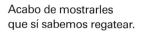

Acabo de mostrarles que sí sabemos regatear.

Using indirect object pronouns

▶ Spanish speakers commonly use both an indirect object pronoun and the noun to which it refers in the same sentence. This is done to emphasize and clarify to whom the pronoun refers.

I.O. PRONOUN	INDIRECT OBJECT	I.O. PRONOUN	INDIRECT OBJECT
Ella **le** vende la ropa **a Elena**.		**Les** prestamos el dinero **a Inés y a Álex**.	

▶ Indirect object pronouns are also used without the indirect object noun when the person for whom the action is being done is known.

Ana **le** presta la falda **a Elena**.
Ana lends her skirt to Elena.

También **le** presta unos jeans.
She also lends her a pair of jeans.

▶ Indirect object pronouns are usually placed before the conjugated form of the verb. In negative sentences the pronoun is placed between **no** and the conjugated verb.

CONSULTA

For more information on accents, see **Lección 4**, **Pronunciación**, p. 123.

Martín **me** compra un regalo.
Martín is buying me a gift.

Eva **no me** escribe cartas.
Eva doesn't write me letters.

▶ When a conjugated verb is followed by an infinitive or the present progressive, the indirect object pronoun may be placed before the conjugated verb or attached to the infinitive or present participle. **¡Atención!** When an indirect object pronoun is attached to a present participle, an accent mark is added to maintain the proper stress.

Él no quiere **pagarte**./
Él no **te** quiere pagar.
He does not want to pay you.

Él está **escribiéndole** una postal a ella./
Él **le** está escribiendo una postal a ella.
He is writing a postcard to her.

▶ Because the indirect object pronouns **le** and **les** have multiple meanings, Spanish speakers often clarify to whom the pronouns refer with the preposition **a** + [*pronoun*] or **a** + [*noun*].

UNCLARIFIED STATEMENTS	CLARIFIED STATEMENTS
Yo **le** compro un abrigo.	Yo **le** compro un abrigo **a usted/él/ella**.
Ella **le** describe un libro.	Ella **le** describe un libro **a Juan**.

UNCLARIFIED STATEMENTS	CLARIFIED STATEMENTS
Él **les** vende unos sombreros.	Él **les** vende unos sombreros **a ustedes/ellos/ellas**.
Ellos **les** hablan muy claro.	Ellos **les** hablan muy claro **a los clientes**.

▶ The irregular verbs **dar** (*to give*) and **decir** (*to say; to tell*) are often used with indirect object pronouns.

The verbs **dar** and **decir**					
Singular forms			**Plural forms**		
	dar	decir		dar	decir
yo	**doy**	**digo**	nosotros/as	**damos**	**decimos**
tú	**das**	**dices**	vosotros/as	**dais**	**decís**
Ud./él/ella	**da**	**dice**	Uds./ellos/ellas	**dan**	**dicen**

Me dan una fiesta cada año.
They give (throw) me a party every year.

Te digo la verdad.
I'm telling you the truth.

Voy a **darle** consejos.
I'm going to give her advice.

No **les digo** mentiras a mis padres.
I don't tell lies to my parents.

¡INTÉNTALO! Use the cues in parentheses to provide the correct indirect object pronoun for each sentence.

1. Juan ___le___ quiere dar un regalo. (*to Elena*)
2. María _____ prepara un café. (*for us*)
3. Beatriz y Felipe _____ escriben desde (*from*) Cuba. (*to me*)
4. Marta y yo _____ compramos unos guantes. (*for them*)
5. Los vendedores _____ venden ropa. (*to you, fam. sing.*)
6. La dependienta _____ muestra los guantes. (*to us*)

Práctica

1 **Completar** Fill in the blanks with the correct pronouns to complete Mónica's description of her family's holiday shopping.

1. Juan y yo _____ damos una blusa a nuestra hermana Gisela.
2. Mi tía _____ da a nosotros una mesa para la casa.
3. Gisela _____ da dos corbatas a su papá.
4. A mi mamá yo _____ doy un par de guantes negros.
5. A mi profesora _____ doy dos libros de José Martí.
6. Juan _____ da un regalo a mis padres.
7. Mis padres _____ dan un traje nuevo a mí.
8. Y a ti, yo _____ doy un regalo también. ¿Quieres verlo?

◄

> **NOTA CULTURAL**
>
> Cuban writer and patriot **José Martí** (1853–1895) was born in **La Habana Vieja**, the old colonial center of Havana. Founded by Spanish explorers in the early 1500s, Havana, along with San Juan, Puerto Rico, served as a major stopping point for Spaniards traveling to Mexico and South America.

2 **En La Habana** Describe what happens on Pascual's trip to Cuba based on the cues provided.

1. ellos / cantar / canción / (mí)

2. él / comprar / libros / (sus hijos) / Plaza de Armas

3. yo / preparar el almuerzo (*lunch*) / (ti)

4. él / explicar cómo llegar / (conductor)

5. mi novia / sacar / foto / (nosotros)

6. el guía (*guide*) / mostrar / catedral de San Cristóbal / (ustedes)

◄

> **NOTA CULTURAL**
>
> **La Habana Vieja**, Cuba, is the site of another well-known outdoor market. Located in the **Plaza de la Catedral**, it is a place where Cuban painters, artists, and sculptors sell their work, and other vendors offer handmade crafts and clothing.

3 **Combinar** Use an item from each column and an indirect object pronoun to create logical sentences.

> **modelo**
>
> Mis padres les dan regalos a mis primos.

A	B	C	D
yo	comprar	mensajes electrónicos	mí
el dependiente	dar	corbata	ustedes
el profesor Arce	decir	dinero en efectivo	clienta
la vendedora	escribir	tarea	novia
mis padres	explicar	problemas	primos
tú	pagar	regalos	ti
nosotros/as	prestar	ropa	nosotros
¿?	vender	¿?	¿?

Comunicación

4

Días locos Gabriela is e-mailing her friend Sandra about her semester. Indicate whether the following conclusions are **lógico** or **ilógico**, based on what you read.

De:	Gabriela
Para:	Sandra
Asunto:	Días locos

Los profesores nos dan mucha tarea. ¡Vivo en la biblioteca! Mi mamá me escribe mensajes electrónicos cada dos horas. Obviamente, yo no tengo tiempo de contestarle, pero ¡ella no me entiende! Rodrigo, el hermano menor de Ana, viene a visitarme todo el tiempo y me da regalos. ¡También me canta! Le tengo que decir la verdad: ¡No quiero su atención!

	Lógico	Ilógico
1. Gabriela tiene muchos ratos libres.	O	O
2. La mamá de Gabriela está enojada con ella.	O	O
3. Rodrigo está enamorado de Gabriela.	O	O
4. Gabriela está enamorada de Rodrigo.	O	O
5. Rodrigo le debe dar más regalos a Gabriela.	O	O

5

Entrevista Answer your partner's questions.

1. ¿Qué tiendas, almacenes o centros comerciales prefieres?
2. ¿A quién le compras regalos cuando hay rebajas?
3. ¿A quién le prestas dinero cuando lo necesita?
4. ¿Me explicas cómo regatear?
5. ¿Te dan tus padres su tarjeta de crédito cuando vas de compras?

6

¡Somos ricos! You and another student chipped in on a lottery ticket and you won! Now you want to spend money on your loved ones. Write a paragraph telling what you plan to buy for your family and your friends.

modelo

Quiero comprarle un vestido de Carolina Herrera a mi madre...

Síntesis

7

Minidrama With a partner, role-play a conversation between a customer and a clerk in a clothing store. The customer should talk about the clothes he/she is looking for and for whom he/she is buying the clothes. The clerk should recommend different items based on the customer's descriptions. Use these expressions and also look at **Expresiones útiles** on page 195.

Me queda grande/pequeño. / *It's big/small on me.*

¿Tiene otro color? / *Do you have another color?*

¿Está en rebaja? / *Is it on sale?*

También estoy buscando... / *I'm also looking for...*

[6.3] Preterite tense of regular verbs

ANTE TODO In order to talk about events in the past, Spanish uses two simple tenses: the preterite and the imperfect. In this lesson, you will learn how to form the preterite tense, which is used to express actions or states completed in the past.

Preterite of regular -ar, -er, and -ir verbs			
		-ar verbs	-er verbs	-ir verbs
		comprar	**vender**	**escribir**
SINGULAR FORMS	yo	compr**é** *I bought*	vend**í** *I sold*	escrib**í** *I wrote*
	tú	compr**aste**	vend**iste**	escrib**iste**
	Ud./él/ella	compr**ó**	vend**ió**	escrib**ió**
PLURAL FORMS	nosotros/as	compr**amos**	vend**imos**	escrib**imos**
	vosotros/as	compr**asteis**	vend**isteis**	escrib**isteis**
	Uds./ellos/ellas	compr**aron**	vend**ieron**	escrib**ieron**

▶ **¡Atención!** The **yo** and **Ud./él/ella** forms of all three conjugations have written accents on the last syllable to show that it is stressed.

▶ As the chart shows, the endings for regular **-er** and **-ir** verbs are identical in the preterite.

¿Qué compraste?

Compré estos aretes.

▶ Note that the **nosotros/as** forms of regular **-ar** and **-ir** verbs in the preterite are identical to the present tense forms. Context will help you determine which tense is being used.

En invierno **compramos** ropa.   Anoche **compramos** unos zapatos.
In the winter, we buy clothes.   *Last night we bought some shoes.*

▶ **-Ar** and **-er** verbs that have a stem change in the present tense are regular in the preterite. They do *not* have a stem change.

	PRESENT	PRETERITE
cerrar (e:ie)	La tienda **cierra** a las seis.	La tienda **cerró** a las seis.
volver (o:ue)	Carlitos **vuelve** tarde.	Carlitos **volvió** tarde.
jugar (u:ue)	Él **juega** al fútbol.	Él **jugó** al fútbol.

▶ **¡Atención!** **-Ir** verbs that have a stem change in the present tense also have a stem change in the preterite.

▶ Verbs that end in **-car**, **-gar**, and **-zar** have a spelling change in the first person singular (**yo** form) in the preterite.

busc**ar** ▶	bus**c**- ▶	**qu**- ▶	yo bus**qu**é
lleg**ar**	lle**g**-	**gu**-	yo lle**gu**é
empe**zar**	empe**z**-	**c**-	yo empe**c**é

▶ Except for the **yo** form, all other forms of **-car**, **-gar**, and **-zar** verbs are regular in the preterite.

▶ Three other verbs—**creer**, **leer**, and **oír**—have spelling changes in the preterite. The **i** of the verb endings of **creer**, **leer**, and **oír** carries an accent in the **yo**, **tú**, **nosotros/as**, and **vosotros/as** forms, and changes to **y** in the **Ud./él/ella** and **Uds./ellos/ellas forms**.

creer ▶	cre- ▶	cre**í**, cre**í**ste, cre**y**ó, cre**í**mos, cre**í**steis, cre**y**eron
leer	le-e-	le**í**, le**í**ste, le**y**ó, le**í**mos, le**í**steis, le**y**eron
oír	o-o-	o**í**, o**í**ste, o**y**ó, o**í**mos, o**í**steis, o**y**eron

▶ **Ver** is regular in the preterite, but none of its forms has an accent.

ver ⟶ vi, viste, vio, vimos, visteis, vieron

Words commonly used with the preterite

anoche	*last night*		**pasado/a** (*adj.*)	*last; past*
anteayer	*the day before yesterday*		**el año pasado**	*last year*
			la semana pasada	*last week*
ayer	*yesterday*		**una vez**	*once*
de repente	*suddenly*		**dos veces**	*twice*
desde... hasta...	*from... until...*		**ya**	*already*

Ayer llegué a Santiago de Cuba.
Yesterday I arrived in Santiago de Cuba.

Anoche oí un ruido extraño.
Last night I heard a strange noise.

▶ **Acabar de** + [*infinitive*] is used to say that something has just occurred. Note that **acabar** is in the present tense in this construction.

Acabo de comprar una falda.
I just bought a skirt.

Acabas de ir de compras.
You just went shopping.

¡INTÉNTALO! Provide the appropriate preterite forms of the verbs.

	comer	**salir**	**comenzar**	**leer**
1. ellas	comieron	salieron	comenzaron	leyeron
2. tú	_____	_____	_____	_____
3. usted	_____	_____	_____	_____
4. nosotros	_____	_____	_____	_____
5. yo	_____	_____	_____	_____

Práctica

1 **Completar** Andrea is talking about what happened last weekend. Complete each sentence by choosing the correct verb and putting it in the preterite.

1. El viernes a las cuatro de la tarde, la profesora Mora _____ (asistir, costar, usar) a una reunión (*meeting*) de profesores.
2. A la una, yo _____ (llegar, bucear, llevar) a la tienda con mis amigos.
3. Mis amigos y yo _____ (comprar, regatear, gastar) dos o tres cosas.
4. Yo _____ (costar, comprar, escribir) unos pantalones negros y mi amigo Mateo _____ (gastar, pasear, comprar) una camisa azul.
5. Después, nosotros _____ (llevar, vivir, comer) cerca de un mercado.
6. A las tres, Pepe _____ (hablar, pasear, nadar) con su amiga por teléfono.
7. El sábado por la tarde, mi mamá _____ (escribir, beber, vivir) una carta.
8. El domingo mi tía _____ (decidir, salir, escribir) comprarme un traje.
9. A las cuatro de la tarde, mi tía _____ (beber, salir, encontrar) el traje y después nosotras _____ (acabar, ver, salir) una película.

2 **Preguntas** Imagine that you have a pesky friend who keeps asking you questions. Respond that you already did or have just done what he/she asks. Make sure you and your partner take turns playing the role of the pesky friend and responding to his/her questions.

> **modelo**
>
> leer la lección
> **Estudiante 1:** ¿Leíste la lección?
> **Estudiante 2:** Sí, ya la leí./Sí, acabo de leerla.

1. escribir el mensaje electrónico
2. lavar (*to wash*) la ropa
3. oír las noticias (*news*)
4. comprar pantalones cortos
5. practicar los verbos
6. pagar la cuenta (*bill*)
7. empezar la composición
8. ver la película *Diarios de motocicleta*

NOTA CULTURAL

Based on Ernesto "Che" Guevara's diaries, *Diarios de motocicleta* (2004) traces the road trip of Che (played by Gael García Bernal) with his friend Alberto Granado (played by Rodrigo de la Serna) through Argentina, Chile, Peru, Colombia, and Venezuela.

3 **¿Cuándo?** Use the time expressions from the word bank to talk about when you and others did the activities listed.

anoche	anteayer	el mes pasado	una vez
ayer	la semana pasada	el año pasado	dos veces

1. mi maestro/a: llegar tarde a clase
2. mi mejor (*best*) amigo/a: salir con un(a) chico/a guapo/a
3. mis padres: ver una película
4. yo: llevar un traje/vestido
5. el presidente/primer ministro de mi país: asistir a una conferencia internacional
6. mis amigos y yo: comer en un restaurante
7. ¿?: comprar algo (*something*) bueno, bonito y barato

Comunicación

4

🔊

¿Estás listo? Listen to the conversation between Matilde and Hernán. Then indicate whether the following conclusions are **lógico** or **ilógico**, based on what you heard.

	Lógico	Ilógico
1. Hernán compró un pasaje de ida y vuelta.	○	○
2. Matilde va a viajar con Hernán.	○	○
3. Hernán buscó su pasaporte.	○	○
4. Los documentos personales de Hernán están en su mochila.	○	○
5. Hernán tiene mucho equipaje.	○	○

5

👥

Ayer Tell your partner at what time you did these activities yesterday.

1. desayunar
2. salir de la casa
3. almorzar
4. ver a un(a) amigo/a
5. volver a la casa
6. cenar

6

Las vacaciones Imagine that you took these photos on a vacation with friends. Use the pictures to describe the trip.

7

Mi última compra Write a short paragraph describing the last time you went shopping. Use at least four verbs in the preterite tense.

Síntesis

8

👥

Conversación With a partner, talk about what you did last week. Don't forget to include school activities, shopping, and pastimes.

6.4 # Demonstrative adjectives and pronouns

Demonstrative adjectives

ANTE TODO   In Spanish, as in English, demonstrative adjectives are words that "demonstrate" or "point out" nouns. Demonstrative adjectives precede the nouns they modify and, like other Spanish adjectives you have studied, agree with them in gender and number. Observe these examples and then study the chart below.

esta camisa	**ese** vendedor	**aquellos** zapatos
this shirt	*that salesman*	*those shoes (over there)*

Demonstrative adjectives

Singular		Plural		
MASCULINE	FEMININE	MASCULINE	FEMININE	
este	**esta**	**estos**	**estas**	*this; these*
ese	**esa**	**esos**	**esas**	*that; those*
aquel	**aquella**	**aquellos**	**aquellas**	*that; those (over there)*

▶ There are three sets of demonstrative adjectives. To determine which one to use, you must establish the relationship between the speaker and the noun(s) being pointed out.

▶ The demonstrative adjectives **este**, **esta**, **estos**, and **estas** are used to point out things that are close to the speaker and the listener.

Me gustan estos zapatos.

▶ The demonstrative adjectives **ese**, **esa**, **esos**, and **esas** are used to point out things that are not close in space and time to the speaker. They may, however, be close to the listener.

Prefiero esos zapatos.

▶ The demonstrative adjectives **aquel**, **aquella**, **aquellos**, and **aquellas** are used to point out things that are far away from the speaker and the listener.

Aquel auto es de mi hermana.

Demonstrative pronouns

▶ Demonstrative pronouns are identical to their corresponding demonstrative adjectives, with the exception that they traditionally carry an accent mark on the stressed vowel. The **Real Academia** no longer requires this accent, but it is still commonly used.

Demonstrative pronouns

Singular		Plural	
MASCULINE	FEMININE	MASCULINE	FEMININE
éste	**ésta**	**éstos**	**éstas**
ése	**ésa**	**ésos**	**ésas**
aquél	**aquélla**	**aquéllos**	**aquéllas**

—¿Quieres comprar **este suéter**?
Do you want to buy this sweater?

—No, no quiero **éste**. Quiero **ése**.
No, I don't want this one. I want that one.

—¿Vas a leer **estas revistas**?
Are you going to read these magazines?

—Sí, voy a leer **éstas**. También voy a leer **aquéllas**.
Yes, I'm going to read these. I'll also read those (over there).

▶ **¡Atención!** Like demonstrative adjectives, demonstrative pronouns agree in gender and number with the corresponding noun.

Este libro es de Pablito.   **Éstos** son de Juana.

▶ There are three neuter demonstrative pronouns: **esto**, **eso**, and **aquello**. These forms refer to unidentified or unspecified things, situations, ideas, and concepts. They do not change in gender or number and never carry an accent mark.

—¿Qué es **esto**?   —**Eso** es interesante.   —**Aquello** es bonito.
What's this?   *That's interesting.*   *That's pretty.*

¡INTÉNTALO! Provide the correct form of the demonstrative adjective for these nouns.

1. la falda / este _____ *esta falda* _____
2. los estudiantes / este _____
3. los países / aquel _____
4. la ventana / ese _____

5. los periodistas / ese _____
6. el chico / aquel _____
7. las sandalias / este _____
8. las chicas / aquel _____

Práctica

1

Cambiar Make the singular sentences plural and the plural sentences singular.

> **modelo**
>
> Estas camisas son blancas.
> *Esta camisa es blanca.*

1. Aquellos sombreros son muy elegantes.
2. Ese abrigo es muy caro.
3. Estos cinturones son hermosos.
4. Esos precios son muy buenos.
5. Estas faldas son muy cortas.
6. ¿Quieres ir a aquel almacén?
7. Esas blusas son baratas.
8. Esta corbata hace juego con mi traje.

2

Completar Here are some things people might say while shopping. Complete the sentences with the correct demonstrative pronouns.

1. No me gustan esos zapatos. Voy a comprar _____. (*these*)
2. ¿Vas a comprar ese traje o _____? (*this one*)
3. Esta guayabera es bonita, pero prefiero _____. (*that one*)
4. Estas corbatas rojas son muy bonitas, pero _____ son fabulosas. (*those*)
5. Estos cinturones cuestan demasiado. Prefiero _____. (*those over there*)
6. ¿Te gustan esas botas o _____? (*these*)
7. Esa bolsa roja es bonita, pero prefiero _____. (*that one over there*)
8. No voy a comprar estas botas; voy a comprar _____. (*those over there*)
9. ¿Prefieres estos pantalones o _____? (*those*)
10. Me gusta este vestido, pero voy a comprar _____. (*that one*)
11. Me gusta ese almacén, pero _____ es mejor (*better*). (*that one over there*)
12. Esa blusa es bonita, pero cuesta demasiado. Voy a comprar _____. (*this one*)

3

Describir Look for two items that are one of these colors: **amarillo**, **azul**, **blanco**, **marrón**, **negro**, **verde**, **rojo**. Point them out, first using demonstrative adjectives, and then demonstrative pronouns.

>
>
> azul
> *Esta silla es azul. Aquella mochila es azul.*
> *Ésta es azul. Aquélla es azul.*

Comunicación

4
🔊

De compras Listen to the conversation between Alejandra and a clerk. Then indicate whether the following conclusions are **lógico** or **ilógico**, based on what you heard.

	Lógico	Ilógico
1. A Alejandra no le gusta llevar faldas.	○	○
2. Alejandra va a comprar la blusa blanca.	○	○
3. La dependienta trabaja en un almacén.	○	○
4. A Alejandra le gustan los colores azul y gris.	○	○
5. El cinturón negro es muy caro.	○	○
6. Alejandra va a comprar una cartera también.	○	○

5
👥

En una tienda Imagine that you and a partner are in Madrid shopping at Zara. Study the floor plan, then have a conversation about your surroundings. Use demonstrative adjectives and pronouns.

modelo
Estudiante 1: Me gusta este suéter azul.
Estudiante 2: Yo prefiero aquella chaqueta.

Síntesis

6

En el café Write a conversation between two people sitting at a busy sidewalk café. Use as many demonstrative adjectives and pronouns as possible to describe the people and things around them.

modelo
Carmen: Esa corbata es fea, ¿no?
Susana: Sí. No me gustan las corbatas rosadas y verdes. Y ese traje...

Recapitulación

SUBJECT → Javier   CONJUGATED FORM   empiezo   Main clause   Dudan

Review the grammar concepts you have learned in this lesson by completing these activities.

1 **Completar** Complete the chart with the correct preterite or infinitive form of the verbs. **30 pts.**

Infinitive	yo	ella	ellos
			tomaron
		abrió	
comprender			
	leí		
pagar			

2 **En la tienda** Look at the drawing and complete the conversation with demonstrative adjectives and pronouns. **14 pts.**

CLIENTE Buenos días, señorita. Deseo comprar (1) _____ corbata.

VENDEDORA Muy bien, señor. ¿No le interesa mirar (2) _____ trajes que están allá? Hay unos que hacen juego con la corbata.

CLIENTE (3) _____ de allá son de lana, ¿no? Prefiero ver (4) _____ traje marrón que está detrás de usted.

VENDEDORA Estupendo. Como puede ver, es de seda. Cuesta seiscientos cincuenta dólares.

CLIENTE Ah... eh... no, creo que sólo voy a comprar la corbata, gracias.

VENDEDORA Bueno... si busca algo más económico, hay rebaja en (5) _____ sombreros. Cuestan sólo treinta dólares.

CLIENTE ¡Magnífico! Me gusta (6) _____, el blanco que está hasta arriba (*at the top*). Y quiero pagar todo con (7) _____ tarjeta.

VENDEDORA Sí, señor. Ahora mismo le traigo el sombrero.

6.1 **Saber and conocer**   *p. 200*

saber	conocer
sé	conozco
sabes	conoces
sabe	conoce
sabemos	conocemos
sabéis	conocéis
saben	conocen

▶ **saber** = to know facts/how to do something
▶ **conocer** = to know a person, place, or thing

6.2 **Indirect object pronouns**   *pp. 202–203*

Indirect object pronouns

Singular	Plural
me	nos
te	os
le	les

▶ **dar** = doy, das, da, damos, dais, dan
▶ **decir (e:i)** = digo, dices, dice, decimos, decís, dicen

6.3 **Preterite tense of regular verbs**   *pp. 206–207*

comprar	vender	escribir
compré	vendí	escribí
compraste	vendiste	escribiste
compró	vendió	escribió
compramos	vendimos	escribimos
comprasteis	vendisteis	escribisteis
compraron	vendieron	escribieron

Verbs with spelling changes in the preterite

▶ **-car:** buscar → yo busqué
▶ **-gar:** llegar → yo llegué
▶ **-zar:** empezar → yo empecé
▶ **creer:** creí, creíste, creyó, creímos, creísteis, creyeron
▶ **leer:** leí, leíste, leyó, leímos, leísteis, leyeron
▶ **oír:** oí, oíste, oyó, oímos, oísteis, oyeron
▶ **ver:** vi, viste, vio, vimos, visteis, vieron

6.4 **Demonstrative adjectives and pronouns** *pp. 210–211*

3 **¿Saber o conocer?** Complete each dialogue with the correct form of **saber** or **conocer**. **20 pts.**

1. —¿Qué _____ hacer tú?
   —(Yo) _____ jugar al fútbol.
2. —¿_____ tú esta tienda de ropa?
   —No, (yo) no la _____. ¿Es buena?
3. —¿Tus amigos no _____ a tu hermana?
   —No, ¡ellos no _____ que tengo una hermana!
4. —Mi maestra todavía no me _____ bien.
   —Y tú, ¿la quieres _____ a ella?
5. —¿_____ ustedes dónde está el mercado?
   —No, nosotros no _____ bien esta ciudad.

Demonstrative adjectives

Singular		Plural	
Masc.	**Fem.**	**Masc.**	**Fem.**
este	esta	estos	estas
ese	esa	esos	esas
aquel	aquella	aquellos	aquellas

Demonstrative pronouns

Singular		Plural	
Masc.	**Fem.**	**Masc.**	**Fem.**
éste	ésta	éstos	éstas
ése	ésa	ésos	ésas
aquél	aquélla	aquéllos	aquéllas

4 **Oraciones** Form complete sentences using the information provided. Use indirect object pronouns and the present tense of the verbs. **32 pts.**

1. Javier / prestar / el abrigo / a Maripili

   _____

2. nosotros / vender / ropa / a los clientes

   _____

3. el vendedor / traer / las camisetas / a mis amigos y a mí

   _____

4. yo / querer dar / consejos / a ti

   _____

5. ¿tú / ir a comprar / un regalo / a mí?

   _____

6. el dependiente / mostrar / las corbatas / a Santiago

   _____

7. los hijos / pedir / dinero / a sus padres

   _____

8. la profesora / escribir / mensajes electrónicos / a nosotros

   _____

5 **Poema** Write the missing words to complete the excerpt from the poem *Romance sonámbulo* by Federico García Lorca. **4 pts.**

❝Verde que _____ quiero verde.
Verde viento. Verdes ramas°.
El barco sobre la mar
y el caballo en la montaña, [...]
Verde que te quiero _____ (*green*).❞

ramas *branches*

Lectura

Antes de leer

Estrategia
Skimming

Skimming involves quickly reading through a document to absorb its general meaning. This allows you to understand the main ideas without having to read word for word. When you skim a text, you might want to look at its title and subtitles. You might also want to read the first sentence of each paragraph.

Examinar el texto

Look at the format of the reading selection. How is it organized? What does the organization of the document tell you about its content?

Buscar cognados

Scan the reading selection to locate at least five cognates. Based on the cognates, what do you think the reading selection is about?

1. _____   4. _____

2. _____   5. _____

3. _____

The reading selection is about _____.

Impresiones generales

Now skim the reading selection to understand its general meaning. Jot down your impressions. What new information did you learn about the document by skimming it? Based on all the information you now have, answer these questions in Spanish.

1. Who created this document?
2. What is its purpose?
3. Who is its intended audience?

Corona

http://corona.cl

¡Corona tiene las ofertas más locas del verano!

La tienda más elegante de la ciudad con precios increíbles

niños | **mujeres** | casa | baño | equipaje

Faldas largas
ROPA BONITA
Algodón. De distintos colores
Talla mediana
Precio especial: 8.000 pesos

Blusas de seda
BAMBÚ
De cuadros y de lunares
Ahora: 21.000 pesos
40% de rebaja

Vestido de algodón
PANAMÁ
Colores blanco, azul y verde
Ahora: 18.000 pesos
30% de rebaja

Accesorios
BELLEZA
Cinturones, gafas de sol, sombreros, medias
Diversos estilos
Todos con un 40% de rebaja

Carteras
ELEGANCIA
Colores anaranjado, blanco, rosado y amarillo
Ahora: 15.000 pesos
50% de rebaja

Sandalias de playa
GINO
Números del 35 al 38
A sólo 12.000 pesos
50% de descuento

Lunes a sábado de 9 a 21 horas.
Domingo de 10 a 14 horas.

Real° Liquidación°

¡Grandes rebajas!

¡La rebaja está de moda en Corona!

y con la tarjeta de crédito más conveniente del mercado.

bebé | **hombres** | jardín | joyas | electrónica

Chaquetas
CASINO
Microfibra. Colores negro, café y gris
Tallas: P, M, G, XG
Ahora: 22.500 pesos

Traje inglés
GALES
Modelos originales
Ahora: 105.000 pesos
30% de rebaja

Pantalones
OCÉANO
Colores negro, gris y café
Ahora: 11.500 pesos
30% de rebaja

Accesorios
GUAPO
Gafas de sol, corbatas, cinturones, calcetines
Diversos estilos
Todos con un 40% de rebaja

Zapatos
COLOR
Italianos y franceses
Números del 40 al 45
A sólo 20.000 pesos

Ropa interior
ATLÁNTICO
Tallas: P, M, G
Colores blanco, negro y gris
40% de rebaja

Real *Royal* **Liquidación** *Clearance sale*

Por la compra de 40.000 pesos, puede llevar un regalo gratis.
- Un hermoso cinturón de mujer
- Un par de calcetines
- Una corbata de seda
- Una bolsa para la playa
- Una mochila
- Unas medias

Después de leer

Completar

Complete this paragraph about the reading selection with the correct forms of the words from the word bank.

almacén	hacer juego	tarjeta de crédito
caro	increíble	tienda
dinero	pantalones	verano
falda	rebaja	zapato

En este anuncio, el _____ Corona anuncia la liquidación de _____ con grandes _____. Con muy poco _____ usted puede conseguir ropa fina y elegante. Si no tiene dinero en efectivo, puede utilizar su _____ y pagar luego. Para el caballero con gustos refinados, hay _____ importados de París y Roma. La señora elegante puede encontrar blusas de seda que _____ con todo tipo de _____ o _____. Los precios de esta liquidación son realmente _____.

¿Cierto o falso?

Indicate whether each statement is **cierto** or **falso**. Correct the false statements.

1. Hay sandalias de playa.
2. Las corbatas tienen una rebaja del 30%.
3. El almacén Corona tiene un departamento de zapatos.
4. Normalmente las sandalias cuestan 22.000 pesos.
5. Cuando gastas 30.000 pesos en la tienda, llevas un regalo gratis.
6. Tienen carteras amarillas.

Preguntas

Answer these questions.

1. Imagina que vas a ir a la tienda Corona. ¿Qué departamentos vas a visitar? ¿El departamento de ropa para señoras, el departamento de ropa para caballeros…?
2. ¿Qué vas a buscar en Corona?
3. ¿Hay tiendas similares a la tienda Corona en tu pueblo o ciudad? ¿Cómo se llaman? ¿Tienen muchas gangas?

Escritura

Estrategia

How to report an interview

There are several ways to prepare a written report about an interview. For example, you can transcribe the interview verbatim, you can simply summarize it, or you can summarize it but quote the speakers occasionally. In any event, the report should begin with an interesting title and a brief introduction, which may include the five Ws (*what, where, when, who, why*) and the H (*how*) of the interview. The report should end with an interesting conclusion. Note that when you transcribe dialogue in Spanish, you should pay careful attention to format and punctuation.

Writing dialogue in Spanish

- If you need to transcribe an interview verbatim, you can use speakers' names to indicate a change of speaker.

CARMELA	¿Qué compraste? ¿Encontraste muchas gangas?
ROBERTO	Sí, muchas. Compré un suéter, una camisa y dos corbatas. Y tú, ¿qué compraste?
CARMELA	Una blusa y una falda muy bonitas. ¿Cuánto costó tu camisa?
ROBERTO	Sólo diez dólares. ¿Cuánto costó tu blusa?
CARMELA	Veinte dólares.

- You can also use a dash (*raya*) to mark the beginning of each speaker's words.

—¿Qué compraste?

—Un suéter y una camisa muy bonitos. Y tú, ¿encontraste muchas gangas?

—Sí... compré dos blusas, tres camisetas y un par de zapatos.

—¡A ver!

Tema

Escribe un informe

Write a report for the school newspaper about an interview you conducted with a student about his or her shopping habits and clothing preferences. First, brainstorm a list of interview questions. Then conduct the interview using the questions below as a guide, but feel free to ask other questions as they occur to you.

Examples of questions:

▶ ¿Cuándo vas de compras?

▶ ¿Adónde vas de compras?

▶ ¿Con quién vas de compras?

▶ ¿Qué tiendas, almacenes o centros comerciales prefieres?

▶ ¿Compras ropa de catálogos o por Internet?

▶ ¿Prefieres comprar ropa cara o barata? ¿Por qué? ¿Te gusta buscar gangas?

▶ ¿Qué ropa llevas cuando vas a clase?

▶ ¿Qué ropa llevas cuando sales a bailar?

▶ ¿Qué ropa llevas cuando practicas un deporte?

▶ ¿Cuáles son tus colores favoritos? ¿Compras mucha ropa de esos colores?

▶ ¿Les das ropa a tu familia o a tus amigos/as?

Escuchar

Estrategia
Listening for linguistic cues

You can enhance your listening comprehension by listening for specific linguistic cues. For example, if you listen for the endings of conjugated verbs, or for familiar constructions, such as **acabar de** + [*infinitive*] or **ir a** + [*infinitive*], you can find out whether an event already took place, is taking place now, or will take place in the future. Verb endings also give clues about who is participating in the action.

To practice listening for linguistic cues, you will now listen to four sentences. As you listen, note whether each sentence refers to a past, present, or future action. Also jot down the subject of each sentence.

Preparación

Based on the photograph, what do you think Marisol has recently done? What do you think Marisol and Alicia are talking about? What else can you guess about their conversation from the visual clues in the photograph?

Ahora escucha

Now you are going to hear Marisol and Alicia's conversation. Make a list of the clothing items that each person mentions. Then put a check mark after the item if the person actually purchased it.

Marisol	Alicia
1. _____	1. _____
2. _____	2. _____
3. _____	3. _____
4. _____	4. _____

Comprensión

¿Cierto o falso?
Indicate whether each statement is **cierto** or **falso.** Then correct the false statements.

1. Marisol y Alicia acaban de ir de compras juntas (*together*).
2. Marisol va a comprar unos pantalones y una blusa mañana.
3. Marisol compró una blusa de cuadros.
4. Alicia compró unos zapatos nuevos hoy.
5. Alicia y Marisol van a ir al café.
6. Marisol gastó todo el dinero de la semana en ropa nueva.

Preguntas
Answer the following questions. Be sure to explain your answers.

1. ¿Crees que Alicia y Marisol son buenas amigas? ¿Por qué?
2. ¿Cuál de las dos estudiantes es más ahorradora (*frugal*)? ¿Por qué?
3. ¿Crees que a Alicia le gusta la ropa que Marisol compró?
4. ¿Crees que la moda es importante para Alicia? ¿Para Marisol? ¿Por qué?
5. ¿Es importante para ti estar a la moda? ¿Por qué?

Preparación

Answer these questions in Spanish.

1. ¿Cómo eres? Escribe tres adjetivos que te describan.
2. ¿Qué actividades ilustran (*illustrates*) tu personalidad?

El Pais de Siempre Jugar

Juguettos, first established in Villena (Comunidad de Valencia), Spain, in the 1980s, now has chain stores all over the country. Juguettos offers both brand-name toys you would recognize (and maybe own) and those that specifically cater to a child's life and cultural experiences in Spain. When children dreaming of the perfect toy look in a Juguettos catalog, they may be looking for Legos® but also for Nenittos® or Hazlo tú®. But children's toys, like their imaginations, are very similar throughout the world. Indeed, the company declares it has founded its own "country," el País de Siempre Jugar.

Anuncio de juguetería Juguettos

generosa

Me lo pido.

Vocabulario útil

copionas	*copycats*
despistado/a	*distracted*
sean	*they may be*
pidan	*they may ask for*

Comprensión

Match the personality trait with its visual representation in the ad.

_____ 1. valiente
_____ 2. galáctico/a
_____ 3. artista
_____ 4. generoso/a
_____ 5. intrépido/a

a. Tienen una batalla (*battle*) imaginaria.
b. Le compra juguetes a su mascota (*pet*).
c. Está en un cartón con forma de nave espacial (*spaceship*).
d. Hacen música con parte de una basurera (*trashcan*).
e. Imagina que puede volar (*fly*).

Conversación

Answer these questions with a classmate.

1. ¿Qué quieres hacer ahora en tu vida que no haces? ¿Por qué lo quieres hacer?
2. ¿Por qué es importante la imaginación en la vida de los niños?
3. ¿Qué importancia tiene la imaginación en la vida de los adultos?

Aplicación

The Spanish poet Gustavo Adolfo Bécquer wrote, **"Él que tiene imaginación, con qué facilidad saca de la nada un mundo."** Working with a partner, discuss your understanding of the quote. Then prepare and present a skit in Spanish that illustrates its point.

Flash CULTURA

In the Spanish-speaking world, most city dwellers shop at large supermarkets and little stores that specialize in just one item, such as a butcher shop (**carnicería**), vegetable market (**verdulería**), perfume shop (**perfumería**), or hat shop (**sombrerería**). In small towns where supermarkets are less common, many people rely exclusively on specialty shops. This requires shopping more frequently—often every day or every other day for perishable items—but also means that the foods they consume are fresher and the goods are usually locally produced. Each neighborhood generally has its own shops, so people don't have to walk far to find fresh bread (at a **panadería**) for the midday meal.

Vocabulario útil	
colones (pl.)	*currency from Costa Rica*
¿Cuánto vale?	**¿Cuánto cuesta?**
descuento	*discount*
disculpe	*excuse me*
¿Dónde queda...?	*Where is... located?*
los helados	*ice cream*
el regateo	*bargaining*

Preparación
Have you ever been to an open-air market? What did you buy? Have you ever negotiated a price? What did you say?

Comprensión
Select the option that best summarizes this episode.

a. Randy Cruz va al mercado al aire libre para comprar papayas. Luego va al Mercado Central. Él les pregunta a varios clientes qué compran, prueba (*tastes*) platos típicos y busca la heladería.

b. Randy Cruz va al mercado al aire libre para comprar papayas y pedir un descuento. Luego va al Mercado Central para preguntarles a los clientes qué compran en los mercados.

Comprar en los mercados

Trescientos colones.

... pero me hace un buen descuento.

¿Qué compran en el Mercado Central?

Cuba

El país en cifras

▶ **Área:** 110.860 km² (42.803 millas²), *aproximadamente el área de Pensilvania*

▶ **Población:** 11.061.886

▶ **Capital:** La Habana—2.116.000

La Habana Vieja fue declarada° Patrimonio° Cultural de la Humanidad por la UNESCO en 1982. Este distrito es uno de los lugares más fascinantes de Cuba. En La Plaza de Armas, se puede visitar el majestuoso Palacio de Capitanes Generales, que ahora es un museo. En la calle° Obispo, frecuentada por el autor Ernest Hemingway, hay hermosos cafés, clubes nocturnos y tiendas elegantes.

▶ **Ciudades principales:** Santiago de Cuba; Camagüey; Holguín; Guantánamo

▶ **Moneda:** peso cubano

▶ **Idiomas:** español (oficial)

Bandera de Cuba

Cubanos célebres

▶ **Carlos Finlay,** doctor y científico (1833–1915)

▶ **José Martí,** político y poeta (1853–1895)

▶ **Fidel Castro,** ex primer ministro, ex comandante en jefe° de las fuerzas armadas (1926–)

▶ **Zoé Valdés,** escritora (1959–)

▶ **Ibrahim Ferrer,** músico (1927–2005)

▶ **Carlos Acosta,** bailarín (1973–)

fue declarada *was declared* Patrimonio *Heritage* calle *street*
comandante en jefe *commander in chief* liviano *light*
colibrí abeja *bee hummingbird* ave *bird* mundo *world*
miden *measure* pesan *weigh*

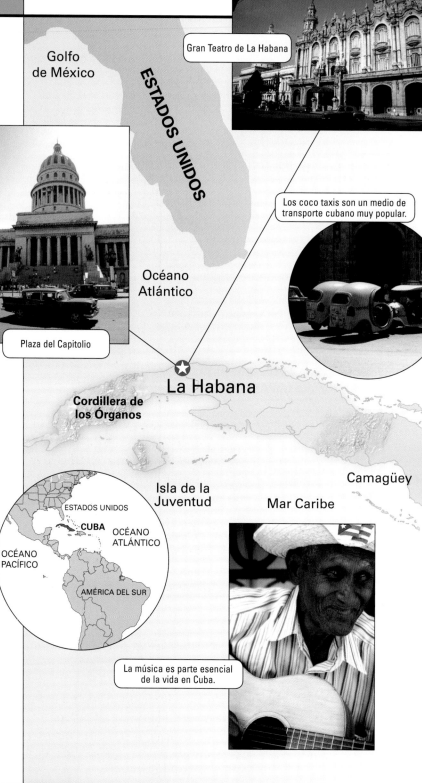

Golfo de México

ESTADOS UNIDOS

Gran Teatro de La Habana

Los coco taxis son un medio de transporte cubano muy popular.

Plaza del Capitolio

Océano Atlántico

La Habana

Cordillera de los Órganos

ESTADOS UNIDOS

CUBA

OCÉANO ATLÁNTICO

OCÉANO PACÍFICO

AMÉRICA DEL SUR

Isla de la Juventud

Mar Caribe

Camagüey

La música es parte esencial de la vida en Cuba.

¡Increíble pero cierto!

Pequeño y liviano°, el colibrí abeja° de Cuba es una de las más de 320 especies de colibrí y es también el ave° más pequeña del mundo°. Menores que muchos insectos, estas aves minúsculas miden° 5 centímetros y pesan° sólo 1,95 gramos.

Baile • Ballet Nacional de Cuba

La bailarina Alicia Alonso fundó el Ballet Nacional de Cuba en 1948, después de° convertirse en una estrella° internacional en el Ballet de Nueva York y en Broadway. El Ballet Nacional de Cuba es famoso en todo el mundo por su creatividad y perfección técnica.

Economía • La caña de azúcar y el tabaco

La caña de azúcar° es el producto agrícola° que más se cultiva en la isla y su exportación es muy importante para la economía del país. El tabaco, que se usa para fabricar los famosos puros° cubanos, es otro cultivo° de mucha importancia.

Gente • Población

La población cubana tiene raíces° muy heterogéneas. La inmigración a la isla fue determinante° desde la colonia hasta mediados° del siglo° XX. Los cubanos de hoy son descendientes de africanos, europeos, chinos y antillanos, entre otros.

Música • Buena Vista Social Club

En 1997 nace° el fenómeno musical conocido como *Buena Vista Social Club*. Este proyecto reúne° a un grupo de importantes músicos de Cuba, la mayoría ya mayores, con una larga trayectoria interpretando canciones clásicas del son° cubano. Ese mismo año ganaron un *Grammy*. Hoy en día estos músicos son conocidos en todo el mundo, y personas de todas las edades bailan al ritmo° de su música.

Holguín

Santiago de Cuba
Guantánamo

Sierra Maestra

¿Qué aprendiste? Responde a las preguntas con una oración completa.
1. ¿Qué autor está asociado con la Habana Vieja?
2. ¿Por qué es famoso el Ballet Nacional de Cuba?
3. ¿Cuáles son los dos cultivos más importantes para la economía cubana?
4. ¿Qué fabrican los cubanos con la planta del tabaco?
5. ¿De dónde son muchos de los inmigrantes que llegaron a Cuba?
6. ¿En qué año ganó un *Grammy* el disco *Buena Vista Social Club*?

Conexión Internet Investiga estos temas en Internet.
1. Busca información sobre un(a) cubano/a célebre. ¿Por qué es célebre? ¿Qué hace? ¿Todavía vive en Cuba?
2. Busca información sobre una de las ciudades principales de Cuba. ¿Qué atracciones hay en esta ciudad?

después de *after* estrella *star* caña de azúcar *sugar cane* agrícola *farming* puros *cigars* cultivo *crop* raíces *roots* determinante *deciding* mediados *halfway through* siglo *century* nace *is born* reúne *gets together* son *Cuban musical genre* ritmo *rhythm*

La ropa

el abrigo	coat
los (blue)jeans	jeans
la blusa	blouse
la bolsa	purse; bag
la bota	boot
los calcetines (el calcetín)	sock(s)
la camisa	shirt
la camiseta	t-shirt
la cartera	wallet
la chaqueta	jacket
el cinturón	belt
la corbata	tie
la falda	skirt
las gafas (de sol)	(sun)glasses
los guantes	gloves
el impermeable	raincoat
las medias	pantyhose; stockings
los pantalones	pants
los pantalones cortos	shorts
la ropa	clothes
la ropa interior	underwear
las sandalias	sandals
el sombrero	hat
el suéter	sweater
el traje	suit
el traje de baño	bathing suit
el vestido	dress
los zapatos de tenis	sneakers

Verbos

conducir	to drive
conocer	to know; to be acquainted with
dar	to give
ofrecer	to offer
parecer	to seem
saber	to know; to know how
traducir	to translate

Ir de compras

el almacén	department store
la caja	cash register
el centro comercial	shopping mall
el/la cliente/a	customer
el/la dependiente/a	clerk
el dinero	money
(en) efectivo	cash
el mercado (al aire libre)	(open-air) market
un par (de zapatos)	a pair (of shoes)
el precio (fijo)	(fixed; set) price
la rebaja	sale
el regalo	gift
la tarjeta de crédito	credit card
la tienda	store
el/la vendedor(a)	salesperson
costar (o:ue)	to cost
gastar	to spend (money)
hacer juego (con)	to match (with)
llevar	to wear; to take
pagar	to pay
regatear	to bargain
usar	to wear; to use
vender	to sell

Adjetivos

barato/a	cheap
bueno/a	good
cada	each
caro/a	expensive
corto/a	short (in length)
elegante	elegant
hermoso/a	beautiful
largo/a	long
loco/a	crazy
nuevo/a	new
otro/a	other; another
pobre	poor
rico/a	rich

Los colores

el color	color
amarillo/a	yellow
anaranjado/a	orange
azul	blue
blanco/a	white
gris	gray
marrón, café	brown
morado/a	purple
negro/a	black
rojo/a	red
rosado/a	pink
verde	green

Palabras adicionales

acabar de (+ inf.)	to have just done something
anoche	last night
anteayer	the day before yesterday
ayer	yesterday
de repente	suddenly
desde	from
dos veces	twice
hasta	until
pasado/a (adj.)	last; past
el año pasado	last year
la semana pasada	last week
prestar	to lend; to loan
una vez	once
ya	already

Indirect object pronouns	See page 202.
Demonstrative adjectives and pronouns	See page 210.
Expresiones útiles	See page 195.

Guide to Vocabulary

Notes on this glossary

This glossary contains the terms listed on the **Vocabulario** page in each lesson. The number following an entry indicates the level and lesson where the term was introduced. For purposes of alphabetization, **ch** and **ll** are not treated as separate letters, but **ñ** follows **n**. Therefore, in this glossary you will find that **año**, for example, appears after **anuncio**.

Abbreviations used in this glossary

adj.	adjective	*f.*	feminine	*m.*	masculine	*prep.*	preposition
adv.	adverb	*fam.*	familiar	*n.*	noun	*pron.*	pronoun
art.	article	*form.*	formal	*obj.*	object	*ref.*	reflexive
conj.	conjunction	*indef.*	indefinite	*p.p.*	past participle	*sing.*	singular
def.	definite	*interj.*	interjection	*pl.*	plural	*sub.*	subject
d.o.	direct object	*i.o.*	indirect object	*poss.*	possessive	*v.*	verb

Spanish–English

A

a *prep.* at; to 1.1
  ¿A qué hora...? At what time...? 1.1
  a bordo aboard
  a dieta on a diet 3.3
  a la derecha de to the right of 1.2
  a la izquierda de to the left of 1.2
  a la plancha grilled 2.2
  a la(s) + *time* at + *time* 1.1
  a menos que *conj.* unless 3.1
  a menudo *adv.* often 2.4
  a nombre de in the name of 1.5
  a plazos in installments 3.2
  A sus órdenes. At your service.
  a tiempo *adv.* on time 2.4
  a veces *adv.* sometimes 2.4
  a ver let's see
abeja *f.* bee
abierto/a *adj.* open 1.5, 3.2
abogado/a *m., f.* lawyer 3.4
abrazar(se) *v.* to hug; to embrace (each other) 2.5
abrazo *m.* hug
abrigo *m.* coat 1.6
abril *m.* April 1.5
abrir *v.* to open 1.3
abuelo/a *m., f.* grandfather/ grandmother 1.3
abuelos *pl.* grandparents 1.3
aburrido/a *adj.* bored; boring 1.5
aburrir *v.* to bore 2.1
aburrirse *v.* to get bored 3.5
acabar de (+ *inf.*) *v.* to have just done something 1.6
acampar *v.* to camp 1.5
accidente *m.* accident 2.4
acción *f.* action 3.5
  de acción action (genre) 3.5

aceite *m.* oil 2.2
aceptar: ¡Acepto casarme contigo! I'll marry you! 3.5
acompañar *v.* to accompany 3.2
aconsejar *v.* to advise 2.6
acontecimiento *m.* event 3.6
acordarse (de) (o:ue) *v.* to remember 2.1
acostarse (o:ue) *v.* to go to bed 2.1
activo/a *adj.* active 3.3
actor *m.* actor 3.4
actriz *f.* actress 3.4
actualidades *f., pl.* news; current events 3.6
adelgazar *v.* to lose weight; to slim down 3.3
además (de) *adv.* furthermore; besides 2.4
adicional *adj.* additional
adiós *m.* goodbye 1.1
adjetivo *m.* adjective
administración de empresas *f.* business administration 1.2
adolescencia *f.* adolescence 2.3
¿adónde? *adv.* where (to)? (destination) 1.2
aduana *f.* customs
aeróbico/a *adj.* aerobic 3.3
aeropuerto *m.* airport 1.5
afectado/a *adj.* affected 3.1
afeitarse *v.* to shave 2.1
aficionado/a *m., f.* fan 1.4
afirmativo/a *adj.* affirmative
afuera *adv.* outside 1.5
afueras *f., pl.* suburbs; outskirts 2.6
agencia de viajes *f.* travel agency 1.5
agente de viajes *m., f.* travel agent 1.5
agosto *m.* August 1.5
agradable *adj.* pleasant
agua *f.* water 2.2
  agua mineral mineral water 2.2

aguantar *v.* to endure, to hold up 3.2
ahora *adv.* now 1.2
  ahora mismo right now 1.5
ahorrar *v.* to save (money) 3.2
ahorros *m., pl.* savings 3.2
aire *m.* air 3.1
ajo *m.* garlic 2.2
al (*contraction of* **a + el**) 1.4
  al aire libre open-air 1.6
  al contado in cash 3.2
  (al) este (to the) east 3.2
  al lado de next to; beside 1.2
  (al) norte (to the) north 3.2
  (al) oeste (to the) west 3.2
  (al) sur (to the) south 3.2
alcoba *f.* bedroom
alegrarse (de) *v.* to be happy 3.1
alegre *adj.* happy; joyful 1.5
alegría *f.* happiness 2.3
alemán, alemana *adj.* German 1.3
alérgico/a *adj.* allergic 2.4
alfombra *f.* carpet; rug 2.6
algo *pron.* something; anything 2.1
algodón *m.* cotton 1.6
alguien *pron.* someone; somebody; anyone 2.1
algún, alguno/a(s) *adj.* any; some 2.1
alimento *m.* food
  alimentación *f.* diet
aliviar *v.* to reduce 3.3
  aliviar el estrés/la tensión to reduce stress/tension 3.3
allá *adv.* over there 1.2
allí *adv.* there 1.2
alma *f.* soul 2.3
almacén *m.* department store 1.6
almohada *f.* pillow 2.6
almorzar (o:ue) *v.* to have lunch 1.4

almuerzo *m.* lunch **1.4, 2.2**
aló *interj.* hello (*on the
    telephone*) **2.5**
alquilar *v.* to rent **2.6**
alquiler *m.* rent (payment) **2.6**
altar *m.* altar **2.3**
altillo *m.* attic **2.6**
alto/a *adj.* tall **1.3**
aluminio *m.* aluminum **3.1**
ama de casa *m., f.* housekeeper;
    caretaker **2.6**
amable *adj.* nice; friendly **1.5**
amarillo/a *adj.* yellow **1.6**
amigo/a *m., f.* friend **1.3**
amistad *f.* friendship **2.3**
amor *m.* love **2.3**
    amor a primera vista love at
        first sight **2.3**
anaranjado/a *adj.* orange **1.6**
ándale *interj.* come on **3.2**
andar *v.* **en patineta** to
    skateboard **1.4**
ángel *m.* angel **2.3**
anillo *m.* ring **3.5**
animal *m.* animal **3.1**
aniversario (de bodas) *m.*
    (wedding) anniversary **2.3**
anoche *adv.* last night **1.6**
anteayer *adv.* the day before
    yesterday **1.6**
antes *adv.* before **2.1**
    antes (de) que *conj.* before **3.1**
    antes de *prep.* before **2.1**
antibiótico *m.* antibiotic **2.4**
antipático/a *adj.* unpleasant **1.3**
anunciar *v.* to announce;
    to advertise **3.6**
anuncio *m.* advertisement **3.4**
año *m.* year **1.5**
    año pasado last year **1.6**
apagar *v.* to turn off **2.5**
aparato *m.* appliance
apartamento *m.* apartment **2.6**
apellido *m.* last name **1.3**
apenas *adv.* hardly; scarcely **2.4**
aplaudir *v.* to applaud **3.5**
aplicación *f.* app **2.5**
apreciar *v.* to appreciate **3.5**
aprender (a + *inf.***)** *v.* to learn **1.3**
apurarse *v.* to hurry; to rush **3.3**
aquel, aquella *adj.* that
    (over there) **1.6**
aquél, aquélla *pron.* that
    (over there) **1.6**
aquello *neuter, pron.* that;
    that thing; that fact **1.6**
aquellos/as *pl. adj.* those
    (over there) **1.6**
aquéllos/as *pl. pron.* those (ones)
    (over there) **1.6**
aquí *adv.* here **1.1**
    Aquí está(n)... Here is/are... **1.5**
árbol *m.* tree **3.1**
archivo *m.* file **2.5**
arete *m.* earring **1.6**
argentino/a *adj.* Argentine **1.3**
armario *m.* closet **2.6**

arqueología *f.* archeology **1.2**
arqueólogo/a *m., f.*
    archeologist **3.4**
arquitecto/a *m., f.* architect **3.4**
arrancar *v.* to start (*a car*) **2.5**
arreglar *v.* to fix; to arrange **2.5;**
    to neaten; to straighten up **2.6**
arreglarse *v.* to get ready **2.1;**
    to fix oneself (*clothes, hair, etc.
    to go out*) **2.1**
arroba *f.* @ symbol **2.5**
arroz *m.* rice **2.2**
arte *m.* art **1.2**
artes *f., pl.* arts **3.5**
artesanía *f.* craftsmanship;
    crafts **3.5**
artículo *m.* article **3.6**
artista *m., f.* artist **1.3**
artístico/a *adj.* artistic **3.5**
arveja *f.* pea **2.2**
asado/a *adj.* roast **2.2**
ascenso *m.* promotion **3.4**
ascensor *m.* elevator **1.5**
así *adv.* like this; so (*in such
    a way*) **2.4**
asistir (a) *v.* to attend **1.3**
aspiradora *f.* vacuum cleaner **2.6**
aspirante *m., f.* candidate;
    applicant **3.4**
aspirina *f.* aspirin **2.4**
atún *m.* tuna **2.2**
aumentar *v.* to grow; to get
    bigger **3.1**
aumentar *v.* **de peso** to gain
    weight **3.3**
aumento *m.* increase
    aumento de sueldo pay
        raise **3.4**
aunque although
autobús *m.* bus **1.1**
automático/a *adj.* automatic
auto(móvil) *m.* auto(mobile) **1.5**
autopista *f.* highway **2.5**
ave *f.* bird **3.1**
avenida *f.* avenue
aventura *f.* adventure **3.5**
    de aventuras adventure
        (genre) **3.5**
avergonzado/a *adj.*
    embarrassed **1.5**
avión *m.* airplane **1.5**
¡Ay! *interj.* Oh!
    ¡Ay, qué dolor! Oh,
        what pain!
ayer *adv.* yesterday **1.6**
ayudar(se) *v.* to help
    (each other) **2.5**
azúcar *m.* sugar **2.2**
azul *adj. m., f.* blue **1.6**

B

bailar *v.* to dance **1.2**
bailarín/bailarina *m., f.* dancer **3.5**
baile *m.* dance **3.5**
bajar(se) de *v.* to get off of/out
    of (a vehicle) **2.5**

bajo/a *adj.* short (*in height*) **1.3**
balcón *m.* balcony **2.6**
balde *m.* bucket **1.5**
ballena *f.* whale **3.1**
baloncesto *m.* basketball **1.4**
banana *f.* banana **2.2**
banco *m.* bank **3.2**
banda *f.* band **3.5**
bandera *f.* flag
bañarse *v.* to bathe;
    to take a bath **2.1**
baño *m.* bathroom **2.1**
barato/a *adj.* cheap **1.6**
barco *m.* boat **1.5**
barrer *v.* to sweep **2.6**
    barrer el suelo *v.* to sweep
        the floor **2.6**
barrio *m.* neighborhood **2.6**
bastante *adv.* enough; rather **2.4**
basura *f.* trash **2.6**
baúl *m.* trunk **2.5**
beber *v.* to drink **1.3**
bebida *f.* drink **2.2**
béisbol *m.* baseball **1.4**
bellas artes *f., pl.* fine arts **3.5**
belleza *f.* beauty **3.2**
beneficio *m.* benefit **3.4**
besar(se) *v.* to kiss
    (each other) **2.5**
beso *m.* kiss **2.3**
biblioteca *f.* library **1.2**
bicicleta *f.* bicycle **1.4**
bien *adv.* well **1.1**
bienestar *m.* well-being **3.3**
bienvenido(s)/a(s) *adj.*
    welcome **1.1**
billete *m.* paper money; ticket
billón *m.* trillion
biología *f.* biology **1.2**
bisabuelo/a *m., f.* great-grand-
    father/great-grandmother **1.3**
bistec *m.* steak **2.2**
blanco/a *adj.* white **1.6**
blog *m.* blog **2.5**
(blue)jeans *m., pl.* jeans **1.6**
blusa *f.* blouse **1.6**
boca *f.* mouth **2.4**
boda *f.* wedding **2.3**
boleto *m.* ticket **1.2, 3.5**
bolsa *f.* purse, bag **1.6**
bombero/a *m., f.* firefighter **3.4**
bonito/a *adj.* pretty **1.3**
borrador *m.* eraser **1.2**
borrar *v.* to erase **2.5**
bosque *m.* forest **3.1**
    bosque tropical tropical forest;
        rain forest **3.1**
bota *f.* boot **1.6**
botella *f.* bottle **2.3**
botones *m., f. sing.* bellhop **1.5**
brazo *m.* arm **2.4**
brindar *v.* to toast (*drink*) **2.3**
bucear *v.* to scuba dive **1.4**

buen, bueno/a *adj.*
good **1.3, 1.6**
  buena forma good shape
  (*physical*) **3.3**
  Buenas noches. Good evening;
  Good night. **1.1**
  Buenas tardes. Good
  afternoon. **1.1**
  Bueno. Hello. (*on
  telephone*) **2.5**
  Buenos días. Good
  morning. **1.1**
bulevar *m.* boulevard
buscador *m.* browser **2.5**
buscar *v.* to look for **1.2**
buzón *m.* mailbox **3.2**

C

caballero *m.* gentleman, sir **2.2**
caballo *m.* horse **1.5**
cabe: no cabe duda de there's
no doubt **3.1**
cabeza *f.* head **2.4**
cada *adj. m., f.* each **1.6**
caerse *v.* to fall (down) **2.4**
café *m.* café **1.4**; *adj. m., f.*
brown **1.6**; *m.* coffee **2.2**
cafeína *f.* caffeine **3.3**
cafetera *f.* coffee maker **2.6**
cafetería *f.* cafeteria **1.2**
caído/a *p.p.* fallen **3.2**
caja *f.* cash register **1.6**
cajero/a *m., f.* cashier
  cajero automático *m.* ATM **3.2**
calavera de azúcar *f.* skull made
out of sugar **2.3**
calcetín (calcetines) *m.*
sock(s) **1.6**
calculadora *f.* calculator **1.2**
calentamiento global *m.* global
warming **3.1**
calentarse (e:ie) *v.* to warm
up **3.3**
calidad *f.* quality **1.6**
calle *f.* street **2.5**
calor *m.* heat
caloría *f.* calorie **3.3**
calzar *v.* to take size... shoes **1.6**
cama *f.* bed **1.5**
cámara de video *f.* video
camera **2.5**
cámara digital *f.* digital
camera **2.5**
camarero/a *m., f.* waiter/
waitress **2.2**
camarón *m.* shrimp **2.2**
cambiar (de) *v.* to change **2.3**
cambio: de cambio in
change **1.2**
cambio *m.* **climático** climate
change **3.1**
cambio *m.* **de moneda**
currency exchange
caminar *v.* to walk **1.2**
camino *m.* road
camión *m.* truck; bus

camisa *f.* shirt **1.6**
camiseta *f.* t-shirt **1.6**
campo *m.* countryside **1.5**
canadiense *adj.* Canadian **1.3**
canal *m.* (TV) channel **2.5; 3.5**
canción *f.* song **3.5**
candidato/a *m., f.* candidate **3.6**
canela *f.* cinnamon **2.4**
cansado/a *adj.* tired **1.5**
cantante *m., f.* singer **3.5**
cantar *v.* to sing **1.2**
capital *f.* capital city
capó *m.* hood **2.5**
cara *f.* face **2.1**
caramelo *m.* caramel **2.3**
cargador *m.* charger **2.5**
carne *f.* meat **2.2**
  carne de res *f.* beef **2.2**
carnicería *f.* butcher shop **3.2**
caro/a *adj.* expensive **1.6**
carpintero/a *m., f.* carpenter **3.4**
carrera *f.* career **3.4**
carretera *f.* highway; (main)
road **2.5**
carro *m.* car; automobile **2.5**
carta *f.* letter **1.4**; (playing)
card **1.5**
cartel *m.* poster **2.6**
cartera *f.* wallet **1.4, 1.6**
cartero *m.* mail carrier **3.2**
casa *f.* house; home **1.2**
casado/a *adj.* married **2.3**
casarse (con) *v.* to get married
(to) **2.3**
casi *adv.* almost **2.4**
catorce fourteen **1.1**
cazar *v.* to hunt **3.1**
cebolla *f.* onion **2.2**
cederrón *m.* CD-ROM
celebrar *v.* to celebrate **2.3**
cementerio *m.* cemetery **2.3**
cena *f.* dinner **2.2**
cenar *v.* to have dinner **1.2**
centro *m.* downtown **1.4**
  centro comercial shopping
  mall **1.6**
cepillarse los dientes/el pelo
v. to brush one's teeth/one's
hair **2.1**
cerámica *f.* pottery **3.5**
cerca de *prep.* near **1.2**
cerdo *m.* pork **2.2**
cereales *m., pl.* cereal; grains **2.2**
cero *m.* zero **1.1**
cerrado/a *adj.* closed **1.5**
cerrar (e:ie) *v.* to close **1.4**
césped *m.* grass
ceviche *m.* marinated fish
dish **2.2**
  ceviche de camarón *m.*
  lemon-marinated shrimp **2.2**
  chaleco *m.* vest
champiñón *m.* mushroom **2.2**
champú *m.* shampoo **2.1**
chaqueta *f.* jacket **1.6**
chatear *v.* to chat **2.5**
chau *fam. interj.* bye **1.1**

cheque *m.* (bank) check **3.2**
  cheque (de viajero) *m.*
  (traveler's) check **3.2**
chévere *adj., fam.* terrific
chico/a *m., f.* boy/girl **1.1**
chino/a *adj.* Chinese **1.3**
chocar (con) *v.* to run into
chocolate *m.* chocolate **2.3**
choque *m.* collision **3.6**
chuleta *f.* chop (*food*) **2.2**
  chuleta de cerdo *f.* pork
  chop **2.2**
cibercafé *m.* cybercafé **2.5**
ciclismo *m.* cycling **1.4**
cielo *m.* sky **3.1**
cien(to) one hundred **1.2**
ciencias *f., pl.* sciences **1.2**
  ciencias ambientales
  environmental science **1.2**
  de ciencia ficción *f.* science
  fiction (genre) **3.5**
científico/a *m., f.* scientist **3.4**
cierto/a *adj.* certain **3.1**
  es cierto it's certain **3.1**
  no es cierto it's not certain **3.1**
cima *f.* top, peak **3.3**
cinco five **1.1**
cincuenta fifty **1.2**
cine *m.* movie theater **1.4**
cinta *f.* (audio)tape
cinta caminadora *f.*
treadmill **3.3**
cinturón *m.* belt **1.6**
circulación *f.* traffic **2.5**
cita *f.* date; appointment **2.3**
ciudad *f.* city
ciudadano/a *m., f.* citizen **3.6**
Claro (que sí). *fam.* Of course.
clase *f.* class **1.2**
  clase de ejercicios aeróbicos
  f. aerobics class **3.3**
clásico/a *adj.* classical **3.5**
cliente/a *m., f.* customer **1.6**
clínica *f.* clinic **2.4**
cobrar *v.* to cash (a check) **3.2**
coche *m.* car; automobile **2.5**
cocina *f.* kitchen; stove **2.3, 2.6**
cocinar *v.* to cook **2.6**
cocinero/a *m., f.* cook, chef **3.4**
cofre *m.* hood **3.2**
cola *f.* line **3.2**
colesterol *m.* cholesterol **3.3**
color *m.* color **1.6**
comedia *f.* comedy; play **3.5**
comedor *m.* dining room **2.6**
comenzar (e:ie) *v.* to begin **1.4**
comer *v.* to eat **1.3**
comercial *adj.* commercial;
business-related **3.4**
comida *f.* food; meal **1.4, 2.2**
como like; as **2.2**
¿cómo? what?; how? **1.1, 1.2**
  ¿Cómo es...? What's... like?
  ¿Cómo está usted? *form.*
  How are you? **1.1**

¿Cómo estás? *fam.* How are you? 1.1
¿Cómo se llama usted? *(form.)* What's your name? 1.1
¿Cómo te llamas? *fam.* What's your name? 1.1
cómoda *f.* chest of drawers 2.6
cómodo/a *adj.* comfortable 1.5
compañero/a de clase *m., f.* classmate 1.2
compañero/a de cuarto *m., f.* roommate 1.2
compañía *f.* company; firm 3.4
compartir *v.* to share 1.3
compositor(a) *m., f.* composer 3.5
comprar *v.* to buy 1.2
compras *f., pl.* purchases
  ir de compras to go shopping 1.5
comprender *v.* to understand 1.3
comprobar *v.* to check
comprometerse (con) *v.* to get engaged (to) 2.3
computación *f.* computer science 1.2
computadora *f.* computer 1.1
computadora portátil *f.* portable computer; laptop 2.5
comunicación *f.* communication 3.6
comunicarse (con) *v.* to communicate (with) 3.6
comunidad *f.* community 1.1
con *prep.* with 1.2
  Con él/ella habla. Speaking. *(on telephone)* 2.5
  con frecuencia *adv.* frequently 2.4
  Con permiso. Pardon me; Excuse me. 1.1
  con tal (de) que *conj.* provided (that) 3.1
concierto *m.* concert 3.5
concordar *v.* to agree
concurso *m.* game show; contest 3.5
conducir *v.* to drive 1.6, 2.5
conductor(a) *m., f.* driver 1.1
conexión *f.* **inalámbrica** wireless connection 2.5
confirmar *v.* to confirm 1.5
confirmar *v.* **una reservación** *f.* to confirm a reservation 1.5
confundido/a *adj.* confused 1.5
congelador *m.* freezer 2.6
congestionado/a *adj.* congested; stuffed-up 2.4
conmigo *pron.* with me 1.4, 2.3
conocer *v.* to know; to be acquainted with 1.6
conocido/a *adj.; p.p.* known
conseguir (e:i) *v.* to get; to obtain 1.4
consejero/a *m., f.* counselor; advisor 3.4
consejo *m.* advice
conservación *f.* conservation 3.1

conservar *v.* to conserve 3.1
construir *v.* to build
consultorio *m.* doctor's office 2.4
consumir *v.* to consume 3.3
contabilidad *f.* accounting 1.2
contador(a) *m., f.* accountant 3.4
contaminación *f.* pollution 3.1
  contaminación del aire/del agua air/water pollution 3.1
contaminado/a *adj.* polluted 3.1
contaminar *v.* to pollute 3.1
contar (o:ue) *v.* to count; to tell 1.4
contento/a *adj.* content 1.5
contestadora *f.* answering machine
contestar *v.* to answer 1.2
contigo *fam. pron.* with you 1.5, 2.3
contratar *v.* to hire 3.4
control *m.* **remoto** remote control 2.5
controlar *v.* to control 3.1
conversación *f.* conversation 1.1
conversar *v.* to converse, to chat 1.2
corazón *m.* heart 2.4
corbata *f.* tie 1.6
corredor(a) *m., f.* **de bolsa** stockbroker 3.4
correo *m.* mail; post office 3.2
  correo de voz *m.* voice mail 2.5
  correo electrónico *m.* e-mail 1.4
correr *v.* to run 1.3
cortesía *f.* courtesy
cortinas *f., pl.* curtains 2.6
corto/a *adj.* short (*in length*) 1.6
cosa *f.* thing 1.1
costar (o:ue) *v.* to cost 1.6
costarricense *adj.* Costa Rican 1.3
cráter *m.* crater 3.1
creer *v.* to believe 1.3, 3.1
  creer (en) *v.* to believe (in) 1.3
  no creer *v.* not to believe 3.1
creído/a *adj., p.p.* believed 3.2
crema de afeitar *f.* shaving cream 1.5, 2.1
crimen *m.* crime; murder 3.6
cruzar *v.* to cross 3.2
cuaderno *m.* notebook 1.1
cuadra *f.* (city) block 3.2
¿cuál(es)? which?; which one(s)? 1.2
  ¿Cuál es la fecha de hoy? What is today's date? 1.5
cuadro *m.* picture 2.6
cuando *conj.* when 2.1; 3.1
¿cuándo? when? 1.2
¿cuánto(s)/a(s)? how much/how many? 1.1, 1.2
  ¿Cuánto cuesta...? How much does... cost? 1.6
  ¿Cuántos años tienes? How old are you?
cuarenta forty 1.2
cuarto de baño *m.* bathroom 2.1
cuarto *m.* room 1.2; 2.1
cuarto/a *adj.* fourth 1.5

menos cuarto quarter to (time) 1.1
y cuarto quarter after (time) 1.1
cuatro four 1.1
cuatrocientos/as four hundred 1.2
cubano/a *adj.* Cuban 1.3
cubiertos *m., pl.* silverware
cubierto/a *p.p.* covered
cubrir *v.* to cover
cuchara *f.* (table or large) spoon 2.6
cuchillo *m.* knife 2.6
cuello *m.* neck 2.4
cuenta *f.* bill 2.2; account 3.2
  cuenta corriente *f.* checking account 3.2
  cuenta de ahorros *f.* savings account 3.2
cuento *m.* short story 3.5
cuerpo *m.* body 2.4
cuidado *m.* care
cuidar *v.* to take care of 3.1
cultura *f.* culture 1.2, 3.5
cumpleaños *m., sing.* birthday 2.3
cumplir años *v.* to have a birthday
cuñado/a *m., f.* brother-in-law/ sister-in-law 1.3
currículum *m.* résumé 3.4
curso *m.* course 1.2

D

danza *f.* dance 3.5
dañar *v.* to damage; to break down 2.4
dar *v.* to give 1.6
  dar un consejo *v.* to give advice
  darse con *v.* to bump into; to run into (something) 2.4
  darse prisa *v.* to hurry; to rush 3.3
de *prep.* of; from 1.1
  ¿De dónde eres? *fam.* Where are you from? 1.1
  ¿De dónde es usted? *form.* Where are you from? 1.1
  ¿De parte de quién? Who is speaking/calling? *(on telephone)* 2.5
  ¿de quién...? whose...? *(sing.)* 1.1
  ¿de quiénes...? whose...? *(pl.)* 1.1
  de algodón (made) of cotton 1.6
  de aluminio (made) of aluminum 3.1
  de buen humor in a good mood 1.5
  de compras shopping 1.5
  de cuadros plaid 1.6
  de excursión hiking 1.4
  de hecho in fact
  de ida y vuelta roundtrip 1.5
  de la mañana in the morning; A.M. 1.1
  de la noche in the evening; at night; P.M. 1.1

de la tarde in the afternoon; in the early evening; P.M. **1.1**
de lana (made) of wool **1.6**
de lunares polka-dotted **1.6**
de mal humor in a bad mood **1.5**
de moda in fashion **1.6**
De nada. You're welcome. **1.1**
de niño/a as a child **2.4**
de parte de on behalf of **2.5**
de plástico (made) of plastic **3.1**
de rayas striped **1.6**
de repente suddenly **1.6**
de seda (made) of silk **1.6**
de vaqueros western (genre) **3.5**
de vez en cuando from time to time **2.4**
de vidrio (made) of glass **3.1**
debajo de *prep.* below; under **1.2**
deber (+ *inf.*) *v.* should; must; ought to **1.3**
deber *m.* responsibility; obligation **3.6**
debido a due to (the fact that)
débil *adj.* weak **3.3**
decidir (+ *inf.*) *v.* to decide **1.3**
décimo/a *adj.* tenth **1.5**
decir (e:i) *v.* **(que)** to say (that); to tell (that) **1.4**
　　decir la respuesta to say the answer **1.4**
　　decir la verdad to tell the truth **1.4**
　　decir mentiras to tell lies **1.4**
declarar *v.* to declare; to say **3.6**
dedo *m.* finger **2.4**
dedo del pie *m.* toe **2.4**
deforestación *f.* deforestation **3.1**
dejar *v.* to let; to quit; to leave behind **3.4**
　　dejar de (+ *inf.*) *v.* to stop (*doing something*) **3.1**
　　dejar una propina *v.* to leave a tip
del (*contraction of* **de + el**) of the; from the **1.1**
delante de *prep.* in front of **1.2**
delgado/a *adj.* thin; slender **1.3**
delicioso/a *adj.* delicious **2.2**
demás *adj.* the rest
demasiado *adv.* too much **1.6**
dentista *m., f.* dentist **2.4**
dentro de (diez años) within (ten years) **3.4**; inside
dependiente/a *m., f.* clerk **1.6**
deporte *m.* sport **1.4**
deportista *m.* sports person
deportivo/a *adj.* sports-related **1.4**
depositar *v.* to deposit **3.2**
derecha *f.* right **1.2**
　　a la derecha de to the right of **1.2**
derecho *adv.* straight (ahead) **3.2**
derechos *m., pl.* rights **3.6**
desarrollar *v.* to develop **3.1**

desastre (natural) *m.* (natural) disaster **3.6**
desayunar *v.* to have breakfast **1.2**
desayuno *m.* breakfast **2.2**
descafeinado/a *adj.* decaffeinated **3.3**
descansar *v.* to rest **1.2**
descargar *v.* to download **2.5**
descompuesto/a *adj.* not working; out of order **2.5**
describir *v.* to describe **1.3**
descrito/a *p.p.* described **3.2**
descubierto/a *p.p.* discovered **3.2**
descubrir *v.* to discover **3.1**
desde *prep.* from **1.6**
desear *v.* to wish; to desire **1.2**
desempleo *m.* unemployment **3.6**
desierto *m.* desert **3.1**
desigualdad *f.* inequality **3.6**
desordenado/a *adj.* disorderly **1.5**
despacio *adv.* slowly **2.4**
despedida *f.* farewell; goodbye
despedir (e:i) *v.* to fire **3.4**
despedirse (de) (e:i) *v.* to say goodbye (to) **3.6**
despejado/a *adj.* clear (*weather*)
despertador *m.* alarm clock **2.1**
despertarse (e:ie) *v.* to wake up **2.1**
después *adv.* afterwards; then **2.1**
　　después de after **2.1**
　　después de que *conj.* after **3.1**
destruir *v.* to destroy **3.1**
detrás de *prep.* behind **1.2**
día *m.* day **1.1**
día de fiesta holiday **2.3**
diario *m.* diary **1.1**; newspaper **3.6**
diario/a *adj.* daily **2.1**
dibujar *v.* to draw **1.2**
dibujo *m.* drawing
　　dibujos animados *m., pl.* cartoons **3.5**
diccionario *m.* dictionary **1.1**
dicho/a *p.p.* said **3.2**
diciembre *m.* December **1.5**
dictadura *f.* dictatorship **3.6**
diecinueve nineteen **1.1**
dieciocho eighteen **1.1**
dieciséis sixteen **1.1**
diecisiete seventeen **1.1**
diente *m.* tooth **2.1**
dieta *f.* diet **3.3**
　　comer una dieta equilibrada to eat a balanced diet **3.3**
diez ten **1.1**
difícil *adj.* difficult; hard **1.3**
Diga. Hello. (*on telephone*) **2.5**
diligencia *f.* errand **3.2**
dinero *m.* money **1.6**
dirección *f.* address **3.2**
　　dirección electrónica *f.* e-mail address **2.5**
director(a) *m., f.* director; (*musical*) conductor **3.5**
dirigir *v.* to direct **3.5**

disco compacto compact disc (CD) **2.5**
discriminación *f.* discrimination **3.6**
discurso *m.* speech **3.6**
diseñador(a) *m., f.* designer **3.4**
diseño *m.* design
disfraz *m.* costume **2.3**
disfrutar (de) *v.* to enjoy; to reap the benefits (of) **3.3**
disminuir *v.* to reduce **3.4**
diversión *f.* fun activity; entertainment; recreation **1.4**
divertido/a *adj.* fun
divertirse (e:ie) *v.* to have fun **2.3**
divorciado/a *adj.* divorced **2.3**
divorciarse (de) *v.* to get divorced (from) **2.3**
divorcio *m.* divorce **2.3**
doblar *v.* to turn **3.2**
doble *adj.* double **1.5**
doce twelve **1.1**
doctor(a) *m., f.* doctor **1.3; 2.4**
documental *m.* documentary **3.5**
documentos de viaje *m., pl.* travel documents
doler (o:ue) *v.* to hurt **2.4**
dolor *m.* ache; pain **2.4**
　　dolor de cabeza *m.* headache **2.4**
doméstico/a *adj.* domestic **2.6**
domingo *m.* Sunday **1.2**
don *m.* Mr.; sir **1.1**
doña *f.* Mrs.; ma'am **1.1**
donde *adv.* where
　　¿Dónde está...? Where is...? **1.2**
　　¿dónde? where? **1.1, 1.2**
dormir (o:ue) *v.* to sleep **1.4**
dormirse (o:ue) *v.* to go to sleep; to fall asleep **2.1**
dormitorio *m.* bedroom **2.6**
dos two **1.1**
　　dos veces *f.* twice; two times **1.6**
doscientos/as two hundred **1.2**
drama *m.* drama; play **3.5**
dramático/a *adj.* dramatic **3.5**
dramaturgo/a *m., f.* playwright **3.5**
ducha *f.* shower **2.1**
ducharse *v.* to shower; to take a shower **2.1**
duda *f.* doubt **3.1**
dudar *v.* to doubt **3.1**
　　no dudar *v.* not to doubt **3.1**
dueño/a *m., f.* owner **2.2**
dulces *m., pl.* sweets; candy **2.3**
durante *prep.* during **2.1**
durar *v.* to last **3.6**

E

e *conj.* (*used instead of* **y** *before words beginning with* **i** *and* **hi**) and

echar *v.* to throw
  echar (una carta) al buzón *v.*
  to put (a letter) in the
  mailbox; to mail **3.2**
ecología *f.* ecology **3.1**
ecológico/a *adj.* ecological **3.1**
ecologista *m., f.* ecologist **3.1**
economía *f.* economics **1.2**
ecoturismo *m.* ecotourism **3.1**
ecuatoriano/a *adj.*
  Ecuadorian **1.3**
edad *f.* age **2.3**
edificio *m.* building **2.6**
  edificio de apartamentos
  apartment building **2.6**
(en) efectivo *m.* cash **1.6**
ejercer *v.* to practice/exercise
  (a degree/profession) **3.4**
ejercicio *m.* exercise **3.3**
  ejercicios aeróbicos
  aerobic exercises **3.3**
  ejercicios de estiramiento
  stretching exercises **3.3**
ejército *m.* army **3.6**
el *m., sing., def. art.* the **1.1**
él *sub. pron.* he **1.1**; *obj. pron.* him
elecciones *f., pl.* election **3.6**
electricista *m., f.* electrician **3.4**
electrodoméstico *m.* electric
  appliance **2.6**
elegante *adj. m., f.* elegant **1.6**
elegir (e:i) *v.* to elect **3.6**
ella *sub. pron.* she **1.1**; *obj.*
  pron. her
ellos/as *sub. pron.* they **1.1**;
  obj. pron. them
embarazada *adj.* pregnant **2.4**
emergencia *f.* emergency **2.4**
emitir *v.* to broadcast **3.6**
emocionante *adj. m., f.* exciting
empezar (e:ie) *v.* to begin **1.4**
empleado/a *m., f.* employee **1.5**
empleo *m.* job; employment **3.4**
empresa *f.* company; firm **3.4**
en *prep.* in; on **1.2**
  en casa at home
  en caso (de) que *conj.* in case
  (that) **3.1**
  en cuanto *conj.* as soon as **3.1**
  en efectivo in cash **3.2**
  en exceso in excess; too
  much **3.3**
  en línea in-line **1.4**
  en punto on the dot; exactly;
  sharp *(time)* **1.1**
  en qué in what; how
  ¿En qué puedo servirles?
  How can I help you? **1.5**
  en vivo live **2.1**
enamorado/a (de) *adj.* in love
  (with) **1.5**
enamorarse (de) *v.* to fall in love
  (with) **2.3**
encantado/a *adj.* delighted;
  pleased to meet you **1.1**
encantar *v.* to like very much; to
  love *(inanimate objects)* **2.1**

encima de *prep.* on top of **1.2**
encontrar (o:ue) *v.* to find **1.4**
encontrar(se) (o:ue) *v.* to meet
  (each other); to run into (each
  other) **2.5**
  encontrarse con to meet up
  with **2.1**
encuesta *f.* poll; survey **3.6**
energía *f.* energy **3.1**
  energía nuclear nuclear
  energy **3.1**
  energía solar solar energy **3.1**
enero *m.* January **1.5**
enfermarse *v.* to get sick **2.4**
enfermedad *f.* illness **2.4**
enfermero/a *m., f.* nurse **2.4**
enfermo/a *adj.* sick **2.4**
enfrente de *adv.* opposite;
  facing **3.2**
engordar *v.* to gain weight **3.3**
enojado/a *adj.* angry **1.5**
enojarse (con) *v.* to get angry
  (with) **2.1**
ensalada *f.* salad **2.2**
ensayo *m.* essay **1.3**
enseguida *adv.* right away
enseñar *v.* to teach **1.2**
ensuciar *v.* to get (something)
  dirty **2.6**
entender (e:ie) *v.* to understand **1.4**
enterarse *v.* to find out **3.4**
entonces *adv.* so, then **1.5, 2.1**
entrada *f.* entrance **2.6**; ticket
entre *prep.* between; among **1.2**
entregar *v.* to hand in **2.5**
entremeses *m., pl.* hors
  d'oeuvres; appetizers **2.2**
entrenador(a) *m., f.* trainer **3.3**
entrenarse *v.* to practice;
  to train **3.3**
entrevista *f.* interview **3.4**
entrevistador(a) *m., f.*
  interviewer **3.4**
entrevistar *v.* to interview **3.4**
envase *m.* container **3.1**
enviar *v.* to send; to mail **3.2**
equilibrado/a *adj.* balanced **3.3**
equipaje *m.* luggage **1.5**
equipo *m.* team **1.4**
equivocado/a *adj.* wrong **1.5**
eres *fam.* you are **1.1**
es he/she/it is **1.1**
  Es bueno que... It's good
  that... **2.6**
  es cierto it's certain **3.1**
  es extraño it's strange **3.1**
  es igual it's the same **1.5**
  Es importante que... It's
  important that... **2.6**
  es imposible it's
  impossible **3.1**
  es improbable it's
  improbable **3.1**
  Es malo que... It's bad
  that... **2.6**
  Es mejor que... It's better
  that... **2.6**

Es necesario que... It's
  necessary that... **2.6**
es obvio it's obvious **3.1**
es posible it's possible **3.1**
es probable it's probable **3.1**
es ridículo it's ridiculous **3.1**
es seguro it's certain **3.1**
es terrible it's terrible **3.1**
es triste it's sad **3.1**
Es urgente que... It's urgent
  that... **2.6**
Es la una. It's one o'clock. **1.1**
es una lástima it's a shame **3.1**
es verdad it's true **3.1**
esa(s) *f., adj.* that; those **1.6**
ésa(s) *f., pron.* that (one);
  those (ones) **1.6**
escalar *v.* to climb **1.4**
  escalar montañas to climb
  mountains **1.4**
escalera *f.* stairs; stairway **2.6**
escalón *m.* step **3.3**
escanear *v.* to scan **2.5**
escoger *v.* to choose **2.2**
escribir *v.* to write **1.3**
  escribir un mensaje
  electrónico to write an
  e-mail **1.4**
  escribir una carta to write a
  letter **1.4**
escrito/a *p.p.* written **3.2**
escritor(a) *m., f.* writer **3.5**
escritorio *m.* desk **1.2**
escuchar *v.* to listen (to) **1.2**
  escuchar la radio to listen to
  the radio **1.2**
  escuchar música to listen to
  music **1.2**
escuela *f.* school **1.1**
esculpir *v.* to sculpt **3.5**
escultor(a) *m., f.* sculptor **3.5**
escultura *f.* sculpture **3.5**
ese *m., sing., adj.* that **1.6**
ése *m., sing., pron.* that one **1.6**
eso *neuter, pron.* that;
  that thing **1.6**
esos *m., pl., adj.* those **1.6**
ésos *m., pl., pron.* those (ones) **1.6**
España *f.* Spain
español *m.* Spanish *(language)* **1.2**
español(a) *adj. m., f.* Spanish **1.3**
espárragos *m., pl.* asparagus **2.2**
especialidad: las especialidades
  del día today's specials **2.2**
especialización *f.* major **1.2**
espectacular *adj.* spectacular
espectáculo *m.* show **3.5**
espejo *m.* mirror **2.1**
esperar *v.* to hope; to wish **3.1**
  esperar (+ inf.) *v.* to wait
  (for); to hope **1.2**
esposo/a *m., f.* husband/wife;
  spouse **1.3**
esquí (acuático) *m.* (water)
  skiing **1.4**
esquiar *v.* to ski **1.4**
esquina *f.* corner **3.2**

está he/she/it is, you are
  Está bien. That's fine.
  Está (muy) despejado. It's (very) clear. (*weather*)
  Está lloviendo. It's raining. 1.5
  Está nevando. It's snowing. 1.5
  Está (muy) nublado. It's (very) cloudy. (*weather*) 1.5
esta(s) *f., adj.* this; these 1.6
  esta noche tonight
ésta(s) *f., pron.* this (one); these (ones) 1.6
establecer *v.* to establish 3.4
estación *f.* station; season 1.5
  estación de autobuses bus station 1.5
  estación del metro subway station 1.5
  estación de tren train station 1.5
estacionamiento *m.* parking lot 3.2
estacionar *v.* to park 2.5
estadio *m.* stadium 1.2
estado civil *m.* marital status 2.3
Estados Unidos *m., pl.* (EE.UU.; E.U.) United States
estadounidense *adj. m., f.* from the United States 1.3
estampilla *f.* stamp 3.2
estante *m.* bookcase; bookshelves 2.6
estar *v.* to be 1.2
  estar a dieta to be on a diet 3.3
  estar aburrido/a to be bored 1.5
  estar afectado/a (por) to be affected (by) 3.1
  estar cansado/a to be tired 1.5
  estar contaminado/a to be polluted 3.1
  estar de acuerdo to agree 3.5
    Estoy de acuerdo. I agree. 3.5
    No estoy de acuerdo. I don't agree. 3.5
  estar de moda to be in fashion 1.6
  estar de vacaciones *f., pl.* to be on vacation 1.5
  estar en buena forma to be in good shape 3.3
  estar enfermo/a to be sick 2.4
  estar harto/a de... to be sick of... 3.6
  estar listo/a to be ready 1.5
  estar perdido/a to be lost 3.2
  estar roto/a to be broken
  estar seguro/a to be sure 1.5
  estar torcido/a to be twisted; to be sprained 2.4
  No está nada mal. It's not bad at all. 1.5
estatua *f.* statue 3.5
este *m.* east 3.2
este *m., sing., adj.* this 1.6
éste *m., sing., pron.* this (one) 1.6

estéreo *m.* stereo 2.5
estilo *m.* style
estiramiento *m.* stretching 3.3
esto *neuter pron.* this; this thing 1.6
estómago *m.* stomach 2.4
estornudar *v.* to sneeze 2.4
estos *m., pl., adj.* these 1.6
éstos *m., pl., pron.* these (ones) 1.6
estrella *f.* star 3.1
  estrella de cine *m., f.* movie star 3.5
estrés *m.* stress 3.3
estudiante *m., f.* student 1.1, 1.2
estudiantil *adj. m., f.* student 1.2
estudiar *v.* to study 1.2
estufa *f.* stove 2.6
estupendo/a *adj.* stupendous 1.5
etapa *f.* stage 2.3
evitar *v.* to avoid 3.1
examen *m.* test; exam 1.2
  examen médico physical exam 2.4
excelente *adj. m., f.* excellent 1.5
exceso *m.* excess 3.3
excursión *f.* hike; tour; excursion 1.4
excursionista *m., f.* hiker
éxito *m.* success
experiencia *f.* experience
explicar *v.* to explain 1.2
explorar *v.* to explore
expresión *f.* expression
extinción *f.* extinction 3.1
extranjero/a *adj.* foreign 3.5
extrañar *v.* to miss 3.4
extraño/a *adj.* strange 3.1

F

fábrica *f.* factory 3.1
fabuloso/a *adj.* fabulous 1.5
fácil *adj.* easy 1.3
falda *f.* skirt 1.6
faltar *v.* to lack; to need 2.1
familia *f.* family 1.3
famoso/a *adj.* famous
farmacia *f.* pharmacy 2.4
fascinar *v.* to fascinate 2.1
favorito/a *adj.* favorite 1.4
fax *m.* fax (machine)
febrero *m.* February 1.5
fecha *f.* date 1.5
¡Felicidades! Congratulations! 2.3
¡Felicitaciones! Congratulations! 2.3
feliz *adj.* happy 1.5
  ¡Feliz cumpleaños! Happy birthday! 2.3
fenomenal *adj.* great, phenomenal 1.5
feo/a *adj.* ugly 1.3
festival *m.* festival 3.5
fiebre *f.* fever 2.4
fiesta *f.* party 2.3
fijo/a *adj.* fixed, set 1.6

fin *m.* end 1.4
  fin de semana weekend 1.4
finalmente *adv.* finally
firmar *v.* to sign (*a document*) 3.2
física *f.* physics 1.2
flan (de caramelo) *m.* baked (caramel) custard 2.3
flexible *adj.* flexible 3.3
flor *f.* flower 3.1
folclórico/a *adj.* folk; folkloric 3.5
folleto *m.* brochure
forma *f.* shape 3.3
formulario *m.* form 3.2
foto(grafía) *f.* photograph 1.1
francés, francesa *adj. m., f.* French 1.3
frecuentemente *adv.* frequently
frenos *m., pl.* brakes
frente (frío) *m.* (cold) front 1.5
fresco/a *adj.* cool
frijoles *m., pl.* beans 2.2
frío/a *adj.* cold
frito/a *adj.* fried 2.2
fruta *f.* fruit 2.2
frutería *f.* fruit store 3.2
fuera *adv.* outside
fuerte *adj. m., f.* strong 3.3
fumar *v.* to smoke 3.3
  (no) fumar *v.* (not) to smoke 3.3
funcionar *v.* to work 2.5; to function
fútbol *m.* soccer 1.4
fútbol americano *m.* football 1.4
futuro/a *adj.* future
  en el futuro in the future

G

gafas (de sol) *f., pl.* (sun)glasses 1.6
gafas (oscuras) *f., pl.* (sun)glasses
galleta *f.* cookie 2.3
ganar *v.* to win 1.4; to earn (money) 3.4
ganga *f.* bargain 1.6
garaje *m.* garage; (mechanic's) repair shop 2.5; garage (*in a house*) 2.6
garganta *f.* throat 2.4
gasolina *f.* gasoline 2.5
gasolinera *f.* gas station 2.5
gastar *v.* to spend (*money*) 1.6
gato *m.* cat 3.1
gemelo/a *m., f.* twin 1.3
genial *adj.* great 3.4
gente *f.* people 1.3
geografía *f.* geography 1.2
gerente *m., f.* manager 2.2, 3.4
gimnasio *m.* gymnasium 1.4
gobierno *m.* government 3.1
golf *m.* golf 1.4
gordo/a *adj.* fat 1.3
grabar *v.* to record 2.5
gracias *f., pl.* thank you; thanks 1.1
  Gracias por invitarme. Thanks for inviting me. 2.3
graduarse (de/en) *v.* to graduate (from/in) 2.3

grande *adj.* big; large **1.3**
grasa *f.* fat **3.3**
gratis *adj. m., f.* free of charge **3.2**
grave *adj.* grave; serious **2.4**
gripe *f.* flu **2.4**
gris *adj. m., f.* gray **1.6**
gritar *v.* to scream, to shout
grito *m.* scream **1.6**
guantes *m., pl.* gloves **1.6**
guapo/a *adj.* handsome; good-looking **1.3**
guardar *v.* to save (on a computer) **2.5**
guerra *f.* war **3.6**
guía *m., f.* guide
gustar *v.* to be pleasing to; to like **1.2**
　Me gustaría... I would like...
gusto *m.* pleasure **1.1**
　El gusto es mío. The pleasure is mine. **1.1**
　Mucho gusto. Pleased to meet you. **1.1**
　¡Qué gusto verlo/la! *(form.)* How nice to see you! **3.6**
　¡Qué gusto verte! *(fam.)* How nice to see you! **3.6**

H

haber *(auxiliar) v.* to have (done something) **3.3**
habitación *f.* room **1.5**
　habitación doble double room **1.5**
　habitación individual single room **1.5**
hablar *v.* to talk; to speak **1.2**
hacer *v.* to do; to make **1.4**
　Hace buen tiempo. The weather is good. **1.5**
　Hace (mucho) calor. It's (very) hot. *(weather)* **1.5**
　Hace fresco. It's cool. *(weather)* **1.5**
　Hace (mucho) frío. It's (very) cold. *(weather)* **1.5**
　Hace mal tiempo. The weather is bad. **1.5**
　Hace (mucho) sol. It's (very) sunny. *(weather)* **1.5**
　Hace (mucho) viento. It's (very) windy. *(weather)* **1.5**
　hacer cola to stand in line **3.2**
　hacer diligencias to run errands **3.2**
　hacer ejercicio to exercise **3.3**
　hacer ejercicios aeróbicos to do aerobics **3.3**
　hacer ejercicios de estiramiento to do stretching exercises **3.3**
　hacer el papel (de) to play the role (of) **3.5**
　hacer gimnasia to work out **3.3**
　hacer juego (con) to match (with) **1.6**

hacer la cama to make the bed **2.6**
hacer las maletas to pack (one's) suitcases **1.5**
hacer quehaceres domésticos to do household chores **2.6**
hacer (wind)surf to (wind)surf **1.5**
hacer turismo to go sightseeing
hacer un viaje to take a trip **1.5**
¿Me harías el honor de casarte conmigo? Would you do me the honor of marrying me? **3.5**
hacia *prep.* toward **3.2**
hambre *f.* hunger
hamburguesa *f.* hamburger **2.2**
hasta *prep.* until **1.6**; toward
　Hasta la vista. See you later. **1.1**
　Hasta luego. See you later. **1.1**
　Hasta mañana. See you tomorrow. **1.1**
　Hasta pronto. See you soon. **1.1**
　hasta que *conj.* until **3.1**
hay there is; there are **1.1**
　Hay (mucha) contaminación. It's (very) smoggy.
　Hay (mucha) niebla. It's (very) foggy.
　Hay que It is necessary that
　No hay de qué. You're welcome. **1.1**
　No hay duda de There's no doubt **3.1**
hecho/a *p.p.* done **3.2**
heladería *f.* ice cream shop **3.2**
helado/a *adj.* iced **2.2**
helado *m.* ice cream **2.3**
hermanastro/a *m., f.* stepbrother/stepsister **1.3**
hermano/a *m., f.* brother/sister **1.3**
hermano/a mayor/menor *m., f.* older/younger brother/sister **1.3**
hermanos *m., pl.* siblings (brothers and sisters) **1.3**
hermoso/a *adj.* beautiful **1.6**
hierba *f.* grass **3.1**
hijastro/a *m., f.* stepson/stepdaughter **1.3**
hijo/a *m., f.* son/daughter **1.3**
　hijo/a único/a *m., f.* only child **1.3**
　hijos *m., pl.* children **1.3**
híjole *interj.* wow **1.6**
historia *f.* history **1.2**; story **3.5**
hockey *m.* hockey **1.4**
hola *interj.* hello; hi **1.1**
hombre *m.* man **1.1**
　hombre de negocios *m.* businessman **3.4**
hora *f.* hour **1.1**; the time
horario *m.* schedule **1.2**
horno *m.* oven **2.6**
　horno de microondas *m.* microwave oven **2.6**

horror *m.* horror **3.5**
　de horror horror (genre) **3.5**
hospital *m.* hospital **2.4**
hotel *m.* hotel **1.5**
hoy *adv.* today **1.2**
　hoy día *adv.* nowadays
　Hoy es... Today is... **1.2**
hueco *m.* hole **1.4**
huelga *f.* strike *(labor)* **3.6**
hueso *m.* bone **2.4**
huésped *m., f.* guest **1.5**
huevo *m.* egg **2.2**
humanidades *f., pl.* humanities **1.2**
huracán *m.* hurricane **3.6**

I

ida *f.* one way *(travel)*
idea *f.* idea **3.6**
iglesia *f.* church **1.4**
igualdad *f.* equality **3.6**
igualmente *adv.* likewise **1.1**
impermeable *m.* raincoat **1.6**
importante *adj. m., f.* important **1.3**
importar *v.* to be important to; to matter **2.1**
imposible *adj. m., f.* impossible **3.1**
impresora *f.* printer **2.5**
imprimir *v.* to print **2.5**
improbable *adj. m., f.* improbable **3.1**
impuesto *m.* tax **3.6**
incendio *m.* fire **3.6**
increíble *adj. m., f.* incredible **1.5**
indicar cómo llegar *v.* to give directions **3.2**
individual *adj.* single *(room)* **1.5**
infección *f.* infection **2.4**
informar *v.* to inform **3.6**
informe *m.* report; paper *(written work)* **3.6**
ingeniero/a *m., f.* engineer **1.3**
inglés *m.* English *(language)* **1.2**
inglés, inglesa *adj.* English **1.3**
inodoro *m.* toilet **2.1**
insistir (en) *v.* to insist (on) **2.6**
inspector(a) de aduanas *m., f.* customs inspector **1.5**
inteligente *adj. m., f.* intelligent **1.3**
intento *m.* attempt **2.5**
intercambiar *v.* to exchange
interesante *adj. m., f.* interesting **1.3**
interesar *v.* to be interesting to; to interest **2.1**
internacional *adj. m., f.* international **3.6**
Internet Internet **2.5**
inundación *f.* flood **3.6**
invertir (e:ie) *v.* to invest **3.4**
invierno *m.* winter **1.5**
invitado/a *m., f.* guest **2.3**
invitar *v.* to invite **2.3**
inyección *f.* injection **2.4**
ir *v.* to go **1.4**
　ir a (+ inf.) to be going to do something **1.4**

ir de compras to go shopping 1.5
ir de excursión (a las montañas) to go on a hike (in the mountains) 1.4
ir de pesca to go fishing
ir de vacaciones to go on vacation 1.5
ir en autobús to go by bus 1.5
ir en auto(móvil) to go by auto(mobile); to go by car 1.5
ir en avión to go by plane 1.5
ir en barco to go by boat 1.5
ir en metro to go by subway
ir en moto(cicleta) to go by motorcycle 1.5
ir en taxi to go by taxi 1.5
ir en tren to go by train
irse *v.* to go away; to leave 2.1
italiano/a *adj.* Italian 1.3
izquierda *f.* left 1.2
   a la izquierda de to the left of 1.2

J

jabón *m.* soap 2.1
jamás *adv.* never; not ever 2.1
jamón *m.* ham 2.2
japonés, japonesa *adj.* Japanese 1.3
jardín *m.* garden; yard 2.6
jefe, jefa *m., f.* boss 3.4
jengibre *m.* ginger 2.4
joven *adj. m., f., sing.* (**jóvenes** *pl.*) young 1.3
   joven *m., f., sing.* (**jóvenes** *pl.*) young person 1.1
joyería *f.* jewelry store 3.2
jubilarse *v.* to retire (*from work*) 2.3
juego *m.* game
jueves *m., sing.* Thursday 1.2
jugador(a) *m., f.* player 1.4
jugar (u:ue) *v.* to play 1.4
   jugar a las cartas *f., pl.* to play cards 1.5
jugo *m.* juice 2.2
   jugo de fruta *m.* fruit juice 2.2
julio *m.* July 1.5
jungla *f.* jungle 3.1
junio *m.* June 1.5
juntos/as *adj.* together 2.3
juventud *f.* youth 2.3

K

kilómetro *m.* kilometer 2.5

L

la *f., sing., def. art.* the 1.1; *f., sing., d.o. pron.* her, it, *form.* you 1.5
laboratorio *m.* laboratory 1.2
lago *m.* lake 3.1
lámpara *f.* lamp 2.6

lana *f.* wool 1.6
langosta *f.* lobster 2.2
lápiz *m.* pencil 1.1
largo/a *adj.* long 1.6
las *f., pl., def. art.* the 1.1; *f., pl., d.o. pron.* them; you 1.5
lástima *f.* shame 3.1
lastimarse *v.* to injure oneself 2.4
   lastimarse el pie to injure one's foot 2.4
lata *f.* (*tin*) can 3.1
lavabo *m.* sink 2.1
lavadora *f.* washing machine 2.6
lavandería *f.* laundromat 3.2
lavaplatos *m., sing.* dishwasher 2.6
lavar *v.* to wash 2.6
   lavar (el suelo, los platos) to wash (the floor, the dishes) 2.6
lavarse *v.* to wash oneself 2.1
   lavarse la cara to wash one's face 2.1
   lavarse las manos to wash one's hands 2.1
le *sing., i.o. pron.* to/for him, her, *form.* you 1.6
   Le presento a... *form.* I would like to introduce you to (name). 1.1
lección *f.* lesson 1.1
leche *f.* milk 2.2
lechuga *f.* lettuce 2.2
leer *v.* to read 1.3
   leer el correo electrónico to read e-mail 1.4
   leer un periódico to read a newspaper 1.4
   leer una revista to read a magazine 1.4
leído/a *p.p.* read 3.2
lejos de *prep.* far from 1.2
lengua *f.* language 1.2
   lenguas extranjeras *f., pl.* foreign languages 1.2
lentes de contacto *m., pl.* contact lenses
   lentes (de sol) (sun)glasses
lento/a *adj.* slow 2.5
les *pl., i.o. pron.* to/for them, you 1.6
letrero *m.* sign 3.2
levantar *v.* to lift 3.3
   levantar pesas to lift weights 3.3
levantarse *v.* to get up 2.1
ley *f.* law 3.1
libertad *f.* liberty; freedom 3.6
libre *adj. m., f.* free 1.4
librería *f.* bookstore 1.2
libro *m.* book 1.2
licencia de conducir *f.* driver's license 2.5
limón *m.* lemon 2.2
limpiar *v.* to clean 2.6
   limpiar la casa *v.* to clean the house 2.6

limpio/a *adj.* clean 1.5
línea *f.* line 1.4
listo/a *adj.* ready; smart 1.5
literatura *f.* literature 1.2
llamar *v.* to call 2.5
   llamar por teléfono to call on the phone
llamarse *v.* to be called; to be named 2.1
llanta *f.* tire 2.5
llave *f.* key 1.5; wrench 2.5
llegada *f.* arrival 1.5
llegar *v.* to arrive 1.2
llenar *v.* to fill 2.5, 3.2
   llenar el tanque to fill the tank 2.5
   llenar (un formulario) to fill out (a form) 3.2
lleno/a *adj.* full 2.5
llevar *v.* to carry 1.2; to wear; to take 1.6
   llevar una vida sana to lead a healthy lifestyle 3.3
   llevarse bien/mal (con) to get along well/badly (with) 2.3
llorar *v.* to cry 3.3
llover (o:ue) *v.* to rain 1.5
   Llueve. It's raining. 1.5
lluvia *f.* rain
lo *m., sing. d.o. pron.* him, it, *form.* you 1.5
   ¡Lo he pasado de película! I've had a fantastic time! 3.6
   lo mejor the best (thing)
   lo que that which; what 2.6
   Lo siento. I'm sorry. 1.1
loco/a *adj.* crazy 1.6
locutor(a) *m., f.* (TV or radio) announcer 3.6
lodo *m.* mud
los *m., pl., def. art.* the 1.1; *m. pl., d.o. pron.* them, you 1.5
luchar (contra/por) *v.* to fight; to struggle (against/for) 3.6
luego *adv.* then 2.1; later 1.1
lugar *m.* place 1.2, 1.4
luna *f.* moon 3.1
lunares *m.* polka dots
lunes *m., sing.* Monday 1.2
luz *f.* light; electricity 2.6

M

madrastra *f.* stepmother 1.3
madre *f.* mother 1.3
madurez *f.* maturity; middle age 2.3
maestro/a *m., f.* teacher 3.4
magnífico/a *adj.* magnificent 1.5
maíz *m.* corn 2.2
mal, malo/a *adj.* bad 1.3
maleta *f.* suitcase 1.1
mamá *f.* mom
mandar *v.* to order 2.6; to send; to mail 3.2
manejar *v.* to drive 2.5

manera *f.* way
mano *f.* hand 1.1
manta *f.* blanket 2.6
mantener *v.* to maintain 3.3
  mantenerse en forma to stay
    in shape 3.3
mantequilla *f.* butter 2.2
manzana *f.* apple 2.2
mañana *f.* morning, a.m. 1.1;
  tomorrow 1.1
mapa *m.* map 1.1, 1.2
maquillaje *m.* makeup 2.1
maquillarse *v.* to put on
  makeup 2.1
mar *m.* sea 1.5
maravilloso/a *adj.* marvelous 1.5
mareado/a *adj.* dizzy;
  nauseated 2.4
margarina *f.* margarine 2.2
mariscos *m., pl.* shellfish 2.2
marrón *adj. m., f.* brown 1.6
martes *m., sing.* Tuesday 1.2
marzo *m.* March 1.5
más *adv.* more 1.2
  más de (+ *number*) more
    than 2.2
  más tarde later (on) 2.1
  más... que more...
    than 2.2
masaje *m.* massage 3.3
matemáticas *f., pl.*
  mathematics 1.2
materia *f.* course 1.2
matrimonio *m.* marriage 2.3
máximo/a *adj.* maximum 2.5
mayo *m.* May 1.5
mayonesa *f.* mayonnaise 2.2
mayor *adj.* older 1.3
  el/la mayor *adj.* oldest 2.2
me *sing., d.o. pron.* me 1.5; *sing.*
  i.o. pron. to/for me 1.6
  Me gusta... I like... 1.2
  Me gustaría(n)... I would
    like... 3.3
  Me llamo... My name is... 1.1
  Me muero por... I'm dying to
    (for)...
mecánico/a *m., f.* mechanic 2.5
mediano/a *adj.* medium
medianoche *f.* midnight 1.1
medias *f., pl.* pantyhose,
  stockings 1.6
medicamento *m.* medication 2.4
medicina *f.* medicine 2.4
médico/a *m., f.* doctor 1.3; *adj.*
  medical 2.4
medio/a *adj.* half 1.3
  medio ambiente *m.*
    environment 3.1
  medio/a hermano/a *m., f.*
    half-brother/half-sister 1.3
  mediodía *m.* noon 1.1
  medios de comunicación *m.,*
    pl. means of communication;
    media 3.6
  y media thirty minutes past the
    hour (time) 1.1

mejor *adj.* better 2.2
  el/la mejor *m., f.* the best 2.2
mejorar *v.* to improve 3.1
melocotón *m.* peach 2.2
menor *adj.* younger 1.3
  el/la menor *m., f.* youngest 2.2
menos *adv.* less 2.4
  menos cuarto..., menos
    quince... quarter to...
    (*time*) 1.1
  menos de (+ *number*) fewer
    than 2.2
  menos... que less... than 2.2
mensaje *m.* **de texto** text
  message 2.5
mensaje electrónico *m.* e-mail
  message 1.4
mentira *f.* lie 1.4
menú *m.* menu 2.2
mercado *m.* market 1.6
  mercado al aire libre open-air
    market 1.6
merendar (e:ie) *v.* to snack 2.2;
  to have an afternoon snack
merienda *f.* afternoon snack 3.3
mes *m.* month 1.5
mesa *f.* table 1.2
mesita *f.* end table 2.6
  mesita de noche night stand 2.6
meterse en problemas *v.* to get
  into trouble 3.1
metro *m.* subway 1.5
mexicano/a *adj.* Mexican 1.3
mí *pron., obj. of prep.* me 2.3
mi(s) *poss. adj.* my 1.3
microonda *f.* microwave 2.6
  horno de microondas *m.*
    microwave oven 2.6
miedo *m.* fear
miel *f.* honey 2.4
mientras *conj.* while 2.4
miércoles *m., sing.*
  Wednesday 1.2
mil *m.* one thousand 1.2
  mil millones billion
milla *f.* mile
millón *m.* million 1.2
millones (de) *m.* millions (of)
mineral *m.* mineral 3.3
minuto *m.* minute
mío(s)/a(s) *poss.* my; (of)
  mine 2.5
mirar *v.* to look (at); to watch 1.2
  mirar (la) televisión to watch
    television 1.2
mismo/a *adj.* same 1.3
mochila *f.* backpack 1.2
moda *f.* fashion 1.6
moderno/a *adj.* modern 3.5
molestar *v.* to bother; to
  annoy 2.1
monitor *m.* (computer) monitor 2.5
  monitor(a) *m., f.* trainer
mono *m.* monkey 3.1
montaña *f.* mountain 1.4
montar *v.* **a caballo** to ride a
  horse 1.5

montón: un montón de a lot
  of 1.4
monumento *m.* monument 1.4
morado/a *adj.* purple 1.6
moreno/a *adj.* brunet(te) 1.3
morir (o:ue) *v.* to die 2.2
mostrar (o:ue) *v.* to show 1.4
moto(cicleta) *f.* motorcycle 1.5
motor *m.* motor
muchacho/a *m., f.* boy/girl 1.3
mucho/a *adj.*, a lot of; much;
  many 1.3
  (Muchas) gracias. Thank you
    (very much); Thanks (a lot). 1.1
  muchas veces *adv.* a lot;
    many times 2.4
  Mucho gusto. Pleased to meet
    you. 1.1
mudarse *v.* to move (from one
  house to another) 2.6
muebles *m., pl.* furniture 2.6
muerte *f.* death 2.3
muerto/a *p.p.* died 3.2
mujer *f.* woman 1.1
  mujer de negocios *f.* business
    woman 3.4
  mujer policía *f.* female police
    officer
multa *f.* fine
mundial *adj. m., f.* worldwide
mundo *m.* world 2.2
muro *m.* wall 3.3
músculo *m.* muscle 3.3
museo *m.* museum 1.4
música *f.* music 1.2, 3.5
musical *adj. m., f.* musical 3.5
músico/a *m., f.* musician 3.5
muy *adv.* very 1.1
  (Muy) bien, gracias. (Very)
    well, thanks. 1.1

N

nacer *v.* to be born 2.3
nacimiento *m.* birth 2.3
nacional *adj. m., f.* national 3.6
nacionalidad *f.* nationality 1.1
nada nothing 1.1; not
  anything 2.1
  nada mal not bad at all 1.5
nadar *v.* to swim 1.4
nadie *pron.* no one, nobody, not
  anyone 2.1
naranja *f.* orange 2.2
nariz *f.* nose 2.4
natación *f.* swimming 1.4
natural *adj. m., f.* natural 3.1
naturaleza *f.* nature 3.1
navegador *m.* **GPS** GPS 2.5
navegar (en Internet) *v.* to surf
  (the Internet) 2.5
Navidad *f.* Christmas 2.3
necesario/a *adj.* necessary 2.6
necesitar (+ *inf.*) *v.* to need 1.2
negar (e:ie) *v.* to deny 3.1
  no negar (e:ie) *v.* not to
    deny 3.1

negocios *m., pl.* business; commerce 3.4
negro/a *adj.* black 1.6
nervioso/a *adj.* nervous 1.5
nevar (e:ie) *v.* to snow 1.5
   Nieva. It's snowing. 1.5
ni...ni neither... nor 2.1
niebla *f.* fog
nieto/a *m., f.* grandson/ granddaughter 1.3
nieve *f.* snow
ningún, ninguno/a(s) *adj.* no; none; not any 2.1
niñez *f.* childhood 2.3
niño/a *m., f.* child 1.3
no no; not 1.1
   ¿no? right? 1.1
   no cabe duda de there is no doubt 3.1
   no es seguro it's not certain 3.1
   no es verdad it's not true 3.1
   No está nada mal. It's not bad at all. 1.5
   no estar de acuerdo to disagree
   No estoy seguro. I'm not sure.
   no hay there is not; there are not 1.1
   No hay de qué. You're welcome. 1.1
   no hay duda de there is no doubt 3.1
   ¡No me diga(s)! You don't say!
   No me gustan nada. I don't like them at all. 1.2
   no muy bien not very well 1.1
   No quiero. I don't want to. 1.4
   No sé. I don't know.
   No te preocupes. (*fam.*) Don't worry. 2.1
   no tener razón to be wrong 1.3
noche *f.* night 1.1
nombre *m.* name 1.1
norte *m.* north 3.2
norteamericano/a *adj.* (North) American 1.3
nos *pl., d.o. pron.* us 1.5; *pl., i.o. pron.* to/for us 1.6
   Nos vemos. See you. 1.1
nosotros/as *sub. pron.* we 1.1; *obj. pron.* us
noticia *f.* news 2.5
noticias *f., pl.* news 3.6
noticiero *m.* newscast 3.6
novecientos/as nine hundred 1.2
noveno/a *adj.* ninth 1.5
noventa ninety 1.2
noviembre *m.* November 1.5
novio/a *m., f.* boyfriend/ girlfriend 1.3
nube *f.* cloud 3.1
nublado/a *adj.* cloudy 1.5
   Está (muy) nublado. It's very cloudy. 1.5
nuclear *adj. m. f.* nuclear 3.1

nuera *f.* daughter-in-law 1.3
nuestro(s)/a(s) *poss. adj.* our 1.3; our, (of) ours 2.5
nueve nine 1.1
nuevo/a *adj.* new 1.6
número *m.* number 1.1; (shoe) size 1.6
nunca *adv.* never; not ever 2.1
nutrición *f.* nutrition 3.3
nutricionista *m., f.* nutritionist 3.3

O

o or 2.1
o... o o; either... or 2.1
obedecer *v.* to obey 3.6
obra *f.* work (*of art, literature, music, etc.*) 3.5
   obra maestra *f.* masterpiece 3.5
obtener *v.* to obtain; to get 3.4
obvio/a *adj.* obvious 3.1
océano *m.* ocean
ochenta eighty 1.2
ocho eight 1.1
ochocientos/as eight hundred 1.2
octavo/a *adj.* eighth 1.5
octubre *m.* October 1.5
ocupación *f.* occupation 3.4
ocupado/a *adj.* busy 1.5
ocurrir *v.* to occur; to happen 3.6
odiar *v.* to hate 2.3
oeste *m.* west 3.2
oferta *f.* offer
oficina *f.* office 2.6
oficio *m.* trade 3.4
ofrecer *v.* to offer 1.6
oído *m.* (sense of) hearing; inner ear 2.4
oído/a *p.p.* heard 3.2
oír *v.* to hear 1.4
ojalá (que) *interj.* I hope (that); I wish (that) 3.1
ojo *m.* eye 2.4
olvidar *v.* to forget 2.4
once eleven 1.1
ópera *f.* opera 3.5
operación *f.* operation 2.4
ordenado/a *adj.* orderly 1.5
ordinal *adj.* ordinal (*number*)
oreja *f.* (outer) ear 2.4
organizarse *v.* to organize oneself 2.6
orquesta *f.* orchestra 3.5
ortografía *f.* spelling
ortográfico/a *adj.* spelling
os *fam., pl. d.o. pron.* you 1.5; *fam., pl. i.o. pron.* to/for you 1.6
otoño *m.* autumn 1.5
otro/a *adj.* other; another 1.6
   otra vez again

P

paciente *m., f.* patient 2.4
padrastro *m.* stepfather 1.3
padre *m.* father 1.3
padres *m., pl.* parents 1.3

pagar *v.* to pay 1.6
   pagar a plazos to pay in installments 3.2
   pagar al contado to pay in cash 3.2
   pagar en efectivo to pay in cash 3.2
   pagar la cuenta to pay the bill
página *f.* page 2.5
   página principal *f.* home page 2.5
país *m.* country 1.1
paisaje *m.* landscape 1.5
pájaro *m.* bird 3.1
palabra *f.* word 1.1
paleta helada *f.* popsicle 1.4
pálido/a *adj.* pale 3.2
pan *m.* bread 2.2
   pan tostado *m.* toasted bread 2.2
panadería *f.* bakery 3.2
pantalla *f.* screen 2.5
   pantalla táctil *f.* touch screen
pantalones *m., pl.* pants 1.6
   pantalones cortos *m., pl.* shorts 1.6
pantuflas *f.* slippers 2.1
papa *f.* potato 2.2
   papas fritas *f., pl.* fried potatoes; French fries 2.2
papá *m.* dad
   papás *m., pl.* parents
papel *m.* paper 1.2; role 3.5
papelera *f.* wastebasket 1.2
paquete *m.* package 3.2
par *m.* pair 1.6
   par de zapatos pair of shoes 1.6
para *prep.* for; in order to; by; used for; considering 2.5
   para que *conj.* so that 3.1
parabrisas *m., sing.* windshield 2.5
parar *v.* to stop 2.5
parecer *v.* to seem 1.6
pared *f.* wall 2.6
pareja *f.* (married) couple; partner 2.3
parientes *m., pl.* relatives 1.3
parque *m.* park 1.4
párrafo *m.* paragraph
parte: de parte de on behalf of 2.5
partido *m.* game; match (*sports*) 1.4
pasado/a *adj.* last; past 1.6
   pasado *p.p.* passed
pasaje *m.* ticket 1.5
   pasaje de ida y vuelta *m.* roundtrip ticket 1.5
pasajero/a *m., f.* passenger 1.1
pasaporte *m.* passport 1.5
pasar *v.* to go through
   pasar la aspiradora to vacuum 2.6
   pasar por la aduana to go through customs
   pasar tiempo to spend time
   pasarlo bien/mal to have a good/bad time 2.3

pasatiempo *m.* pastime; hobby 1.4
pasear *v.* to take a walk; to stroll 1.4
  pasear en bicicleta to ride a bicycle 1.4
  pasear por to walk around
pasillo *m.* hallway 2.6
pasta *f.* **de dientes** toothpaste 2.1
pastel *m.* cake; pie 2.3
  pastel de chocolate *m.* chocolate cake 2.3
  pastel de cumpleaños *m.* birthday cake
pastelería *f.* pastry shop 3.2
pastilla *f.* pill; tablet 2.4
patata *f.* potato 2.2
  patatas fritas *f., pl.* fried potatoes; French fries 2.2
patinar (en línea) *v.* to (inline) skate 1.4
patineta *f.* skateboard 1.4
patio *m.* patio; yard 2.6
pavo *m.* turkey 2.2
paz *f.* peace 3.6
pedir (e:i) *v.* to ask for; to request 1.4; to order (*food*) 2.2
  pedir prestado *v.* to borrow 3.2
  pedir un préstamo *v.* to apply for a loan 3.2
  Todos me dijeron que te pidiera una disculpa de su parte. They all told me to ask you to excuse them/forgive them. 3.6
peinarse *v.* to comb one's hair 2.1
película *f.* movie 1.4
peligro *m.* danger 3.1
peligroso/a *adj.* dangerous 3.6
pelirrojo/a *adj.* red-haired 1.3
pelo *m.* hair 2.1
pelota *f.* ball 1.4
peluquería *f.* beauty salon 3.2
peluquero/a *m., f.* hairdresser 3.4
penicilina *f.* penicillin
pensar (e:ie) *v.* to think 1.4
  pensar (+ inf.) *v.* to intend to; to plan to (*do something*) 1.4
  pensar en *v.* to think about 1.4
pensión *f.* boardinghouse
peor *adj.* worse 2.2
  el/la peor *adj.* the worst 2.2
pequeño/a *adj.* small 1.3
pera *f.* pear 2.2
perder (e:ie) *v.* to lose; to miss 1.4
perdido/a *adj.* lost 3.1, 3.2
Perdón. Pardon me.; Excuse me. 1.1
perezoso/a *adj.* lazy
perfecto/a *adj.* perfect 1.5
periódico *m.* newspaper 1.4
periodismo *m.* journalism 1.2
periodista *m., f.* journalist 1.3
permiso *m.* permission
pero *conj.* but 1.2

perro *m.* dog 3.1
persona *f.* person 1.3
personaje *m.* character 3.5
  personaje principal *m.* main character 3.5
pesas *f. pl.* weights 3.3
pesca *f.* fishing
pescadería *f.* fish market 3.2
pescado *m.* fish (*cooked*) 2.2
pescar *v.* to fish 1.5
peso *m.* weight 3.3
pez *m., sing.* (**peces** *pl.*) fish (*live*) 3.1
pie *m.* foot 2.4
piedra *f.* stone 3.1
pierna *f.* leg 2.4
pimienta *f.* black pepper 2.2
pintar *v.* to paint 3.5
pintor(a) *m., f.* painter 3.4
pintura *f.* painting; picture 2.6, 3.5
piña *f.* pineapple
piscina *f.* swimming pool 1.4
piso *m.* floor (*of a building*) 1.5
pizarra *f.* blackboard 1.2
placer *m.* pleasure
planchar la ropa *v.* to iron the clothes 2.6
planes *m., pl.* plans
planta *f.* plant 3.1
  planta baja *f.* ground floor 1.5
plástico *m.* plastic 3.1
plato *m.* dish (*in a meal*) 2.2; *m.* plate 2.6
  plato principal *m.* main dish 2.2
playa *f.* beach 1.5
plaza *f.* city or town square 1.4
plazos *m., pl.* periods; time 3.2
pluma *f.* pen 1.2
plumero *m.* duster 2.6
población *f.* population 3.1
pobre *adj. m., f.* poor 1.6
pobrecito/a *adj.* poor thing 1.3
pobreza *f.* poverty
poco *adv.* little 1.5, 2.4
poder (o:ue) *v.* to be able to; can 1.4
  ¿Podría pedirte algo? Could I ask you something? 3.5
  ¿Puedo dejar un recado? May I leave a message? 2.5
poema *m.* poem 3.5
poesía *f.* poetry 3.5
poeta *m., f.* poet 3.5
policía *f.* police (force) 2.5
política *f.* politics 3.6
político/a *m., f.* politician 3.4; *adj.* political 3.6
pollo *m.* chicken 2.2
  pollo asado *m.* roast chicken 2.2
poner *v.* to put; to place 1.4; to turn on (*electrical appliances*) 2.5
  poner la mesa to set the table 2.6
  poner una inyección to give an injection 2.4
  ponerle el nombre to name someone/something 2.3

ponerse (+ adj.) *v.* to become (+ adj.) 2.1; to put on 2.1
por *prep.* in exchange for; for; by; in; through; around; along; during; because of; on account of; on behalf of; in search of; by way of; by means of 2.5
  por aquí around here 2.5
  por ejemplo for example 2.5
  por eso that's why; therefore 2.5
  por favor please 1.1
  por fin finally 2.5
  por la mañana in the morning 2.1
  por la noche at night 2.1
  por la tarde in the afternoon 2.1
  por lo menos *adv.* at least 2.4
  ¿por qué? why? 1.2
  Por supuesto. Of course.
  por teléfono by phone; on the phone
  por último finally 2.1
porque *conj.* because 1.2
portátil *adj.* portable 2.5
portero/a *m., f.* doorman/ doorwoman 1.1
porvenir *m.* future 3.4
  por el porvenir for/to the future 3.4
posesivo/a *adj.* possessive
posible *adj.* possible 3.1
  es posible it's possible 3.1
  no es posible it's not possible 3.1
postal *f.* postcard
postre *m.* dessert 2.3
practicar *v.* to practice 1.2
  practicar deportes *m., pl.* to play sports 1.4
precio (fijo) *m.* (fixed; set) price 1.6
preferir (e:ie) *v.* to prefer 1.4
pregunta *f.* question
preguntar *v.* to ask (*a question*) 1.2
premio *m.* prize; award 3.5
prender *v.* to turn on 2.5
prensa *f.* press 3.6
preocupado/a (por) *adj.* worried (about) 1.5
preocuparse (por) *v.* to worry (about) 2.1
preparar *v.* to prepare 1.2
preposición *f.* preposition
presentación *f.* introduction
presentar *v.* to introduce; to present 3.5; to put on (*a performance*) 3.5
  Le presento a... I would like to introduce you to (name). (*form.*) 1.1
  Te presento a... I would like to introduce you to (name). (*fam.*) 1.1

presiones *f., pl.* pressures 3.3
prestado/a *adj.* borrowed
préstamo *m.* loan 3.2
prestar *v.* to lend; to loan 1.6
primavera *f.* spring 1.5
primer, primero/a *adj.* first 1.5
primero *adv.* first 1.2
primo/a *m., f.* cousin 1.3
principal *adj. m., f.* main 2.2
prisa *f.* haste
  darse prisa *v.* to hurry;
    to rush 3.3
probable *adj. m., f.* probable 3.1
  es probable it's probable 3.1
  no es probable it's not
    probable 3.1
probar (o:ue) *v.* to taste; to
  try 2.2
probarse (o:ue) *v.* to try on 2.1
problema *m.* problem 1.1
profesión *f.* profession 1.3; 3.4
profesor(a) *m., f.* teacher 1.1, 1.2
programa *m.* program 1.1
  programa de computación
    m. software 2.5
  programa de entrevistas *m.*
    talk show 3.5
  programa de realidad *m.*
    reality show 3.5
programador(a) *m., f.* computer
  programmer 1.3
prohibir *v.* to prohibit 2.4;
  to forbid
pronombre *m.* pronoun
pronto *adv.* soon 2.4
propina *f.* tip 2.2
propio/a *adj.* own
proteger *v.* to protect 3.1
proteína *f.* protein 3.3
próximo/a *adj.* next 1.3, 3.4
proyecto *m.* project 2.5
prueba *f.* test; quiz 1.2
psicología *f.* psychology 1.2
psicólogo/a *m., f.*
  psychologist 3.4
publicar *v.* to publish 3.5
público *m.* audience 3.5
pueblo *m.* town
puerta *f.* door 1.2
puertorriqueño/a *adj.* Puerto
  Rican 1.3
pues *conj.* well
puesto *m.* position; job 3.4
puesto/a *p.p.* put 3.2
puro/a *adj.* pure 3.1

Q

que *pron.* that; which; who 2.6
  ¿En qué...? In which...?
  ¡Qué...! How...!
  ¡Qué dolor! What pain!
  ¡Qué ropa más bonita!
    What pretty clothes! 1.6
  ¡Qué sorpresa! What a
    surprise!
  ¿qué? what? 1.1, 1.2

¿Qué día es hoy? What day is
  it? 1.2
¿Qué hay de nuevo? What's
  new? 1.1
¿Qué hora es? What time
  is it? 1.1
¿Qué les parece? What do
  you (*pl.*) think?
¿Qué onda? What's up? 3.2
¿Qué pasa? What's happening?
  What's going on? 1.1
¿Qué pasó? What happened?
¿Qué precio tiene? What is
  the price?
¿Qué tal...? How are you?;
  How is it going? 1.1
¿Qué talla lleva/usa? What
  size do you wear? 1.6
¿Qué tiempo hace? How's
  the weather? 1.5
quedar *v.* to be left over; to fit
  (*clothing*) 2.1; to be located 3.2
quedarse *v.* to stay; to remain 2.1
quehaceres domésticos *m., pl.*
  household chores 2.6
quemar (un CD/DVD) *v.* to burn
  (a CD/DVD)
querer (e:ie) *v.* to want; to love 1.4
queso *m.* cheese 2.2
quien(es) *pron.* who; whom;
  that 2.6
¿quién(es)? who?; whom? 1.1, 1.2
  ¿Quién es...? Who is...? 1.1
  ¿Quién habla? Who is speaking/
    calling? (*telephone*) 2.5
química *f.* chemistry 1.2
quince fifteen 1.1
  menos quince quarter to
    (time) 1.1
  y quince quarter after (time) 1.1
quinceañera *f.* young woman
  celebrating her fifteenth
  birthday 2.3
quinientos/as five hundred 1.2
quinto/a *adj.* fifth 1.5
quisiera *v.* I would like
quitar el polvo *v.* to dust 2.6
quitar la mesa *v.* to clear the
  table 2.6
quitarse *v.* to take off 2.1
quizás *adv.* maybe 1.5

R

racismo *m.* racism 3.6
radio *f.* radio (*medium*) 1.2;
  m. radio (set) 2.5
radiografía *f.* X-ray 2.4
rápido *adv.* quickly 2.4
ratón *m.* mouse 2.5
ratos libres *m., pl.* spare (free)
  time 1.4
raya *f.* stripe
razón *f.* reason
rebaja *f.* sale 1.6
receta *f.* prescription 2.4
recetar *v.* to prescribe 2.4

recibir *v.* to receive 1.3
reciclaje *m.* recycling 3.1
reciclar *v.* to recycle 3.1
recién casado/a *m., f.* newly-
  wed 2.3
recoger *v.* to pick up 3.1
recomendar (e:ie) *v.* to
  recommend 2.2, 2.6
recordar (o:ue) *v.* to
  remember 1.4
recorrer *v.* to tour an area
recorrido *m.* tour 3.1
recuperar *v.* to recover 2.5
recurso *m.* resource 3.1
  recurso natural *m.* natural
    resource 3.1
red *f.* network; Web 2.5
reducir *v.* to reduce 3.1
refresco *m.* soft drink 2.2
refrigerador *m.* refrigerator 2.6
regalar *v.* to give (a gift) 2.3
regalo *m.* gift 1.6
regatear *v.* to bargain 1.6
región *f.* region; area
regresar *v.* to return 1.2
regular *adv.* so-so; OK 1.1
reído *p.p.* laughed 3.2
reírse (e:i) *v.* to laugh 2.3
relaciones *f., pl.* relationships
relajarse *v.* to relax 2.3
reloj *m.* clock; watch 1.2
renovable *adj.* renewable 3.1
renunciar (a) *v.* to resign
  (from) 3.4
repetir (e:i) *v.* to repeat 1.4
reportaje *m.* report 3.6
reportero/a *m., f.* reporter 3.4
representante *m., f.*
  representative 3.6
reproductor de CD *m.* CD
  player 2.5
reproductor de DVD *m.* DVD
  player 2.5
reproductor de MP3 *m.* MP3
  player 2.5
resfriado *m.* cold (*illness*) 2.4
residencia estudiantil *f.*
  dormitory 1.2
resolver (o:ue) *v.* to resolve;
  to solve 3.1
respirar *v.* to breathe 3.1
responsable *adj.* responsible 2.2
respuesta *f.* answer
restaurante *m.* restaurant 1.4
resuelto/a *p.p.* resolved 3.2
reunión *f.* meeting 3.4
revisar *v.* to check 2.5
  revisar el aceite *v.* to check
    the oil 2.5
revista *f.* magazine 1.4
rico/a *adj.* rich 1.6; *adj.* tasty;
  delicious 2.2
ridículo/a *adj.* ridiculous 3.1
río *m.* river 3.1
rodilla *f.* knee 2.4
rogar (o:ue) *v.* to beg; to
  plead 2.6

rojo/a *adj.* red 1.6
romántico/a *adj.* romantic 3.5
romper *v.* to break 2.4
  romperse la pierna *v.* to break
    one's leg 2.4
romper (con) *v.* to break up
  (with) 2.3
ropa *f.* clothing; clothes 1.6
  ropa interior *f.* underwear 1.6
rosado/a *adj.* pink 1.6
roto/a *adj.* broken 3.2
rubio/a *adj.* blond(e) 1.3
ruso/a *adj.* Russian 1.3
rutina *f.* routine 2.1
  rutina diaria *f.* daily
    routine 2.1

S

sábado *m.* Saturday 1.2
saber *v.* to know; to know
  how 1.6
  saber a to taste like 2.2
sabrosísimo/a *adj.* extremely
  delicious 2.2
sabroso/a *adj.* tasty; delicious 2.2
sacar *v.* to take out
  sacar buenas notas to get
    good grades 1.2
  sacar fotos to take photos 1.5
  sacar la basura to take out
    the trash 2.6
  sacar(se) un diente to have a
    tooth removed 2.4
sacudir *v.* to dust 2.6
  sacudir los muebles to dust
    the furniture 2.6
sal *f.* salt 2.2
sala *f.* living room 2.6; room
  sala de emergencia(s)
    emergency room 2.4
salario *m.* salary 3.4
salchicha *f.* sausage 2.2
salida *f.* departure; exit 1.5
salir *v.* to leave 1.4; to go out
  salir con to go out with;
    to date 1.4, 2.3
  salir de to leave from 1.4
  salir para to leave for
    (*a place*) 1.4
salmón *m.* salmon 2.2
salón de belleza *m.* beauty
  salon 3.2
salud *f.* health 2.4
saludable *adj.* healthy 2.4
saludar(se) *v.* to greet (each
  other) 2.5
saludo *m.* greeting 1.1
  saludos a... greetings
    to... 1.1
sandalia *f.* sandal 1.6
sandía *f.* watermelon
sándwich *m.* sandwich 2.2
sano/a *adj.* healthy 2.4

se *ref. pron.* himself, herself, itself,
  form. yourself, themselves,
  yourselves 2.1
se *impersonal* one 2.4
  Se hizo... He/she/it became...
secadora *f.* clothes dryer 2.6
secarse *v.* to dry (oneself) 2.1
sección de (no) fumar *f.* (non)
  smoking section 2.2
secretario/a *m., f.* secretary 3.4
secuencia *f.* sequence
sed *f.* thirst
seda *f.* silk 1.6
sedentario/a *adj.* sedentary;
  related to sitting 3.3
seguir (e:i) *v.* to follow; to
  continue 1.4
según according to
segundo/a *adj.* second 1.5
seguro/a *adj.* sure; safe;
  confident 1.5
seis six 1.1
seiscientos/as six hundred 1.2
sello *m.* stamp 3.2
selva *f.* jungle 3.1
semáforo *m.* traffic light 3.2
semana *f.* week 1.2
  fin *m.* **de semana** weekend 1.4
  semana *f.* **pasada** last week 1.6
semestre *m.* semester 1.2
sendero *m.* trail; path 3.1
sentarse (e:ie) *v.* to sit down 2.1
sentir (e:ie) *v.* to be sorry; to
  regret 3.1
sentirse (e:ie) *v.* to feel 2.1
señor (Sr.); don *m.* Mr.; sir 1.1
señora (Sra.); doña *f.* Mrs.;
  ma'am 1.1
señorita (Srta.) *f.* Miss 1.1
separado/a *adj.* separated 2.3
separarse (de) *v.* to separate
  (from) 2.3
septiembre *m.* September 1.5
séptimo/a *adj.* seventh 1.5
ser *v.* to be 1.1
  ser aficionado/a (a) to be a
    fan (of)
  ser alérgico/a (a) to be allergic
    (to) 2.4
  ser gratis to be free of
    charge 3.2
serio/a *adj.* serious
servicio *m.* service 3.3
servilleta *f.* napkin 2.6
servir (e:i) *v.* to serve 2.2;
  to help 1.5
sesenta sixty 1.2
setecientos/as seven
  hundred 1.2
setenta seventy 1.2
sexismo *m.* sexism 3.6
sexto/a *adj.* sixth 1.5
sí *adv.* yes 1.1
si *conj.* if 1.4
SIDA *m.* AIDS 3.6
siempre *adv.* always 2.1
siete seven 1.1

silla *f.* seat 1.2
sillón *m.* armchair 2.6
similar *adj. m., f.* similar
simpático/a *adj.* nice;
  likeable 1.3
sin *prep.* without 3.1
  sin duda without a doubt
  sin embargo however
  sin que *conj.* without 3.1
sino but (rather) 2.1
síntoma *m.* symptom 2.4
sitio *m.* place 1.3
sitio *m.* **web** website 2.5
situado/a *p.p.* located
sobre *m.* envelope 3.2; *prep.*
  on; over 1.2
  sobre todo above all 3.1
(sobre)población *f.*
  (over)population 3.1
sobrino/a *m., f.* nephew/niece 1.3
sociología *f.* sociology 1.2
sofá *m.* couch; sofa 2.6
sol *m.* sun 3.1
solar *adj. m., f.* solar 3.1
soldado *m., f.* soldier 3.6
soleado/a *adj.* sunny
solicitar *v.* to apply (*for a job*) 3.4
solicitud (de trabajo) *f.* (job)
  application 3.4
sólo *adv.* only 1.6
solo/a *adj.* alone
soltero/a *adj.* single 2.3
solución *f.* solution 3.1
sombrero *m.* hat 1.6
Son las dos. It's two o'clock. 1.1
sonar (o:ue) *v.* to ring 2.5
sonreído *p.p.* smiled 3.2
sonreír (e:i) *v.* to smile 2.3
sopa *f.* soup 2.2
sorprender *v.* to surprise 2.3
sorpresa *f.* surprise 2.3
sótano *m.* basement; cellar 2.6
soy I am 1.1
  Soy de... I'm from... 1.1
su(s) *poss. adj.* his; her; its; *form.*
  your; their 1.3
subir(se) a *v.* to get on/into
  (*a vehicle*) 2.5
sucio/a *adj.* dirty 1.5
sudar *v.* to sweat 3.3
suegro/a *m., f.* father-in-law/
  mother-in-law 1.3
sueldo *m.* salary 3.4
suelo *m.* floor 2.6
sueño *m.* sleep
suerte *f.* luck
suéter *m.* sweater 1.6
sufrir *v.* to suffer 2.4
  sufrir muchas presiones to
    be under a lot of pressure 3.3
  sufrir una enfermedad to
    suffer an illness 2.4
sugerir (e:ie) *v.* to suggest 2.6
supermercado *m.*
  supermarket 3.2
suponer *v.* to suppose 1.4
sur *m.* south 3.2

sustantivo *m.* noun
suyo(s)/a(s) *poss.* (of) his/her; (of) hers; its; *form.* your, (of) yours, (of) theirs, their **2.5**

T

tabla de (wind)surf *f.* surf board/sailboard **1.5**
tal vez *adv.* maybe **1.5**
talentoso/a *adj.* talented **3.5**
talla *f.* size **1.6**
  talla grande *f.* large
taller *m.* **mecánico** garage; mechanic's repair shop **2.5**
también *adv.* also; too **1.2; 2.1**
tampoco *adv.* neither; not either **2.1**
tan *adv.* so **1.5**
  tan... como as... as **2.2**
  tan pronto como *conj.* as soon as **3.1**
tanque *m.* tank **2.5**
tanto *adv.* so much
  tanto... como as much... as **2.2**
  tantos/as... como as many... as **2.2**
tarde *adv.* late **2.1**; *f.* afternoon; evening; P.M. **1.1**
tarea *f.* homework **1.2**
tarjeta *f.* (post) card
tarjeta de crédito *f.* credit card **1.6**
tarjeta postal *f.* postcard
taxi *m.* taxi **1.5**
taza *f.* cup **2.6**
te *sing., fam., d.o. pron.* you **1.5**; *sing., fam., i.o. pron.* to/for you **1.6**
  Te presento a... *fam.* I would like to introduce you to (name). **1.1**
  ¿Te gustaría? Would you like to?
  ¿Te gusta(n)...? Do you like...? **1.2**
té *m.* tea **2.2**
  té helado *m.* iced tea **2.2**
teatro *m.* theater **3.5**
teclado *m.* keyboard **2.5**
técnico/a *m., f.* technician **3.4**
tejido *m.* weaving **3.5**
teleadicto/a *m., f.* couch potato **3.3**
(teléfono) celular *m.* (cell) phone **2.5**
telenovela *f.* soap opera **3.5**
teletrabajo *m.* telecommuting **3.4**
televisión *f.* television **1.2**
televisión por cable *f.* cable television
televisor *m.* television set **2.5**
temer *v.* to fear; to be afraid **3.1**
temperatura *f.* temperature **2.4**
temporada *f.* period of time **1.5**
temprano *adv.* early **2.1**

tenedor *m.* fork **2.6**
tener *v.* to have **1.3**
  tener... años to be... years old **1.3**
  tener (mucho) calor to be (very) hot **1.3**
  tener (mucho) cuidado to be (very) careful **1.3**
  tener dolor to have pain **2.4**
  tener éxito to be successful **3.4**
  tener fiebre to have a fever **2.4**
  tener (mucho) frío to be (very) cold **1.3**
  tener ganas de (+ *inf.*) to feel like (*doing something*) **1.3**
  tener (mucha) hambre *f.* to be (very) hungry **1.3**
  tener (mucho) miedo (de) to be (very) afraid (of); to be (very) scared (of) **1.3**
  tener miedo (de) que to be afraid that
  tener planes *m., pl.* to have plans
  tener (mucha) prisa to be in a (big) hurry **1.3**
  tener que (+ *inf.*) *v.* to have to (*do something*) **1.3**
  tener razón *f.* to be right **1.3**
  tener (mucha) sed *f.* to be (very) thirsty **1.3**
  tener (mucho) sueño to be (very) sleepy **1.3**
  tener (mucha) suerte to be (very) lucky **1.3**
  tener tiempo to have time **3.2**
  tener una cita to have a date; to have an appointment **2.3**
tenis *m.* tennis **1.4**
tensión *f.* tension **3.3**
tercer, tercero/a *adj.* third **1.5**
terco/a *adj.* stubborn **2.4**
terminar *v.* to end; to finish **1.2**
  terminar de (+ *inf.*) *v.* to finish (*doing something*)
terremoto *m.* earthquake **3.6**
terrible *adj. m., f.* terrible **3.1**
ti *obj. of prep., fam.* you **2.3**
tiempo *m.* time **3.2**; weather **1.5**
  tiempo libre free time
tienda *f.* store **1.6**
tierra *f.* land; soil **3.1**
tío/a *m., f.* uncle/aunt **1.3**
tíos *m., pl.* aunts and uncles **1.3**
título *m.* title **3.4**
tiza *f.* chalk **1.2**
toalla *f.* towel **2.1**
tobillo *m.* ankle **2.4**
tocar *v.* to play (*a musical instrument*) **3.5**; to touch **3.5**
todavía *adv.* yet; still **1.3, 1.5**
todo *m.* everything **1.5**
todo(s)/a(s) *adj.* all **1.5**
todos *m., pl.* all of us; *m., pl.* everybody; everyone
todos los días *adv.* every day **2.4**
tomar *v.* to take; to drink **1.2**

tomar clases *f., pl.* to take classes **1.2**
tomar el sol to sunbathe **1.4**
tomar en cuenta to take into account
tomar fotos *f., pl.* to take photos **1.5**
tomar la temperatura to take someone's temperature **2.4**
tomar una decisión to make a decision **3.3**
tomate *m.* tomato **2.2**
tonto/a *adj.* foolish **1.3**
torcerse (o:ue) (el tobillo) *v.* to sprain (one's ankle) **2.4**
tormenta *f.* storm **3.6**
tornado *m.* tornado **3.6**
tortuga (marina) *f.* (sea) turtle **3.1**
tos *f., sing.* cough **2.4**
toser *v.* to cough **2.4**
tostado/a *adj.* toasted **2.2**
tostadora *f.* toaster **2.6**
trabajador(a) *adj.* hard-working **1.3**
trabajar *v.* to work **1.2**
trabajo *m.* job; work **3.4**
traducir *v.* to translate **1.6**
traer *v.* to bring **1.4**
tráfico *m.* traffic **2.5**
tragedia *f.* tragedy **3.5**
traído/a *p.p.* brought **3.2**
traje *m.* suit **1.6**
  traje de baño *m.* bathing suit **1.6**
trajinera *f.* type of barge **1.3**
tranquilo/a *adj.* calm; quiet **3.3**
  Tranquilo/a. Relax. **2.1**
  Tranquilo/a, cariño. Relax, sweetie. **2.5**
transmitir *v.* to broadcast **3.6**
tratar de (+ *inf.*) *v.* to try (*to do something*) **3.3**
trece thirteen **1.1**
treinta thirty **1.1, 1.2**
  y treinta thirty minutes past the hour (time) **1.1**
tren *m.* train **1.5**
tres three **1.1**
trescientos/as three hundred **1.2**
trimestre *m.* trimester; quarter **1.2**
triste *adj.* sad **1.5**
tú *fam. sub. pron.* you **1.1**
tu(s) *fam. poss. adj.* your **1.3**
turismo *m.* tourism
turista *m., f.* tourist **1.1**
turístico/a *adj.* touristic
tuyo(s)/a(s) *fam. poss. pron.* your; (of) yours **2.5**

U

Ud. *form. sing.* you **1.1**
Uds. *pl.* you **1.1**

último/a *adj.* last 2.1
  la última vez the last time 2.1
un, uno/a *indef. art.* a; one 1.1
  a la una at one o'clock 1.1
  una vez once 1.6
  una vez más one more time
uno one 1.1
único/a *adj.* only 1.3; unique 2.3
universidad *f.* university;
  college 1.2
unos/as *m., f., pl. indef. art.*
  some 1.1
urgente *adj.* urgent 2.6
usar *v.* to wear; to use 1.6
usted (Ud.) *form. sing.* you 1.1
ustedes (Uds.) *pl.* you 1.1
útil *adj.* useful
uva *f.* grape 2.2

V

vaca *f.* cow 3.1
vacaciones *f. pl.* vacation 1.5
valle *m.* valley 3.1
vamos let's go 1.4
vaquero *m.* cowboy 3.5
  de vaqueros *m., pl.* western
  (genre) 3.5
varios/as *adj. m. f., pl.* various;
  several
vaso *m.* glass 2.6
veces *f., pl.* times 1.6
vecino/a *m., f.* neighbor 2.6
veinte twenty 1.1
veinticinco twenty-five 1.1
veinticuatro twenty-four 1.1
veintidós twenty-two 1.1
veintinueve twenty-nine 1.1
veintiocho twenty-eight 1.1
veintiséis twenty-six 1.1
veintisiete twenty-seven 1.1
veintitrés twenty-three 1.1
veintiún, veintiuno/a *adj.*
  twenty-one 1.1
veintiuno twenty-one 1.1

vejez *f.* old age 2.3
velocidad *f.* speed 2.5
  velocidad máxima *f.* speed
  limit 2.5
vencer *v.* to expire 3.2
vendedor(a) *m., f.*
  salesperson 1.6
vender *v.* to sell 1.6
venir *v.* to come 1.3
ventana *f.* window 1.2
ver *v.* to see 1.4
  a ver *v.* let's see
  ver películas *f., pl.* to see
  movies 1.4
verano *m.* summer 1.5
verbo *m.* verb
verdad *f.* truth 1.4
  (no) es verdad it's (not)
  true 3.1
  ¿verdad? right? 1.1
verde *adj., m. f.* green 1.6
verduras *pl., f.* vegetables 2.2
vestido *m.* dress 1.6
vestirse (e:i) *v.* to get dressed 2.1
vez *f.* time 1.6
viajar *v.* to travel 1.2
viaje *m.* trip 1.5
viajero/a *m., f.* traveler 1.5
vida *f.* life 2.3
video *m.* video 1.1
videoconferencia *f.*
  videoconference 3.4
videojuego *m.* video game 1.4
vidrio *m.* glass 3.1
viejo/a *adj.* old 1.3
viento *m.* wind
viernes *m., sing.* Friday 1.2
vinagre *m.* vinegar 2.2
violencia *f.* violence 3.6
visitar *v.* to visit 1.4
  visitar monumentos *m., pl.*
  to visit monuments 1.4
visto/a *p.p.* seen 3.2
vitamina *f.* vitamin 3.3
viudo/a *adj.* widower/widow 2.3

vivienda *f.* housing 2.6
vivir *v.* to live 1.3
vivo/a *adj.* clever; living
volante *m.* steering wheel 2.5
volcán *m.* volcano 3.1
vóleibol *m.* volleyball 1.4
volver (o:ue) *v.* to return 1.4
volver a ver(te, lo, la) *v.* to see
  (you, him, her) again
vos *pron.* you
vosotros/as *fam., pl.* you 1.1
votar *v.* to vote 3.6
vuelta *f.* return trip
vuelto/a *p.p.* returned 3.2
vuestro(s)/a(s) *poss. adj.*
  your 1.3; your, (of) yours
  fam., pl. 2.5

Y

y *conj.* and 1.1
  y cuarto quarter after (time) 1.1
  y media half-past (time) 1.1
  y quince quarter after (time) 1.1
  y treinta thirty (minutes past
  the hour) 1.1
  ¿Y tú? *fam.* And you? 1.1
  ¿Y usted? *form.* And you? 1.1
ya *adv.* already 1.6
yerno *m.* son-in-law 1.3
yo *sub. pron.* I 1.1
yogur *m.* yogurt 2.2

Z

zanahoria *f.* carrot 2.2
zapatería *f.* shoe store 3.2
zapatos de tenis *m., pl.* tennis
  shoes, sneakers 1.6

English–Spanish

A

a **un/a** *m., f., sing.; indef. art.* 1.1
@ (*symbol*) **arroba** *f.* 2.5
a.m. **de la mañana** *f.* 1.1
able: be able to **poder (o:ue)** *v.* 1.4
aboard **a bordo**
above all **sobre todo** 3.1
accident **accidente** *m.* 2.4
accompany **acompañar** *v.* 3.2
account **cuenta** *f.* 3.2
   on account of **por** *prep.* 2.5
accountant **contador(a)** *m., f.* 3.4
accounting **contabilidad** *f.* 1.2
ache **dolor** *m.* 2.4
acquainted: be acquainted with
   conocer *v.* 1.6
action (genre) **de acción** *f.* 3.5
active **activo/a** *adj.* 3.3
actor **actor** *m.*, **actriz** *f.* 3.4
additional **adicional** *adj.*
address **dirección** *f.* 3.2
adjective **adjetivo** *m.*
adolescence **adolescencia** *f.* 2.3
adventure (genre) **de aventuras**
   f. 3.5
advertise **anunciar** *v.* 3.6
advertisement **anuncio** *m.* 3.4
advice **consejo** *m.*
   give advice **dar consejos** 1.6
advise **aconsejar** *v.* 2.6
advisor **consejero/a** *m., f.* 3.4
aerobic **aeróbico/a** *adj.* 3.3
   aerobics class **clase de**
     ejercicios aeróbicos 3.3
   to do aerobics **hacer ejercicios**
     aeróbicos 3.3
affected **afectado/a** *adj.* 3.1
   be affected (by) **estar** *v.*
     afectado/a (por) 3.1
affirmative **afirmativo/a** *adj.*
afraid: be (very) afraid (of) **tener**
   (mucho) miedo (de) 1.3
   be afraid that **tener miedo**
     (de) que
after **después de** *prep.* 2.1;
   después de que *conj.* 3.1
afternoon **tarde** *f.* 1.1
afterward **después** *adv.* 2.1
again **otra vez**
age **edad** *f.* 2.3
agree **concordar** *v.*
agree **estar** *v.* **de acuerdo** 3.5
   I agree. **Estoy de acuerdo.** 3.5
   I don't agree. **No estoy de**
     acuerdo. 3.5
agreement **acuerdo** *m.*
AIDS **SIDA** *m.* 3.6
air **aire** *m.* 3.1
   air pollution **contaminación**
     del aire 3.1
airplane **avión** *m.* 1.5
airport **aeropuerto** *m.* 1.5
alarm clock **despertador** *m.* 2.1
all **todo(s)/a(s)** *adj.*
   all of us **todos**

allergic **alérgico/a** *adj.* 2.4
   be allergic (to) **ser alérgico/a**
     (a) 2.4
alleviate **aliviar** *v.*
almost **casi** *adv.* 2.4
alone **solo/a** *adj.*
along **por** *prep.* 2.5
already **ya** *adv.* 1.6
also **también** *adv.* 1.2; 2.1
altar **altar** *m.* 2.3
aluminum **aluminio** *m.* 3.1
   (made) of aluminum **de**
     aluminio 3.1
always **siempre** *adv.* 2.1
American (*North*)
   norteamericano/a *adj.* 1.3
among **entre** *prep.* 1.2
amusement **diversión** *f.*
and **y** 1.1, **e** (*before words*
   beginning with i or hi)
   And you?**¿Y tú?** *fam.* 1.1;
     ¿Y usted? *form.* 1.1
angel **ángel** *m.* 2.3
angry **enojado/a** *adj.* 1.5
   get angry (with) **enojarse** *v.*
     (con) 2.1
animal **animal** *m.* 3.1
ankle **tobillo** *m.* 2.4
anniversary **aniversario** *m.* 2.3
   (wedding) anniversary
     aniversario *m.* **(de**
     bodas) 2.3
announce **anunciar** *v.* 3.6
announcer (*TV/radio*) **locutor(a)**
   m., f. 3.6
annoy **molestar** *v.* 2.1
another **otro/a** *adj.* 1.6
answer **contestar** *v.* 1.2;
   respuesta *f.*
answering machine **contestadora** *f.*
antibiotic **antibiótico** *m.* 2.4
any **algún, alguno/a(s)** *adj.* 2.1
anyone **alguien** *pron.* 2.1
anything **algo** *pron.* 2.1
apartment **apartamento** *m.* 2.6
apartment building **edificio de**
   apartamentos 2.6
app **aplicación** *f.* 2.5
appear **parecer** *v.*
appetizers **entremeses** *m., pl.* 2.2
applaud **aplaudir** *v.* 3.5
apple **manzana** *f.* 2.2
appliance (electric)
   electrodoméstico *m.* 2.6
applicant **aspirante** *m., f.* 3.4
application **solicitud** *f.* 3.4
   job application **solicitud de**
     trabajo 3.4
apply (*for a job*) **solicitar** *v.* 3.4
   apply for a loan **pedir (e:i)** *v.*
     un préstamo 3.2
appointment **cita** *f.* 2.3
   have an appointment **tener** *v.*
     una cita 2.3
appreciate **apreciar** *v.* 3.5
April **abril** *m.* 1.5
archeologist **arqueólogo/a**
   m., f. 3.4

archeology **arqueología** *f.* 1.2
architect **arquitecto/a** *m., f.* 3.4
area **región** *f.*
Argentine **argentino/a** *adj.* 1.3
arm **brazo** *m.* 2.4
armchair **sillón** *m.* 2.6
army **ejército** *m.* 3.6
around **por** *prep.* 2.5
   around here **por aquí** 2.5
arrange **arreglar** *v.* 2.5
arrival **llegada** *f.* 1.5
arrive **llegar** *v.* 1.2
art **arte** *m.* 1.2
   (fine) arts **bellas artes** *f.*,
     pl. 3.5
article **artículo** *m.* 3.6
artist **artista** *m., f.* 1.3
artistic **artístico/a** *adj.* 3.5
arts **artes** *f., pl.* 3.5
as **como** 2.2
   as a child **de niño/a** 2.4
   as... as **tan... como** 2.2
   as many... as **tantos/as...**
     como 2.2
   as much... as **tanto... como** 2.2
   as soon as **en cuanto** *conj.* 3.1;
     tan pronto como *conj.* 3.1
ask (*a question*) **preguntar** *v.* 1.2
   ask for **pedir (e:i)** *v.* 1.4
asparagus **espárragos** *m., pl.* 2.2
aspirin **aspirina** *f.* 2.4
at **a** *prep.* 1.1; **en** *prep.* 1.2
   at + *time* **a la(s)** + *time* 1.1
   at home **en casa**
   at least **por lo menos** 2.4
   at night **por la noche** 2.1
   At what time...? **¿A qué**
     hora...? 1.1
   At your service. **A sus**
     órdenes.
ATM **cajero automático** *m.* 3.2
attempt **intento** *m.* 2.5
attend **asistir (a)** *v.* 1.3
attic **altillo** *m.* 2.6
audience **público** *m.* 3.5
August **agosto** *m.* 1.5
aunt **tía** *f.* 1.3
   aunts and uncles **tíos** *m., pl.* 1.3
automobile **automóvil** *m.* 1.5;
   carro *m.*; **coche** *m.* 2.5
autumn **otoño** *m.* 1.5
avenue **avenida** *f.*
avoid **evitar** *v.* 3.1
award **premio** *m.* 3.5

B

backpack **mochila** *f.* 1.2
bad **mal, malo/a** *adj.* 1.3
   It's bad that... **Es malo**
     que... 2.6
   It's not bad at all. **No está**
     nada mal. 1.5
bag **bolsa** *f.* 1.6

bakery **panadería** *f.* 3.2
balanced **equilibrado/a** *adj.* 3.3
  to eat a balanced diet **comer una dieta equilibrada** 3.3
balcony **balcón** *m.* 2.6
ball **pelota** *f.* 1.4
banana **banana** *f.* 2.2
band **banda** *f.* 3.5
bank **banco** *m.* 3.2
bargain **ganga** *f.* 1.6; **regatear** *v.* 1.6
baseball (*game*) **béisbol** *m.* 1.4
basement **sótano** *m.* 2.6
basketball (*game*) **baloncesto** *m.* 1.4
bathe **bañarse** *v.* 2.1
bathing suit **traje** *m.* **de baño** 1.6
bathroom **baño** *m.* 2.1; **cuarto de baño** *m.* 2.1
be **ser** *v.* 1.1; **estar** *v.* 1.2
  be... years old **tener... años** 1.3
  be sick of... **estar harto/a de...** 3.6
beach **playa** *f.* 1.5
beans **frijoles** *m., pl.* 2.2
beautiful **hermoso/a** *adj.* 1.6
beauty **belleza** *f.* 3.2
  beauty salon **peluquería** *f.* 3.2; **salón** *m.* **de belleza** 3.2
because **porque** *conj.* 1.2
  because of **por** *prep.* 2.5
become (+ *adj.*) **ponerse (+ adj.)** 2.1; **convertirse** *v.*
bed **cama** *f.* 1.5
  go to bed **acostarse (o:ue)** *v.* 2.1
bedroom **alcoba** *f.*, **recámara** *f.*; **dormitorio** *m.* 2.6
beef **carne de res** *f.* 2.2
before **antes** *adv.* 2.1; **antes de** *prep.* 2.1; **antes (de) que** *conj.* 3.1
beg **rogar (o:ue)** *v.* 2.6
begin **comenzar (e:ie)** *v.* 1.4; **empezar (e:ie)** *v.* 1.4
behalf: on behalf of **de parte de** 2.5
behind **detrás de** *prep.* 1.2
believe (in) **creer** *v.* **(en)** 1.3; **creer** *v.* 3.1
  not to believe **no creer** 3.1
believed **creído/a** *p.p.* 3.2
bellhop **botones** *m., f. sing.* 1.5
below **debajo de** *prep.* 1.2
belt **cinturón** *m.* 1.6
benefit **beneficio** *m.* 3.4
beside **al lado de** *prep.* 1.2
besides **además (de)** *adv.* 2.4
best **mejor** *adj.*
  the best **el/la mejor** *m., f.* 2.2
  lo mejor *neuter*
better **mejor** *adj.* 2.2
  It's better that... **Es mejor que...** 2.6
between **entre** *prep.* 1.2
beverage **bebida** *f.* 2.2
bicycle **bicicleta** *f.* 1.4
big **grande** *adj.* 1.3

bill **cuenta** *f.* 2.2
billion **mil millones**
biology **biología** *f.* 1.2
bird **ave** *f.* 3.1; **pájaro** *m.* 3.1
birth **nacimiento** *m.* 2.3
birthday **cumpleaños** *m., sing.* 2.3
  have a birthday **cumplir** *v.* **años**
black **negro/a** *adj.* 1.6
blackboard **pizarra** *f.* 1.2
blanket **manta** *f.* 2.6
block (city) **cuadra** *f.* 3.2
blog **blog** *m.* 2.5
blond(e) **rubio/a** *adj.* 1.3
blouse **blusa** *f.* 1.6
blue **azul** *adj. m., f.* 1.6
boarding house **pensión** *f.*
boat **barco** *m.* 1.5
body **cuerpo** *m.* 2.4
bone **hueso** *m.* 2.4
book **libro** *m.* 1.2
bookcase **estante** *m.* 2.6
bookshelves **estante** *m.* 2.6
bookstore **librería** *f.* 1.2
boot **bota** *f.* 1.6
bore **aburrir** *v.* 2.1
bored **aburrido/a** *adj.* 1.5
  be bored **estar** *v.* **aburrido/a** 1.5
  get bored **aburrirse** *v.* 3.5
boring **aburrido/a** *adj.* 1.5
born: be born **nacer** *v.* 2.3
borrow **pedir (e:i)** *v.* **prestado** 3.2
borrowed **prestado/a** *adj.*
boss **jefe** *m.*, **jefa** *f.* 3.4
bother **molestar** *v.* 2.1
bottle **botella** *f.* 2.3
bottom **fondo** *m.*
boulevard **bulevar** *m.*
boy **chico** *m.* 1.1; **muchacho** *m.* 1.3
boyfriend **novio** *m.* 1.3
brakes **frenos** *m., pl.*
bread **pan** *m.* 2.2
break **romper** *v.* 2.4
  break (one's leg) **romperse (la pierna)** 2.4
  break down **dañar** *v.* 2.4
  break up (with) **romper** *v.* **(con)** 2.3
breakfast **desayuno** *m.* 2.2
  have breakfast **desayunar** *v.* 1.2
breathe **respirar** *v.* 3.1
bring **traer** *v.* 1.4
broadcast **transmitir** *v.* 3.6; **emitir** *v.* 3.6
brochure **folleto** *m.*
broken **roto/a** *adj.* 3.2
  be broken **estar roto/a**
brother **hermano** *m.* 1.3
brother-in-law **cuñado** *m.* 1.3
brothers and sisters **hermanos** *m., pl.* 1.3
brought **traído/a** *p.p.* 3.2

brown **café** *adj.* 1.6; **marrón** *adj.* 1.6
browser **buscador** *m.* 2.5
brunet(te) **moreno/a** *adj.* 1.3
brush **cepillar(se)** *v.* 2.1
  brush one's hair **cepillarse el pelo** 2.1
  brush one's teeth **cepillarse los dientes** 2.1
bucket **balde** *m.* 1.5
build **construir** *v.*
building **edificio** *m.* 2.6
bump into (*something accidentally*) **darse con** 2.4; (*someone*) **encontrarse** *v.* 2.5
burn (a CD/DVD) **quemar** *v.* **(un CD/DVD)**
bus **autobús** *m.* 1.1
  bus station **estación** *f.* **de autobuses** 1.5
business **negocios** *m. pl.* 3.4
  business administration **administración** *f.* **de empresas** 1.2
  business-related **comercial** *adj.* 3.4
businessperson **hombre** *m.* **/ mujer** *f.* **de negocios** 3.4
busy **ocupado/a** *adj.* 1.5
but **pero** *conj.* 1.2; (rather) **sino** *conj.* (*in negative sentences*) 2.1
butcher shop **carnicería** *f.* 3.2
butter **mantequilla** *f.* 2.2
buy **comprar** *v.* 1.2
by **por** *prep.* 2.5; **para** *prep.* 2.5
  by means of **por** *prep.* 2.5
  by phone **por teléfono**
  by plane **en avión** 1.5
  by way of **por** *prep.* 2.5
bye **chau** *interj. fam.* 1.1

C

cable television **televisión** *f.* **por cable** *m.*
café **café** *m.* 1.4
cafeteria **cafetería** *f.* 1.2
caffeine **cafeína** *f.* 3.3
cake **pastel** *m.* 2.3
  chocolate cake **pastel de chocolate** *m.* 2.3
calculator **calculadora** *f.* 1.2
call **llamar** *v.* 2.5
  be called **llamarse** *v.* 2.1
  call on the phone **llamar por teléfono**
calm **tranquilo/a** *adj.* 3.3
calorie **caloría** *f.* 3.3
camera **cámara** *f.* 2.5
camp **acampar** *v.* 1.5
can (*tin*) **lata** *f.* 3.1
can **poder (o:ue)** *v.* 1.4
  Could I ask you something? **¿Podría pedirte algo?** 3.5

Canadian **canadiense** adj. 1.3
candidate **aspirante** m., f. 3.4; **candidato/a** m., f. 3.6
candy **dulces** m., pl. 2.3
capital city **capital** f.
car **coche** m. 2.5; **carro** m. 2.5; **auto(móvil)** m. 1.5
caramel **caramelo** m. 2.3
card **tarjeta** f.; (playing) **carta** f. 1.5
care **cuidado** m.
    take care of **cuidar** v. 3.1
career **carrera** f. 3.4
careful: be (very) careful **tener** v. **(mucho) cuidado** 1.3
caretaker **ama** m., f. **de casa** 2.6
carpenter **carpintero/a** m., f. 3.4
carpet **alfombra** f. 2.6
carrot **zanahoria** f. 2.2
carry **llevar** v. 1.2
cartoons **dibujos** m, pl. **animados** 3.5
case: in case (that) **en caso (de) que** 3.1
cash (a check) **cobrar** v. 3.2; cash **(en) efectivo** 1.6
    cash register **caja** f. 1.6
    pay in cash **pagar** v. **al contado** 3.2; **pagar en efectivo** 3.2
cashier **cajero/a** m., f.
cat **gato** m. 3.1
CD **disco compacto** m. 2.5
CD player **reproductor de CD** m. 2.5
CD-ROM **cederrón** m.
celebrate **celebrar** v. 2.3
celebration **celebración** f.
cellar **sótano** m. 2.6
(cell) phone **(teléfono) celular** m. 2.5
cemetery **cementerio** m. 2.3
cereal **cereales** m., pl. 2.2
certain **cierto/a** adj.; **seguro/a** adj. 3.1
    it's (not) certain **(no) es cierto/seguro** 3.1
chalk **tiza** f. 1.2
change **cambiar** v. **(de)** 2.3
change: in change **de cambio** 1.2
channel (TV) **canal** m. 2.5; 3.5
character (fictional) **personaje** m. 3.5
    (main) character m. **personaje (principal)** 3.5
charger **cargador** m. 2.5
chat **conversar** v. 1.2; **chatear** v. 2.5
cheap **barato/a** adj. 1.6
check **comprobar (o:ue)** v.; **revisar** v. 2.5; (bank) **cheque** m. 3.2
    check the oil **revisar el aceite** 2.5
checking account **cuenta** f. **corriente** 3.2
cheese **queso** m. 2.2
chef **cocinero/a** m., f. 3.4
chemistry **química** f. 1.2
chest of drawers **cómoda** f. 2.6

chicken **pollo** m. 2.2
child **niño/a** m., f. 1.3
childhood **niñez** f. 2.3
children **hijos** m., pl. 1.3
Chinese **chino/a** adj. 1.3
chocolate **chocolate** m. 2.3
    chocolate cake **pastel** m. **de chocolate** 2.3
cholesterol **colesterol** m. 3.3
choose **escoger** v. 2.2
chop (food) **chuleta** f. 2.2
Christmas **Navidad** f. 2.3
church **iglesia** f. 1.4
cinnamon **canela** f. 2.4
citizen **ciudadano/a** m., f. 3.6
city **ciudad** f.
class **clase** f. 1.2
    take classes **tomar clases** 1.2
classical **clásico/a** adj. 3.5
classmate **compañero/a** m., f. **de clase** 1.2
clean **limpio/a** adj. 1.5; **limpiar** v. 2.6
    clean the house v. **limpiar la casa** 2.6
clear (weather) **despejado/a** adj.
    clear the table **quitar la mesa** 2.6
    It's (very) clear. (weather) **Está (muy) despejado.**
clerk **dependiente/a** m., f. 1.6
climate change **cambio climático** m. 3.1
climb **escalar** v. 1.4
    climb mountains **escalar montañas** 1.4
clinic **clínica** f. 2.4
clock **reloj** m. 1.2
close **cerrar (e:ie)** v. 1.4
closed **cerrado/a** adj. 1.5
closet **armario** m. 2.6
clothes **ropa** f. 1.6
    clothes dryer **secadora** f. 2.6
clothing **ropa** f. 1.6
cloud **nube** f. 3.1
cloudy **nublado/a** adj. 1.5
    It's (very) cloudy. **Está (muy) nublado.** 1.5
coat **abrigo** m. 1.6
coffee **café** m. 2.2
    coffee maker **cafetera** f. 2.6
cold **frío** m. 1.5; (illness) **resfriado** m. 2.4
    be (feel) (very) cold **tener (mucho) frío** 1.3
    It's (very) cold. (weather) **Hace (mucho) frío.** 1.5
college **universidad** f. 1.2
collision **choque** m. 3.6
color **color** m. 1.6
comb one's hair **peinarse** v. 2.1
come **venir** v. 1.3
come on **ándale** interj. 3.2
comedy **comedia** f. 3.5
comfortable **cómodo/a** adj. 1.5
commerce **negocios** m., pl. 3.4
commercial **comercial** adj. 3.4
communicate (with) **comunicarse** v. **(con)** 3.6

communication **comunicación** f. 3.6
    means of communication **medios** m. pl. **de comunicación** 3.6
community **comunidad** f. 1.1
company **compañía** f. 3.4; **empresa** f. 3.4
comparison **comparación** f.
composer **compositor(a)** m., f. 3.5
computer **computadora** f. 1.1
    computer disc **disco** m.
    computer monitor **monitor** m. 2.5
    computer programmer **programador(a)** m., f. 1.3
    computer science **computación** f. 1.2
concert **concierto** m. 3.5
conductor (musical) **director(a)** m., f. 3.5
confident **seguro/a** adj. 1.5
confirm **confirmar** v. 1.5
    confirm a reservation **confirmar una reservación** 1.5
confused **confundido/a** adj. 1.5
congested **congestionado/a** adj. 2.4
Congratulations! **¡Felicidades!**; **¡Felicitaciones!** f., pl. 2.3
conservation **conservación** f. 3.1
conserve **conservar** v. 3.1
considering **para** prep. 2.5
consume **consumir** v. 3.3
container **envase** m. 3.1
contamination **contaminación** f.
content **contento/a** adj. 1.5
contest **concurso** m. 3.5
continue **seguir (e:i)** v. 1.4
control **control** m.; **controlar** v. 3.1
conversation **conversación** f. 1.1
converse **conversar** v. 1.2
cook **cocinar** v. 2.6; **cocinero/a** m., f. 3.4
cookie **galleta** f. 2.3
cool **fresco/a** adj. 1.5
    It's cool. (weather) **Hace fresco.** 1.5
corn **maíz** m. 2.2
corner **esquina** f. 3.2
cost **costar (o:ue)** v. 1.6
Costa Rican **costarricense** adj. 1.3
costume **disfraz** m. 2.3
cotton **algodón** f. 1.6
    (made of) cotton **de algodón** 1.6
couch **sofá** m. 2.6
couch potato **teleadicto/a** m., f. 3.3
cough **tos** f. 2.4; **toser** v. 2.4
counselor **consejero/a** m., f. 3.4
count **contar (o:ue)** v. 1.4
country (nation) **país** m. 1.1
countryside **campo** m. 1.5
(married) couple **pareja** f. 2.3
course **curso** m. 1.2; **materia** f. 1.2
courtesy **cortesía** f.
cousin **primo/a** m., f. 1.3
cover **cubrir** v.
covered **cubierto/a** p.p.

cow **vaca** *f.* 3.1
crafts **artesanía** *f.* 3.5
craftsmanship **artesanía** *f.* 3.5
crater **cráter** *m.* 3.1
crazy **loco/a** *adj.* 1.6
create **crear** *v.*
credit **crédito** *m.* 1.6
   credit card **tarjeta** *f.* **de crédito** 1.6
crime **crimen** *m.* 3.6
cross **cruzar** *v.* 3.2
cry **llorar** *v.* 3.3
Cuban **cubano/a** *adj.* 1.3
culture **cultura** *f.* 1.2, 3.5
cup **taza** *f.* 2.6
currency exchange **cambio** *m.* **de moneda**
current events **actualidades** *f.*, *pl.* 3.6
curtains **cortinas** *f.*, *pl.* 2.6
custard (*baked*) **flan** *m.* 2.3
custom **costumbre** *f.*
customer **cliente/a** *m.*, *f.* 1.6
customs **aduana** *f.*
   customs inspector **inspector(a)** *m.*, *f.* **de aduanas** 1.5
cybercafé **cibercafé** *m.* 2.5
cycling **ciclismo** *m.* 1.4

D

dad **papá** *m.*
daily **diario/a** *adj.* 2.1
   daily routine **rutina** *f.* **diaria** 2.1
damage **dañar** *v.* 2.4
dance **bailar** *v.* 1.2; **danza** *f.* 3.5; **baile** *m.* 3.5
dancer **bailarín/bailarina** *m.*, *f.* 3.5
danger **peligro** *m.* 3.1
dangerous **peligroso/a** *adj.* 3.6
date (*appointment*) **cita** *f.* 2.3; (*calendar*) **fecha** *f.* 1.5; (*someone*) **salir** *v.* **con (alguien)** 2.3
   have a date **tener una cita** 2.3
daughter **hija** *f.* 1.3
daughter-in-law **nuera** *f.* 1.3
day **día** *m.* 1.1
   day before yesterday **anteayer** *adv.* 1.6
death **muerte** *f.* 2.3
decaffeinated **descafeinado/a** *adj.* 3.3
December **diciembre** *m.* 1.5
decide **decidir** *v.* (+ *inf.*) 1.3
declare **declarar** *v.* 3.6
deforestation **deforestación** *f.* 3.1
delicious **delicioso/a** *adj.* 2.2; **rico/a** *adj.* 2.2; **sabroso/a** *adj.* 2.2
delighted **encantado/a** *adj.* 1.1
dentist **dentista** *m.*, *f.* 2.4
deny **negar (e:ie)** *v.* 3.1
   not to deny **no negar** 3.1
department store **almacén** *m.* 1.6
departure **salida** *f.* 1.5

deposit **depositar** *v.* 3.2
describe **describir** *v.* 1.3
described **descrito/a** *p.p.* 3.2
desert **desierto** *m.* 3.1
design **diseño** *m.*
designer **diseñador(a)** *m.*, *f.* 3.4
desire **desear** *v.* 1.2
desk **escritorio** *m.* 1.2
dessert **postre** *m.* 2.3
destroy **destruir** *v.* 3.1
develop **desarrollar** *v.* 3.1
diary **diario** *m.* 1.1
dictatorship **dictadura** *f.* 3.6
dictionary **diccionario** *m.* 1.1
die **morir (o:ue)** *v.* 2.2
died **muerto/a** *p.p.* 3.2
diet **dieta** *f.* 3.3; **alimentación**
   balanced diet **dieta equilibrada** 3.3
   be on a diet **estar a dieta** 3.3
difficult **difícil** *adj. m.*, *f.* 1.3
digital camera **cámara** *f.* **digital** 2.5
dining room **comedor** *m.* 2.6
dinner **cena** *f.* 2.2
   have dinner **cenar** *v.* 1.2
direct **dirigir** *v.* 3.5
director **director(a)** *m.*, *f.* 3.5
dirty **ensuciar** *v.*; **sucio/a** *adj.* 1.5
   get (something) dirty **ensuciar** *v.* 2.6
disagree **no estar de acuerdo**
disaster **desastre** *m.* 3.6
discover **descubrir** *v.* 3.1
discovered **descubierto/a** *p.p.* 3.2
discrimination **discriminación** *f.* 3.6
dish **plato** *m.* 2.2, 2.6
   main dish *m.* **plato principal** 2.2
dishwasher **lavaplatos** *m.*, *sing.* 2.6
disk **disco** *m.*
disorderly **desordenado/a** *adj.* 1.5
divorce **divorcio** *m.* 2.3
divorced **divorciado/a** *adj.* 2.3
   get divorced (from) **divorciarse** *v.* (**de**) 2.3
dizzy **mareado/a** *adj.* 2.4
do **hacer** *v.* 1.4
   do aerobics **hacer ejercicios aeróbicos** 3.3
   do household chores **hacer quehaceres domésticos** 2.6
   do stretching exercises **hacer ejercicios de estiramiento** 3.3
   (I) don't want to. **No quiero.** 1.4
doctor **doctor(a)** *m.*, *f.* 1.3; 2.4; **médico/a** *m.*, *f.* 1.3
documentary (*film*) **documental** *m.* 3.5
dog **perro** *m.* 3.1
domestic **doméstico/a** *adj.*
   domestic appliance **electrodoméstico** *m.*
done **hecho/a** *p.p.* 3.2
door **puerta** *f.* 1.2
doorman/doorwoman **portero/a** *m.*, *f.* 1.1
dormitory **residencia** *f.* **estudiantil** 1.2

double **doble** *adj.* 1.5
   double room **habitación** *f.* **doble** 1.5
doubt **duda** *f.* 3.1; **dudar** *v.* 3.1
   not to doubt **no dudar** 3.1
   there is no doubt that **no cabe duda de** 3.1; **no hay duda de** 3.1
download **descargar** *v.* 2.5
downtown **centro** *m.* 1.4
drama **drama** *m.* 3.5
dramatic **dramático/a** *adj.* 3.5
draw **dibujar** *v.* 1.2
drawing **dibujo** *m.*
dress **vestido** *m.* 1.6
   get dressed **vestirse (e:i)** *v.* 2.1
drink **beber** *v.* 1.3; **bebida** *f.* 2.2; **tomar** *v.* 1.2
drive **conducir** *v.* 1.6; **manejar** *v.* 2.5
driver **conductor(a)** *m.*, *f.* 1.1
dry (oneself) **secarse** *v.* 2.1
during **durante** *prep.* 2.1; **por** *prep.* 2.5
dust **sacudir** *v.* 2.6; **quitar** *v.* **el polvo** 2.6
   dust the furniture **sacudir los muebles** 2.6
duster **plumero** *m.* 2.6
DVD player **reproductor** *m.* **de DVD** 2.5

E

each **cada** *adj.* 1.6
ear (outer) **oreja** *f.* 2.4
early **temprano** *adv.* 2.1
earn **ganar** *v.* 3.4
earring **arete** *m.* 1.6
earthquake **terremoto** *m.* 3.6
ease **aliviar** *v.*
east **este** *m.* 3.2
   to the east **al este** 3.2
easy **fácil** *adj. m.*, *f.* 1.3
eat **comer** *v.* 1.3
ecological **ecológico/a** *adj.* 3.1
ecologist **ecologista** *m.*, *f.* 3.1
ecology **ecología** *f.* 3.1
economics **economía** *f.* 1.2
ecotourism **ecoturismo** *m.* 3.1
Ecuadorian **ecuatoriano/a** *adj.* 1.3
effective **eficaz** *adj. m.*, *f.*
egg **huevo** *m.* 2.2
eight **ocho** 1.1
eight hundred **ochocientos/as** 1.2
eighteen **dieciocho** 1.1
eighth **octavo/a** 1.5
eighty **ochenta** 1.2
either… or **o… o** *conj.* 2.1
elect **elegir (e:i)** *v.* 3.6
election **elecciones** *f. pl.* 3.6
electric appliance **electrodoméstico** *m.* 2.6
electrician **electricista** *m.*, *f.* 3.4
electricity **luz** *f.* 2.6

elegant **elegante** *adj. m., f.* 1.6
elevator **ascensor** *m.* 1.5
eleven **once** 1.1
e-mail **correo** *m.*
   electrónico 1.4
   e-mail address **dirección** *f.*
    electrónica 2.5
   e-mail message **mensaje** *m.*
    electrónico 1.4
   read e-mail **leer** *v.* **el correo**
    electrónico 1.4
embarrassed **avergonzado/a**
   adj. 1.5
embrace (each other) **abrazar(se)**
   v. 2.5
emergency **emergencia** *f.* 2.4
   emergency room **sala** *f.* **de**
    emergencia(s) 2.4
employee **empleado/a** *m., f.* 1.5
employment **empleo** *m.* 3.4
end **fin** *m.* 1.4; **terminar** *v.* 1.2
   end table **mesita** *f.* 2.6
endure **aguantar** *v.* 3.2
energy **energía** *f.* 3.1
engaged: get engaged (to)
   comprometerse *v.* **(con)** 2.3
engineer **ingeniero/a** *m., f.* 1.3
English (*language*) **inglés** *m.* 1.2;
   inglés, inglesa *adj.* 1.3
enjoy **disfrutar** *v.* **(de)** 3.3
enough **bastante** *adv.* 2.4
entertainment **diversión** *f.* 1.4
entrance **entrada** *f.* 2.6
envelope **sobre** *m.* 3.2
environment **medio ambiente**
   m. 3.1
environmental science **ciencias**
   ambientales 1.2
equality **igualdad** *f.* 3.6
erase **borrar** *v.* 2.5
eraser **borrador** *m.* 1.2
errand **diligencia** *f.* 3.2
essay **ensayo** *m.* 1.3
establish **establecer** *v.* 3.4
evening **tarde** *f.* 1.1
event **acontecimiento** *m.* 3.6
every day **todos los días** 2.4
everything **todo** *m.* 1.5
exactly **en punto** 1.1
exam **examen** *m.* 1.2
excellent **excelente** *adj.* 1.5
excess **exceso** *m.* 3.3
   in excess **en exceso** 3.3
exchange **intercambiar** *v.*
   in exchange for **por** 2.5
exciting **emocionante** *adj. m., f.*
excursion **excursión** *f.*
excuse **disculpar** *v.*
Excuse me. (*May I?*) **Con**
   permiso. 1.1; (*I beg your*
   pardon.) **Perdón.** 1.1
exercise **ejercicio** *m.* 3.3;
   hacer *v.* **ejercicio** 3.3; (a
   degree/profession) **ejercer** *v.* 3.4
exit **salida** *f.* 1.5
expensive **caro/a** *adj.* 1.6
experience **experiencia** *f.*
expire **vencer** *v.* 3.2
explain **explicar** *v.* 1.2
explore **explorar** *v.*

expression **expresión** *f.*
extinction **extinción** *f.* 3.1
eye **ojo** *m.* 2.4

F

fabulous **fabuloso/a** *adj.* 1.5
face **cara** *f.* 2.1
facing **enfrente de** *prep.* 3.2
fact: in fact **de hecho**
factory **fábrica** *f.* 3.1
fall (down) **caerse** *v.* 2.4
   fall asleep **dormirse (o:ue)** *v.* 2.1
   fall in love (with) **enamorarse**
    v. **(de)** 2.3
fall (season) **otoño** *m.* 1.5
fallen **caído/a** *p.p.* 3.2
family **familia** *f.* 1.3
famous **famoso/a** *adj.*
fan **aficionado/a** *m., f.* 1.4
   be a fan (of) **ser aficionado/a (a)**
far from **lejos de** *prep.* 1.2
farewell **despedida** *f.*
fascinate **fascinar** *v.* 2.1
fashion **moda** *f.* 1.6
   be in fashion **estar de**
    moda 1.6
fast **rápido/a** *adj.*
fat **gordo/a** *adj.* 1.3; **grasa** *f.* 3.3
father **padre** *m.* 1.3
father-in-law **suegro** *m.* 1.3
favorite **favorito/a** *adj.* 1.4
fax (machine) *fax m.*
fear **miedo** *m.*; **temer** *v.* 3.1
February **febrero** *m.* 1.5
feel **sentir(se) (e:ie)** *v.* 2.1
   feel like (*doing something*) **tener**
    ganas de (+ *inf.***)** 1.3
festival **festival** *m.* 3.5
fever **fiebre** *f.* 2.4
   have a fever **tener** *v.* **fiebre** 2.4
few **pocos/as** *adj. pl.*
   fewer than **menos de**
    (**+** *number*) 2.2
field: major field of study
   especialización *f.*
fifteen **quince** 1.1
   fifteen-year-old girl celebrating her
   birthday **quinceañera** *f.*
fifth **quinto/a** 1.5
fifty **cincuenta** 1.2
fight (for/against) **luchar** *v.* **(por/**
   contra) 3.6
figure (*number*) **cifra** *f.*
file **archivo** *m.* 2.5
fill **llenar** *v.* 2.5
   fill out (a form) **llenar (un**
    formulario) 3.2
   fill the tank **llenar el**
    tanque 2.5
finally **finalmente** *adv.*; **por**
   último 2.1; **por fin** 2.5
find **encontrar (o:ue)** *v.* 1.4
   find (each other) **encontrar(se)**
   find out **enterarse** *v.* 3.4

fine **multa** *f.*
   That's fine. **Está bien.**
(fine) arts **bellas artes** *f., pl.* 3.5
finger **dedo** *m.* 2.4
finish **terminar** *v.* 1.2
   finish (*doing something*)
    terminar *v.* **de (+** *inf.***)**
fire **incendio** *m.* 3.6; **despedir**
   (e:i) *v.* 3.4
firefighter **bombero/a** *m., f.* 3.4
firm **compañía** *f.* 3.4; **empresa**
   f. 3.4
first **primer, primero/a** 1.2, 1.5
fish (*food*) **pescado** *m.* 2.2;
   pescar *v.* 1.5; (*live*) **pez** *m.,*
   sing. (**peces** *pl.*) 3.1
   fish market **pescadería** *f.* 3.2
fishing **pesca** *f.*
fit (*clothing*) **quedar** *v.* 2.1
five **cinco** 1.1
five hundred **quinientos/as** 1.2
fix (*put in working order*) **arreglar**
   v. 2.5; (*clothes, hair, etc. to*
   go out) **arreglarse** *v.* 2.1
fixed **fijo/a** *adj.* 1.6
flag **bandera** *f.*
flexible **flexible** *adj.* 3.3
flood **inundación** *f.* 3.6
floor (*of a building*) **piso** *m.* 1.5;
   suelo *m.* 2.6
   ground floor **planta baja** *f.* 1.5
   top floor **planta** *f.* **alta**
flower **flor** *f.* 3.1
flu **gripe** *f.* 2.4
fog **niebla** *f.*
folk **folclórico/a** *adj.* 3.5
follow **seguir (e:i)** *v.* 1.4
food **comida** *f.* 1.4, 2.2
foolish **tonto/a** *adj.* 1.3
foot **pie** *m.* 2.4
football **fútbol** *m.*
   americano 1.4
for **para** *prep.* 2.5; **por** *prep.* 2.5
   for example **por ejemplo** 2.5
   for me **para mí** 2.2
forbid **prohibir** *v.*
foreign **extranjero/a** *adj.* 3.5
   foreign languages **lenguas**
    f., pl. **extranjeras** 1.2
forest **bosque** *m.* 3.1
forget **olvidar** *v.* 2.4
fork **tenedor** *m.* 2.6
form **formulario** *m.* 3.2
forty **cuarenta** 1.2
four **cuatro** 1.1
four hundred
   cuatrocientos/as 1.2
fourteen **catorce** 1.1
fourth **cuarto/a** *m., f.* 1.5
free **libre** *adj. m., f.* 1.4
   be free (of charge) **ser gratis** 3.2
   free time **tiempo libre**; spare
    (free) time **ratos libres** 1.4
freedom **libertad** *f.* 3.6
freezer **congelador** *m.* 2.6

French **francés, francesa** *adj.* 1.3
 French fries **papas** *f., pl.*
  fritas 2.2; **patatas** *f., pl.*
  fritas 2.2
frequently **frecuentemente** *adv.;*
 con frecuencia *adv.* 2.4
Friday **viernes** *m., sing.* 1.2
fried **frito/a** *adj.* 2.2
 fried potatoes **papas** *f., pl.*
  fritas 2.2; **patatas** *f., pl.*
  fritas 2.2
friend **amigo/a** *m., f.* 1.3
friendly **amable** *adj. m., f.* 1.5
friendship **amistad** *f.* 2.3
from **de** *prep.* 1.1; **desde** *prep.* 1.6
 from the United States
  estadounidense *m., f. adj.* 1.3
 from time to time **de vez en**
  cuando 2.4
 I'm from… **Soy de…** 1.1
front: (cold) front **frente (frío)**
 m. 1.5
fruit **fruta** *f.* 2.2
 fruit juice **jugo** *m.* **de fruta** 2.2
 fruit store **frutería** *f.* 3.2
full **lleno/a** *adj.* 2.5
fun **divertido/a** *adj.*
 fun activity **diversión** *f.* 1.4
 have fun **divertirse (e:ie)** *v.* 2.3
function **funcionar** *v.*
furniture **muebles** *m., pl.* 2.6
furthermore **además (de)** *adv.* 2.4
future **porvenir** *m.* 3.4
 for/to the future **por el**
  porvenir 3.4
 in the future **en el futuro**

G

gain weight **aumentar** *v.* **de**
 peso 3.3; **engordar** *v.* 3.3
game **juego** *m.;* *(match)*
 partido *m.* 1.4
 game show **concurso** *m.* 3.5
garage *(in a house)* **garaje** *m.* 2.6;
 garaje *m.* 2.5; **taller**
 (mecánico) 2.5
garden **jardín** *m.* 2.6
garlic **ajo** *m.* 2.2
gas station **gasolinera** *f.* 2.5
gasoline **gasolina** *f.* 2.5
gentleman **caballero** *m.* 2.2
geography **geografía** *f.* 1.2
German **alemán, alemana**
 adj. 1.3
get **conseguir(e:i)** *v.* 1.4;
 obtener *v.* 3.4
 get along well/badly (with)
  llevarse bien/mal (con) 2.3
 get bigger **aumentar** *v.* 3.1
 get bored **aburrirse** *v.* 3.5
 get good grades **sacar buenas**
  notas 1.2
 get into trouble **meterse en**
  problemas *v.* 3.1

get off of (a vehicle) **bajar(se)** *v.*
 de 2.5
 get on/into (a vehicle) **subir(se)**
  v. **a** 2.5
 get out of (a vehicle) **bajar(se)**
  v. **de** 2.5
 get ready **arreglarse** *v.* 2.1
 get up **levantarse** *v.* 2.1
gift **regalo** *m.* 1.6
ginger **jengibre** *m.* 2.4
girl **chica** *f.* 1.1; **muchacha** *f.* 1.3
girlfriend **novia** *f.* 1.3
give **dar** *v.* 1.6; *(as a gift)*
 regalar 2.3
 give directions **indicar cómo**
  llegar 3.2
glass *(drinking)* **vaso** *m.* 2.6;
 vidrio *m.* 3.1
 (made) of glass **de vidrio** 3.1
glasses **gafas** *f., pl.* 1.6
 sunglasses **gafas** *f., pl.*
  de sol 1.6
global warming **calentamiento**
 global *m.* 3.1
gloves **guantes** *m., pl.* 1.6
go **ir** *v.* 1.4
 go away **irse** 2.1
 go by boat **ir en barco** 1.5
 go by bus **ir en autobús** 1.5
 go by car **ir en auto(móvil)** 1.5
 go by motorcycle **ir en**
  moto(cicleta) 1.5
 go by plane **ir en avión** 1.5
 go by taxi **ir en taxi** 1.5
 go down **bajar(se)** *v.*
 go on a hike **ir de excursión** 1.4
 go out (with) **salir** *v.* **(con)** 2.3
 go up **subir** *v.*
 Let's go. **Vamos.** 1.4
goblet **copa** *f.* 2.6
going to: be going to *(do*
 something) **ir a (+ *inf.*)** 1.4
golf **golf** *m.* 1.4
good **buen, bueno/a** *adj.* 1.3, 1.6
 Good afternoon. **Buenas**
  tardes. 1.1
 Good evening. **Buenas**
  noches. 1.1
 Good morning. **Buenos días.** 1.1
 Good night. **Buenas noches.** 1.1
 It's good that… **Es bueno**
  que… 2.6
goodbye **adiós** *m.* 1.1
 say goodbye (to) **despedirse** *v.*
  (de) (e:i) 3.6
good-looking **guapo/a** *adj.* 1.3
government **gobierno** *m.* 3.1
GPS **navegador GPS** *m.* 2.5
graduate (from/in) **graduarse** *v.*
 (de/en) 2.3
grains **cereales** *m., pl.* 2.2
granddaughter **nieta** *f.* 1.3
grandfather **abuelo** *m.* 1.3
grandmother **abuela** *f.* 1.3
grandparents **abuelos** *m., pl.* 1.3

grandson **nieto** *m.* 1.3
grape **uva** *f.* 2.2
grass **hierba** *f.* 3.1
grave **grave** *adj.* 2.4
gray **gris** *adj. m., f.* 1.6
great **fenomenal** *adj. m., f.* 1.5;
 genial *adj.* 3.4
great-grandfather **bisabuelo** *m.* 1.3
great-grandmother **bisabuela** *f.* 1.3
green **verde** *adj. m., f.* 1.6
greet (each other) **saludar(se)**
 v. 2.5
greeting **saludo** *m.* 1.1
 Greetings to… **Saludos a…** 1.1
grilled **a la plancha** 2.2
ground floor **planta baja** *f.* 1.5
grow **aumentar** *v.* 3.1
guest *(at a house/hotel)* **huésped**
 m., f. 1.5 *(invited to a function)*
 invitado/a *m., f.* 2.3
guide **guía** *m., f.*
gymnasium **gimnasio** *m.* 1.4

H

hair **pelo** *m.* 2.1
hairdresser **peluquero/a** *m., f.* 3.4
half **medio/a** *adj.* 1.3
 half-brother **medio**
  hermano *m.* 1.3
 half-past… *(time)* **…y media** 1.1
 half-sister **media hermana** *f.* 1.3
hallway **pasillo** *m.* 2.6
ham **jamón** *m.* 2.2
hamburger **hamburguesa** *f.* 2.2
hand **mano** *f.* 1.1
hand in **entregar** *v.* 2.5
handsome **guapo/a** *adj.* 1.3
happen **ocurrir** *v.* 3.6
happiness **alegría** *v.* 2.3
Happy birthday!
 ¡Feliz cumpleaños! 2.3
happy **alegre** *adj.* 1.5; **contento/a**
 adj. 1.5; **feliz** *adj. m., f.* 1.5
 be happy **alegrarse** *v.* **(de)** 3.1
hard **difícil** *adj. m., f.* 1.3
hard-working **trabajador(a)** *adj.* 1.3
hardly **apenas** *adv.* 2.4
hat **sombrero** *m.* 1.6
hate **odiar** *v.* 2.3
have **tener** *v.* 1.3
 have time **tener tiempo** 3.2
 have to *(do something)* **tener**
  que (+ *inf.*) 1.3
 have a tooth removed **sacar(se)**
  un diente 2.4
he **él** 1.1
head **cabeza** *f.* 2.4
headache **dolor** *m.* **de cabeza** 2.4
health **salud** *f.* 2.4
healthy **saludable** *adj. m., f.* 2.4;
 sano/a *adj.* 2.4
 lead a healthy lifestyle **llevar** *v.*
  una vida sana 3.3
hear **oír** *v.* 1.4
heard **oído/a** *p.p.* 3.2

hearing: sense of hearing **oído** *m.* 2.4
heart **corazón** *m.* 2.4
heat **calor** *m.*
Hello. **Hola.** 1.1; (*on the telephone*) **Aló.** 2.5; **Bueno.** 2.5; **Diga.** 2.5
help **ayudar** *v.*; **servir (e:i)** *v.* 1.5
help each other **ayudarse** *v.* 2.5
her **su(s)** *poss. adj.* 1.3; (of) hers **suyo(s)/a(s)** *poss.* 2.5
her **la** *f., sing., d.o. pron.* 1.5
to/for her **le** *f., sing., i.o. pron.* 1.6
here **aquí** *adv.* 1.1
Here is/are... **Aquí está(n)...** 1.5
Hi. **Hola.** 1.1
highway **autopista** *f.* 2.5; **carretera** *f.* 2.5
hike **excursión** *f.* 1.4
go on a hike **ir de excursión** 1.4
hiker **excursionista** *m., f.*
hiking **de excursión** 1.4
him *m., sing., d.o. pron.* **lo** 1.5; to/for him **le** *m., sing., i.o. pron.* 1.6
hire **contratar** *v.* 3.4
his **su(s)** *poss. adj.* 1.3; (of) his **suyo(s)/a(s)** *poss. pron.* 2.5
history **historia** *f.* 1.2; 3.5
hobby **pasatiempo** *m.* 1.4
hockey **hockey** *m.* 1.4
hold up **aguantar** *v.* 3.2
hole **hueco** *m.* 1.4
holiday **día** *m.* **de fiesta** 2.3
home **casa** *f.* 1.2
home page **página** *f.* **principal** 2.5
homework **tarea** *f.* 1.2
honey **miel** *f.* 2.4
hood **capó** *m.* 2.5; **cofre** *m.* 2.5
hope **esperar** *v.* (+ *inf.*) 1.2; **esperar** *v.* 3.1
I hope (that) **ojalá (que)** 3.1
horror (genre) **de horror** *m.* 3.5
hors d'oeuvres **entremeses** *m., pl.* 2.2
horse **caballo** *m.* 1.5
hospital **hospital** *m.* 2.4
hot: be (*feel*) (very) hot **tener (mucho) calor** 1.3
It's (very) hot. **Hace (mucho) calor.** 1.5
hotel **hotel** *m.* 1.5
hour **hora** *f.* 1.1
house **casa** *f.* 1.2
household chores **quehaceres** *m. pl.* **domésticos** 2.6
housekeeper **ama** *m., f.* **de casa** 2.6
housing **vivienda** *f.* 2.6
How...! **¡Qué...!**
how **¿cómo?** *adv.* 1.1, 1.2
How are you? **¿Qué tal?** 1.1
How are you? **¿Cómo estás?** *fam.* 1.1
How are you? **¿Cómo está usted?** *form.* 1.1

How can I help you? **¿En qué puedo servirles?** 1.5
How is it going? **¿Qué tal?** 1.1
How is the weather? **¿Qué tiempo hace?** 1.5
How much/many? **¿Cuánto(s)/a(s)?** 1.1
How much does... cost? **¿Cuánto cuesta...?** 1.6
How old are you? **¿Cuántos años tienes?** *fam.*
however **sin embargo**
hug (each other) **abrazar(se)** *v.* 2.5
humanities **humanidades** *f., pl.* 1.2
hundred **cien, ciento** 1.2
hunger **hambre** *f.*
hungry: be (very) hungry **tener** *v.* **(mucha) hambre** 1.3
hunt **cazar** *v.* 3.1
hurricane **huracán** *m.* 3.6
hurry **apurarse** *v.* 3.3; **darse prisa** *v.* 3.3
be in a (big) hurry **tener** *v.* **(mucha) prisa** 1.3
hurt **doler (o:ue)** *v.* 2.4
husband **esposo** *m.* 1.3

I

I **yo** 1.1
I hope (that) **Ojalá (que)** *interj.* 3.1
I wish (that) **Ojalá (que)** *interj.* 3.1
ice cream **helado** *m.* 2.3
ice cream shop **heladería** *f.* 3.2
iced **helado/a** *adj.* 2.2
iced tea **té** *m.* **helado** 2.2
idea **idea** *f.* 3.6
if **si** *conj.* 1.4
illness **enfermedad** *f.* 2.4
important **importante** *adj.* 1.3
be important to **importar** *v.* 2.1
It's important that... **Es importante que...** 2.6
impossible **imposible** *adj.* 3.1
it's impossible **es imposible** 3.1
improbable **improbable** *adj.* 3.1
it's improbable **es improbable** 3.1
improve **mejorar** *v.* 3.1
in **en** *prep.* 1.2; **por** *prep.* 2.5
in the afternoon **de la tarde** 1.1; **por la tarde** 2.1
in a bad mood **de mal humor** 1.5
in the direction of **para** *prep.* 2.5
in the early evening **de la tarde** 1.1
in the evening **de la noche** 1.1; **por la tarde** 2.1
in a good mood **de buen humor** 1.5
in the morning **de la mañana** 1.1; **por la mañana** 2.1

in love (with) **enamorado/a (de)** 1.5
in search of **por** *prep.* 2.5
in front of **delante de** *prep.* 1.2
increase **aumento** *m.*
incredible **increíble** *adj.* 1.5
inequality **desigualdad** *f.* 3.6
infection **infección** *f.* 2.4
inform **informar** *v.* 3.6
injection **inyección** *f.* 2.4
give an injection *v.* **poner una inyección** 2.4
injure (oneself) **lastimarse** 2.4
injure (one's foot) **lastimarse** *v.* **(el pie)** 2.4
inner ear **oído** *m.* 2.4
inside **dentro** *adv.*
insist (on) **insistir** *v.* **(en)** 2.6
installments: pay in installments **pagar** *v.* **a plazos** 3.2
intelligent **inteligente** *adj.* 1.3
intend to **pensar** *v.* **(+ *inf.*)** 1.4
interest **interesar** *v.* 2.1
interesting **interesante** *adj.* 1.3
be interesting to **interesar** *v.* 2.1
international **internacional** *adj. m., f.* 3.6
Internet **Internet** 2.5
interview **entrevista** *f.* 3.4; interview **entrevistar** *v.* 3.4
interviewer **entrevistador(a)** *m., f.* 3.4
introduction **presentación** *f.*
I would like to introduce you to (name). **Le presento a...** *form.* 1.1; **Te presento a...** *fam.* 1.1
invest **invertir (e:ie)** *v.* 3.4
invite **invitar** *v.* 2.3
iron (clothes) **planchar** *v.* **la ropa** 2.6
it **lo/la** *sing., d.o., pron.* 1.5
Italian **italiano/a** *adj.* 1.3
its **su(s)** *poss. adj.* 1.3; **suyo(s)/a(s)** *poss. pron.* 2.5
it's the same **es igual** 1.5

J

jacket **chaqueta** *f.* 1.6
January **enero** *m.* 1.5
Japanese **japonés, japonesa** *adj.* 1.3
jeans **(blue)jeans** *m., pl.* 1.6
jewelry store **joyería** *f.* 3.2
job **empleo** *m.* 3.4; **puesto** *m.* 3.4; **trabajo** *m.* 3.4
job application **solicitud** *f.* **de trabajo** 3.4
jog **correr** *v.*
journalism **periodismo** *m.* 1.2
journalist **periodista** *m., f.* 1.3
joy **alegría** *f.* 2.3
juice **jugo** *m.* 2.2
July **julio** *m.* 1.5

June **junio** *m.* 1.5
jungle **selva, jungla** *f.* 3.1
just **apenas** *adv.*
   have just done something
     acabar de (+ *inf.*) 1.6

K

key **llave** *f.* 1.5
keyboard **teclado** *m.* 2.5
kilometer **kilómetro** *m.* 2.5
kiss **beso** *m.* 2.3
   kiss each other **besarse** *v.* 2.5
kitchen **cocina** *f.* 2.3, 2.6
knee **rodilla** *f.* 2.4
knife **cuchillo** *m.* 2.6
know **saber** *v.* 1.6; **conocer**
   v. 1.6
know how **saber** *v.* 1.6

L

laboratory **laboratorio** *m.* 1.2
lack **faltar** *v.* 2.1
lake **lago** *m.* 3.1
lamp **lámpara** *f.* 2.6
land **tierra** *f.* 3.1
landscape **paisaje** *m.* 1.5
language **lengua** *f.* 1.2
laptop (*computer*) **computadora**
   f. **portátil** 2.5
large **grande** *adj.* 1.3
large (*clothing size*) **talla grande**
last **durar** *v.* 3.6; **pasado/a**
   adj. 1.6; **último/a** *adj.* 2.1
   last name **apellido** *m.* 1.3
   last night **anoche** *adv.* 1.6
   last week **semana** *f.*
     pasada 1.6
   last year **año** *m.* **pasado** 1.6
   the last time **la última vez** 2.1
late **tarde** *adv.* 2.1
later (on) **más tarde** 2.1
   See you later. **Hasta la vista.** 1.1;
     Hasta luego. 1.1
laugh **reírse (e:i)** *v.* 2.3
laughed **reído** *p.p.* 3.2
laundromat **lavandería** *f.* 3.2
law **ley** *f.* 3.1
lawyer **abogado/a** *m., f.* 3.4
lazy **perezoso/a** *adj.*
learn **aprender** *v.* **(a + *inf.*)** 1.3
least, at **por lo menos** *adv.* 2.4
leave **salir** *v.* 1.4; **irse** *v.* 2.1
   leave a tip **dejar una**
     propina
   leave behind **dejar** *v.* 3.4
   leave for (*a place*) **salir para**
   leave from **salir de**
left **izquierda** *f.* 1.2
   be left over **quedar** *v.* 2.1
   to the left of **a la izquierda**
     de 1.2
leg **pierna** *f.* 2.4
lemon **limón** *m.* 2.2
lend **prestar** *v.* 1.6

less **menos** *adv.* 2.4
   less… than **menos… que** 2.2
   less than **menos de (+ *number*)**
lesson **lección** *f.* 1.1
let **dejar** *v.*
let's see **a ver**
letter **carta** *f.* 1.4, 3.2
lettuce **lechuga** *f.* 2.2
liberty **libertad** *f.* 3.6
library **biblioteca** *f.* 1.2
license (*driver's*) **licencia** *f.* **de**
   conducir 2.5
lie **mentira** *f.* 1.4
life **vida** *f.* 2.3
lifestyle: lead a healthy lifestyle
   llevar una vida sana 3.3
lift **levantar** *v.* 3.3
   lift weights **levantar pesas** 3.3
light **luz** *f.* 2.6
like **como** *prep.* 2.2; **gustar** *v.* 1.2
   I like… **Me gusta(n)…** 1.2
   like this **así** *adv.* 2.4
   like very much **encantar** *v.*;
     fascinar *v.* 2.1
   Do you like…? **¿Te**
     gusta(n)…? 1.2
likeable **simpático/a** *adj.* 1.3
likewise **igualmente** *adv.* 1.1
line **línea** *f.* 1.4; **cola** (*queue*)
   f. 3.2
listen (to) **escuchar** *v.* 1.2
   listen to music **escuchar**
     música 1.2
   listen to the radio **escuchar la**
     radio 1.2
literature **literatura** *f.* 1.2
little (*quantity*) **poco** *adv.* 2.4
live **vivir** *v.* 1.3; **en vivo** *adj.* 2.1
living room **sala** *f.* 2.6
loan **préstamo** *m.* 3.2; **prestar**
   v. 1.6, 3.2
lobster **langosta** *f.* 2.2
located **situado/a** *adj.*
   be located **quedar** *v.* 3.2
long **largo/a** *adj.* 1.6
look (at) **mirar** *v.* 1.2
look for **buscar** *v.* 1.2
lose **perder (e:ie)** *v.* 1.4
   lose weight **adelgazar** *v.* 3.3
lost **perdido/a** *adj.* 3.1, 3.2
   be lost **estar perdido/a** 3.2
lot, a **muchas veces** *adv.* 2.4
lot of, a **mucho/a** *adj.* 1.3;
   un montón de 1.4
love (*another person*) **querer**
   (e:ie) *v.* 1.4; (*inanimate objects*)
   encantar *v.* 2.1; **amor** *m.* 2.3
   in love **enamorado/a** *adj.* 1.5
   love at first sight **amor a**
     primera vista 2.3
luck **suerte** *f.*
lucky: be (very) lucky **tener**
   (mucha) suerte 1.3
luggage **equipaje** *m.* 1.5
lunch **almuerzo** *m.* 1.4, 2.2
   have lunch **almorzar (o:ue)**
     v. 1.4

M

ma'am **señora (Sra.); doña** *f.* 1.1
mad **enojado/a** *adj.* 1.5
magazine **revista** *f.* 1.4
magnificent **magnífico/a** *adj.* 1.5
mail **correo** *m.* 3.2; **enviar** *v.*,
   mandar *v.* 3.2; **echar (una**
   carta) al buzón 3.2
   mail carrier **cartero** *m.* 3.2
mailbox **buzón** *m.* 3.2
main **principal** *adj. m., f.* 2.2
maintain **mantener** *v.* 3.3
major **especialización** *f.* 1.2
make **hacer** *v.* 1.4
   make a decision **tomar una**
     decisión 3.3
   make the bed **hacer la cama** 2.6
makeup **maquillaje** *m.* 2.1
   put on makeup **maquillarse**
     v. 2.1
man **hombre** *m.* 1.1
manager **gerente** *m., f.* 2.2, 3.4
many **mucho/a** *adj.* 1.3
   many times **muchas veces** 2.4
map **mapa** *m.* 1.1, 1.2
March **marzo** *m.* 1.5
margarine **margarina** *f.* 2.2
marinated fish **ceviche** *m.* 2.2
   lemon-marinated shrimp
     ceviche *m.* **de camarón** 2.2
marital status **estado** *m.* **civil** 2.3
market **mercado** *m.* 1.6
   open-air market **mercado al**
     aire libre 1.6
marriage **matrimonio** *m.* 2.3
married **casado/a** *adj.* 2.3
   get married (to) **casarse** *v.*
     (con) 2.3
   I'll marry you! **¡Acepto**
     casarme contigo! 3.5
marvelous **maravilloso/a** *adj.* 1.5
massage **masaje** *m.* 3.3
masterpiece **obra maestra** *f.* 3.5
match (*sports*) **partido** *m.* 1.4
match (with) **hacer** *v.*
   juego (con) 1.6
mathematics **matemáticas**
   f., pl. 1.2
matter **importar** *v.* 2.1
maturity **madurez** *f.* 2.3
maximum **máximo/a** *adj.* 2.5
May **mayo** *m.* 1.5
May I leave a message? **¿Puedo**
   dejar un recado? 2.5
maybe **tal vez** 1.5; **quizás** 1.5
mayonnaise **mayonesa** *f.* 2.2
me **me** *sing., d.o. pron.* 1.5
   to/for me **me** *sing., i.o. pron.* 1.6
meal **comida** *f.* 2.2
means of communication **medios**
   m., pl. **de comunicación** 3.6
meat **carne** *f.* 2.2
mechanic **mecánico/a** *m., f.* 2.5
   mechanic's repair shop **taller**
     mecánico 2.5

media **medios** *m., pl.* **de comunicación** 3.6
medical **médico/a** *adj.* 2.4
medication **medicamento** *m.* 2.4
medicine **medicina** *f.* 2.4
medium **mediano/a** *adj.*
meet (each other) **encontrar(se)** *v.* 2.5; **conocer(se)** *v.* 2.2
meet up with **encontrarse con** 2.1
meeting **reunión** *f.* 3.4
menu **menú** *m.* 2.2
message **mensaje** *m.*
Mexican **mexicano/a** *adj.* 1.3
microwave **microonda** *f.* 2.6
microwave oven **horno** *m.* **de microondas** 2.6
middle age **madurez** *f.* 2.3
midnight **medianoche** *f.* 1.1
mile **milla** *f.*
milk **leche** *f.* 2.2
million **millón** *m.* 1.2
million of **millón de** 1.2
mine **mío(s)/a(s)** *poss.* 2.5
mineral **mineral** *m.* 3.3
mineral water **agua** *f.* **mineral** 2.2
minute **minuto** *m.*
mirror **espejo** *m.* 2.1
Miss **señorita (Srta.)** *f.* 1.1
miss **perder (e:ie)** *v.* 1.4; **extrañar** *v.* 3.4
mistaken **equivocado/a** *adj.*
modern **moderno/a** *adj.* 3.5
mom **mamá** *f.*
Monday **lunes** *m., sing.* 1.2
money **dinero** *m.* 1.6
monitor **monitor** *m.* 2.5
monkey **mono** *m.* 3.1
month **mes** *m.* 1.5
monument **monumento** *m.* 1.4
moon **luna** *f.* 3.1
more **más** 1.2
more... than **más... que** 2.2
more than **más de (+ number)** 2.2
morning **mañana** *f.* 1.1
mother **madre** *f.* 1.3
mother-in-law **suegra** *f.* 1.3
motor **motor** *m.*
motorcycle **moto(cicleta)** *f.* 1.5
mountain **montaña** *f.* 1.4
mouse **ratón** *m.* 2.5
mouth **boca** *f.* 2.4
move (*from one house to another*) **mudarse** *v.* 2.6
movie **película** *f.* 1.4
movie star **estrella** *f.* **de cine** 3.5
movie theater **cine** *m.* 1.4
MP3 player **reproductor** *m.* **de MP3** 2.5
Mr. **señor (Sr.); don** *m.* 1.1
Mrs. **señora (Sra.); doña** *f.* 1.1
much **mucho/a** *adj.* 1.3
mud **lodo** *m.*

murder **crimen** *m.* 3.6
muscle **músculo** *m.* 3.3
museum **museo** *m.* 1.4
mushroom **champiñón** *m.* 2.2
music **música** *f.* 1.2, 3.5
musical **musical** *adj., m., f.* 3.5
musician **músico/a** *m., f.* 3.5
must **deber** *v.* (+ *inf.*) 1.3
my **mi(s)** *poss. adj.* 1.3; **mío(s)/a(s)** *poss. pron.* 2.5

N

name **nombre** *m.* 1.1
be named **llamarse** *v.* 2.1
in the name of **a nombre de** 1.5
last name **apellido** *m.* 1.3
My name is... **Me llamo...** 1.1
name someone/something **ponerle el nombre** 2.3
napkin **servilleta** *f.* 2.6
national **nacional** *adj. m., f.* 3.6
nationality **nacionalidad** *f.* 1.1
natural **natural** *adj. m., f.* 3.1
natural disaster **desastre** *m.* **natural** 3.6
natural resource **recurso** *m.* **natural** 3.1
nature **naturaleza** *f.* 3.1
nauseated **mareado/a** *adj.* 2.4
near **cerca de** *prep.* 1.2
neaten **arreglar** *v.* 2.6
necessary **necesario/a** *adj.* 2.6
It is necessary that... **Es necesario que...** 2.6
neck **cuello** *m.* 2.4
need **faltar** *v.* 2.1; **necesitar** *v.* (+ *inf.*) 1.2
neighbor **vecino/a** *m., f.* 2.6
neighborhood **barrio** *m.* 2.6
neither **tampoco** *adv.* 2.1
neither... nor **ni... ni** *conj.* 2.1
nephew **sobrino** *m.* 1.3
nervous **nervioso/a** *adj.* 1.5
network **red** *f.* 2.5
never **nunca** *adj.* 2.1; **jamás** 2.1
new **nuevo/a** *adj.* 1.6
newlywed **recién casado/a** *m., f.* 2.3
news **noticias** *f., pl.* 3.6; **actualidades** *f., pl.* 3.6; **noticia** *f.* 2.5
newscast **noticiero** *m.* 3.6
newspaper **periódico** 1.4; **diario** *m.* 3.6
next **próximo/a** *adj.* 1.3, 3.4
next to **al lado de** *prep.* 1.2
nice **simpático/a** *adj.* 1.3; **amable** *adj.* 1.5
niece **sobrina** *f.* 1.3
night **noche** *f.* 1.1
night stand **mesita** *f.* **de noche** 2.6

nine **nueve** 1.1
nine hundred **novecientos/as** 1.2
nineteen **diecinueve** 1.1
ninety **noventa** 1.2
ninth **noveno/a** 1.5
no **no** 1.1; **ningún, ninguno/a(s)** *adj.* 2.1
no one **nadie** *pron.* 2.1
nobody **nadie** 2.1
none **ningún, ninguno/a(s)** *adj.* 2.1
noon **mediodía** *m.* 1.1
nor **ni** *conj.* 2.1
north **norte** *m.* 3.2
to the north **al norte** 3.2
nose **nariz** *f.* 2.4
not **no** 1.1
not any **ningún, ninguno/a(s)** *adj.* 2.1
not anyone **nadie** *pron.* 2.1
not anything **nada** *pron.* 2.1
not bad at all **nada mal** 1.5
not either **tampoco** *adv.* 2.1
not ever **nunca** *adv.* 2.1; **jamás** *adv.* 2.1
not very well **no muy bien** 1.1
not working **descompuesto/a** *adj.* 2.5
notebook **cuaderno** *m.* 1.1
nothing **nada** 1.1; 2.1
noun **sustantivo** *m.*
November **noviembre** *m.* 1.5
now **ahora** *adv.* 1.2
nowadays **hoy día** *adv.*
nuclear **nuclear** *adj. m., f.* 3.1
nuclear energy **energía nuclear** 3.1
number **número** *m.* 1.1
nurse **enfermero/a** *m., f.* 2.4
nutrition **nutrición** *f.* 3.3
nutritionist **nutricionista** *m., f.* 3.3

O

o'clock: It's... o'clock **Son las...** 1.1
It's one o'clock. **Es la una.** 1.1
obey **obedecer** *v.* 3.6
obligation **deber** *m.* 3.6
obtain **conseguir (e:i)** *v.* 1.4; **obtener** *v.* 3.4
obvious **obvio/a** *adj.* 3.1
it's obvious **es obvio** 3.1
occupation **ocupación** *f.* 3.4
occur **ocurrir** *v.* 3.6
October **octubre** *m.* 1.5
of **de** *prep.* 1.1
Of course. **Claro que sí.; Por supuesto.**
offer **oferta** *f.*; **ofrecer (c:zc)** *v.* 1.6
office **oficina** *f.* 2.6
doctor's office **consultorio** *m.* 2.4

often **a menudo** *adv.* 2.4
Oh! **¡Ay!**
oil **aceite** *m.* 2.2
OK **regular** *adj.* 1.1
  It's okay. **Está bien.**
old **viejo/a** *adj.* 1.3
old age **vejez** *f.* 2.3
older **mayor** *adj. m., f.* 1.3
  older brother, sister **hermano/a mayor** *m., f.* 1.3
oldest **el/la mayor** 2.2
on **en** *prep.* 1.2; **sobre** *prep.* 1.2
  on behalf of **por** *prep.* 2.5
  on the dot **en punto** 1.1
  on time **a tiempo** 2.4
  on top of **encima de** 1.2
once **una vez** 1.6
one **uno** 1.1
  one hundred **cien(to)** 1.2
  one million **un millón** *m.* 1.2
  one more time **una vez más**
  one thousand **mil** 1.2
  one time **una vez** 1.6
onion **cebolla** *f.* 2.2
only **sólo** *adv.* 1.6; **único/a** *adj.* 1.3
  only child **hijo/a único/a** *m., f.* 1.3
open **abierto/a** *adj.* 1.5, 3.2; **abrir** *v.* 1.3
open-air **al aire libre** 1.6
opera **ópera** *f.* 3.5
operation **operación** *f.* 2.4
opposite **enfrente de** *prep.* 3.2
or **o** *conj.* 2.1
orange **anaranjado/a** *adj.* 1.6; **naranja** *f.* 2.2
orchestra **orquesta** *f.* 3.5
order **mandar** 2.6; *(food)* **pedir (e:i)** *v.* 2.2
  in order to **para** *prep.* 2.5
orderly **ordenado/a** *adj.* 1.5
ordinal *(numbers)* **ordinal** *adj.*
organize oneself **organizarse** *v.* 2.6
other **otro/a** *adj.* 1.6
ought to **deber** *v.* (+ *inf.*) *adj.* 1.3
our **nuestro(s)/a(s)** *poss. adj.* 1.3; *poss. pron.* 2.5
out of order **descompuesto/a** *adj.* 2.5
outside **afuera** *adv.* 1.5
outskirts **afueras** *f., pl.* 2.6
oven **horno** *m.* 2.6
over **sobre** *prep.* 1.2
(over)population **(sobre)población** *f.* 3.1
over there **allá** *adv.* 1.2
own **propio/a** *adj.*
owner **dueño/a** *m., f.* 2.2

P

p.m. **de la tarde, de la noche** *f.* 1.1
pack (one's suitcases) **hacer** *v.* **las maletas** 1.5

package **paquete** *m.* 3.2
page **página** *f.* 2.5
pain **dolor** *m.* 2.4
  have pain **tener** *v.* **dolor** 2.4
paint **pintar** *v.* 3.5
painter **pintor(a)** *m., f.* 3.4
painting **pintura** *f.* 2.6, 3.5
pair **par** *m.* 1.6
  pair of shoes **par** *m.* **de zapatos** 1.6
pale **pálido/a** *adj.* 3.2
pants **pantalones** *m., pl.* 1.6
pantyhose **medias** *f., pl.* 1.6
paper **papel** *m.* 1.2; *(report)* **informe** *m.* 3.6
Pardon me. (*May I?*) **Con permiso.** 1.1; (*Excuse me.*) Pardon me. **Perdón.** 1.1
parents **padres** *m., pl.* 1.3; **papás** *m., pl.*
park **estacionar** *v.* 2.5; **parque** *m.* 1.4
parking lot **estacionamiento** *m.* 3.2
partner (*one of a married couple*) **pareja** *f.* 2.3
party **fiesta** *f.* 2.3
passed **pasado/a** *p.p.*
passenger **pasajero/a** *m., f.* 1.1
passport **pasaporte** *m.* 1.5
past **pasado/a** *adj.* 1.6
pastime **pasatiempo** *m.* 1.4
pastry shop **pastelería** *f.* 3.2
path **sendero** *m.* 3.1
patient **paciente** *m., f.* 2.4
patio **patio** *m.* 2.6
pay **pagar** *v.* 1.6
  pay in cash **pagar** *v.* **al contado; pagar en efectivo** 3.2
  pay in installments **pagar** *v.* **a plazos** 3.2
  pay the bill **pagar la cuenta**
pea **arveja** *m.* 2.2
peace **paz** *f.* 3.6
peach **melocotón** *m.* 2.2
peak **cima** *f.* 3.3
pear **pera** *f.* 2.2
pen **pluma** *f.* 1.2
pencil **lápiz** *m.* 1.1
penicillin **penicilina** *f.*
people **gente** *f.* 1.3
pepper (*black*) **pimienta** *f.* 2.2
per **por** *prep.* 2.5
perfect **perfecto/a** *adj.* 1.5
period of time **temporada** *f.* 1.5
person **persona** *f.* 1.3
pharmacy **farmacia** *f.* 2.4
phenomenal **fenomenal** *adj.* 1.5
photograph **foto(grafía)** *f.* 1.1
physical (exam) **examen** *m.* **médico** 2.4
physician **doctor(a), médico/a** *m., f.* 1.3
physics **física** *f. sing.* 1.2
pick up **recoger** *v.* 3.1
picture **cuadro** *m.* 2.6; **pintura** *f.* 2.6
pie **pastel** *m.* 2.3

pill (tablet) **pastilla** *f.* 2.4
pillow **almohada** *f.* 2.6
pineapple **piña** *f.*
pink **rosado/a** *adj.* 1.6
place **lugar** *m.* 1.2, 1.4; **sitio** *m.* 1.3; **poner** *v.* 1.4
plaid **de cuadros** 1.6
plans **planes** *m., pl.*
  have plans **tener planes**
plant **planta** *f.* 3.1
plastic **plástico** *m.* 3.1
  (made) of plastic **de plástico** 3.1
plate **plato** *m.* 2.6
play **drama** *m.* 3.5; **comedia** *f.* 3.5 **jugar (u:ue)** *v.* 1.4; (*a musical instrument*) **tocar** *v.* 3.5; (*a role*) **hacer el papel de** 3.5; (*cards*) **jugar a (las cartas)** 1.5; (*sports*) **practicar deportes** 1.4
player **jugador(a)** *m., f.* 1.4
playwright **dramaturgo/a** *m., f.* 3.5
plead **rogar (o:ue)** *v.* 2.6
pleasant **agradable** *adj.*
please **por favor** 1.1
Pleased to meet you. **Mucho gusto.** 1.1; **Encantado/a.** *adj.* 1.1
pleasing: be pleasing to **gustar** *v.* 2.1
pleasure **gusto** *m.* 1.1; **placer** *m.*
  The pleasure is mine. **El gusto es mío.** 1.1
poem **poema** *m.* 3.5
poet **poeta** *m., f.* 3.5
poetry **poesía** *f.* 3.5
police (force) **policía** *f.* 2.5
political **político/a** *adj.* 3.6
politician **político/a** *m., f.* 3.4
politics **política** *f.* 3.6
polka-dotted **de lunares** 1.6
poll **encuesta** *f.* 3.6
pollute **contaminar** *v.* 3.1
polluted **contaminado/a** *m., f.* 3.1
  be polluted **estar contaminado/a** 3.1
pollution **contaminación** *f.* 3.1
pool **piscina** *f.* 1.4
poor **pobre** *adj., m., f.* 1.6
  poor thing **pobrecito/a** *adj.* 1.3
popsicle **paleta helada** *f.* 1.4
population **población** *f.* 3.1
pork **cerdo** *m.* 2.2
  pork chop **chuleta** *f.* **de cerdo** 2.2
portable **portátil** *adj.* 2.5
  portable computer **computadora** *f.* **portátil** 2.5
position **puesto** *m.* 3.4
possessive **posesivo/a** *adj.*
possible **posible** *adj.* 3.1
  it's (not) possible **(no) es posible** 3.1
post office **correo** *m.* 3.2
postcard **postal** *f.*
poster **cartel** *m.* 2.6
potato **papa** *f.* 2.2; **patata** *f.* 2.2

pottery **cerámica** *f.* 3.5
practice **entrenarse** *v.* 3.3;
  practicar *v.* 1.2; (a degree/
  profession) **ejercer** *v.* 3.4
prefer **preferir (e:ie)** *v.* 1.4
pregnant **embarazada** *adj. f.* 2.4
prepare **preparar** *v.* 1.2
preposition **preposición** *f.*
prescribe (*medicine*) **recetar** *v.* 2.4
prescription **receta** *f.* 2.4
present **regalo** *m.*; **presentar**
  v. 3.5
press **prensa** *f.* 3.6
pressure **presión** *f.*
  be under a lot of pressure **sufrir**
  muchas presiones 3.3
pretty **bonito/a** *adj.* 1.3
price **precio** *m.* 1.6
  (fixed, set) price **precio** *m.*
  fijo 1.6
print **imprimir** *v.* 2.5
printer **impresora** *f.* 2.5
prize **premio** *m.* 3.5
probable **probable** *adj.* 3.1
  it's (not) probable **(no) es**
  probable 3.1
problem **problema** *m.* 1.1
profession **profesión** *f.* 1.3; 3.4
professor **profesor(a)** *m., f.*
program **programa** *m.* 1.1
programmer **programador(a)**
  m., f. 1.3
prohibit **prohibir** *v.* 2.4
project **proyecto** *m.* 2.5
promotion (*career*)
  ascenso *m.* 3.4
pronoun **pronombre** *m.*
protect **proteger** *v.* 3.1
protein **proteína** *f.* 3.3
provided (that) **con tal (de) que**
  conj. 3.1
psychologist **psicólogo/a**
  m., f. 3.4
psychology **psicología** *f.* 1.2
publish **publicar** *v.* 3.5
Puerto Rican **puertorriqueño/a**
  adj. 1.3
purchases **compras** *f., pl.*
pure **puro/a** *adj.* 3.1
purple **morado/a** *adj.* 1.6
purse **bolsa** *f.* 1.6
put **poner** *v.* 1.4; **puesto/a** *p.p.* 3.2
  put (a letter) in the mailbox
  echar (una carta) al
  buzón 3.2
  put on (*a performance*)
  presentar *v.* 3.5
  put on (*clothing*) **ponerse** *v.* 2.1
  put on makeup **maquillarse**
  v. 2.1

Q

quality **calidad** *f.* 1.6
quarter (*academic*) **trimestre** *m.* 1.2
  quarter after (*time*) **y cuarto**
  1.1; **y quince** 1.1

quarter to (*time*) **menos cuarto**
  1.1; **menos quince** 1.1
question **pregunta** *f.*
quickly **rápido** *adv.* 2.4
quiet **tranquilo/a** *adj.* 3.3
quit **dejar** *v.* 3.4
quiz **prueba** *f.* 1.2

R

racism **racismo** *m.* 3.6
radio (*medium*) **radio** *f.* 1.2
  radio (set) **radio** *m.* 2.5
rain **llover (o:ue)** *v.* 1.5; **lluvia** *f.*
  It's raining. **Llueve.** 1.5; **Está**
  lloviendo. 1.5
raincoat **impermeable** *m.* 1.6
rain forest **bosque** *m.* **tropical** 3.1
raise (*salary*) **aumento de**
  sueldo 3.4
rather **bastante** *adv.* 2.4
read **leer** *v.* 1.3; **leído/a** *p.p.* 3.2
  read e-mail **leer el correo**
  electrónico 1.4
  read a magazine **leer una**
  revista 1.4
  read a newspaper **leer un**
  periódico 1.4
ready **listo/a** *adj.* 1.5
reality show **programa de**
  realidad *m.* 3.5
reap the benefits (of) *v.* **disfrutar**
  v. **(de)** 3.3
receive **recibir** *v.* 1.3
recommend **recomendar (e:ie)**
  v. 2.2; 2.6
record **grabar** *v.* 2.5
recover **recuperar** *v.* 2.5
recreation **diversión** *f.* 1.4
recycle **reciclar** *v.* 3.1
recycling **reciclaje** *m.* 3.1
red **rojo/a** *adj.* 1.6
red-haired **pelirrojo/a** *adj.* 1.3
reduce **reducir** *v.* 3.1; **disminuir**
  v. 3.4
  reduce stress/tension **aliviar el**
  estrés/la tensión 3.3
refrigerator **refrigerador** *m.* 2.6
region **región** *f.*
regret **sentir (e:ie)** *v.* 3.1
relatives **parientes** *m., pl.* 1.3
relax **relajarse** *v.* 2.3
  Relax. **Tranquilo/a.** 2.1
  Relax, sweetie. **Tranquilo/a,**
  cariño. 2.5
remain **quedarse** *v.* 2.1
remember **acordarse (o:ue)** *v.*
  (de) 2.1; **recordar (o:ue)**
  v. 1.4
remote control **control remoto**
  m. 2.5
renewable **renovable** *adj.* 3.1
rent **alquilar** *v.* 2.6; (payment)
  alquiler *m.* 2.6
repeat **repetir (e:i)** *v.* 1.4

report **informe** *m.* 3.6; **reportaje**
  m. 3.6
reporter **reportero/a** *m., f.* 3.4
representative **representante** *m.,*
  f. 3.6
request **pedir (e:i)** *v.* 1.4
reservation **reservación** *f.* 1.5
resign (from) **renunciar (a)** *v.* 3.4
resolve **resolver (o:ue)** *v.* 3.1
resolved **resuelto/a** *p.p.* 3.2
resource **recurso** *m.* 3.1
responsibility **deber** *m.* 3.6;
  responsabilidad *f.*
responsible **responsable** *adj.* 2.2
rest **descansar** *v.* 1.2
restaurant **restaurante** *m.* 1.4
résumé **currículum** *m.* 3.4
retire (from work) **jubilarse**
  v. 2.3
return **regresar** *v.* 1.2; **volver**
  (o:ue) *v.* 1.4
returned **vuelto/a** *p.p.* 3.2
rice **arroz** *m.* 2.2
rich **rico/a** *adj.* 1.6
ride a bicycle **pasear** *v.* **en**
  bicicleta 1.4
ride a horse **montar** *v.* **a**
  caballo 1.5
ridiculous **ridículo/a** *adj.* 3.1
  it's ridiculous **es ridículo** 3.1
right **derecha** *f.* 1.2
  be right **tener razón** 1.3
  right? (*question tag*) **¿no?** 1.1;
  ¿verdad? 1.1
  right away **enseguida** *adv.*
  right now **ahora mismo** 1.5
  to the right of **a la**
  derecha de 1.2
rights **derechos** *m.* 3.6
ring **anillo** *m.* 3.5
ring (*a doorbell*) **sonar (o:ue)**
  v. 2.5
river **río** *m.* 3.1
road **carretera** *f.* 2.5; **camino** *m.*
roast **asado/a** *adj.* 2.2
roast chicken **pollo** *m.* **asado** 2.2
rollerblade **patinar en línea** *v.*
romantic **romántico/a** *adj.* 3.5
room **habitación** *f.* 1.5; **cuarto**
  m. 1.2; 2.1
  living room **sala** *f.* 2.6
roommate **compañero/a**
  m., f. **de cuarto** 1.2
roundtrip **de ida y vuelta** 1.5
  roundtrip ticket **pasaje** *m.* **de**
  ida y vuelta 1.5
routine **rutina** *f.* 2.1
rug **alfombra** *f.* 2.6
run **correr** *v.* 1.3
  run errands **hacer**
  diligencias 3.2
  run into (*have an accident*)
  chocar (con) *v.*; (*meet*
  accidentally) **encontrar(se)**
  (o:ue) *v.* 2.5; (*run into*
  something) **darse (con)** 2.4

run into (each other)
  encontrar(se) (o:ue) *v.* 2.5
rush **apurarse, darse prisa**
  v. 3.3
Russian **ruso/a** *adj.* 1.3

S

sad **triste** *adj.* 1.5; 3.1
  it's sad **es triste** 3.1
safe **seguro/a** *adj.* 1.5
said **dicho/a** *p.p.* 3.2
sailboard **tabla de windsurf** *f.* 1.5
salad **ensalada** *f.* 2.2
salary **salario** *m.* 3.4; **sueldo**
  m. 3.4
sale **rebaja** *f.* 1.6
salesperson **vendedor(a)** *m.,*
  f. 1.6
salmon **salmón** *m.* 2.2
salt **sal** *f.* 2.2
same **mismo/a** *adj.* 1.3
sandal **sandalia** *f.* 1.6
sandwich **sándwich** *m.* 2.2
Saturday **sábado** *m.* 1.2
sausage **salchicha** *f.* 2.2
save (*on a computer*) **guardar**
  v. 2.5; save (money) **ahorrar**
  v. 3.2
savings **ahorros** *m.* 3.2
  savings account **cuenta** *f.* **de**
    ahorros 3.2
say **decir** *v.* 1.4; **declarar** *v.* 3.6
say (that) **decir (que)** *v.* 1.4
  say the answer **decir la**
    respuesta 1.4
scan **escanear** *v.* 2.5
scarcely **apenas** *adv.* 2.4
scared: be (very) scared (of) **tener**
  (mucho) miedo (de) 1.3
schedule **horario** *m.* 1.2
school **escuela** *f.* 1.1
sciences *f., pl.* **ciencias** 1.2
science fiction (genre) **de**
  ciencia ficción *f.* 3.5
scientist **científico/a** *m., f.* 3.4
scream **grito** *m.* 1.5; **gritar** *v.*
screen **pantalla** *f.* 2.5
scuba dive **bucear** *v.* 1.4
sculpt **esculpir** *v.* 3.5
sculptor **escultor(a)** *m., f.* 3.5
sculpture **escultura** *f.* 3.5
sea **mar** *m.* 1.5
  (sea) turtle **tortuga (marina)**
    f. 3.1
season **estación** *f.* 1.5
seat **silla** *f.* 1.2
second **segundo/a** 1.5
secretary **secretario/a** *m., f.* 3.4
sedentary **sedentario/a** *adj.* 3.3
see **ver** *v.* 1.4
  see (you, him, her) again **volver**
    a ver(te, lo, la) 1.4
  see movies **ver películas** 1.4
  See you. **Nos vemos.** 1.1
  See you later. **Hasta la vista.**
    1.1; **Hasta luego.** 1.1
  See you soon. **Hasta pronto.** 1.1
  See you tomorrow. **Hasta**
    mañana. 1.1

seem **parecer** *v.* 1.6
seen **visto/a** *p.p.* 3.2
sell **vender** *v.* 1.6
semester **semestre** *m.* 1.2
send **enviar; mandar** *v.* 3.2
separate (from) **separarse** *v.*
  (de) 2.3
separated **separado/a** *adj.* 2.3
September **septiembre** *m.* 1.5
sequence **secuencia** *f.*
serious **grave** *adj.* 2.4
serve **servir (e:i)** *v.* 2.2
service **servicio** *m.* 3.3
set (*fixed*) **fijo/a** *adj.* 1.6
  set the table **poner la mesa** 2.6
seven **siete** 1.1
seven hundred **setecientos/as** 1.2
seventeen **diecisiete** 1.1
seventh **séptimo/a** 1.5
seventy **setenta** 1.2
several **varios/as** *adj. pl.*
sexism **sexismo** *m.* 3.6
shame **lástima** *f.* 3.1
  it's a shame **es una lástima** 3.1
shampoo **champú** *m.* 2.1
shape **forma** *f.* 3.3
  be in good shape **estar en**
    buena forma 3.3
  stay in shape **mantenerse en**
    forma 3.3
share **compartir** *v.* 1.3
sharp (*time*) **en punto** 1.1
shave **afeitarse** *v.* 2.1
shaving cream **crema** *f.* **de**
  afeitar 1.5, 2.1
she **ella** 1.1
shellfish **mariscos** *m., pl.* 2.2
ship **barco** *m.*
shirt **camisa** *f.* 1.6
shoe **zapato** *m.* 1.6
  shoe size **número** *m.* 1.6
  shoe store **zapatería** *f.* 3.2
  tennis shoes **zapatos** *m., pl.*
    de tenis 1.6
shop **tienda** *f.* 1.6
shopping, to go **ir de compras** 1.5
  shopping mall **centro**
    comercial *m.* 1.6
short (*in height*) **bajo/a** *adj.* 1.3;
  (*in length*) **corto/a** *adj.* 1.6
short story **cuento** *m.* 3.5
shorts **pantalones cortos**
  m., pl. 1.6
should (*do something*) **deber** *v.*
  (+ inf.) 1.3
shout **gritar** *v.*
show **espectáculo** *m.* 3.5;
  mostrar (o:ue) *v.* 1.4
  game show **concurso** *m.* 3.5
shower **ducha** *f.* 2.1; **ducharse**
  v. 2.1
shrimp **camarón** *m.* 2.2
siblings **hermanos/as** *pl.* 1.3
sick **enfermo/a** *adj.* 2.4
  be sick **estar enfermo/a** 2.4
  get sick **enfermarse** *v.* 2.4
sign **firmar** *v.* 3.2; **letrero** *m.* 3.2
silk **seda** *f.* 1.6
  (made of) silk **de seda** 1.6
since **desde** *prep.*
sing **cantar** *v.* 1.2

singer **cantante** *m., f.* 3.5
single **soltero/a** *adj.* 2.3
  single room **habitación** *f.*
    individual 1.5
sink **lavabo** *m.* 2.1
sir **señor (Sr.), don** *m.* 1.1;
  caballero *m.* 2.2
sister **hermana** *f.* 1.3
sister-in-law **cuñada** *f.* 1.3
sit down **sentarse (e:ie)** *v.* 2.1
six **seis** 1.1
six hundred **seiscientos/as** 1.2
sixteen **dieciséis** 1.1
sixth **sexto/a** 1.5
sixty **sesenta** 1.2
size **talla** *f.* 1.6
  shoe size *m.* **número** 1.6
(in-line) skate **patinar (en**
  línea) 1.4
skateboard **andar en patineta**
  v. 1.4
ski **esquiar** *v.* 1.4
skiing **esquí** *m.* 1.4
  water-skiing **esquí** *m.*
    acuático 1.4
skirt **falda** *f.* 1.6
skull made out of sugar **calavera**
  de azúcar *f.* 2.3
sky **cielo** *m.* 3.1
sleep **dormir (o:ue)** *v.* 1.4;
  sueño *m.*
  go to sleep **dormirse**
    (o:ue) *v.* 2.1
sleepy: be (very) sleepy **tener**
  (mucho) sueño 1.3
slender **delgado/a** *adj.* 1.3
slim down **adelgazar** *v.* 3.3
slippers **pantuflas** *f.* 2.1
slow **lento/a** *adj.* 2.5
slowly **despacio** *adv.* 2.4
small **pequeño/a** *adj.* 1.3
smart **listo/a** *adj.* 1.5
smile **sonreír (e:i)** *v.* 2.3
smiled **sonreído** *p.p.* 3.2
smoggy: It's (very) smoggy. **Hay**
  (mucha) contaminación.
smoke **fumar** *v.* 3.3
  (not) to smoke **(no) fumar** 3.3
smoking section **sección** *f.* **de**
  fumar 2.2
  (non) smoking section *f.* **sección**
    de (no) fumar 2.2
snack **merendar (e:ie)** *v.* 2.2
  afternoon snack **merienda** *f.* 3.3
  have a snack **merendar** *v.* 2.2
sneakers **los zapatos de**
  tenis 1.6
sneeze **estornudar** *v.* 2.4
snow **nevar (e:ie)** *v.* 1.5; **nieve** *f.*
snowing: It's snowing. **Nieva.** 1.5;
  Está nevando. 1.5
so (*in such a way*) **así** *adv.* 2.4;
  tan *adv.* 1.5
  so much **tanto** *adv.*
  so-so **regular** 1.1
  so that **para que** *conj.* 3.1
soap **jabón** *m.* 2.1
soap opera **telenovela** *f.* 3.5
soccer **fútbol** *m.* 1.4
sociology **sociología** *f.* 1.2
sock(s) **calcetín (calcetines)** *m.* 1.6

sofa **sofá** *m.* 2.6
soft drink **refresco** *m.* 2.2
software **programa** *m.* **de computación** 2.5
soil **tierra** *f.* 3.1
solar **solar** *adj., m., f.* 3.1
  solar energy **energía solar** 3.1
soldier **soldado** *m., f.* 3.6
solution **solución** *f.* 3.1
solve **resolver (o:ue)** *v.* 3.1
some **algún, alguno/a(s)** *adj.* 2.1; **unos/as** *indef. art.* 1.1
somebody **alguien** *pron.* 2.1
someone **alguien** *pron.* 2.1
something **algo** *pron.* 2.1
sometimes **a veces** *adv.* 2.4
son **hijo** *m.* 1.3
song **canción** *f.* 3.5
son-in-law **yerno** *m.* 1.3
soon **pronto** *adv.* 2.4
  See you soon. **Hasta pronto.** 1.1
sorry: be sorry **sentir (e:ie)** *v.* 3.1
  I'm sorry. **Lo siento.** 1.1
soul **alma** *f.* 2.3
soup **sopa** *f.* 2.2
south **sur** *m.* 3.2
  to the south **al sur** 3.2
Spain **España** *f.*
Spanish (*language*) **español** *m.* 1.2; **español(a)** *adj.* 1.3
spare (free) time **ratos libres** 1.4
speak **hablar** *v.* 1.2
  Speaking. (*on the telephone*) **Con él/ella habla.** 2.5
special: today's specials **las especialidades del día** 2.2
spectacular **espectacular** *adj. m., f.*
speech **discurso** *m.* 3.6
speed **velocidad** *f.* 2.5
  speed limit **velocidad** *f.* **máxima** 2.5
spelling **ortografía** *f.*, **ortográfico/a** *adj.*
spend (*money*) **gastar** *v.* 1.6
spoon (*table or large*) **cuchara** *f.* 2.6
sport **deporte** *m.* 1.4
  sports-related **deportivo/a** *adj.* 1.4
spouse **esposo/a** *m., f.* 1.3
sprain (one's ankle) **torcerse (o:ue)** *v.* **(el tobillo)** 2.4
spring **primavera** *f.* 1.5
(city or town) square **plaza** *f.* 1.4
stadium **estadio** *m.* 1.2
stage **etapa** *f.* 2.3
stairs **escalera** *f.* 2.6
stairway **escalera** *f.* 2.6
stamp **estampilla** *f.* 3.2; **sello** *m.* 3.2
stand in line **hacer** *v.* **cola** 3.2
star **estrella** *f.* 3.1
start (*a vehicle*) **arrancar** *v.* 2.5
station **estación** *f.* 1.5
statue **estatua** *f.* 3.5
status: marital status **estado** *m.* **civil** 2.3

stay **quedarse** *v.* 2.1
  stay in shape **mantenerse en forma** 3.3
steak **bistec** *m.* 2.2
steering wheel **volante** *m.* 2.5
step **escalón** *m.* 3.3
stepbrother **hermanastro** *m.* 1.3
stepdaughter **hijastra** *f.* 1.3
stepfather **padrastro** *m.* 1.3
stepmother **madrastra** *f.* 1.3
stepsister **hermanastra** *f.* 1.3
stepson **hijastro** *m.* 1.3
stereo **estéreo** *m.* 2.5
still **todavía** *adv.* 1.5
stockbroker **corredor(a)** *m., f.* **de bolsa** 3.4
stockings **medias** *f., pl.* 1.6
stomach **estómago** *m.* 2.4
stone **piedra** *f.* 3.1
stop **parar** *v.* 2.5
  stop (*doing something*) **dejar de (+ *inf.*)** 3.1
store **tienda** *f.* 1.6
storm **tormenta** *f.* 3.6
story **cuento** *m.* 3.5; **historia** *f.* 3.5
stove **cocina, estufa** *f.* 2.6
straight **derecho** *adv.* 3.2
  straight (ahead) **derecho** 3.2
straighten up **arreglar** *v.* 2.6
strange **extraño/a** *adj.* 3.1
  it's strange **es extraño** 3.1
street **calle** *f.* 2.5
stress **estrés** *m.* 3.3
stretching **estiramiento** *m.* 3.3
  do stretching exercises **hacer ejercicios** *m. pl.* **de estiramiento** 3.3
strike (*labor*) **huelga** *f.* 3.6
striped **de rayas** 1.6
stroll **pasear** *v.* 1.4
strong **fuerte** *adj. m., f.* 3.3
struggle (for/against) **luchar** *v.* **(por/contra)** 3.6
student **estudiante** *m., f.* 1.1; 1.2; **estudiantil** *adj.* 1.2
study **estudiar** *v.* 1.2
stupendous **estupendo/a** *adj.* 1.5
style **estilo** *m.*
suburbs **afueras** *f., pl.* 2.6
subway **metro** *m.* 1.5
  subway station **estación** *f.* **del metro** 1.5
success **éxito** *m.*
successful: be successful **tener éxito** 3.4
such as **tales como**
suddenly **de repente** *adv.* 1.6
suffer **sufrir** *v.* 2.4
  suffer an illness **sufrir una enfermedad** 2.4
sugar **azúcar** *m.* 2.2
suggest **sugerir (e:ie)** *v.* 2.6
suit **traje** *m.* 1.6
suitcase **maleta** *f.* 1.1
summer **verano** *m.* 1.5
sun **sol** *m.* 3.1
sunbathe **tomar** *v.* **el sol** 1.4

Sunday **domingo** *m.* 1.2
(sun)glasses **gafas** *f., pl.* **(de sol)** 1.6
sunny: It's (very) sunny. **Hace (mucho) sol.** 1.5
supermarket **supermercado** *m.* 3.2
suppose **suponer** *v.* 1.4
sure **seguro/a** *adj.* 1.5
  be sure **estar seguro/a** 1.5
surf **hacer** *v.* **surf** 1.5; (*the Internet*) **navegar** *v.* **(en Internet)** 2.5
surfboard **tabla de surf** *f.* 1.5
surprise **sorprender** *v.* 2.3; **sorpresa** *f.* 2.3
survey **encuesta** *f.* 3.6
sweat **sudar** *v.* 3.3
sweater **suéter** *m.* 1.6
sweep the floor **barrer el suelo** 2.6
sweets **dulces** *m., pl.* 2.3
swim **nadar** *v.* 1.4
swimming **natación** *f.* 1.4
  swimming pool **piscina** *f.* 1.4
symptom **síntoma** *m.* 2.4

T

table **mesa** *f.* 1.2
tablespoon **cuchara** *f.* 2.6
tablet (*pill*) **pastilla** *f.* 2.4
take **tomar** *v.* 1.2; **llevar** *v.* 1.6
  take care of **cuidar** *v.* 3.1
  take someone's temperature **tomar** *v.* **la temperatura** 2.4
  take (*wear*) a shoe size **calzar** *v.* 1.6
  take a bath **bañarse** *v.* 2.1
  take a shower **ducharse** *v.* 2.1
  take off **quitarse** *v.* 2.1
  take out the trash *v.* **sacar la basura** 2.6
  take photos **tomar** *v.* **fotos** 1.5; **sacar** *v.* **fotos** 1.5
talented **talentoso/a** *adj.* 3.5
talk **hablar** *v.* 1.2
talk show **programa** *m.* **de entrevistas** 3.5
tall **alto/a** *adj.* 1.3
tank **tanque** *m.* 2.5
taste **probar (o:ue)** *v.* 2.2
  taste like **saber a** 2.2
tasty **rico/a** *adj.* 2.2; **sabroso/a** *adj.* 2.2
tax **impuesto** *m.* 3.6
taxi **taxi** *m.* 1.5
tea **té** *m.* 2.2
teach **enseñar** *v.* 1.2
teacher **profesor(a)** *m., f.* 1.1, 1.2; **maestro/a** *m., f.* 3.4
team **equipo** *m.* 1.4
technician **técnico/a** *m., f.* 3.4
telecommuting **teletrabajo** *m.* 3.4
telephone **teléfono** 2.5
television **televisión** *f.* 1.2
  television set **televisor** *m.* 2.5
tell **contar** *v.* 1.4; **decir** *v.* 1.4

tell (that) **decir** *v.* **(que)** 1.4
   tell lies **decir mentiras** 1.4
   tell the truth **decir la**
     verdad 1.4
temperature **temperatura** *f.* 2.4
ten **diez** 1.1
tennis **tenis** *m.* 1.4
   tennis shoes **zapatos** *m., pl.*
     de tenis 1.6
tension **tensión** *f.* 3.3
tent **tienda** *f.* **de campaña**
tenth **décimo/a** 1.5
terrible **terrible** *adj. m., f.* 3.1
   it's terrible **es terrible** 3.1
terrific **chévere** *adj.*
test **prueba** *f.* 1.2; **examen** *m.* 1.2
text message **mensaje** *m.* **de**
   texto 2.5
Thank you. **Gracias.** *f., pl.* 1.1
   Thank you (very much).
     (Muchas) gracias. 1.1
   Thanks (a lot). **(Muchas)**
     gracias. 1.1
   Thanks for inviting me. **Gracias**
     por invitarme. 2.3
that **que, quien(es)** *pron.* 2.6
   that (one) **ése, ésa, eso**
     pron. 1.6; **ese, esa,** *adj.* 1.6
   that (*over there*) **aquél,**
     aquélla, aquello *pron.* 1.6;
     aquel, aquella *adj.* 1.6
   that which **lo que** 2.6
   that's why **por eso** 2.5
the **el** *m.,* **la** *f. sing.,* **los** *m.,*
   las *f., pl.* 1.1
theater **teatro** *m.* 3.5
their **su(s)** *poss. adj.* 1.3;
   suyo(s)/a(s) *poss. pron.* 2.5
them **los/las** *pl., d.o. pron.* 1.5
   to/for them **les** *pl., i.o. pron.* 1.6
then (*afterward*) **después**
   adv. 2.1; (*as a result*) **entonces**
   adv. 1.5, 2.1; (*next*) **luego**
   adv. 2.1
there **allí** *adv.* 1.2
   There is/are... **Hay...** 1.1
   There is/are not... **No hay...** 1.1
therefore **por eso** 2.5
these **éstos, éstas** *pron.* 1.6;
   estos, estas *adj.* 1.6
they **ellos** *m.,* **ellas** *f. pron.* 1.1
   They all told me to ask you to
   excuse them/forgive them.
   Todos me dijeron que te
   pidiera una disculpa de su
   parte. 3.6
thin **delgado/a** *adj.* 1.3
thing **cosa** *f.* 1.1
think **pensar (e:ie)** *v.* 1.4;
   (believe) **creer** *v.*
   think about **pensar en** *v.* 1.4
third **tercero/a** 1.5
thirst **sed** *f.*
thirsty: be (very) thirsty **tener**
   (mucha) sed 1.3
thirteen **trece** 1.1
thirty **treinta** 1.1; thirty (*minutes*
   past the hour) **y treinta; y**
   media 1.1
this **este, esta** *adj.;* **éste, ésta,**
   esto *pron.* 1.6

those **ésos, ésas** *pron.* 1.6; **esos,**
   esas *adj.* 1.6
those (over there) **aquéllos,**
   aquéllas *pron.* 1.6; **aquellos,**
   aquellas *adj.* 1.6
thousand **mil** *m.* 1.2
three **tres** 1.1
three hundred **trescientos/as** 1.2
throat **garganta** *f.* 2.4
through **por** *prep.* 2.5
Thursday **jueves** *m., sing.* 1.2
thus (*in such a way*) **así** *adv.*
ticket **boleto** *m.* 1.2, 3.5;
   pasaje *m.* 1.5
tie **corbata** *f.* 1.6
time **vez** *f.* 1.6; **tiempo** *m.* 3.2
   have a good/bad time **pasarlo**
     bien/mal 2.3
   I've had a fantastic time. **Lo**
     he pasado de película. 3.6
   What time is it? **¿Qué hora**
     es? 1.1
   (At) What time...? **¿A qué**
     hora...? 1.1
times **veces** *f., pl.* 1.6
   many times **muchas**
     veces 2.4
   two times **dos veces** 1.6
tip **propina** *f.* 2.2
tire **llanta** *f.* 2.5
tired **cansado/a** *adj.* 1.5
   be tired **estar cansado/a** 1.5
title **título** *m.* 3.4
to **a** *prep.* 1.1
toast (*drink*) **brindar** *v.* 2.3
   toast **pan** *m.* **tostado** 2.2
toasted **tostado/a** *adj.* 2.2
   toasted bread **pan tostado**
   m. 2.2
toaster **tostadora** *f.* 2.6
today **hoy** *adv.* 1.2
   Today is... **Hoy es...** 1.2
toe **dedo** *m.* **del pie** 2.4
together **juntos/as** *adj.* 2.3
toilet **inodoro** *m.* 2.1
tomato **tomate** *m.* 2.2
tomorrow **mañana** *f.* 1.1
   See you tomorrow. **Hasta**
     mañana. 1.1
tonight **esta noche** *adv.*
too **también** *adv.* 1.2; 2.1
   too much **demasiado** *adv.* 1.6;
     en exceso 3.3
tooth **diente** *m.* 2.1
toothpaste **pasta** *f.* **de**
   dientes 2.1
top **cima** *f.* 3.3
tornado **tornado** *m.* 3.6
touch **tocar** *v.* 3.5
touch screen **pantalla táctil** *f.*
tour **excursión** *f.* 1.4; **recorrido**
   m. 3.1
tour an area **recorrer** *v.*
tourism **turismo** *m.*
tourist **turista** *m., f.* 1.1;
   turístico/a *adj.*
toward **hacia** *prep.* 3.2;
   para *prep.* 2.5
towel **toalla** *f.* 2.1
town **pueblo** *m.*

trade **oficio** *m.* 3.4
traffic **circulación** *f.* 2.5; **tráfico**
   m. 2.5
   traffic light **semáforo** *m.* 3.2
tragedy **tragedia** *f.* 3.5
trail **sendero** *m.* 3.1
train **entrenarse** *v.* 3.3; **tren** *m.* 1.5
   train station **estación** *f.* **de**
     tren *m.* 1.5
trainer **entrenador(a)** *m., f.* 3.3
translate **traducir** *v.* 1.6
trash **basura** *f.* 2.6
travel **viajar** *v.* 1.2
   travel agency **agencia** *f.* **de**
     viajes 1.5
   travel agent **agente** *m., f.*
     de viajes 1.5
traveler **viajero/a** *m., f.* 1.5
   (traveler's) check **cheque (de**
     viajero) 3.2
treadmill **cinta caminadora**
   f. 3.3
tree **árbol** *m.* 3.1
trillion **billón** *m.*
trimester **trimestre** *m.* 1.2
trip **viaje** *m.* 1.5
   take a trip **hacer un viaje** 1.5
tropical forest **bosque** *m.*
   tropical 3.1
true: it's (not) true **(no) es**
   verdad 3.1
trunk **baúl** *m.* 2.5
truth **verdad** *f.* 1.4
try **intentar** *v.;* **probar (o:ue)**
   v. 2.2
   try (*to do something*) **tratar de**
     (+ *inf.***)** 3.3
   try on **probarse (o:ue)** *v.* 2.1
t-shirt **camiseta** *f.* 1.6
Tuesday **martes** *m., sing.* 1.2
tuna **atún** *m.* 2.2
turkey **pavo** *m.* 2.2
turn **doblar** *v.* 3.2
   turn off (*electricity/appliance*)
     apagar *v.* 2.5
   turn on (*electricity/appliance*)
     poner *v.* 2.5; **prender** *v.* 2.5
twelve **doce** 1.1
twenty **veinte** 1.1
twenty-eight **veintiocho** 1.1
twenty-five **veinticinco** 1.1
twenty-four **veinticuatro** 1.1
twenty-nine **veintinueve** 1.1
twenty-one **veintiuno** 1.1;
   veintiún, veintiuno/a *adj.* 1.1
twenty-seven **veintisiete** 1.1
twenty-six **veintiséis** 1.1
twenty-three **veintitrés** 1.1
twenty-two **veintidós** 1.1
twice **dos veces** 1.6
twin **gemelo/a** *m., f.* 1.3
two **dos** 1.1
   two hundred **doscientos/as** 1.2
   two times **dos veces** 1.6

U

ugly **feo/a** *adj.* 1.3
uncle **tío** *m.* 1.3

under **debajo de** *prep.* 1.2
understand **comprender** *v.* 1.3; **entender (e:ie)** *v.* 1.4
underwear **ropa interior** 1.6
unemployment **desempleo** *m.* 3.6
unique **único/a** *adj.* 2.3
United States **Estados Unidos (EE.UU.)** *m. pl.*
university **universidad** *f.* 1.2
unless **a menos que** *conj.* 3.1
unmarried **soltero/a** *adj.* 2.3
unpleasant **antipático/a** *adj.* 1.3
until **hasta** *prep.* 1.6; **hasta que** *conj.* 3.1
urgent **urgente** *adj.* 2.6
   It's urgent that... **Es urgente que...** 2.6
us **nos** *pl., d.o. pron.* 1.5
   to/for us **nos** *pl., i.o. pron.* 1.6
use **usar** *v.* 1.6
used for **para** *prep.* 2.5
useful **útil** *adj. m., f.*

V

vacation **vacaciones** *f., pl.* 1.5
   be on vacation **estar de vacaciones** 1.5
   go on vacation **ir de vacaciones** 1.5
vacuum **pasar** *v.* **la aspiradora** 2.6
   vacuum cleaner **aspiradora** *f.* 2.6
valley **valle** *m.* 3.1
various **varios/as** *adj. m., f. pl.*
vegetables **verduras** *pl., f.* 2.2
verb **verbo** *m.*
very **muy** *adv.* 1.1
   (Very) well, thank you. **(Muy) bien, gracias.** 1.1
video **video** *m.* 1.1
   video camera **cámara** *f.* **de video** 2.5
   video game **videojuego** *m.* 1.4
videoconference **videoconferencia** *f.* 3.4
vinegar **vinagre** *m.* 2.2
violence **violencia** *f.* 3.6
visit **visitar** *v.* 1.4
   visit monuments **visitar monumentos** 1.4
vitamin **vitamina** *f.* 3.3
voice mail **correo de voz** *m.* 2.5
volcano **volcán** *m.* 3.1
volleyball **vóleibol** *m.* 1.4
vote **votar** *v.* 3.6

W

wait (for) **esperar** *v.* **(+ inf.)** 1.2
waiter/waitress **camarero/a** *m., f.* 2.2

wake up **despertarse (e:ie)** *v.* 2.1
walk **caminar** *v.* 1.2
   take a walk **pasear** *v.* 1.4
   walk around **pasear por** 1.4
wall **pared** *f.* 2.6; **muro** *m.* 3.3
wallet **cartera** *f.* 1.4, 1.6
want **querer (e:ie)** *v.* 1.4
war **guerra** *f.* 3.6
warm up **calentarse (e:ie)** *v.* 3.3
wash **lavar** *v.* 2.6
   wash one's face/hands **lavarse la cara/las manos** 2.1
   wash (the floor, the dishes) **lavar (el suelo, los platos)** 2.6
   wash oneself **lavarse** *v.* 2.1
washing machine **lavadora** *f.* 2.6
wastebasket **papelera** *f.* 1.2
watch **mirar** *v.* 1.2; **reloj** *m.* 1.2
   watch television **mirar (la) televisión** 1.2
water **agua** *f.* 2.2
   water pollution **contaminación del agua** 3.1
   water-skiing **esquí** *m.* **acuático** 1.4
way **manera** *f.*
we **nosotros(as)** *m., f.* 1.1
weak **débil** *adj. m., f.* 3.3
wear **llevar** *v.* 1.6; **usar** *v.* 1.6
weather **tiempo** *m.*
   The weather is bad. **Hace mal tiempo.** 1.5
   The weather is good. **Hace buen tiempo.** 1.5
weaving **tejido** *m.* 3.5
Web **red** *f.* 2.5
website **sitio** *m.* **web** 2.5
wedding **boda** *f.* 2.3
Wednesday **miércoles** *m., sing.* 1.2
week **semana** *f.* 1.2
weekend **fin** *m.* **de semana** 1.4
weight **peso** *m.* 3.3
   lift weights **levantar** *v.* **pesas** *f., pl.* 3.3
welcome **bienvenido(s)/a(s)** *adj.* 1.1
well: (Very) well, thanks. **(Muy) bien, gracias.** 1.1
well-being **bienestar** *m.* 3.3
well organized **ordenado/a** *adj.* 1.5
west **oeste** *m.* 3.2
   to the west **al oeste** 3.2
western (genre) **de vaqueros** 3.5
whale **ballena** *f.* 3.1
what **lo que** *pron.* 2.6
what? **¿qué?** 1.1
   At what time...? **¿A qué hora...?** 1.1
   What a pleasure to...! **¡Qué gusto (+ inf.)...!** 3.6
   What day is it? **¿Qué día es hoy?** 1.2
   What do you guys think? **¿Qué les parece?**
   What happened? **¿Qué pasó?**

What is today's date? **¿Cuál es la fecha de hoy?** 1.5
What nice clothes! **¡Qué ropa más bonita!** 1.6
What size do you wear? **¿Qué talla lleva (usa)?** 1.6
What time is it? **¿Qué hora es?** 1.1
What's going on? **¿Qué pasa?** 1.1
What's happening? **¿Qué pasa?** 1.1
What's... like? **¿Cómo es...?**
What's new? **¿Qué hay de nuevo?** 1.1
What's the weather like? **¿Qué tiempo hace?** 1.5
What's up? **¿Qué onda?** 3.2
What's wrong? **¿Qué pasó?**
What's your name? **¿Cómo se llama usted?** *form.* 1.1; **¿Cómo te llamas (tú)?** *fam.* 1.1
when **cuando** *conj.* 2.1; 3.1
When? **¿Cuándo?** 1.2
where **donde**
where (to)? (destination) **¿adónde?** 1.2; (location) **¿dónde?** 1.1, 1.2
   Where are you from? **¿De dónde eres (tú)?** (fam.) 1.1; **¿De dónde es (usted)?** (form.) 1.1
   Where is...? **¿Dónde está...?** 1.2
which **que** *pron.*, **lo que** *pron.* 2.6
which? **¿cuál?** 1.2; **¿qué?** 1.2
   In which...? **¿En qué...?**
   which one(s)? **¿cuál(es)?** 1.2
while **mientras** *conj.* 2.4
white **blanco/a** *adj.* 1.6
who **que** *pron.* 2.6; **quien(es)** *pron.* 2.6
who? **¿quién(es)?** 1.1, 1.2
Who is...? **¿Quién es...?** 1.1
   Who is speaking/calling? (on telephone) **¿De parte de quién?** 2.5
   Who is speaking? (on telephone) **¿Quién habla?** 2.5
whole **todo/a** *adj.*
whom **quien(es)** *pron.* 2.6
whose? **¿de quién(es)?** 1.1
why? **¿por qué?** 1.2
widower/widow **viudo/a** *adj.* 2.3
wife **esposa** *f.* 1.3
win **ganar** *v.* 1.4
wind **viento** *m.*
window **ventana** *f.* 1.2
windshield **parabrisas** *m., sing.* 2.5
windsurf **hacer** *v.* **windsurf** 1.5
windy: It's (very) windy. **Hace (mucho) viento.** 1.5
winter **invierno** *m.* 1.5

wireless connection **conexión inalámbrica** *f.* 2.5
wish **desear** *v.* 1.2; **esperar** *v.* 3.1
  I wish (that) **ojalá (que)** 3.1
with **con** *prep.* 1.2
  with me **conmigo** 1.4; 2.3
  with you **contigo** *fam.* 1.5, 2.3
within (ten years) **dentro de (diez años)** *prep.* 3.4
without **sin** *prep.* 1.2; **sin que** *conj.* 3.1
woman **mujer** *f.* 1.1
wool **lana** *f.* 1.6
  (made of) wool **de lana** 1.6
word **palabra** *f.* 1.1
work **trabajar** *v.* 1.2; **funcionar** *v.* 2.5; **trabajo** *m.* 3.4
  work (*of art, literature, music, etc.*) **obra** *f.* 3.5
  work out **hacer gimnasia** 3.3
world **mundo** *m.* 2.2
worldwide **mundial** *adj. m., f.*
worried (about) **preocupado/a (por)** *adj.* 1.5
worry (about) **preocuparse** *v.* (**por**) 2.1
  Don't worry. **No te preocupes.** *fam.* 2.1
worse **peor** *adj. m., f.* 2.2
worst **el/la peor** 2.2
Would you like to…? **¿Te gustaría…?** *fam.*
Would you do me the honor of marrying me? **¿Me harías el honor de casarte conmigo?** 3.5

wow **híjole** *interj.* 1.6
wrench **llave** *f.* 2.5
write **escribir** *v.* 1.3
  write a letter/an e-mail **escribir una carta/un mensaje electrónico** 1.4
writer **escritor(a)** *m., f* 3.5
written **escrito/a** *p.p.* 3.2
wrong **equivocado/a** *adj.* 1.5
  be wrong **no tener razón** 1.3

X

X-ray **radiografía** *f.* 2.4

Y

yard **jardín** *m.* 2.6; **patio** *m.* 2.6
year **año** *m.* 1.5
  be… years old **tener… años** 1.3
yellow **amarillo/a** *adj.* 1.6
yes **sí** *interj.* 1.1
yesterday **ayer** *adv.* 1.6
yet **todavía** *adv.* 1.5
yogurt **yogur** *m.* 2.2
you **tú** *fam.* **usted (Ud.)** *form. sing.* **vosotros/as** *m., f. fam. pl.* **ustedes (Uds.)** *pl.* 1.1; (to, for) you *fam. sing.* **te** *pl.* **os** 1.6; *form. sing.* **le** *pl.* **les** 1.6
  you **te** *fam., sing.,* **lo/la** *form., sing.,* **os** *fam., pl.,* **los/las** *pl, d.o. pron.* 1.5

You don't say! **¡No me digas!** *fam.;* **¡No me diga!** *form.*
You're welcome. **De nada.** 1.1; **No hay de qué.** 1.1
young **joven** *adj., sing.* (**jóvenes** *pl.*) 1.3
  young person **joven** *m., f., sing.* (**jóvenes** *pl.*) 1.1
  young woman **señorita (Srta.)** *f.*
younger **menor** *adj. m., f.* 1.3
younger: younger brother, sister *m., f.* **hermano/a menor** 1.3
youngest **el/la menor** *m., f.* 2.2
your **su(s)** *poss. adj. form.* 1.3; **tu(s)** *poss. adj. fam. sing.* 1.3; **vuestro/a(s)** *poss. adj. fam. pl.* 1.3
your(s) *form.* **suyo(s)/a(s)** *poss. pron. form.* 2.5; **tuyo(s)/a(s)** *poss. fam. sing.* 2.5; **vuestro(s)/a(s)** *poss. fam.* 2.5
youth *f.* **juventud** 2.3

Z

zero **cero** *m.* 1.1

MATERIAS / ACADEMIC SUBJECTS

MATERIAS	ACADEMIC SUBJECTS
la administración de empresas	business administration
la agronomía	agriculture
el alemán	German
el álgebra	algebra
la antropología	anthropology
la arqueología	archaeology
la arquitectura	architecture
el arte	art
la astronomía	astronomy
la biología	biology
la bioquímica	biochemistry
la botánica	botany
el cálculo	calculus
el chino	Chinese
las ciencias políticas	political science
la computación	computer science
las comunicaciones	communications
la contabilidad	accounting
la danza	dance
el derecho	law
la economía	economics
la educación	education
la educación física	physical education
la enfermería	nursing
el español	Spanish
la filosofía	philosophy
la física	physics
el francés	French
la geografía	geography
la geología	geology
el griego	Greek
el hebreo	Hebrew
la historia	history
la informática	computer science
la ingeniería	engineering
el inglés	English
el italiano	Italian
el japonés	Japanese
el latín	Latin
las lenguas clásicas	classical languages
las lenguas romances	Romance languages
la lingüística	linguistics
la literatura	literature
las matemáticas	mathematics
la medicina	medicine
el mercadeo/ la mercadotecnia	marketing
la música	music
los negocios	business
el periodismo	journalism
el portugués	Portuguese
la psicología	psychology
la química	chemistry
el ruso	Russian
los servicios sociales	social services
la sociología	sociology
el teatro	theater
la trigonometría	trigonometry

LOS ANIMALES / ANIMALS

LOS ANIMALES	ANIMALS
la abeja	bee
la araña	spider
la ardilla	squirrel
el ave (f.), el pájaro	bird
la ballena	whale
el burro	donkey
la cabra	goat
el caimán	alligator
el camello	camel
la cebra	zebra
el ciervo, el venado	deer
el cochino, el cerdo, el puerco	pig
el cocodrilo	crocodile
el conejo	rabbit
el coyote	coyote
la culebra, la serpiente, la víbora	snake
el elefante	elephant
la foca	seal
la gallina	hen
el gallo	rooster
el gato	cat
el gorila	gorilla
el hipopótamo	hippopotamus
la hormiga	ant
el insecto	insect
la jirafa	giraffe
el lagarto	lizard
el león	lion
el lobo	wolf
el loro, la cotorra, el papagayo, el perico	parrot
la mariposa	butterfly
el mono	monkey
la mosca	fly
el mosquito	mosquito
el oso	bear
la oveja	sheep
el pato	duck
el perro	dog
el pez	fish
la rana	frog
el ratón	mouse
el rinoceronte	rhinoceros
el saltamontes, el chapulín	grasshopper
el tiburón	shark
el tigre	tiger
el toro	bull
la tortuga	turtle
la vaca	cow
el zorro	fox

EL CUERPO HUMANO Y LA SALUD

THE HUMAN BODY AND HEALTH

El cuerpo humano / The human body

la barba	beard
el bigote	mustache
la boca	mouth
el brazo	arm
la cabeza	head
la cadera	hip
la ceja	eyebrow
el cerebro	brain
la cintura	waist
el codo	elbow
el corazón	heart
la costilla	rib
el cráneo	skull
el cuello	neck
el dedo	finger
el dedo del pie	toe
la espalda	back
el estómago	stomach
la frente	forehead
la garganta	throat
el hombro	shoulder
el hueso	bone
el labio	lip
la lengua	tongue
la mandíbula	jaw
la mejilla	cheek
el mentón, la barba, la barbilla	chin
la muñeca	wrist
el músculo	muscle
el muslo	thigh
las nalgas, el trasero, las asentaderas	buttocks
la nariz	nose
el nervio	nerve
el oído	(inner) ear
el ojo	eye
el ombligo	navel, belly button
la oreja	(outer) ear
la pantorrilla	calf
el párpado	eyelid
el pecho	chest
la pestaña	eyelash
el pie	foot
la piel	skin
la pierna	leg
el pulgar	thumb
el pulmón	lung
la rodilla	knee
la sangre	blood
el talón	heel
el tobillo	ankle
el tronco	torso, trunk
la uña	fingernail
la uña del dedo del pie	toenail
la vena	vein

Los cinco sentidos / The five senses

el gusto	taste
el oído	hearing
el olfato	smell
el tacto	touch
la vista	sight

La salud / Health

el accidente	accident
alérgico/a	allergic
el antibiótico	antibiotic
la aspirina	aspirin
el ataque cardiaco, el ataque al corazón	heart attack
el cáncer	cancer
la cápsula	capsule
la clínica	clinic
congestionado/a	congested
el consultorio	doctor's office
la curita	adhesive bandage
el/la dentista	dentist
el/la doctor(a), el/la médico/a	doctor
el dolor (de cabeza)	(head)ache, pain
embarazada	pregnant
la enfermedad	illness, disease
el/la enfermero/a	nurse
enfermo/a	ill, sick
la erupción	rash
el examen médico	physical exam
la farmacia	pharmacy
la fiebre	fever
la fractura	fracture
la gripe	flu
la herida	wound
el hospital	hospital
la infección	infection
el insomnio	insomnia
la inyección	injection
el jarabe	(cough) syrup
mareado/a	dizzy, nauseated
el medicamento	medication
la medicina	medicine
las muletas	crutches
la operación	operation
el/la paciente	patient
el/la paramédico/a	paramedic
la pastilla, la píldora	pill, tablet
los primeros auxilios	first aid
la pulmonía	pneumonia
los puntos	stitches
la quemadura	burn
el quirófano	operating room
la radiografía	x-ray
la receta	prescription
el resfriado	cold (illness)
la sala de emergencia(s)	emergency room
saludable	healthy, healthful
sano/a	healthy
el seguro médico	medical insurance
la silla de ruedas	wheelchair
el síntoma	symptom
el termómetro	thermometer
la tos	cough
la transfusión	transfusion

la vacuna	vaccination	la hoja de actividades	activity sheet
la venda	bandage	el horario de clases	class schedule
el virus	virus	la oración, las oraciones	sentence(s)
		el párrafo	paragraph
cortar(se)	to cut (oneself)	la persona	person
curar	to cure, to treat	presente	present
desmayar(se)	to faint	la prueba	test, quiz
enfermarse	to get sick	siguiente	following
enyesar	to put in a cast	la tarea	homework
estornudar	to sneeze		
guardar cama	to stay in bed		
hinchar(se)	to swell		
internar(se) en el hospital	to check into the hospital		
lastimarse (el pie)	to hurt (one's foot)		
mejorar(se)	to get better; to improve		
operar	to operate		
quemar(se)	to burn		
respirar (hondo)	to breathe (deeply)		
romperse (la pierna)	to break (one's leg)		
sangrar	to bleed		
sufrir	to suffer		
tomarle la presión a alguien	to take someone's blood pressure		
tomarle el pulso a alguien	to take someone's pulse		
torcerse (el tobillo)	to sprain (one's ankle)		
vendar	to bandage		

EXPRESIONES ÚTILES PARA LA CLASE / USEFUL CLASSROOM EXPRESSIONS

Palabras útiles / Useful words

ausente	absent
el departamento	department
el dictado	dictation
la conversación, las conversaciones	conversation(s)
la expresión, las expresiones	expression(s)
el examen, los exámenes	test(s), exam(s)
la frase	sentence

Expresiones útiles / Useful expressions

Abra(n) su(s) libro(s).	Open your book(s).
Cambien de papel.	Change roles.
Cierre(n) su(s) libro(s).	Close your book(s).
¿Cómo se dice ___ en español?	How do you say ___ in Spanish?
¿Cómo se escribe ___ en español?	How do you write ___ in Spanish?
¿Comprende(n)?	Do you understand?
(No) comprendo.	I (don't) understand.
Conteste(n) las preguntas.	Answer the questions.
Continúe(n), por favor.	Continue, please.
Escriba(n) su nombre.	Write your name.
Escuche(n) el audio.	Listen to the audio.
Estudie(n) la Lección tres.	Study Lesson three.
Haga(n) la actividad (el ejercicio) número cuatro.	Do activity (exercise) number four.
Lea(n) la oración en voz alta.	Read the sentence aloud.
Levante(n) la mano.	Raise your hand(s).
Más despacio, por favor.	Slower, please.
No sé.	I don't know.
Páse(n)me los exámenes.	Pass me the tests.
¿Qué significa ___?	What does ___ mean?
Repita(n), por favor.	Repeat, please.
Siénte(n)se, por favor.	Sit down, please.
Siga(n) las instrucciones.	Follow the instructions.
¿Tiene(n) alguna pregunta?	Do you have any questions?
Vaya(n) a la página dos.	Go to page two.

COUNTRIES & NATIONALITIES / PAÍSES Y NACIONALIDADES

North America / Norteamérica

Canada	Canadá	canadiense
Mexico	México	mexicano/a
United States	Estados Unidos	estadounidense

Central America / Centroamérica

Belize	Belice	beliceño/a
Costa Rica	Costa Rica	costarricense
El Salvador	El Salvador	salvadoreño/a
Guatemala	Guatemala	guatemalteco/a
Honduras	Honduras	hondureño/a
Nicaragua	Nicaragua	nicaragüense
Panama	Panamá	panameño/a

The Caribbean	El Caribe	
Cuba	**Cuba**	*cubano/a*
Dominican Republic	**República Dominicana**	*dominicano/a*
Haiti	**Haití**	*haitiano/a*
Puerto Rico	**Puerto Rico**	*puertorriqueño/a*

South America	Suramérica	
Argentina	**Argentina**	*argentino/a*
Bolivia	**Bolivia**	*boliviano/a*
Brazil	**Brasil**	*brasileño/a*
Chile	**Chile**	*chileno/a*
Colombia	**Colombia**	*colombiano/a*
Ecuador	**Ecuador**	*ecuatoriano/a*
Paraguay	**Paraguay**	*paraguayo/a*
Peru	**Perú**	*peruano/a*
Uruguay	**Uruguay**	*uruguayo/a*
Venezuela	**Venezuela**	*venezolano/a*

Europe	Europa	
Armenia	**Armenia**	*armenio/a*
Austria	**Austria**	*austríaco/a*
Belgium	**Bélgica**	*belga*
Bosnia	**Bosnia**	*bosnio/a*
Bulgaria	**Bulgaria**	*búlgaro/a*
Croatia	**Croacia**	*croata*
Czech Republic	**República Checa**	*checo/a*
Denmark	**Dinamarca**	*danés, danesa*
England	**Inglaterra**	*inglés, inglesa*
Estonia	**Estonia**	*estonio/a*
Finland	**Finlandia**	*finlandés, finlandesa*
France	**Francia**	*francés, francesa*
Germany	**Alemania**	*alemán, alemana*
Great Britain (United Kingdom)	**Gran Bretaña (Reino Unido)**	*británico/a*
Greece	**Grecia**	*griego/a*
Hungary	**Hungría**	*húngaro/a*
Iceland	**Islandia**	*islandés, islandesa*
Ireland	**Irlanda**	*irlandés, irlandesa*
Italy	**Italia**	*italiano/a*
Latvia	**Letonia**	*letón, letona*
Lithuania	**Lituania**	*lituano/a*
Netherlands (Holland)	**Países Bajos (Holanda)**	*holandés, holandesa*
Norway	**Noruega**	*noruego/a*
Poland	**Polonia**	*polaco/a*
Portugal	**Portugal**	*portugués, portuguesa*
Romania	**Rumania**	*rumano/a*
Russia	**Rusia**	*ruso/a*
Scotland	**Escocia**	*escocés, escocesa*
Serbia	**Serbia**	*serbio/a*
Slovakia	**Eslovaquia**	*eslovaco/a*
Slovenia	**Eslovenia**	*esloveno/a*
Spain	**España**	*español(a)*
Sweden	**Suecia**	*sueco/a*
Switzerland	**Suiza**	*suizo/a*
Ukraine	**Ucrania**	*ucraniano/a*
Wales	**Gales**	*galés, galesa*

Asia	Asia	
Bangladesh	**Bangladés**	*bangladesí*
Cambodia	**Camboya**	*camboyano/a*
China	**China**	*chino/a*
India	**India**	*indio/a*
Indonesia	**Indonesia**	*indonesio/a*
Iran	**Irán**	*iraní*
Iraq	**Iraq, Irak**	*iraquí*

Israel	**Israel**	*israelí*
Japan	**Japón**	*japonés, japonesa*
Jordan	**Jordania**	*jordano/a*
Korea	**Corea**	*coreano/a*
Kuwait	**Kuwait**	*kuwaití*
Lebanon	**Líbano**	*libanés, libanesa*
Malaysia	**Malasia**	*malasio/a*
Pakistan	**Pakistán**	*pakistaní*
Russia	**Rusia**	*ruso/a*
Saudi Arabia	**Arabia Saudí**	*saudí*
Singapore	**Singapur**	*singapurés, singapuresa*
Syria	**Siria**	*sirio/a*
Taiwan	**Taiwán**	*taiwanés, taiwanesa*
Thailand	**Tailandia**	*tailandés, tailandesa*
Turkey	**Turquía**	*turco/a*
Vietnam	**Vietnam**	*vietnamita*

Africa / **África**

Algeria	**Argelia**	*argelino/a*
Angola	**Angola**	*angoleño/a*
Cameroon	**Camerún**	*camerunés, camerunesa*
Congo	**Congo**	*congolés, congolesa*
Egypt	**Egipto**	*egipcio/a*
Equatorial Guinea	**Guinea Ecuatorial**	*ecuatoguineano/a*
Ethiopia	**Etiopía**	*etíope*
Ivory Coast	**Costa de Marfil**	*marfileño/a*
Kenya	**Kenia, Kenya**	*keniano/a, keniata*
Libya	**Libia**	*libio/a*
Mali	**Malí**	*maliense*
Morocco	**Marruecos**	*marroquí*
Mozambique	**Mozambique**	*mozambiqueño/a*
Nigeria	**Nigeria**	*nigeriano/a*
Rwanda	**Ruanda**	*ruandés, ruandesa*
Somalia	**Somalia**	*somalí*
South Africa	**Sudáfrica**	*sudafricano/a*
Sudan	**Sudán**	*sudanés, sudanesa*
Tunisia	**Tunicia, Túnez**	*tunecino/a*
Uganda	**Uganda**	*ugandés, ugandesa*
Zambia	**Zambia**	*zambiano/a*
Zimbabwe	**Zimbabue**	*zimbabuense*

Australia and the Pacific / **Australia y el Pacífico**

Australia	**Australia**	*australiano/a*
New Zealand	**Nueva Zelanda**	*neozelandés, neozelandesa*
Philippines	**Filipinas**	*filipino/a*

MONEDAS DE LOS PAÍSES HISPANOS
CURRENCIES OF HISPANIC COUNTRIES

País / Country	Moneda / Currency
Argentina	el peso
Bolivia	el boliviano
Chile	el peso
Colombia	el peso
Costa Rica	el colón
Cuba	el peso
Ecuador	el dólar estadounidense
El Salvador	el dólar estadounidense
España	el euro
Guatemala	el quetzal
Guinea Ecuatorial	el franco
Honduras	el lempira
México	el peso
Nicaragua	el córdoba
Panamá	el balboa, el dólar estadounidense
Paraguay	el guaraní
Perú	el nuevo sol
Puerto Rico	el dólar estadounidense
República Dominicana	el peso
Uruguay	el peso
Venezuela	el bolívar

EXPRESIONES Y REFRANES

EXPRESSIONS AND SAYINGS

Expresiones y refranes con partes del cuerpo

Expressions and sayings with parts of the body

A cara o cruz	Heads or tails
A corazón abierto	Open heart
A ojos vistas	Clearly, visibly
Al dedillo	Like the back of one's hand
¡Choca/Vengan esos cinco!	Put it there!/Give me five!
Codo con codo	Side by side
Con las manos en la masa	Red-handed
Costar un ojo de la cara	To cost an arm and a leg
Darle a la lengua	To chatter/To gab
De rodillas	On one's knees
Duro de oído	Hard of hearing
En cuerpo y alma	In body and soul
En la punta de la lengua	On the tip of one's tongue
En un abrir y cerrar de ojos	In a blink of the eye
Entrar por un oído y salir por otro	In one ear and out the other
Estar con el agua al cuello	To be up to one's neck with/in
Estar para chuparse los dedos	To be delicious/To be finger-licking good
Hablar entre dientes	To mutter/To speak under one's breath
Hablar por los codos	To talk a lot/To be a chatterbox
Hacer la vista gorda	To turn a blind eye on something
Hombro con hombro	Shoulder to shoulder
Llorar a lágrima viva	To sob/To cry one's eyes out
Metérsele (a alguien) algo entre ceja y ceja	To get an idea in your head
No pegar ojo	Not to sleep a wink
No tener corazón	Not to have a heart
No tener dos dedos de frente	Not to have an ounce of common sense
Ojos que no ven, corazón que no siente	Out of sight, out of mind
Perder la cabeza	To lose one's head
Quedarse con la boca abierta	To be thunderstruck
Romper el corazón	To break someone's heart
Tener buen/mal corazón	Have a good/bad heart
Tener un nudo en la garganta	Have a knot in your throat
Tomarse algo a pecho	To take something too seriously
Venir como anillo al dedo	To fit like a charm/To suit perfectly

Expresiones y refranes con animales

Expressions and sayings with animals

A caballo regalado no le mires el diente.	Don't look a gift horse in the mouth.
Comer como un cerdo	To eat like a pig
Cuando menos se piensa, salta la liebre.	Things happen when you least expect it.
Llevarse como el perro y el gato	To fight like cats and dogs
Perro ladrador, poco mordedor./Perro que ladra no muerde.	His/her bark is worse than his/her bite.
Por la boca muere el pez.	Talking too much can be dangerous.
Poner el cascabel al gato	To stick one's neck out
Ser una tortuga	To be a slowpoke

Expresiones y refranes con alimentos

Expressions and sayings with food

Agua que no has de beber, déjala correr.	If you're not interested, don't ruin it for everybody else.
Con pan y vino se anda el camino.	Things never seem as bad after a good meal.
Contigo pan y cebolla.	You are all I need.
Dame pan y dime tonto.	I don't care what you say, as long as I get what I want.
Descubrir el pastel	To let the cat out of the bag
Dulce como la miel	Sweet as honey
Estar como agua para chocolate	To furious/To be at the boiling point
Estar en el ajo	To be in the know
Estar en la higuera	To have one's head in the clouds
Estar más claro que el agua	To be clear as a bell
Ganarse el pan	To earn a living/To earn one's daily bread
Llamar al pan, pan y al vino, vino.	Not to mince words.
No hay miel sin hiel.	Every rose has its thorn./There's always a catch.
No sólo de pan vive el hombre.	Man doesn't live by bread alone.
Pan con pan, comida de tontos.	Variety is the spice of life.
Ser agua pasada	To be water under the bridge
Ser más bueno que el pan	To be kindness itself
Temblar como un flan	To shake/tremble like a leaf

Expresiones y refranes con colores

Expressions and sayings with colors

Estar verde	To be inexperienced/wet behind the ears
Poner los ojos en blanco	To roll one's eyes
Ponerle a alguien un ojo morado	To give someone a black eye
Ponerse rojo	To turn red/To blush
Ponerse rojo de ira	To turn red with anger
Ponerse verde de envidia	To be green with envy
Quedarse en blanco	To go blank
Verlo todo de color de rosa	To see the world through rose-colored glasses

Refranes

A buen entendedor, pocas palabras bastan.
Ande o no ande, caballo grande.
A quien madruga, Dios le ayuda.
Cuídate, que te cuidaré.

De tal palo tal astilla.
Del dicho al hecho hay mucho trecho.
Dime con quién andas y te diré quién eres.
El saber no ocupa lugar.

Sayings

A word to the wise is enough.
Bigger is always better.

The early bird catches the worm.
Take care of yourself, and then I'll take care of you.
A chip off the old block.
Easier said than done.

A man is known by the company he keeps.
One never knows too much.

Lo que es moda no incomoda.
Más vale maña que fuerza.
Más vale prevenir que curar.
Más vale solo que mal acompañado.
Más vale tarde que nunca.
No es oro todo lo que reluce.
Poderoso caballero es don Dinero.

You have to suffer in the name of fashion.
Brains are better than brawn.

Prevention is better than cure.

Better alone than with people you don't like.
Better late than never.
All that glitters is not gold.

Money talks.

COMMON FALSE FRIENDS

False friends are Spanish words that look similar to English words but have very different meanings. While recognizing the English relatives of unfamiliar Spanish words you encounter is an important way of constructing meaning, there are some Spanish words whose similarity to English words is deceptive. Here is a list of some of the most common Spanish false friends.

actualmente ≠ actually
actualmente = nowadays, currently
actually = **de hecho, en realidad, en efecto**

argumento ≠ argument
argumento = plot
argument = **discusión, pelea**

armada ≠ army
armada = navy
army = **ejército**

balde ≠ bald
balde = pail, bucket
bald = **calvo/a**

batería ≠ battery
batería = drum set
battery = **pila**

bravo ≠ brave
bravo = wild; fierce
brave = **valiente**

cándido/a ≠ candid
cándido/a = innocent
candid = **sincero/a**

carbón ≠ carbon
carbón = coal
carbon = **carbono**

casual ≠ casual
casual = accidental, chance
casual = **informal, despreocupado/a**

casualidad ≠ casualty
casualidad = chance, coincidence
casualty = **víctima**

colegio ≠ college
colegio = school
college = **universidad**

collar ≠ collar (of a shirt)
collar = necklace
collar = **cuello (de camisa)**

comprensivo/a ≠ comprehensive
comprensivo/a = understanding
comprehensive = **completo, extensivo**

constipado ≠ constipated
estar constipado/a = to have a cold
to be constipated = **estar estreñido/a**

crudo/a ≠ crude
crudo/a = raw, undercooked
crude = **burdo/a, grosero/a**

divertir ≠ to divert
divertirse = to enjoy oneself
to divert = **desviar**

educado/a ≠ educated
educado/a = well-mannered
educated = **culto/a, instruido/a**

embarazada ≠ embarrassed
estar embarazada = to be pregnant
to be embarrassed = **estar avergonzado/a; dar/tener vergüenza**

eventualmente ≠ eventually
eventualmente = possibly
eventually = **finalmente, al final**

éxito ≠ exit
éxito = success
exit = **salida**

físico/a ≠ physician
físico/a = physicist
physician = **médico/a**

fútbol ≠ football
fútbol = soccer
football = **fútbol americano**

lectura ≠ lecture
lectura = reading
lecture = **conferencia**

librería ≠ library
librería = bookstore
library = **biblioteca**

máscara ≠ mascara
máscara = mask
mascara = **rímel**

molestar ≠ to molest
molestar = to bother, to annoy
to molest = **abusar**

oficio ≠ office
oficio = trade, occupation
office = **oficina**

rato ≠ rat
rato = while, time
rat = **rata**

realizar ≠ to realize
realizar = to carry out; to fulfill
to realize = **darse cuenta de**

red ≠ red
red = net
red = **rojo/a**

revolver ≠ revolver
revolver = to stir, to rummage through
revolver = **revólver**

sensible ≠ sensible
sensible = sensitive
sensible = **sensato/a, razonable**

suceso ≠ success
suceso = event
success = **éxito**

sujeto ≠ subject (topic)
sujeto = fellow; individual
subject = **tema, asunto**

LOS ALIMENTOS / FOODS

Frutas / Fruits

la aceituna	olive
el aguacate	avocado
el albaricoque, el damasco	apricot
la banana, el plátano	banana
la cereza	cherry
la ciruela	plum
el dátil	date
la frambuesa	raspberry
la fresa, la frutilla	strawberry
el higo	fig
el limón	lemon; lime
el melocotón, el durazno	peach
la mandarina	tangerine
el mango	mango
la manzana	apple
la naranja	orange
la papaya	papaya
la pera	pear
la piña	pineapple
el pomelo, la toronja	grapefruit
la sandía	watermelon
las uvas	grapes

Vegetales / Vegetables

la alcachofa	artichoke
el apio	celery
la arveja, el guisante	pea
la berenjena	eggplant
el brócoli	broccoli
la calabaza	squash; pumpkin
la cebolla	onion
el champiñón, la seta	mushroom
la col, el repollo	cabbage
la coliflor	cauliflower
los espárragos	asparagus
las espinacas	spinach
los frijoles, las habichuelas	beans
las habas	fava beans
las judías verdes, los ejotes	string beans, green beans
la lechuga	lettuce
el maíz, el choclo, el elote	corn
la papa, la patata	potato
el pepino	cucumber
el pimentón	bell pepper
el rábano	radish
la remolacha	beet
el tomate, el jitomate	tomato
la zanahoria	carrot

El pescado y los mariscos / Fish and shellfish

la almeja	clam
el atún	tuna
el bacalao	cod
el calamar	squid
el cangrejo	crab
el camarón, la gamba	shrimp
la langosta	lobster
el langostino	prawn
el lenguado	sole; flounder
el mejillón	mussel
la ostra	oyster
el pulpo	octopus
el salmón	salmon
la sardina	sardine
la vieira	scallop

La carne / Meat

la albóndiga	meatball
el bistec	steak
la carne de res	beef
el chorizo	hard pork sausage
la chuleta de cerdo	pork chop
el cordero	lamb
los fiambres	cold cuts, food served cold
el filete	fillet
la hamburguesa	hamburger
el hígado	liver
el jamón	ham
el lechón	suckling pig, roasted pig
el pavo	turkey
el pollo	chicken
el cerdo	pork
la salchicha	sausage
la ternera	veal
el tocino	bacon

Otras comidas / Other foods

el ajo	garlic
el arroz	rice
el azúcar	sugar
el batido	milkshake
el budín	pudding
el cacahuete, el maní	peanut
el café	coffee
los fideos	noodles, pasta
la harina	flour
el huevo	egg
el jugo, el zumo	juice
la leche	milk
la mermelada	marmalade, jam
la miel	honey
el pan	bread
el queso	cheese
la sal	salt
la sopa	soup
el té	tea
la tortilla	omelet (Spain), tortilla (Mexico)
el yogur	yogurt

Cómo describir la comida / Ways to describe food

a la plancha, a la parrilla	grilled
ácido/a	sour
al horno	baked
amargo/a	bitter
caliente	hot
dulce	sweet
duro/a	tough
frío/a	cold
frito/a	fried
fuerte	strong, heavy
ligero/a	light
picante	spicy
sabroso/a	tasty
salado/a	salty

DÍAS FESTIVOS

enero
Año Nuevo (1)
Día de los Reyes Magos (6)
Día de Martin Luther King, Jr.

febrero
Día de San Blas (Paraguay) (3)
Día de San Valentín, Día de los Enamorados (14)
Día de los Presidentes
Carnaval

marzo
Día de San Patricio (17)
Nacimiento de Benito Juárez (México) (21)

abril
Semana Santa
Pésaj
Pascua
Declaración de la Independencia de Venezuela (19)
Día de la Tierra (22)

mayo
Día del Trabajo (1)
Cinco de Mayo (5) (México)
Día de las Madres
Independencia Patria (Paraguay) (15)
Día Conmemorativo

junio
Día de los Padres
Día de la Bandera (14)
Día del Indio (Perú) (24)

julio
Día de la Independencia de los Estados Unidos (4)
Día de la Independencia de Venezuela (5)
Día de la Independencia de la Argentina (9)
Día de la Independencia de Colombia (20)

HOLIDAYS

January
New Year's Day
Three Kings Day (Epiphany)
Martin Luther King, Jr. Day

February
St. Blas Day (Paraguay)
Valentine's Day
Presidents' Day
Carnival (Mardi Gras)

March
St. Patrick's Day
Benito Juárez's Birthday (Mexico)

April
Holy Week
Passover
Easter
Declaration of Independence of Venezuela
Earth Day

May
Labor Day
Cinco de Mayo (May 5th) (Mexico)
Mother's Day
Independence Day (Paraguay)
Memorial Day

June
Father's Day
Flag Day
Native People's Day (Peru)

July
Independence Day (United States)
Independence Day (Venezuela)
Independence Day (Argentina)
Independence Day (Colombia)

Nacimiento de Simón Bolívar (24) — Simón Bolívar's Birthday
Día de la Revolución (Cuba) (26) — Revolution Day (Cuba)
Día de la Independencia del Perú (28) — Independence Day (Peru)

agosto / August
Día de la Independencia de Bolivia (6) — Independence Day (Bolivia)
Día de la Independencia del Ecuador (10) — Independence Day (Ecuador)
Día de San Martín (Argentina) (17) — San Martín Day (anniversary of his death) (Argentina)
Día de la Independencia del Uruguay (25) — Independence Day (Uruguay)

septiembre / September
Día del Trabajo (EE. UU.) — Labor Day (U.S.)
Día de la Independencia de Costa Rica, El Salvador, Guatemala, Honduras y Nicaragua (15) — Independence Day (Costa Rica, El Salvador, Guatemala, Honduras, Nicaragua)
Día de la Independencia de México (16) — Independence Day (Mexico)
Día de la Independencia de Chile (18) — Independence Day (Chile)
Año Nuevo Judío — Jewish New Year
Día de la Virgen de las Mercedes (Perú) (24) — Day of the Virgin of Mercedes (Peru)

octubre / October
Día de la Raza (12) — Columbus Day
Noche de Brujas (31) — Halloween

noviembre / November
Día de los Muertos (2) — All Souls Day
Día de los Veteranos (11) — Veterans' Day
Día de la Revolución Mexicana (20) — Mexican Revolution Day
Día de Acción de Gracias — Thanksgiving
Día de la Independencia de Panamá (28) — Independence Day (Panama)

diciembre / December
Día de la Virgen (8) — Day of the Virgin
Día de la Virgen de Guadalupe (México) (12) — Day of the Virgin of Guadalupe (Mexico)
Januká — Chanukah
Nochebuena (24) — Christmas Eve
Navidad (25) — Christmas
Año Viejo (31) — New Year's Eve

NOTE: In Spanish, dates are written with the day first, then the month. Christmas Day is **el 25 de diciembre**. In Latin America and in Europe, abbreviated dates also follow this pattern. Halloween, for example, falls on 31/10. You may also see the numbers in dates separated by periods: 27.4.16. When referring to centuries, roman numerals are always used. The 16th century, therefore, is **el siglo XVI**.

PESOS Y MEDIDAS
WEIGHTS AND MEASURES

Longitud / Length

El sistema métrico
Metric system

El equivalente estadounidense
U.S. equivalent

milímetro = 0,001 metro
millimeter = 0.001 meter — = 0.039 inch

centímetro = 0,01 metro
centimeter = 0.01 meter — = 0.39 inch

decímetro = 0,1 metro
decimeter = 0.1 meter — = 3.94 inches

metro
meter — = 39.4 inches

decámetro = 10 metros
dekameter = 10 meters — = 32.8 feet

hectómetro = 100 metros
hectometer = 100 meters — = 328 feet

kilómetro = 1.000 metros
kilometer = 1,000 meters — = .62 mile

U.S. system
El sistema estadounidense

Metric equivalent
El equivalente métrico

inch
pulgada — = 2.54 centimeters / **= 2,54 centímetros**

foot = 12 inches
pie = 12 pulgadas — = 30.48 centimeters / **= 30,48 centímetros**

yard = 3 feet
yarda = 3 pies — = 0.914 meter / **= 0,914 metro**

mile = 5,280 feet
milla = 5.280 pies — = 1.609 kilometers / **= 1,609 kilómetros**

Superficie / Surface Area

El sistema métrico
Metric system

El equivalente estadounidense
U.S. equivalent

metro cuadrado
square meter — = 10.764 square feet

área = 100 metros cuadrados
area = 100 square meters — = 0.025 acre

hectárea = 100 áreas
hectare = 100 ares — = 2.471 acres

U.S. system
El sistema estadounidense

Metric equivalent
El equivalente métrico

yarda cuadrada = 9 pies cuadrados = 0,836 metros cuadrados
square yard = 9 square feet = 0.836 square meters

acre = 4.840 yardas cuadradas = 0,405 hectáreas
acre = 4,840 square yards = 0.405 hectares

Capacidad / Capacity

El sistema métrico
Metric system

El equivalente estadounidense
U.S. equivalent

mililitro = 0,001 litro
milliliter = 0.001 liter — = 0.034 ounces

centilitro = 0,01 litro
centiliter = 0.01 liter — = 0.34 ounces

decilitro = 0,1 litro
deciliter = 0.1 liter — = 3.4 ounces

litro
liter — = 1.06 quarts

decalitro = 10 litros
dekaliter = 10 liters — = 2.64 gallons

hectolitro = 100 litros
hectoliter = 100 liters — = 26.4 gallons

kilolitro = 1.000 litros
kiloliter = 1,000 liters — = 264 gallons

U.S. system
El sistema estadounidense

Metric equivalent
El equivalente métrico

ounce
onza — = 29.6 milliliters / **= 29,6 mililitros**

cup = 8 ounces
taza = 8 onzas — = 236 milliliters / **= 236 mililitros**

pint = 2 cups
pinta = 2 tazas — = 0.47 liters / **= 0,47 litros**

quart = 2 pints
cuarto = 2 pintas — = 0.95 liters / **= 0,95 litros**

gallon = 4 quarts
galón = 4 cuartos — = 3.79 liters / **= 3,79 litros**

Peso / Weight

El sistema métrico
Metric system

El equivalente estadounidense
U.S. equivalent

miligramo = 0,001 gramo
milligram = 0.001 gram

gramo
gram — = 0.035 ounce

decagramo = 10 gramos
dekagram = 10 grams — = 0.35 ounces

hectogramo = 100 gramos
hectogram = 100 grams — = 3.5 ounces

kilogramo = 1.000 gramos
kilogram = 1,000 grams — = 2.2 pounds

tonelada (métrica) = 1.000 kilogramos
metric ton = 1,000 kilograms — = 1.1 tons

U.S. system
El sistema estadounidense

Metric equivalent
El equivalente métrico

ounce
onza — = 28.35 grams / **= 28,35 gramos**

pound = 16 ounces
libra = 16 onzas — = 0.45 kilograms / **= 0,45 kilogramos**

ton = 2,000 pounds
tonelada = 2.000 libras — = 0.9 metric tons / **= 0,9 toneladas métricas**

Temperatura / Temperature

Grados centígrados
Degrees Celsius
To convert from Celsius to Fahrenheit, multiply by $\frac{9}{5}$ and add 32.

Grados Fahrenheit
Degrees Fahrenheit
To convert from Fahrenheit to Celsius, subtract 32 and multiply by $\frac{5}{9}$.

NÚMEROS / NUMBERS

Números ordinales / Ordinal numbers

Español		English	
primer, primero/a	1o/1a	first	1st
segundo/a	2o/2a	second	2nd
tercer, tercero/a	3o/3a	third	3rd
cuarto/a	4o/4a	fourth	4th
quinto/a	5o/5a	fifth	5th
sexto/a	6o/6a	sixth	6th
séptimo/a	7o/7a	seventh	7th
octavo/a	8o/8a	eighth	8th
noveno/a	9o/9a	ninth	9th
décimo/a	10o/10a	tenth	10th

Fracciones / Fractions

$\frac{1}{2}$	un medio, la mitad	one half
$\frac{1}{3}$	un tercio	one third
$\frac{1}{4}$	un cuarto	one fourth (quarter)
$\frac{1}{5}$	un quinto	one fifth
$\frac{1}{6}$	un sexto	one sixth
$\frac{1}{7}$	un séptimo	one seventh
$\frac{1}{8}$	un octavo	one eighth
$\frac{1}{9}$	un noveno	one ninth
$\frac{1}{10}$	un décimo	one tenth
$\frac{2}{3}$	dos tercios	two thirds
$\frac{3}{4}$	tres cuartos	three fourths (quarters)
$\frac{5}{8}$	cinco octavos	five eighths

Decimales / Decimals

Español		English	
un décimo	0,1	one tenth	0.1
un centésimo	0,01	one hundredth	0.01
un milésimo	0,001	one thousandth	0.001

OCUPACIONES / OCCUPATIONS

el/la abogado/a	lawyer
el actor, la actriz	actor
el/la administrador(a) de empresas	business administrator
el/la agente de bienes raíces	real estate agent
el/la agente de seguros	insurance agent
el/la agricultor(a)	farmer
el/la arqueólogo/a	archaeologist
el/la arquitecto/a	architect
el/la artesano/a	artisan
el/la auxiliar de vuelo	flight attendant
el/la basurero/a	garbage collector
el/la bibliotecario/a	librarian
el/la bombero/a	firefighter
el/la cajero/a	bank teller, cashier
el/la camionero/a	truck driver
el/la carnicero/a	butcher
el/la carpintero/a	carpenter
el/la científico/a	scientist
el/la cirujano/a	surgeon
el/la cobrador(a)	bill collector
el/la cocinero/a	cook, chef
el/la consejero/a	counselor, advisor
el/la contador(a)	accountant
el/la corredor(a) de bolsa	stockbroker
el/la diplomático/a	diplomat
el/la diseñador(a) (gráfico/a)	(graphic) designer
el/la electricista	electrician
el/la fisioterapeuta	physical therapist
el/la fotógrafo/a	photographer
el hombre/la mujer de negocios	businessperson
el/la ingeniero/a en computación	computer engineer
el/la intérprete	interpreter
el/la juez(a)	judge
el/la maestro/a	elementary school teacher
el/la marinero/a	sailor
el/la obrero/a	manual laborer
el/la optometrista	optometrist
el/la panadero/a	baker
el/la paramédico/a	paramedic
el/la peluquero/a	hairdresser
el/la piloto	pilot
el/la pintor(a)	painter
el/la plomero/a	plumber
el/la político/a	politician
el/la programador(a)	computer programer
el/la psicólogo/a	psychologist
el/la reportero/a	reporter
el/la sastre	tailor
el/la secretario/a	secretary
el/la técnico/a (en computación)	(computer) technician
el/la vendedor(a)	sales representative
el/la veterinario/a	veterinarian

About the Author

José A. Blanco founded Vista Higher Learning in 1998. A native of Barranquilla, Colombia, Mr. Blanco holds degrees in Literature and Hispanic Studies from Brown University and the University of California, Santa Cruz. He has worked as a writer, editor, and translator for Houghton Mifflin and D.C. Heath and Company, and has taught Spanish at the secondary and university levels. Mr. Blanco is also the co-author of several other Vista Higher Learning programs: **Vistas**, **Panorama**, **Aventuras**, and **¡Viva!** at the introductory level; **Ventanas**, **Facetas**, **Enfoques**, **Imagina**, and **Sueña** at the intermediate level; and **Revista** at the advanced conversation level.

About the Illustrators

Yayo, an internationally acclaimed illustrator, was born in Colombia. He has illustrated children's books, newspapers, and magazines, and has been exhibited around the world. He currently lives in Montreal, Canada.

Pere Virgili lives and works in Barcelona, Spain. His illustrations have appeared in textbooks, newspapers, and magazines throughout Spain and Europe.

Born in Caracas, Venezuela, **Hermann Mejía** studied illustration at the Instituto de Diseño de Caracas. Hermann currently lives and works in the United States.

Credits

Comic Credits

page 30 © Joaquin Salvador Lavado (QUINO) Toda Mafalda - Ediciones de La Flor, 1993.

TV Clip Credits

page 34 Courtesy of Mastercard. WARNER CHAPPELL MUSIC ARGENTINA (SADAIC) All Rights Reserved.

page 72 Courtesy of Cencosud Supermercados.

page 110 Courtesy of Banco Galicia/Mercado McCann.

page 146 Courtesy of ContentLine.

page 184 Courtesy of Santander Chile.

page 220 Courtesy of Juguettos.

Photography Credits

Cover: Jose Manuel Trujillo/500PX.

Front matter (SE): xiv: (l) Bettmann/Corbis; (r) Florian Biamm/123RF; **xv:** (l) Lawrence Manning/Corbis; (r) Design Pics Inc/Alamy; **xvi:** Jose Blanco; **xvii:** (l) Digital Vision/Getty Images; (r) Andres/Big Stock Photo; **xviii:** Fotolia IV/Fotolia; **xix:** (l) Goodshoot/Corbis; (r) Tyler Olson/Shutterstock; **xx:** Shelly Wall/Shutterstock; **xxi:** (t) Colorblind/Corbis; (b) Moodboard/Fotolia; **xxii:** (t) Digital Vision/Getty Images; (b) Purestock/Getty Images.

Front matter (TE): T4: Teodor Cucu/500PX; **T15:** Monkey Business Images/iStockphoto; **T16:** Ryan McVay/Media Bakery; **T47:** Imgorthand/iStockphoto.

Lesson 1: 1: Paula Díez; **2:** John Henley/Getty Images; **3:** Martín Bernetti; **4:** Martín Bernetti; **10:** (l) Rachel Distler; (r) Ali Burafi; **11:** (l) Chris Pizzello/AP Images; (tr) Hans Georg Roth/Getty Images; (br) Paola Ríos-Schaaf; **12:** (l) Janet Dracksdorf; (r) Tom Grill/Corbis; **16:** (l) José Girarte/iStockphoto; (r) Blend Images/Alamy; **19:** (l) Buzzshotz/Alamy; (m) Anne Loubet; (r) Shutterstock; **27:** Martín Bernetti; **28:** (all) Martín Bernetti; **31:** (tl) Ana Cabezas Martín; (tml) Martín Bernetti; (tmr) Kadmy/Fotolia; (tr) Vanessa Bertozzi; (bl) Corey Hochachka/Design Pics/Corbis; (bm) Sanek70974/Fotolia; (br) Ramiro Isaza/Fotocolombia; **32:** Carolina Zapata; **33:** Paula Díez; **36:** (t) Robert Holmes/Getty Images; (m) Jon Arnold Images/Alamy; (b) Andres R/Shutterstock; **37:** (tl) PhotoLink/Getty Images; (tr) Tony Arruza/Getty Images; (bl) A. Katz/Shutterstock; (br) Torontonian/Alamy.

Lesson 2: 39: Pamela Moore/iStockphoto; **42:** Martín Bernetti; **43:** Chris Schmidt/iStockphoto; **48:** (l) Hill Street Studios/AGE Fotostock; (r) David Ashley/Corbis; **49:** Guayo Fuentes/Shutterstock; **57:** Chris Schmidt/iStockphoto; **59:** (l) Paola Rios-Schaaf; (r) Image Source/Corbis; **67:** (l) Rick Gomez/Corbis; (r) Hola Images/Workbook.com; **68:** PigProx/Fotolia; **69:** Andres Benitez/Media Bakery; **70:** (t) Sam Edwards/Media Bakery; (b) Zdyma4/Fotolia; **71:** Kadmy/Fotolia; **74:** (tl) José Blanco; (tr) José Blanco; (m) Jack Q/Shutterstock; (b) Andrew Innerarity/Reuters/Newscom; **75:** (t) Courtesy of Charles Ommanney; (ml) José Blanco; (mr) José Blanco; (bl) Iconotec/Fotosearch; (br) VHL.

Lesson 3: 77: Paul Bradbury/Age Fotostock; **79:** Martín Bernetti; **80:** (tl) Anne Loubet; (tr) Blend Images/Alamy; (mtl) Ana Cabezas Martín; (mtr) Maskot/Media Bakery; (mbl) Martín Bernetti; (mbr) Martín Bernetti; (bl) Himchenko/Fotolia; (br) Martín Bernetti; **86:** (tl) Minerva Studio/Fotolia; (tr) Mangostock/Shutterstock; (b) John Roman Images/Shutterstock; **87:** (t) Robin Utrecht/Sipa Press/Newscom; (b) DPA Picture Alliance/Alamy; **90:** (l) Martín Bernetti; (r) José Blanco; **92:** Andres Rodriguez/Alamy; **95:** Monkey Business Images/Shutterstock; **97:** (l) Tyler Olson/Fotolia; (r) Michael Puche/Bigstock; **98:** Martín Bernetti; **103:** Fotoluminate/123RF; **106:** (t) Martín Bernetti; (m) Martín Bernetti; (b) Martín Bernetti; **107:** (t) Nora y Susana/Fotocolombia; (m) Monkey Business Images/Fotolia; (b) Martín Bernetti; **108:** Tom & Dee Ann McCarthy/Getty Images; **109:** AGE Fotostock RF; **112:** (t) Martín Bernetti; (ml) Martín Bernetti; (mm) Iván Mejía; (mr) Lauren Krolick; (b) Martín Bernetti; **113:** (tl) Martín Bernetti; (tr) Pablo Corral V/Getty Images; (ml) Martín Bernetti; (mr) Gerardo Mora; (b) Martín Bernetti.

Lesson 4: 115: Franz Faltermaier/AGE Fotostock; **117:** George Shelley/Getty Images; **124:** (l) Javier Soriano/AFP/Getty Images; (r) Fernando Bustamante/AP Images; **125:** (t) Photo Works/Shutterstock; (b) Zuma Press/Alamy; **128:** Jacek Chabraszewski/Fotolia; **139:** Mat Hayward/Fotolia; **142:** Martín Bernetti; **143:** Fernando Llano/AP Images; **144:** JGI/Jamie Grill/Media Bakery; **145:** Rick Gomez/Getty Images; **148:** (tl) Sorincolac/Fotolia; (tr) Albright Knox Art Gallery/Art Resource; (ml) Ruben Varela; (mr) Carolina Zapata; (b) Brian Overcast/Alamy; **149:** (tl) Radius Images/Alamy; (tr) Bettmann/Getty Images; (m) Corel/Corbis; (b) David R. Frazier Photolibrary/Alamy.

Lesson 5: 151: Gavin Hellier/Getty Images; **157:** Jeff Greenberg/Alamy; **162:** Gary Cook/Alamy; **163:** (t) AFP/Getty Images; (b) Mark A. Johnson/Getty Images; **167:** Ronnie Kaufman/Getty Images; **177:** Blend Images/Fotolia; **180:** Carlos Gaudier; **181:** (all) Corel/Corbis; **182:** Carolina Zapata; **186:** (tl) Bryan Mullennix/Alamy; (tr) José Blanco; (ml) Carlos Gaudier; (mr) Capricornis Photographic/Shutterstock; (b) Dave G. Houser/Getty Images; **187:** (tl) Carlos Gaudier; (tr) Lawrence Manning/Getty Images; (m) Stocktrek/Getty Images; (b) Carlos Gaudier.

Lesson 6: 189: Asiapix RF/Inmagine; **198:** (l) Jose Caballero Digital Press Photos/Newscom; (r) Janet Dracksdorf; **199:** (t) Carlos Alvarez/Getty Images; (bl) Guiseppe Carace/Getty Images; (br) Mark Mainz/Getty Images; **204:** (all) Pascal Pernix; **209:** (all) Martín Bernetti; **210:** (all) Paula Díez; **211:** Paula Díez; **216-217:** VHL and Shutterstock; **218:** Chris Schmidt/iStockphoto; **219:** John Henley/Media Bakery; **222:** (t) Pascal Pernix; (tml) Pascal Pernix; (tmr) Pascal Pernix; (mb) Pascal Pernix; (b) PhotoLink/Getty Images; **223:** (tl) Don Emmert/AFP/Getty Images; (tr) Pascal Pernix; (bl) Pascal Pernix; (br) The Kobal Collection at Art Resource, NY.

Nate Escalada